"中华古籍保护计划"十五周年纪念文集 上

国家古籍保护中心 编

国家图书馆出版社

图书在版编目（CIP）数据

"中华古籍保护计划"十五周年纪念文集：全二册 / 国家古籍保护中心编. — 北京：国家图书馆出版社，2023.12

ISBN 978-7-5013-7638-4

Ⅰ. ①中… Ⅱ. ①国… Ⅲ. ①古籍—图书保护—中国—文集 Ⅳ. ①G253.6-53

中国版本图书馆CIP数据核字（2022）第220868号

书　　名	"中华古籍保护计划"十五周年纪念文集（全二册）
著　　者	国家古籍保护中心 编
责任编辑	潘云侠　赵嫄
助理编辑	雷云雯
封面设计	徐新状

出版发行：国家图书馆出版社（北京市西城区文津街7号　100034）
　　　　　（原书目文献出版社 北京图书馆出版社）
　　　　　010-66114536　63802249　nlcpress@nlc.cn（邮购）
网　　址：http://www.nlcpress.com
印　　装　北京科信印刷有限公司
版次印次　2023年12月第1版　2023年12月第1次印刷

开　　本	710×1000　1/16
印　　张	36.5
字　　数	454千字
书　　号	ISBN 978-7-5013-7638-4
定　　价	198.00元

编纂委员会

全国古籍保护评审工作会议

北京 2007.11.2

2007年11月，全国古籍保护评审工作会议

2013年"国家级古籍修复技艺传习中心"揭牌仪式

2013年12月，古籍普查重要发现暨第四批国家珍贵古籍特展新闻发布会

2017年，"保护古籍 传承文明 服务社会——纪念国家古籍保护中心成立十周年暨
古籍保护、出版、数字化优秀成果展"在国家图书馆古籍馆开展

2019年8月6日，首届中华传统晒书大会在山东曲阜举行

2019年9月，国家图书馆举办"中华传统文化典籍保护传承大展"

2020年8月，国家图书馆举办"传习经典　融古慧今——中华传统晒书活动"沙龙

2020年11月，第四届古籍保护学科建设研讨会在中山大学举办

第一至六批《国家珍贵古籍名录图录》

《全国古籍普查登记目录》

国家图书馆古籍修复室

国家图书馆古籍鉴定保护实践课

北京市区县图书馆古籍代存书柜

首都师范大学图书馆2019年"制作一本线装书"活动

天津图书馆古籍编目及影印出版成果

天津博物馆申报"第六期全国古籍重点保护单位"专家评审会

河北省古籍保护中心援助河间市图书馆古籍普查工作

国家级古籍修复技艺传习中心山西传习所拜师仪式

山西省图书馆2019年赴山西医科大学图书馆开展古籍普查工作

内蒙古自治区图书馆古籍展览

内蒙古自治区巴彦淖尔市图书馆古籍展览

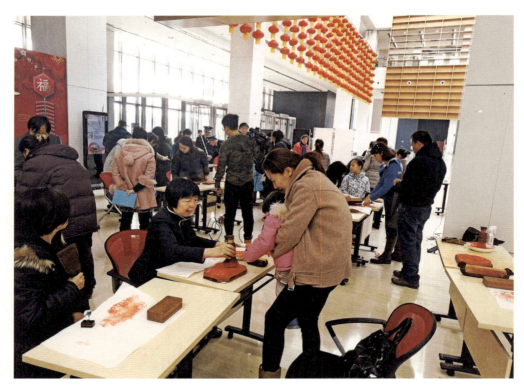

辽宁省古籍保护中心2019年初开展雕版传拓体验活动

锦州市图书馆在进行古籍普查工作

吉林省图书馆"墨雅余香 纸润流芳——吉林省图书馆藏珍籍展"

吉林大学图书馆传统技艺体验活动

黑龙江省龙江书院传统文化活动现场

黑龙江省图书馆"芸阁菁华 历史记忆——黑龙江省入选《国家珍贵古籍名录》善本图片展"

上海市古籍保护中心揭牌仪式

汲古慧今——上海市古籍保护工作十年成果展

江苏省古籍保护中心（南京图书馆）、南京艺术学院人文学院承办的古籍保护
与修复技艺非遗传承人普及培训班

泰州市图书馆百年馆史暨馆藏珍品展

浙江省古籍保护成果展

浙江省小凭古籍书库模型图

2019年中华古籍普查文化志愿服务行动·安徽行

让历史"活"起来的时光匠人——我在安徽修文物

《福建省图书馆藏稀见书目书志丛刊》出版暨闽台藏书文化研讨会

第二十六期全国古籍普查培训班在福建省图书馆举办

江西省古籍保护中心与江西师范大学联合举办"古籍修复技艺进校园"活动

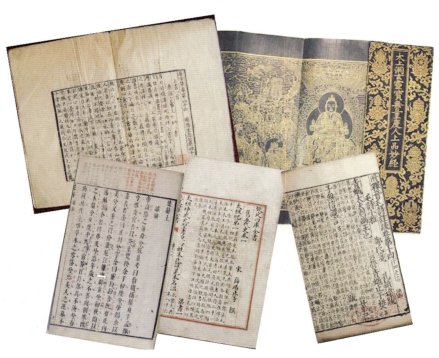

江西省入选《国家珍贵古籍名录》的部分古籍

山东省古籍保护中心专家学者为滨州市图书馆古籍鉴定

山东省潍坊市古籍文献精品系列展

河南省图书馆协助少林寺古籍普查

洛阳市图书馆举办"中华优秀传统文化宣传推广系列活动"

湖北省图书馆"古籍保护 你我同行——古籍修复技艺进校园"活动

荆州市图书馆古籍普查（中华古籍保护志愿服务活动·湖北行）

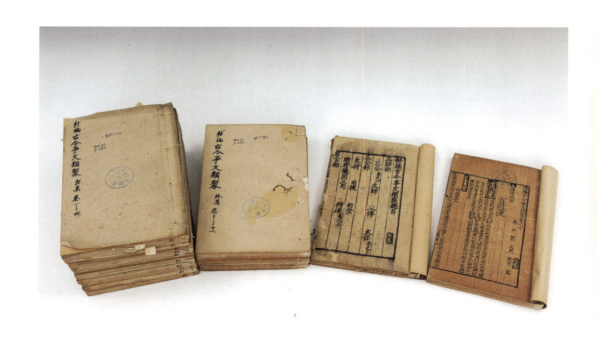

湖南省古籍普查新发现——《新编古今事文类聚》

岳麓书院雕版印刷推广活动

广东省举办古籍保护社会宣传活动

广西壮族自治区图书馆古籍传拓活动

海南省图书馆《中华古籍总目·海南卷》编纂工作座谈会

海南大学"古籍丛中一回首"志愿团队

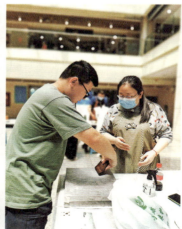

重庆市古籍保护中心古籍修复工作

西南大学图书馆古籍保护活动

中华古籍普查文化志愿服务行动·四川站

云南省图书馆举办2020年中华传统晒书活动之"滇南草本撷英图书陈列展"

云南省图书馆对《查姆》彝文古籍进行抢救修复

西藏自治区古籍保护中心在布达拉宫指导普查工作

西藏自治区古籍保护中心古籍普查人员徒步前往山顶的普查点

第一批《陕西省珍贵古籍名录》发布仪式暨古籍保护成果展

陕西省举办古籍修复与保护活动现场

甘肃省图书馆"冬奥过大年 春渌玉门关——非遗技艺体验活动"

甘肃省图书馆2020年在泾川县图书馆开展"中华古籍普查文化志愿服务行动"

青海省图书馆举办"我与中华古籍"摄影大赛优秀摄影作品巡展

"册府千华——宁夏回族自治区珍贵古籍特展暨庆祝宁夏回族自治区
图书馆成立50周年"系列活动

新疆维吾尔自治区古籍保护中心2016年民族文字古籍征集鉴定

序　言

　　中华古籍，是中华民族五千年文明史的璀璨瑰宝，它们承载着先人的智慧与汗水，记录着历史的沧桑与变迁，是连接过去与未来的桥梁，是滋养民族精神的沃土。自2007年"中华古籍保护计划"正式启动以来，这一宏伟蓝图已悄然绘就十余载春秋。我谨代表国家图书馆（国家古籍保护中心），向所有指导、支持、参与、推动这一伟大事业的各级领导、专家学者、同仁同事和社会各界致以最崇高的敬意和最深切的感谢。本纪念文集的编纂，不仅是对过去十五年辛勤耕耘的回顾与总结，更是对未来古籍保护之路的展望与期许。

一、历史的呼唤，时代的使命：传统文化的新擘画

　　古籍，作为中华优秀传统文化的重要载体，是民族精神与文化自信的源泉。然而，随着岁月的流逝，许多珍贵的古籍面临着不同程度的破损与流失，如何有效地保护这些不可再生的文化资源，成为了摆在我们面前的一项紧迫而重大的任务。正是在这样的背景下，"中华古籍保护计划"应运而生，它不仅是历史的呼唤，更是时代的使命。该计划的启动标志着我国古籍保护工作进入了一个崭新的阶段，对于保护优秀传统文化资源、维护国家文化安全、推动文化繁荣发展、坚定文化自信具有深远的意义。

二、砥砺前行，硕果累累：十五年的保护征程

回望过去的十五年，我们深感自豪与欣慰。在党中央、国务院的高度重视和坚强领导下，在社会各界的广泛参与和大力支持下，"中华古籍保护计划"取得了令人瞩目的成就。

（一）古籍行业全国总动员。古籍工作在各省、自治区、直辖市全面铺开，各省级古籍保护中心肩负重任，推动古籍工作的落地与发展；教育、宗教、民族、文物、卫生、中医药等系统古籍保护工作有声有色；各古籍收藏单位因馆藏而制宜，有序推进各馆古籍工作。古籍保护行业合力逐步形成，古籍工作全国一盘棋的局面打开。

（二）古籍普查登记与书目数据库建设。我们基本完成了全国范围内古籍收藏单位的270余万部汉文古籍普查登记工作，数百家单位编纂出版了《全国古籍普查登记目录》，建立了庞大的古籍普查登记数据库，为古籍的保护与利用提供了坚实的基础。这一成果不仅让我们对全国古籍资源的分布与状况有了更为清晰的认识，也为后续的保护工作指明了方向。

（三）分级保护制度的建立。在文化和旅游部的指导下，国家古籍保护中心组织，全国各省级古籍保护中心积极参与，《国家珍贵古籍名录》、"全国古籍重点保护单位"申报评审工作有序推进。由国务院公布的13026部《国家珍贵古籍名录》和203家"全国古籍重点保护单位"名单，不仅揭示了国家的文化典藏，更彰显了中华文明的悠久传承。各省级古籍保护中心在各省、自治区、直辖市党委和政府的领导下，开展省级名录和省级重点单位评审工作。国家级、省级，乃至地市级的古籍分级保护体系从无到有，极大地提升了古籍的社会认知度和保护力度，使大量珍贵古籍得到了妥善的保存与传承。

（四）古籍修复与再生性保护。我们设立了国家级古籍修复

中心，培养了一大批专业的古籍修复人才，累计修复古籍数百万叶。国家级古籍修复技艺传习中心及附设传习所单位制订工作计划，推进各传习所古籍修复技艺传习，传统的修复技艺通过师徒相授的方式得到了有效的传承。同时，通过影印出版、数字化等手段，实现了古籍的再生性保护，让古老的文字以全新的面貌展现在世人面前。

（五）人才培养与科研创新。我们深知人才是古籍保护事业发展的关键。因此，我们积极推进"三位一体"人才培养模式，加大古籍保护人才培养力度，拓宽人才培养渠道，推动古籍保护学科体系和人才资源建设；我们积极搭建人才培养平台，举办各类培训班和研修班，覆盖全国2000余家古籍收藏单位，为古籍保护事业输送了源源不断的新鲜血液；联合复旦大学等四所高校培养古籍保护专业硕士，并在多个城市推进"古籍保护课程进校园"活动；我们还鼓励科研创新，推动古籍保护技术的不断进步。

（六）古籍共享与服务提升。我们积极建设"中华古籍资源库"，10余万部古籍数字资源线上发布，实现免费、免登录服务，为科学研究提供一手文献；指导全国相关单位开展古籍数字化工作，边建设、边发布，各地馆藏资源为公众提供便捷服务。我们举办"国家珍贵古籍特展"、"册府千华"系列珍贵古籍特展、"中华传统晒书大会"，古籍以短视频、纪录片、综艺等多种方式活化呈现，揭示馆藏，传承文明。

（七）国际交流与合作。在古籍保护领域，我们始终秉持开放包容的态度，积极与国际社会开展交流与合作。通过参与国际古籍保护项目、举办国际学术会议、做好海外古籍调查、推动海外古籍回归等方式，不仅借鉴了国际先进经验和技术手段，也向世界展示了中国古籍保护的成果与风采。

这些成就的背后，凝聚着无数古籍保护工作者的辛勤汗水与无私奉献。他们中既有年高德劭的老专家，也有朝气蓬勃的青年才俊；既有默默无闻的基层工作者，也有享誉海内外的学术大师。正是有了他们的不懈努力与卓越贡献，中华古籍保护事业才得以蓬勃发展、硕果累累。

三、文化传承，科技创新：保护工作经验谈

在十五年的实践探索中，我们深刻体会到古籍保护工作的复杂性和艰巨性。同时，我们也积累了一些宝贵的经验。

（一）坚持政府主导与社会参与相结合。古籍保护是一项系统工程，需要政府、社会、企业、公众等多方面的共同努力。我们始终坚持政府主导的原则，同时积极引导和鼓励社会力量参与古籍保护工作，形成了全社会共同关注、共同参与的良好氛围。

（二）注重科学规划与分步实施。古籍保护工作是一项长期而艰巨的任务，需要科学规划和分步实施。我们根据古籍资源的实际情况和保护工作的紧迫程度，制订了详细的工作计划和实施方案，确保各项工作有序推进、取得实效。

（三）强调人才培养与技术创新并重。人才是古籍保护事业发展的核心动力，技术是提升保护效果的关键手段。我们始终把人才培养放在重要位置，同时注重技术创新和成果应用，不断提升古籍保护工作的科技含量和专业化水平。

（四）坚持传承与创新并行不悖。在古籍保护工作中，我们既要尊重传统、传承经典，又要勇于创新、敢于突破。通过传统修复技艺与现代科技手段的结合运用，我们实现了古籍保护工作的传承与创新并行发展。

四、新起点，新征程：展望美好未来

站在新的历史起点上，我们深知古籍保护工作的任务依然艰

巨而繁重。面对新时代的挑战与机遇，我们将继续秉承"保护为主、抢救第一、合理利用、加强管理"的工作方针，以更加饱满的热情、更加务实的作风、更加有力的措施，推动古籍保护工作不断迈上新台阶。

我们将继续深化古籍普查登记工作，为古籍的保护与利用提供更加全面、准确的信息支持；加大对珍贵古籍的保护力度，同时深入挖掘其学术价值和文化内涵，推动古籍研究工作的深入开展；继续推进古籍数字化工作，依托智慧图书馆体系建设，提升古籍的知识化、智能化服务水平，让更多人能够便捷地获取和利用古籍资源；继续加强古籍保护专业人才的培养和国际交流工作，为古籍保护事业注入新的活力和动力；在保护好古籍的前提下，积极推动其合理利用与传承发展，让古籍在新时代焕发出更加绚丽的光彩。

最后，衷心感谢所有为"中华古籍保护计划"付出辛勤努力和无私奉献的古籍工作者。你们从事古籍普查、古籍修复、古籍数字化、古籍人才培养、古籍整理与研究、古籍保护与传承、古籍征集与鉴定、古籍活化与宣传、古籍阅览服务，你们与古籍为伍，以传承文明为己任，甘坐冷板凳，乐在古籍中，是你们的智慧与汗水铸就了今天的辉煌成就。

让我们携手并进、共同努力，为传承和弘扬中华优秀传统文化、推动古籍保护事业不断向前发展而努力奋斗！

张志清

国家图书馆常务副馆长、国家古籍保护中心副主任

目 录

上 册

国家图书馆（国家古籍保护中心）

省级古籍保护中心

下　册

基层公共图书馆

其他系统古籍保护单位

古籍保护参与者

深入贯彻落实两办《意见》，
奋力推进新时代古籍保护工作
——写在"中华古籍保护计划"
实施十五周年之际

2022年4月11日，中共中央办公厅、国务院办公厅印发《关于推进新时代古籍工作的意见》（以下简称"《意见》"），强调"持续推进中华版本传世工程和中华古籍保护计划，深入开展古籍普查，加强基础信息采集，完善书目数据，编纂总目提要，摸清国内外中华古籍资源和保存状况"，指出要"提升古籍修复能力，加强濒危古籍抢救性修复"等具体意见。《意见》为新时代全国古籍保护工作吹响了号角。

浩如烟海的中华典籍是传承中华文明的重要载体，是中华文脉绵延数千载的历史见证，更是全世界人类文明的共同瑰宝。习近平总书记指出，中国古代大量鸿篇巨制中包含着丰富的哲学社会科学内容、治国理政智慧，为古人认识世界、改造世界提供了重要依据，也为中华文明提供了重要内容，为人类文明做出了重大贡献。无数前辈先贤筚路蓝缕、不懈努力，担当藏书护书使命，守护着历经沧桑而代代传承至今的中华民族珍贵典籍。对这些古籍进行妥善保护、开发和利用，是每一代中国人的历史使命，也是每个历史时期文化工作的重要内容和现实要求。

1949年以来，特别是改革开放以来，我国开展了一系列卓有成效的古籍保护工作，成立全国古籍整理出版规划领导小组、全国高等院校古籍整理研究工作委员会，在全国范围内开展古籍缩微复制抢救工作，实施"中华再造善本工程"等，在古籍保护特别是古籍再生性保护方面取得了显著成绩。2007年1月，"中华古籍保护计划"正式启动；5月25日，国家古籍保护中心在国家图书馆挂牌成立。2022年，我们迎来了"中华古籍保护计划"实施十五周年。

一、踔厉奋进，笃行不息，古籍保护成效显著

"中华古籍保护计划"是新中国历史上首次由国家主持开展的全国性古籍保护工程。十五年来，在中央和各级政府的支持下，依托逐步完善的古籍保护工作体系，全国各级各类古籍存藏机构携手奋进，坚持保护为主、抢救第一、合理利用、加强管理，以普查登记为基础，以分级保护和揭示利用为重点，在古籍修复保护、整理研究、阐释利用、传播推广等领域取得一系列重要成果。

一是全国古籍资源分布和保存状况基本摸清。截至2021年底，全国古籍普查完成270余万部，约3000万册件，普查成果通过"全国古籍普查登记基本数据库"和《全国古籍普查登记目录》向全社会发布，实现全时全域共享。509家收藏单位的古籍普查目录正式出版，出版数据量达127万条；通过网络，能快捷查询264家单位82.5万条古籍普查数据。首次以普查为基础的大型古籍分类目录《中华古籍总目》（分省卷）编纂工作有序开展。古籍类文物定级工作稳步推进。在普查过程中，《永乐大典》"湖"字册、三件重量级唐代早期印刷品、《乾隆御定石经》初拓本等珍贵典籍如沧海遗珠被陆续发现，受到社会各界瞩目。同时，海外古籍调查与合作取得显著成效，日本永青文库36种4千余册汉籍实现实体回归，"海外中华古籍书目数据库"累计收录美国等十余个国家和地区的80余万条书目数据，日本、韩国藏中国古籍总目编纂工作持续推进；海外藏《永乐大典》、哈佛大学

哈佛燕京图书馆藏古籍善本、日本东京大学东洋文化研究所藏汉籍、法国国家图书馆藏敦煌写本等一批流散海外的珍贵古籍通过数字化形式得以回归。

二是全国古籍保护状况显著改善。从中央到地方，从汉文古籍到少数民族文字古籍，一大批珍贵古籍名录公布，卷帙浩繁、损毁程度不一的存世古籍得到有重点、有针对性的分级保存和保护。国务院批准公布六批《国家珍贵古籍名录》（13026部）和"全国古籍重点保护单位"（203家）；20个省区建立"省级珍贵古籍名录"，19个省区命名"省级古籍重点保护单位"。国家标准《图书馆古籍书库基本要求》（GB/T 30227−2013）出台实施，各地不断完善库房管理制度，使新建或改建古籍库房有据可依。各省古籍保护中心因地制宜、精准施策，浙江省制定小微库房设施建设指导规范和最低配置设备清单，着力改造原有库房，使全省超过91%的古籍处于良好的保护；广东省加大经费投入，连续开展五期"广东省基层图书馆古籍库房和阅览空间提升计划"改善基层库房条件。通过国标引导和以评促改，带动全国各级各类古籍收藏单位不同程度改善库房条件，超过2000万册件古籍得到妥善保护。

三是古籍修复工作取得重大进展。12家"国家级古籍修复中心"充分发挥辐射带动作用，完成国家图书馆藏清宫"天禄琳琅"、迪庆藏族自治州图书馆藏"纳格拉洞藏经"、山西"宋辽金元珍贵古籍"、山东"《文选》蝶变"等一批国家珍贵古籍重点修复项目，总量超过385万叶。古籍修复成为一场场非遗传习和科研探索的结合，进入传承、创新、发展的良性循环轨道。国家图书馆、天津图书馆、浙江省宁波市天一阁博物院等古籍修复技艺入选"国家级非物质文化遗产代表性项目名录"。"妙手补书书可春——全国古籍修复技艺竞赛暨成果展"在全国掀起热潮，成为1949年以来首次举办的全国性古籍修复技艺评比，展示了新生代古籍修复师的风采和力量。

四是科技创新成为古籍保护新助力。国家图书馆建设"古籍保护科技文化和旅游部重点实验室",通过对古籍写印材料和与古籍相关的物理、化学、生物等方面的深入研究,有效解决了古籍脱酸、去除氧化斑等问题。古籍修复用纸抄造、古籍修复浸染、纸张脱酸保护等领域多项技术攻关取得重大突破,一批自主研发专利技术实现转化利用。全国协同,完成了古籍修复设备、工具、材料的系统性开发研制和配发工作,全国古籍修复的基础环境从根本上得到改变,为开展古籍修复创造了条件。

五是古籍保护人才队伍规模和专业素质整体提升。古籍保护专业人才队伍建设已经探索出一条培训基地、高等院校、传习所"三位一体"的古籍保护人才创新培养平台。在全国建立12家"国家古籍保护人才培训基地"和1家"国家级古籍修复技艺传习中心"(附设32家"国家级古籍修复技艺传习所"),累计举办古籍保护各类培训班500余期,培训学员超过2万人次,覆盖全国2000余家古籍收藏单位,与多所高等院校合作培养古籍保护硕士,中山大学、复旦大学、天津师范大学、贵州民族大学先后成立古籍保护研究机构,培养了一批具有较高水平的古籍研究专业人员,古籍保护学科建设取得较大进展。古籍修复专业人员从不足百人增至超过千人,从最高学历为大专提升到半数以上为硕士研究生。国家图书馆研究馆员杜伟生、中国书店汪学军入选第四批"国家级非物质文化遗产代表性项目代表性传承人",是古籍修复技艺项目(项目编号:Ⅷ-136)的国家级代表性传承人。国家图书馆、中国书店、天津图书馆(天津市古籍保护中心)、浙江省宁波市天一阁博物院的古籍修复技艺入选"国家级非物质文化遗产代表性项目名录"。"中华古籍普查文化志愿服务行动"拓展到全国21个省(区、市),帮助基层单位整理编目古籍(含民国线装书)超过186万册件。

二、古籍新生，开放共享，接续传承服务人民

文献典籍为中华民族生生不息、发展壮大提供了丰厚的精神文化滋养，也为坚定文化自信、推动社会主义文化繁荣兴盛提供力量源泉。我们始终牢记习近平总书记给国图老专家回信嘱托，"希望国图坚持正确政治方向，弘扬优秀传统文化，创新服务方式，推动全民阅读，更好满足人民精神文化需求，为建设社会主义文化强国再立新功"。在保护好、抢救好珍贵古籍的同时，坚持为研究好、利用好典籍创造条件，在古籍的数字化、整理出版与活化利用方面进行了有益探索，让"书写在古籍里的文字都活起来"，推动中华优秀传统文化不断焕发出新的生命力。

全国联动发布大量古籍数字资源。古籍数字化开放共享能够有效缓解古籍藏与用的矛盾，各地读者可随时随地访问指尖上的图书馆，品读中华优秀传统典籍。依托国家图书馆的宏富馆藏，国家古籍保护中心集中力量开展馆藏善本缩微胶片、普通古籍、少数民族文字古籍等数字化项目，同时积极与国内外古籍收藏机构合作，通过征集、受赠等方式，一大批古籍及特藏数字资源在"中华古籍资源库"发布，现累计总量10万部。2021年，疫情防控期间读者远程访问需求不断增长，国家图书馆积极回应读者"急难愁盼"，全面升级"中华古籍资源库"，提升访问速度，实现免登录阅览，极大满足了社会公众对古籍资源的利用需求。国家图书馆在古籍文献资源开放共享方面的示范作用迅速得到全国省市县级公共图书馆积极响应，各馆纷纷推出本馆特色数字资源。为此，国家古籍保护中心先后5次联合39家古籍收藏单位在线发布古籍数字资源超过2.2万部，受到了业界广泛关注和好评。

一批古籍出版成果影响重大。"中华古籍保护计划"实施以来，珍贵古籍的影印整理突飞猛进，有力推动了古籍的挖掘利用。中华再造善本工程及续编工程以"继绝存真、传本扬学"为

宗旨，影印出版各类古籍善本1341种，分藏全国各大图书馆；《国学基本典籍丛刊》系列丛书出版600余册，被称为"平民版再造善本""21世纪的《四部丛刊》"，广受高校学子喜爱。《中华医藏》项目集保护、传承、整理、利用中医药古籍为一体，着力推动中医的学术研究与资源开放共享。结合国家重大文化战略，加强国家图书馆"四大专藏"的挖掘整理利用，组织《永乐大典》、敦煌遗书等重点古籍系统性保护整理出版，整理成果《国家图书馆藏甲骨全编》即将正式出版。实施国家传统文化典籍整理工程，有序推进长江、黄河、长城、大运河、"一带一路"古籍文献等整理与研究。同时，以通俗易懂的形式对珍贵典籍进行再阐释，《中华传统文化百部经典》秉持"激活经典、熔古铸今、立足学术、面向大众"的编纂目标，通过权威专家解读，引领公众走近名著，阅读经典。各省古籍收藏单位的古籍目录、图录、影印丛书、整理研究成果不断涌现，《两浙文丛》《广州大典》《朔方文库》《江苏文库》《遵义丛书》等地方典籍丛书编纂出版蓬勃发展，为文化强省、文化强国战略提供文献支撑。

古籍传承文明、服务社会的能力不断凸显。"以史为鉴，可以明得失"，典籍中蕴藏着解决当代人类面临难题的重要启示，能够帮助我们历史地认识中国，认识中华民族五千年发展的历史脉络，为当代中国治国理政提供文献支撑和经验借鉴。2012年，国家图书馆加挂国家典籍博物馆牌子，至今已举办展览160多场。国家古籍保护中心联合各地古籍保护中心，在对历史文献进行深入挖掘、整理和研究的基础上，策划举办"中华传统文化典籍保护传承大展""册府千华：国家珍贵古籍特展""国家图书馆藏《永乐大典》文献展"等系列专题文献展览和历史文化专题讲座、展览等文化活动，突出"从中华传统典籍中汲取历史智慧"的时代性要求，有力促进了古籍保护知识与理念的传播；"甲骨文记忆展"走出国门彰显甲骨文的文化魅力和时代价值。举办全国古籍修复技艺竞赛、古籍相关系列讲座数百场。联合全国古籍存藏单位举办"中华传统晒书大会"等活动，开展中华经典传习项目试点工作，光大典籍保护传统。依托全国图书馆文化创意产品开发联盟，深入挖掘典籍文化内涵，推出百余件文创产品，推动传统文化元素浸润百姓心灵。联合中小学校开展青少年传统文化研学游活动，以寓教于乐的方式，推动传统文化基因代代传承。

三、固本培元，守正创新，新时代贡献新作为

近年来，全国古籍保护制度体系日臻完善。2018年正式施行的《中华人民共和国公共图书馆法》为公共图书馆古籍工作提供了法律依据。2021年3月，《中华人民共和国国民经济和社会发展第十四个五年规划和2035年远景目标纲要》（以下简称"十四五"规划）提出"加强文物和古籍保护研究利用"。2022年，中央政府工作报告中首次提出"传承弘扬中华优秀传统文化，加强文物古籍保护利用和非物质文化遗产保护传承"。4月，中共中央办公厅、国务院办公厅专门印发《关于推进新时代古籍工作的意见》，从实现中华民族伟大复兴的高度对古籍工作进行顶层设计。党和国家的高度重视和大力支持，让古籍事业迎来新的发展机遇，要求我们进一步坚定文化自信，在古为今用、推陈出新中服务当代、面向未来。

未来，国家图书馆（国家古籍保护中心）将进一步贯彻落实习近平总书记给国图老专家回信精神，根据两办《意见》要求，继续组织实施好"中华古籍保护计划"，在推进古籍普查调查拓展深化、古籍保护修复科学化、古籍存藏保护标准化、古籍影印出版普及化、古籍整理研究体系化、古籍传播推广大众化、古籍人才队伍建设专业化复合化的基础上，进一步提高古籍保护水平，提升古籍整理研究和编辑出版能力，加强古籍工作科学化规

范化管理，全面提升古籍工作质量，加快古籍转化利用. 深入挖掘古籍时代价值，着力构建古籍知识服务体系，加速推动古籍整理利用转型升级，促进古籍事业持续繁荣发展。特别是要充分发挥现代科技赋能作用，积极开展古籍文本结构化、知识体系化、利用智能化的研究和实践，多渠道、多媒介、立体化地做好古籍普及传播，推动古籍工作在弘扬中华优秀传统文化、推动全民阅读中的地位更为凸显、作用更加突出。

智能技术的加速迭代，为新时代古籍工作创造了更好条件。由财政部、文化和旅游部支持指导，国家图书馆牵头实施的"全国智慧图书馆体系"建设项目以及各地组织实施的智慧图书馆、智慧博物馆建设项目中，都将应用智能技术手段改造提升古籍工作水平作为一项重要内容。下一步，国家图书馆（国家古籍保护中心）将继续立足我国古籍工作基础，借鉴各领域已有智能技术应用实践，以全国智慧图书馆体系建设为契机，大力推动各地智慧化古籍存藏空间建设，为古籍存藏环境的精细管理、动态调控、风险预警和应急响应等提供智能高效的支撑和保障，逐步推动实现全国古籍存藏状态的实时监测和数据共享；加快推进古籍智能保护修复技术与专用设备研发，促进现代智能技术在古籍残损病害预防、分析、诊断及辅助修复等领域的推广应用；建设全国古籍大数据平台，实现与国家文化大数据等各类数据平台的无缝连接与数据共享，为用户提供多元个性化的古籍知识服务，充分发掘古籍资源数据价值；统筹推进古籍工作智能技术应用领域专业人才培养、技术研发合作、标准规范研制推广，为新时代古籍工作高质量、可持续发展构建强有力的支撑保障体系。

流传至今的浩瀚古籍中，蕴藏着中华民族丰富而宝贵的历史记忆、思想智慧和知识体系，承载着中华民族一脉相承的精神追求、精神特质与精神脉络，是今天人们了解和学习优秀传统文化的宝贵实物资料，是我们回答现实课题、解决现实问题、阐释中国精神、实现中华民族伟大复兴中国梦的智慧源泉。新时代古籍工作必须着力加快古籍资源转化利用，挖掘古籍时代价值，促进古籍有效利用。我们将认真深入贯彻落实两办《意见》，依托国家古籍保护中心和全国各级古籍保护中心，大力倡导古籍阅读。积极推进经典古籍文献整理出版，继续实施《中华传统文化百部经典》编纂出版等重大项目，深入挖掘古籍资源的当代价值，不断推出适合当代大众阅读的古籍精选精注精评精译作品；加强与社会各领域合作，组织实施"中华经典传习"项目，推动建设一批"中华优秀传统文化实践基地"，持续推进古籍阅读进校园，将中华优秀传统文化教育贯穿国民教育始终；主动适应社会信息环境和公众阅读学习方式的变化，积极探索多媒体、多渠道、多终端的古籍阅读推广活动，联合打造虚实结合的古籍文化传播共享空间，通过古籍VR资源制作、古籍体验游戏开发、古籍主题影视节目录制、古籍创意产品开发等方式，让"书写在古籍里的文字都活起来"，不断走进当代生活，浸润百姓心灵。

"以古人之规矩，开自己之生面"。做好古籍保护工作，推动中华优秀传统文化创造性转化、创新性发展，是弘扬中国精神、传播中国价值的时代命题，也是我们肩负的历史使命。我们将继续奋进，在古籍保护领域深耕厚植，坚持固本培元、守正创新，结合新的时代条件传承和弘扬中华优秀传统文化，把凝结着中华民族传统文化的典籍保护好、管理好、研究好、利用好，以时代精神激活中华优秀传统文化的生命力，为坚定文化自信、凝聚民族精神、实现中华民族伟大复兴中国梦做出新的更大贡献。

熊远明

国家图书馆馆长、国家古籍保护中心主任

近年来我国古籍保护工作的探索与实践

——原文化部副部长周和平在中国古籍保护协会2019年度理事会辅导讲座上的主题报告

中华文化博大精深，源远流长，是世界上唯一未曾中断的文明，具有举世公认的重要地位和影响。中华民族文化传承有三个渠道：第一个是物质形态的文物；第二个是非物质文化遗产；第三个是古籍，也是更为重要的一个形式。中华民族不同于其他民族的一个重要标志和特质是用文字记载历史，从而使中华民族屹立于世界民族之林，是我们文化自信的基石。

第一种形态是物质形态的文物，如经文物发掘确认的河姆渡文化，距今至少有7000年的历史。第二种形态是活态传承的非物质文化。所谓非物质文化遗产是各族人民创造并世代相承，与人们生产、生活活动密切相关的各种传统文化表现形式，它活在当代，植根于祖先。我国的非遗保护工作在社会上引起了巨大反响，已成为继承和弘扬中华民族传统文化的重要组成部分。第三种形态更为重要，即古籍文献。在甲骨文之前，中国还发现过如鸟虫文等一些不构成文字形态的其他形式。甲骨文产生于殷商时期，距今3500年，目前有十几万片的甲骨分藏于国内外各机构。以后又陆续出现了竹木简、帛书、纸质等典籍，这些典籍准确记载了大量中华民族文化形态和民族发展历史，是中华民族特有的精神价值、思维方式和想象力、创造力，是中华民族绵延不断、一脉相承的历史见证，也是人类文明的瑰宝。因此，做好古籍保护工作意义重大。

尽管我国古籍浩如烟海，但由于历史久远，又因朝代更迭、战争、自然灾害等各种原因，很多古籍不断遭到了破坏，留存至今的古籍万不存一。新中国成立以来，党和政府高度重视古籍保护工作，为保护古籍做了大量工作，特别是改革开放以来，我国古籍保护工作取得了显著成绩。但是，我国古籍保护还存在很多问题，如古籍底数不清、部分古籍破损严重，古籍保护和修复人才匮缺，有的珍贵古籍面临失传危险，还有大量的珍贵古籍流失海外等，古籍保护工作亟待加强。为加强古籍保护工作，2007年1月19日，国务院办公厅发布《关于进一步加强古籍保护工作的意见》（国办发〔2007〕6号）（以下简称"《意见》"），正式实施"中华古籍保护计划"，同时，建立了由文化部牵头，国家发展和改革委员会等十部委共同组成的全国古籍保护工作部际联席会议，负责全国古籍保护工作的组织协调、指导推动和督促检查。"中华古籍保护计划"是新中国成立以来，第一次由中央政府全面部署和领导的古籍保护工作，具有划时代的意义。根据《意见》精神，并经中央编办批准，在国家图书馆挂牌成立国家古籍保护中心，担负全国古籍保护业务指导中心、培训中心和研究中心的职责；组建全国古籍保护工作专家委员会，为计划实施提供智力支持。全国各省、自治区、直辖市也相继建立了省级古籍保护工作厅际联席会议、省级古籍保护中心和专家委员会。为调动社会力量参与古籍保护工作，2015年，由国家古籍保护中心和国内古籍保护专家发起，成立了全国古籍保护的社会组织中国古籍保护协会。一个由国家统筹领导，各级各类古籍存藏机构及古籍工作者协调合作，社会各界共同支持和参与的全国古籍保护工作格局逐步完善，为古籍保护工作提供了坚实的组织保障。

《意见》对古籍保护工作的开展发挥了重要的作用，充分调动了各地积极性，全国古籍保护工作围绕"保护为主、抢救第一、合理利用、加强管理"的总方针，在中央和地方各级财政的大力支持下，在全国古籍保护工作部际联席会议的正确领导下，经过全国古籍保护工作者的不懈努力，古籍保护在完善机制、古籍普查、人才培养、科学修复、整理研究、数字出版、保护宣传等方面取得了重要进展。2017年5月31日，文化部简报第43期编发题为《"中华古籍保护计划"实施十周年成效显著》的文章，引起中央领导重视，李克强总理、刘延东副总理分别作出重要批示，对"中华古籍保护计划"实施十年来的工作成绩予以充分肯定和高度评价。

一、近些年我国古籍保护的主要工作

（一）全面开展古籍普查

为摸清家底，建立国家登记制度，2007年按照国务院文件部署，文化部印发《关于〈全国古籍普查登记工作方案〉等文件的通知》（文社图发批〔2007〕31号），古籍普查登记试点工作正式启动。鉴于古籍种类多、载体多、版本复杂，且收藏单位分散，国家古籍保护中心先后制定了古籍普查登记规范、研制古籍普查平台并在全国推广使用，并根据工作实际避繁就简，最终形成便于操作又能明确描述古籍的著录标准。结合几年的实践探索，2011年国家古籍保护中心确立了古籍普查、出版目录、编纂《中华古籍总目》（分省卷）三步走的方式，开始全面推进古籍普查登记工作，并实现与可移动文物普查对接，共享成果。基本完成古籍普查工作是《"十三五"时期全国古籍保护工作规划》的明确要求，是全国古籍保护重中之重的工作。截至目前，全国古籍普查登记工作已累计完成260余万条另14500函，占预计古籍总量的80%以上，全国24个省份基本完成汉文普查工作；共2315家单位完成古籍普查登记工作，占预计单位总量的78%以上；累计出版225家收藏单位的《全国古籍普查登记目录》共计68部111册

779220条款目;"全国古籍普查登记基本数据库"累计发布169家单位数据672467条。

从2015至2018年,中国古籍保护协会连续4年组织开展"中华古籍普查文化志愿服务行动",来自全国130所高校、759名大学生志愿者,百余名图书馆业务骨干,深入全国15个省份、158家基层古籍公藏单位开展古籍普查,完成整理编目登记古籍120余万册件,有力地促进了全国古籍普查工作。

目前,在古籍普查登记基础上,已陆续启动《中华古籍总目》国图卷、天津卷、水文卷等编纂工作。

(二)建立《国家珍贵古籍名录》

国务院办公厅《关于进一步加强古籍保护工作的意见》明确要求"建立《国家珍贵古籍名录》,逐步形成完善的古籍保护制度"。为发挥各级政府对古籍保护的彰显作用,以引起全社会对珍贵古籍的重视,《国家珍贵古籍名录》由国务院公布、文化部颁发证书,对入选的每部古籍颁发"身份证"。截至目前,国务院已先后公布五批《国家珍贵古籍名录》,收录古籍12274部,20个省区建立《省级珍贵古籍名录》,收录古籍24790部,有的地市也相继建立市级珍贵古籍名录,各地对入选名录的古籍加大了保护力度,配备函套、书盒,完善保护措施,名录制度的建立发挥了政府的重要彰显作用。

(三)命名全国古籍重点保护单位

国务院办公厅《关于进一步加强古籍保护工作的意见》明确要求"改善古籍保管条件,命名全国古籍重点保护单位",对古籍收藏量大、善本多、具备一定保护条件的单位,经国务院批准,命名为全国古籍重点保护单位,并作为财政投入和保护的重点。截至目前,国务院已命名五批180家"全国古籍重点保护单位",19个省份命名243家"省级古籍重点保护单位"。通过评审和命名,促进了政府对古籍保护的投入,推动各单位根据《图书馆古籍书库基本要求》等国家标准新建或改建古籍库房，完善库房管理制度，带动全国1000余家古籍收藏单位不同程度地改善库房条件，配备古籍保护专门设施设备，使超过2000万册件古籍得到妥善保护。

（四）加强原生性保护

2010年，文化部命名12家"国家级古籍修复中心"，修复场所总面积约7250平方米；带动全国各级各类古籍存藏机构建立专业古籍修复室247个，总面积超过1.6万平方米。国家级古籍修复中心充分发挥辐射带动作用，组织开展国家图书馆藏"天禄琳琅"清宫珍籍、山西省国家珍贵古籍、云南"纳格拉洞藏经"、陕西省图书馆《古今图书集成》等大型古籍修复项目，累计修复古籍超过330余万叶。

为使古籍修复技艺得到传承，"古籍修复技艺"被列入"国家级非物质文化遗产名录"，杜伟生等二人还被确定为国家级非物质文化遗产项目代表性传承人。部分省份也设立了省级传承人，古籍修复技艺传承体系逐步建立。国家图书馆、天津图书馆、山东省图书馆、宁波市天一阁博物馆、南京图书馆、云南省图书馆、上海图书馆、浙江图书馆等8家"国家级古籍修复中心"已陆续获得国家可移动文物修复资质。

2007年建成的国家图书馆古籍保护实验室，在古籍修复用纸、古籍文献装具、古籍库房环境、脱酸以及古籍文献材料的性能及老化等问题的研究上均达到或接近国际先进水平，被认定为古籍保护科技文化和旅游部重点实验室。

（五）加大再生性保护力度

国务院办公厅《关于进一步加强古籍保护工作的意见》要求："在保护古籍的同时，应加强利用，采用数字化和整理再造等方式，使珍稀古籍化身千百，服务社会。"明确提出要利用科学技术作为古籍保护和古籍传承的重要渠道。古籍数字化作为保护与传承珍贵古籍的重要手段之一，可以真实、清晰地反映古籍原貌，借助互联网等媒介提供大众使用，极大地促进了古籍传播，开创了古籍服务的新模式。古籍原件可以得到长期保存和更妥善的保护，有效解决了古籍保护和利用的矛盾。古籍数字化不仅是解决古籍保护与利用的有效手段，也是建设国家文献战略储备库、保障我国文化安全的一项重要基础工程。截至目前，"中华古籍资源库"发布资源总量超过3.2万部，国家图书馆超过三分之二的善本古籍实现了在线阅览，相当于8部《四库全书》的规模；带动全国21家古籍收藏单位共同发布资源1.7万部。截至目前，全国累计在线发布古籍资源已超过6.5万部，使古籍中蕴藏的文化得到了更有效和广泛的传播。

（六）开展古籍整理与出版

在古籍整理出版等再生性保护方面，先后规划和实施《中华再造善本》及《续编》、《中华医藏》、《中华续道藏》、《中国古籍珍本丛刊》、《国学典籍基本丛刊》、"稀见方志丛刊"、《孔子博物馆藏孔府档案汇编》等多个古籍整理项目。2014年12月20日，习近平主席在澳门大学考察时向该校赠送了由国家图书馆组织仿真影印的《永乐大典》和《北京大学图书馆藏稀见方志丛刊》，并指出阅读中华文化典籍，开卷有益，传递的是正能量。

《中华再造善本》以"继绝存真，传本扬学"为宗旨，影印出版各类古籍善本1341种2377函13395册另5轴〔一期758种1394函8974册（另卷轴2种）、二期583种983函4421册（另3轴11册叶）〕，先后入藏国家图书馆、31家省级图书馆、100所高等院校以及国内外学术机构，赢得学界广泛好评。《中华再造善本》精选重要和珍贵的古籍版本，扩大了古籍收藏范围，增加了珍贵古籍的保护渠道。2011年8月18日，在香港访问的中共中央政治局常委李克强同志出席香港大学百年校庆典礼，向香港大学赠送一套《中华再造善本》，各界反响良好。

（七）加强古籍保护队伍建设

人才队伍是事业成功的保证。人才匮乏是制约古籍保护工作的一个瓶颈。从事古籍保护工作，需要古籍版本专家、古籍保护科学家、古籍保护修复专家、文献研究学者、古籍保护管理者、古籍保护一线业务工作者和社会志愿者形成合力。既要培养高素质的专业人才队伍，又要建立一支热心的志愿者队伍。

针对这个问题，"中华古籍保护计划"将专业人才队伍建设作为首要任务，采用多种渠道开展人才培养工作，探索出一条培训基地、高等院校、传习所"三位一体"的古籍保护人才培养之路，在全国建立12家"国家古籍保护人才培训基地"和1家"国家级古籍修复技艺传习中心"（附设25家国家级古籍修复技艺传习所），传习导师19位，收徒223人。举办古籍保护各类培训班199期，培训学员9737余人次，涵盖全国1900余家古籍收藏单位。

古籍保护学科体系建设取得重要突破，联合高校培养古籍保护专业人才成效显著。目前中国社科院研究生院、中山大学、复旦大学、天津师范大学已累计招收古籍保护专业硕士126人。复旦大学已经成功申办古籍保护一级学科，并成功申请古籍保护博士学位点。复旦大学、天津师范大学建成了古籍保护研究院。

同时，国家古籍保护中心与中国古籍保护协会合作，调动社会力量举办"古籍普查文化志愿服务行动"，志愿者共普查古籍12.6万种，98.3万册，志愿者人数达539人，分布93所高校，受援单位113家。

（八）开展海外古籍的调查与合作

存世的中华文献典籍，还有数以百万册流存于海外，不仅数量多，还有相当一部分是存世孤本，有较高的文献价值与文物价值。但是，海外古籍的流布和存藏情况至今并没有全面掌握，只有全面了解存藏情况才能开展有效的合作和各种形式回归。因此，了解海外古籍存藏情况非常必要。

国家古籍保护中心积极利用影印、缩微、数字化等方式复制海外中华古籍回归，推进海外中华珍贵古籍文献的调查摸底。2016年启动建设"海外中华古籍书目数据库"，累计收录包括美国、加拿大、西班牙、日本等十余个国家和地区72.6万条（含子目）；启动《日本藏中国古籍总目》《韩国藏中国古籍总目》编纂出版项目。圆满完成国家文物局委托的"海外中华珍贵古籍调查项目"，收录海外中华古籍宋元明近2万部古籍书目信息，采集4000余幅古籍书影；法国国家图书馆藏全部敦煌写本数字资源实现回归并在线发布，在海内外中国学研究领域产生重大影响；开展海外藏《永乐大典》数字化回归工作，现累计出版海外藏《永乐大典》57册；推动《海外中华古籍珍本丛刊》《海外中华古籍书目书志丛刊》等出版项目，《美国哈佛大学哈佛燕京图书馆藏善本方志书志》《哈佛燕京图书馆藏稀见方志丛刊》《哈佛燕京图书馆藏古籍珍本丛刊·史部》《美国埃默里大学神学院图书馆藏中文古籍目录》等正式出版。

2014年，北京大学斥资18亿日元（约合人民币1.1亿元）从日本大仓集古馆购得"大仓文库"古籍，共有931种28143册，具有很高的文物价值和文献价值，其中文津阁《四库全书》抽出本，被专家鉴定为存世孤本。这是近年来我国首次大批量回购留存于海外的典籍。

2018年6月26日，日本永青文库36部4175册汉籍入藏国家图书馆，成为海外中华古籍实体回归的重要成果，书写了新时代中日友好交往新的佳话。这次捐赠是新中国成立以来日本友人向中国捐赠汉籍数量最多的一次，是重要的海外中华古籍实体回归成果。目前围绕捐赠汉籍的阅览服务、数字化、影印出版等相关工作正在展开。

另外，2018年山东大学组织开展的"全球汉籍合璧工程"作为国家重大工程纳入"中华古籍保护计划"，该工程的主要任务是对世界各地存藏的中华古文献资源进行调查摸底；对境外存藏、国内缺失汉籍进行遴选，并以数字化、缩微复制、拍照扫描等多种方式实现再生性回归；加强对境外汉籍的整理出版、学术研究，建立境外汉籍目录等数据库，形成面向全社会开放的文献检索系统，实现工程成果面向全社会的公益使用和科学研究，向公众揭示中华古籍蕴含的深厚文化内涵。目前，该工程各项工作正在有序推进中。

（九）大力加强少数民族地区古籍保护工作

为加强西藏、新疆地区古籍保护工作，2009年，文化部、教育部、科技部、国家民委、新闻出版总署、宗教局、文物局、中医药局联合下发《关于支持西藏古籍保护工作的通知》及《西藏古籍保护工作方案》，建立西藏古籍保护工作专项；2011年，八部委又联合下发《关于支持新疆维吾尔自治区古籍保护工作的通知》，设立新疆古籍保护工作专项，逐步形成了符合两个地区实际、体现地域特色、科学有效的古籍保护制度，开创了少数民族古籍保护工作的全新局面。通过举办大型展览宣传优秀民族文化，先后在乌鲁木齐和北京举办了"新疆历史文献暨古籍保护成果展"，受到党和国家领导人以及广大群众的一致好评，在社会上引起了巨大反响，成为弘扬中华优秀传统文化、促进民族团结和国家统一的生动教材。积极推进新疆、西藏地区古籍普查和普查目录出版工作，新疆地区已完成19家古籍收藏单位共计14980条汉文古籍普查登记数据；西藏地区已完成820家古籍收藏单位共计14360函藏文古籍普查登记数据。加强少数民族地区古籍保护人才培养，先后选派新疆、西藏两地学员参加各类培训班，并在云南等地举办少数民族古籍修复培训班，推动西南民族地区古籍保护工作。2018年12月正式发布《中国少数民族文字古籍定级》（GB/T 36748—2018）国家标准。2018年底，中国古籍保护协会成立"少数民族古籍保护专业委员会"，由18位全国少数民族古籍保护领域具有重要影响力的专家组成。旨在凝聚社会力量、促进少数民族古籍保护工作实施中发挥积极的作用。2019年初，中国政府每年投入3000万元专项资金，开展为期10年的布达拉宫古籍文献保护利用工程。

（十）大力开展古籍保护宣传推广工作，弘扬中华优秀典籍文化

一是建立国家典籍博物馆。2012年7月，中央编委批准在国家图书馆加挂"国家典籍博物馆"牌子，正式成立"国家典籍博物馆"。"国家典籍博物馆"是古籍阅览的特殊方式，它以揭示典籍、传播文化为宗旨，让大众走近古籍，让古籍活起来。2014年9月10日，国家典籍博物馆正式对公众开放，首展"国家图书馆馆藏精品大展"展出包括善本古籍、金石拓片、敦煌遗书、名家手稿、样式雷图档、舆图、少数民族文字古籍、西文善本、中国古代典籍简史9个专题展览，展出800余件馆藏精品，在全社会引起热烈反响。截至2018年12月底，国家典籍博物馆已经举办"甲骨文记忆展""旷世宏编 文献大成——国家图书馆藏《永乐大典》展"等大展。依托典籍博物馆展示传统典籍的方式，也影响带动了国内一批图书馆陆续建立典籍博物馆，使古籍里的文字活起来，对推动社会发展发挥了良好作用。

二是开展各种形式的展览。早在2006年，国家图书馆就举办"文明的守望"展览，以国家图书馆藏善本珍品为主线，展示了古籍保护、修复的相关理念和成果，成为"中华古籍保护计划"项目正式启动的预热，引发了社会广泛关注。随着"中华古籍保护计划"的不断推进和五批《国家珍贵古籍名录》的评审，以"国家珍贵古籍特展"的形式让群众在典籍博物馆中欣赏中华传统文化精粹也一次次引发社会热点。国家古籍保护中心策划的"册府千华"系列专题珍贵古籍展现已在全国16省陆续举办23场，成为古籍保护宣传的品牌展览。特别是2018年以来，"册府千华"

系列展览以党的十九大精神为指归，将典籍中的历史智慧和地方文献相结合，展示了党的十九大报告中重要用典的出处，成为新时代坚定文化自信的重要手段。

三是广泛开展讲座。讲座已成为各级图书馆的基本文化服务形式。近几年，陆续举办"国家珍贵古籍系列讲座""中华古籍保护名师讲堂""讲好中国典籍故事""孔子·儒学·儒藏——儒家思想与儒家经典名家系列讲座""格致·考工·源流——中国古代重要科技发明创造名家讲座""稽古·贯通·启新——北京大学中国古代史名家讲座"等不同主题特色讲座，得到了读者观众的广泛好评，各地图书馆举办的讲座已经成为揭示馆藏、传播文化的重镇。

四是推动古籍保护进校园。通过举办各类活动拓宽传统文化向校园的传播渠道，如举办"尊师重教　修学研艺——古籍保护技艺传承活动""古籍修复进校园""走近《四库全书》"等活动，提高了人民群众和青年学子对古籍保护的参与感、获得感与归属感，更让校园成为弘扬中华优秀传统文化的沃土，取得良好社会反响。

五是围绕建党80周年、辛亥革命等重大事件开展专题活动，展示革命文献。如2017年启动《赵城金藏》重要历史资料抢救性摄录工作，纪念抗战时期中国共产党为抢救《赵城金藏》所付出的卓绝努力和巨大牺牲，充分体现了我党对中华优秀传统文化的重视，也充分说明我党在斗争中孕育的革命文化深深植根于中华优秀传统文化之中，又成为社会主义先进文化发展的直接来源，是我党重视古籍保护的重要范例。为纪念这段历史，国家古籍保护中心组织专家团队赴山西6个地区收集抗日战争时期中国共产党领导抗日武装抢救《赵城金藏》的有关资料，行程2000公里，逾20个市县，走访各类单位、机构近30家，采访50余位知情人士，对《赵城金藏》的传承保护和学术研究具有重要意义。通过文献展示等方式，古籍保护与民国文献保护实现结合，图书馆文化传统功能通过这种形式得到发挥。

六是多措并举建立古籍保护宣传阵地。充分延伸和发挥图书馆"为书找人、为人找书"的职能，通过传统媒体、网络媒体、新媒体等多渠道立体揭示馆藏、宣传古籍保护，依托中国古籍保护网、国家古籍保护中心微信公众号、文化报、藏书报《古籍保护专刊》、图书馆报《文献保护专刊》等宣传阵地，使古籍保护受到各界广泛关注。

以上成绩，是在党和政府的领导和关心支持下，通过部际联席会议成员单位的鼎力配合、社会力量的广泛参与，全国古籍保护工作者奋力拼搏、勇于创新、默默奉献取得的。在这里，我特别向广大古籍保护工作者表达敬意。

二、当前古籍保护工作存在的问题

中华古籍保护各项工作取得了突出成就，在国内外产生了积极影响，"中华古籍保护计划"呈现出良好的发展势头。但是我们必须清醒地看到，我国的古籍保护工作刚刚开始，还存在一些突出的问题需要解决，主要表现在：

（一）对古籍保护的重要性认识不够

一些地方没有把古籍保护工作放到中华民族伟大复兴的历史视野中对待，没有放到维系中华文明根脉和维护国家文化安全的高度来认识，特别是没有意识到这是一项和时间赛跑的伟大事业，缺乏紧迫感。

古籍不同于文物，绝大部分收藏在公共图书馆，但我国尚无专门针对古籍保护的法律法规，相关法律不完备，古籍在保护方式和提供服务上受到很大制约；古籍保护学科体系尚未建立；经费投入不足等制约着古籍保护工作深入开展。

（二）"重申报轻保护"的问题不同程度存在

一些地方只重视珍贵古籍和重点单位申报，不重视古籍保护和利用，对"保护为主、抢救第一、合理利用、加强管理"方针理解不到位，造成基础工作不扎实，专业人才缺乏，人员岗位配备不足，缺乏严格有效的管理督导，工作的科学化、规范化水平仍有待提高。如有的省虽建立了古籍保护中心，但并未落实古籍编制和专职管理人员，人员基本以兼职为主，严重制约古籍保护事业发展。

（三）动员社会力量参与不够

古籍保护不仅是收藏单位的职责，更是全民族义不容辞的责任。近几年，虽然各地进行了多项动员社会力量参与的有益尝试，但是总体讲还是专业力量参与多，社会力量参与少，特别是古籍保护与相关企业缺乏有效沟通渠道，社会力量参与古籍保护的相关政策和机制还不完备，如何让社会力量广泛参与进来，依然是古籍保护工作者需要不断探索的重要课题。

（四）古籍的整理和挖掘力度不够

目前，古籍保护主要局限在文献收藏单位中开展，未能充分调动社会力量的积极性，造成对古籍内涵的挖掘和揭示手段不够，利用形式较为单一，特别是关注当下社会经济发展的相关产业和项目策划不多，古籍保护与当前社会经济发展联系不紧密。可以说，古籍如何服务当代、服务社会、造福民众，这项工作还没有真正做起来。

如何挖掘和利用古籍、密切古籍与社会生活的关系，已成为关系古籍保护未来发展方向的关键。让古籍中的文字活起来，不单单是形式上的传承，还要更多通过生动多样的介质和手段揭示利用古籍中所蕴含的智慧经验，并加以转化利用、传承发展。古籍保护只有和社会发展、产业发展、人们的生产生活密切地联系起来，才能动员社会力量广泛地参与古籍保护工作中来，形成氛围和合力，社会大众才会更加关注古籍保护，古籍保护才能像非遗保护一样真正推向全社会并得到广泛支持。这是古籍保护未来发展的一个方向，如何破解这个课题，还需要我们不断探索，勇于创新，走出一条新路。

三、对今后古籍保护工作的建议和设想

（一）继续推进并做好古籍保护各项基础工作

首先，保护好古籍是古籍保护工作的基础和立身之本。要继续推进做好古籍保护各项基础工作，加大全国古籍普查登记力度，在"十三五"末基本完成全国古籍普查登记工作；继续推进《中华古籍总目》编纂工作，促进古籍普查数据开放共享；切实加大古籍保护力度，加强珍贵古籍保护，改善古籍存藏环境，推进国家图书馆国家文献战略储备库建设；促进海外中华古籍调查和回归，有计划、分步骤开展海外中华古籍调查和回归工作；全面提升古籍修复能力，加强珍贵古籍修复，谋划实施一批新的修复项目，促进古籍修复技艺传承发展，加强古籍保护技术研究；继续加强古籍整理出版和数字化建设，推进珍贵古籍缩微复制保存，促进资源共享，提高利用效率；加快古籍保护立法，推进古籍保护条例，加强古籍保护制度和标准建设等。

其次，建议大家要特别关注对田野石刻文献的保护。众所周知，我国历史悠久、典藏宏富，除纸质古籍外，还留存有大量的石刻文献，如碑铭、摩崖、墓志等，近年来还不断有出土石刻，这些石刻文献内容十分丰富，可以说是刻在石头上的地方志、家谱和国史，是保存和传播中国文化、记录中华民族历史的重要载体之一，具有重要的历史文物价值、文献版本价值和书法艺术价值。目前有大量石刻文献散布于广袤的田野之间，缺乏最基本的

保护条件。许多碑刻散落野外，历经风雨剥蚀，文字图像日渐消损，还有一些随着城镇化、新农村建设的推进陆续消失损坏，存在严重的安全隐患，状况令人担忧。例如安徽天柱山三祖寺旁"山谷流泉摩崖石刻"，刻满了自唐代以来1200余年间的摩崖石刻，据说大概有四五百块，其中不乏王安石、李师中、苏东坡、黄庭坚等名家大家的刻记，因受到酸雨、风化等影响，逐步正在损毁。类似上述情况的石刻各地还有很多。

因此，加强对田野石刻文献的保护，已是刻不容缓。希望有关方面能够引起重视，一方面设立保护专项，将石刻文献作为特殊的文献类型列入古籍保护范围，使之成为古籍保护的基础工作之一，并尽快在全国范围内开展调查，改善石刻文献的存藏条件，采用合适的方式对濒危石刻实施抢救性传拓和影像记录，并通过数字化方式建设石刻文献资源库，使这一珍贵历史文献能够收录下来，传之后世；另一方面，广泛动员社会力量，充分利用社会资金，如中国古籍保护协会可设立一个专业委员会，结合整理出版，促进石刻文献保护和利用；各省、市、自治区等也可以结合自身实际情况，在本地区范围内因地制宜，探索采用多种灵活的方式开展石刻文献保护。

（二）深入挖掘古籍内涵，服务当代，服务社会

中华民族在五千多年的发展进程中，创造了高度发达的文明，造纸术、火药、印刷术、指南针"四大发明"为世界文明进步做出贡献，天文、算学、医学、农学等多个领域的发明和创造硕果累累，大量文明成果通过典籍的记载和流传，为世界文明进步和科技发展做出了突出贡献，带来了深远影响。

古籍文献中可供挖掘的内容十分丰富，其中很多内容又与当下的社会经济发展和当代人的生活有十分密切的联系。例如我国十分丰富中医典籍，耳熟能详的如《黄帝内经》、《伤寒论》、《针灸大成》、各种药典等，中医重要观念如治未病、药食同源

等，都凝结着古人的思想和智慧。屠呦呦从东晋葛洪《肘后备急方》记载的"青蒿一握，以水二升，渍绞取汁，尽服之"获得启发，采用冷水榨汁再浓缩成药的方式，通过现代科技手段成功提取了有效治疗疟疾的青蒿素，为人类健康做出贡献，获得2015年诺贝尔生理学或医学奖。古典中这种类似的案例还有很多，如葛洪《肘后备急方》记载的"疗狂犬咬人方，仍杀所咬犬，取脑敷之，后不复发"，是中国免疫思想的萌芽；唐代孙思邈《备急千金方》记载的"治小儿疣目方：以针及小刀子决目四面，令似血出，取患疮人疮中汁、黄脓敷之，莫近水三日，即脓溃根动自脱落"，说明我国在唐朝时已发明类似于今日种痘的方法。中国传统藏医药也是一座宝库，其中包括天文历算、藏医药浴、药物炮制等大量智慧和创造，凡此种种，不一而足。

再如，我国很多传统经验和技艺在流传过程中失传，这也需要我们更加注重挖掘古籍内容和深厚内涵。我国传统产业在古籍中都有大量详细记载，比如茶叶，我国作为茶叶大国，种茶历史悠久，茶叶品种多，制茶工艺完备，但英国作为一个不产茶的国家，在引进中国种茶技艺之后，其茶叶销售量却占到了世界市场的80%。实际上，中国唐代陆羽所著《茶经》就已对茶叶历史、产地、功效、栽培、采制、煎煮、饮用等知识技术作了阐述，是中国古代最完备的一部茶书，如果我们能够进一步深入挖掘和利用《茶经》等古代典籍的智慧，不断继承和创新中国传统种茶和制茶技艺，将有助于开发出更多在国际市场上适销对路的产品，促进我国茶叶产业的发展。

我国现在的传统制造业、旅游业、文化事业，甚至外交国防事务，都可以从典籍中寻根溯源、汲取智慧，服务当代。

古籍保护应该更加关注当下经济社会发展，以融入现代生活为导向，紧密结合当代社会和经济发展需要，重点关注社会发展的重要领域，通过策划专题项目，以选题带动整理，在传统产业、文化创意、健康养生、文化旅游等领域积极探索，使古籍成为推动社会发展和经济发展的重要源泉和智力支持，为产业发展提供原创和动力，促进传统文化与现代生产生活的融合。推动古籍创造性转化、创新性发展，使传统文化赋予当代的活力，服务社会经济和人民生活需要，真正做到让"书写在古籍里的文字都活起来"。

（三）调动和动员社会力量，形成全社会广泛参与古籍保护的社会氛围

古籍保护需要社会力量的参与。4年多来，中国古籍保护协会围绕中华古籍保护计划目标任务，秉持动员和引导社会力量参与古籍保护的使命，不断寻找工作抓手，不断延伸工作触角，做了大量卓有成效的工作。今后应继续扩大联系社会力量参与古籍保护事业，找准切入点，形成关注点，注重联合古籍收藏单位、研究机构、文化企事业单位和新闻媒体等不同行业，在古籍的收藏保护、整理研究、文创产品开发、传统产业发展、宣传传播等方面分工合作，广泛调动社会力量，用喜闻乐见的方式引导社会力量关注、参与古籍保护，让古籍融入当代生活，让古籍的文化内涵成为推动社会经济发展的思想根源和智力支撑，引起全社会广泛关注，形成全社会参与古籍保护良好局面。

一是要积极与相关企业合作，使古籍的发掘利用能够为企业带来财富。企业是最具活力的市场主体，只有通过市场主体的作用，古籍才能够与当代人的吃穿住行联系起来，才能够推动市场发展，推动社会发展。例如西安永兴坊，通过挖掘古籍文献，将文献记载中的各种陕西小吃汇聚一地，在占地不足一公顷的地方创造了商业奇迹，成为餐饮市场上的范例式旅游点。因此，要善于借助市场主体进行导入，让古籍更加贴近人们的生产生活、贴近人们的吃穿住行，才能够更好地传承优秀传统文化，使古籍真正发挥作用。

二是积极与科研单位合作，使古籍能够为科研提供思想源泉和智力支持。"中华古籍保护计划"实施以来，在古籍普查、文献修复、书库建设以及人才培养等方面不懈努力，取得令人瞩目的成果，但这些成果主要着力于对古籍的原生性和再生性保护，在古籍内容的揭示力度方面还存在很大发展空间，我们要发挥研究机构在古籍整理研究方面的特长和优势，积极策划并开展各类合作，提高揭示和利用古籍的水平，使古籍活在当代、造福社会。

三是积极与高校和教育机构开展合作，为古籍保护培养各类人才。人才是事业发展的基础，培养人才是古籍事业得以传承发展的关键。古籍保护是一项与历史赛跑的事业，是没有阶段性的，中华民族存在多久，古籍保护工作就要进行多久。随着历史的发展，目前存在的大量文献可能在未来也就成为了古籍，这就需要我们一代接一代继续保护传承下去。今天的数字图书馆，无法取代纸质文献。我们应该清醒认识到古籍保护的重要性，充分发挥高校和教育机构的作用，从娃娃抓起，立足长远，不断加大人才培养力度，使我国古籍保护队伍不断壮大。

四是发挥民间组织的作用。要充分发挥古籍保护、非遗保护、印刷造纸等相关社团和机构的作用，让民间力量广泛地参与进来，进一步形成合力。中国古籍保护协会成立以来已在志愿者古籍普查方面做了有益探索和尝试，取得了不小的成果和经验，应在此基础上进一步扩大志愿活动范围和规模。

五是发挥媒体宣传作用。现代社会中媒体在文化传播方面具有十分重要的作用，应更多关注媒体、善用媒体。除传统媒体外，网络媒体和自媒体的力量不容忽视，如现在比较流行的"抖音"等新媒体、自媒体形式，还在不断地创新和涌现。媒体是实现图书馆功能一个重要渠道，和图书馆"采、编、阅"中的"阅"是相通的，是"阅"的重要驱动力，需要引起图书馆界和古籍保护工作者的高度关注。建议古籍保护可以选择一些普及性、传播性较强的项目先"抖"起来，采用新媒体形式，扩大传播范围，提高传播影响力。同时，也可以积极利用阿里巴巴、京东等渠道，扩大非遗、古籍等文创的销售范围，在创造经济效益的同时，更能取得良好的社会效益。

要进一步完善鼓励社会力量参与古籍保护的政策支撑体系，尽快搭建社会参与平台，形成有效的工作机制，营造良好的社会氛围，鼓励各地开展创造性探索，以充分发挥社会力量在古籍保护工作中的重要作用。

总之，古籍是祖先留给我们的宝贵遗产，保护和传承好这些遗产，是我们义不容辞的重要责任，使命光荣，责任重大。希望大家不怕坐冷板凳，尽职尽责保护好古籍，同时放开眼界，特别要关注古籍和当代社会经济发展的关系，让古籍活在当代、传之久远，把古籍保护事业做好、做大、做精彩。

周和平

原文化部副部长

一个古籍人的无悔人生
——写在"中华古籍保护计划"十五年

　　2006年前后，文化部（现文化和旅游部）曾经委托国家图书馆开展基于古籍工作的初步调查，调查结果显示，古籍底数不清，大量古籍亟待修复，修复队伍不足百人，科研能力和水平与世界先进水平差距巨大，古籍利用渠道严重不足。为保护好古籍，延续中华文脉，2007年1月国务院办公厅印发《关于进一步加强古籍保护工作的意见》，拉开了全面开展古籍保护的序幕。5月，国家古籍保护中心在国家图书馆挂牌，并下设办公室。我有幸成为第一任办公室主任。从此，我开启了事业生活的另一个模式：告别了按部就班的工作，开始了筚路蓝缕、夜以继日的拓荒之旅。

　　作为国家古籍保护中心第一任办公室主任和"全国古籍保护工作专家委员会"第一任秘书长，回顾十五年来的这一段岁月，用一点点笔墨，留下一份宝贵的人生记忆。

一、拥有共同信仰，前辈、同道、后备撑过起步的艰难

　　在开创的那段时光里，全国古籍保护工作专家委员会的前辈们，用他们爱古籍、爱古籍事业的心，以及实践中积累的经验，引领着晚辈们。在建章建制的讨论中，在外出督导的旅程上，在标准的制定、国家珍贵古籍名录、全国古籍重点保护单位的评审

中，李致忠等前辈深厚的学养、真知灼见、严谨认真，使得在开头的几年，能有若干标准出台，让相关制度完备，让保护成果及时发布。耄耋之年的老专家和年轻人一起在会议室集中，夜以继日，加班加点。古籍保护中心办公室的年轻人在原来从课本上认识名字的前辈身边，如海绵吸水般学习着知识、吸纳着经验、丰富着人生。李致忠先生对方法、节奏的掌控，白化文先生举重若轻的智慧，杨成凯先生的渊博平和，史金波先生的执着坚守，刘家真老师的激情澎湃等等，在一代年轻人的成长中留下深深的印迹。依然记得，当《旁唐目录》《释量论》出现在名录中的时候，王尧先生难以抑制的泪水；第一次督导恰逢加拿大华裔送归《永乐大典》一册"湖"字韵时，傅熹年先生自然流露的那份欣喜；率先带领学生进入国家图书馆上古籍鉴定保护实践课时董洪利老师的那份悠然……今天冯其庸、王尧、傅璇琮、丁瑜、白化文、杨成凯、张公瑾、董洪利、吴湘洲先生留给我们的已经是背影，但是古籍保护越来越壮大的队伍，和越来越多的成果，会给天堂中的前辈们告慰，共同的信仰，十五年间的坚守，今天在延续着，发扬着。

"中华古籍保护计划"的开展是广大古籍工作者的福音，是人到中年的从业人员的期盼，全国的古籍人以前所未有的工作热情，忘我工作。工作中除传统的鉴定、修复外，计算机技术的应用、实验室科学研究给古籍工作的护持，让更多人了解古籍、共同守护民族文化遗产同样是新课题。在全国古籍保护工作之初，利用计算机技术开展普查，研发平台需要既懂古籍又懂技术、还能讲解推广平台应用的专家，这需要付出大量时间和精力，中国科学院图书馆的罗琳老师义无反顾站在了前面。那几年在中国科学院图书馆领导的支持下，罗琳老师每年几乎都有三分之一的时间在讨论平台技术或者是在去培训平台使用的路上，脚步几乎遍及全国，以至于在业界有了"平台贩子"的雅号。今天全国的普查基本完成，和那一段打下的坚实基础密不可分，按照当年平台设计开展普查的浙江省不但完成了古籍、民国文献的普查，也用平台培养出一批掌握鉴定编目技能人才，这是对我们坚持的回报。珍贵古籍评审或要举办展览，时间紧任务重，京外收藏单位的藏品申报审批来不及，或者有顾虑不愿送展，北京大学图书馆的沈乃文老师说："红彦，别着急，实在来不及就继续调用北大的展品，毕竟这是我们大家共同的事业。"展览时我们在车站、在书库、在展场迎候着从全国各地甚至港澳台送展的同行，心中充满了感动、喜悦。

国家古籍保护中心成立之初，不但事儿是新的，需要不断探索、不断适应，人也多是新人，只有四位是有工作经历的同志，其他都是应届毕业生。启动后的三年间，加班、开会是工作的日常。所有人在一间大办公室，接打着此起彼伏的电话，半夜回不了家，中午吃不上饭，手上停不下键盘上的翻飞，一段时间周末几乎没有休息。不休不眠的工作，不吃不喝的状况，包菊香编程提高工作效率，其他人校对跑印厂马不停蹄，发烧了坚持上班，大家没有抱怨。我常常想，这么有担当的孩子们，这是被一些人诟病，吃不得苦的80后的同事吗？有这样一批青年后备力量，何愁古籍保护事业不能蒸蒸日上？

二、伴随事业的发展，收获着成长、成效、成果

领导和专家们对国家古籍保护中心办公室这个年轻的群体和年轻人也给予了特别的关爱，评审名录的时候，耐心细致的讲解，让年轻人迅速掌握古籍鉴定的123。聪明漂亮的洪琛毕业于北京大学中文系，是汉语言专业的硕士，刚入古保办时面对古籍文献鉴定、版本目录而言是不折不扣的小白，评审珍贵古籍名录时在经部给前辈们当联络员，第一年懵懂，专家说的话都不能完

全领会，经过两批评审后，在比对版本时已经能发表意见，三批后已经可以初步判断，成长之迅速，不能不说是天资聪颖、勤奋奉献得到的"福利"，可以说这样的青年是一批人，在付出辛苦的同时，他们在业务的长进上少走了很多弯路，现在这些年轻人也逐渐步入中年，有的已经成为研究馆员。与他们一样，全国各地的古籍工作者在老带新的模式下，成长起来一批骨干力量。

在我做国家古籍保护中心办公室主任的三年半里，在专家、同行和同事的努力下，每年都会组织申报、评审、公布一批《国家珍贵古籍名录》、"全国古籍重点保护单位"，《国家珍贵古籍名录图录》出版、国家珍贵古籍特览也会如期举行。普查中，常常有之前不曾著录过的古籍，作为普查新发现，让领导、专家、藏家、普查参与者激动不已。

2007年底，全国古籍普查专家组赴华东督导时，意外获知加拿大华侨藏有一册《永乐大典》。此本尚保留明代包背装，前后书衣完整，内容为"模"字韵"湖"字册。令人惊喜的是，国家图书馆恰好存此本的前、后各一册，此册的发现，使"湖"字部分内容前后相缀、更为完善。它的发现和购藏是"中华古籍保护计划"开展以来，流散海外的中华典籍实体回归祖国的成功案例，是给"中华古籍保护计划"的一份厚礼。

《开宝藏》是我国第一部刻本佛教大藏经。开宝四年（971）北宋政府在四川开雕，刻竣后经板于太平兴国八年（983）运抵京城汴梁，太宗命于太平兴国寺建印经院，藏板印刷。全藏约5000余卷。金灭北宋后，经板全毁。《开宝藏》对世界汉文刻本佛教大藏经影响至深，目前存世仅13卷零本。国家图书馆藏《开宝藏》本《大宝积经》卷一百一十一，唐代僧人菩提流志等译。本卷后段偈颂"愿以大慈悲"一句下，小字注"诸藏皆少一句"，是宋初开雕前校勘的痕迹。校对诸本，仍难补齐一句阙文，反映了本经早期流传状况。该本此前不为学术界所知。2008年入藏国家图书馆。

随着民众对古籍保护的理解，发现珍贵古籍的信息也不断传来。我在办公室接到过来自江苏的一个电话，电话的那头述说着一个故事，民间有阮元《十三经注疏》的一部分稿本，藏家不了解古籍的意义，有带出国门的想法，打电话的是藏家的亲戚，希望把重要的藏品留在国内。接到电话，我马上联系善本部的同事，在入藏前鉴定决策的时候，馆外专家杨成凯先生激动地说，国家图书馆当然要收呀，这种藏品都不收还要收什么？于是藏品安然留在境内，北大学者刘玉才研究发表后，增强了更多人对其意义的认识。

普查中还在民间发现了稀见的明万历二十一年（1593）金陵胡承龙刻本《本草纲目》、南宋宝祐元年（1253）刻本《五灯会元》，等等。

为解决古籍保护人员匮乏问题，我们当时组织鉴定、编目、平台使用、修复等各类培训。仅2008年一年，国家古籍保护中心就举办了20期各类培训班，招生范围涉及全国的335家单位，培训人数近千人次。培训掌握技能、提高水平的同时，同行间的交流改善了古籍工作的生态，大家在QQ群讨论业务上遇到的问题，共同提高。经过十五年，那时候的年轻人很多都成为各个单位的古籍工作骨干了。十五年，以修复为例，当时只有一百人的修复队伍在师徒相传、学历教育、短期培训"三驾马车"的拉动下，升至千人。修复队伍呈现年轻化、专业化的良好业态。十五年间全国有370万余叶古籍完成修复，社会关注和参与度也越来越高。科技赋能修复也在逐渐提高水平，一批专利成果应用在日常修复中，也规范了修复材料的选配。2013—2021年历时8年的国家图书馆清宫旧藏天禄琳琅修复得到社会各界关注，修复中培养了一代人、科学复原了一批材料、记录了不同时期不同材料不同破损类型的修复方案和修复技艺，可以说成效显著。

从2008年起，为提升古籍保护的科技水平，古籍保护实验室逐渐建设起来，边建设边开展科学研究，追踪世界保护前沿，探查古籍保护急需，一批标准研制并实施，一批批检测保障了修复、保存环境安全，一些重大的研究项目解决了国外技术卡脖子的问题，作为古籍保护科技文化和旅游部重点实验室正进一步用严谨的态度、科学的研究成果为古籍保护保驾护航。

2011年从古保办回到国家图书馆古籍馆，古籍保护工作仍在继续。因为了解了全国古籍保护的状况和社会需求，我可以有的放矢，着力解决业界普遍存在的问题。先是面对曾经的查资料难的问题。为解决珍贵古籍保护与使用之间互相矛盾的问题，我们着力将古籍从库房通过再生性保护的多种途径送上书桌，送进生活。几年间，我所在的古籍馆，联合70余家出版机构，每年的出版公布文献数量达到3万余册，相当于每年一部《四库全书》的体量。古籍数字影像加工发布紧锣密鼓。为规范数字资源加工，我们撰写了《古籍数字化规范数据采集实践》工作手册。为方便古籍保护国际交流，八年磨一剑的《文献保护中英双解词语手册》出版并很快售罄。《善本掌故》等一批普及类读物，大量的文创产品、音频节目让古籍走入更多人的生活，可以说成果斐然。

三、与时代和亲友美好遇见，感慨、感悟、感恩

"中华古籍保护计划"启动时刚过不惑之年，如今已近耳顺，可以说这十五年是我人生中最有意义的十五年。

我1987年北京大学中文系古典文献学专业毕业，同年入国家图书馆从事古籍整理、编目、保护、管理、文化推广和人才培养工作，历善本特藏部副主任、国家古籍保护中心办公室主任，以及展览部、古籍馆相关岗位。我觉得我是幸运的，一直没有离开过古籍事业，虽然一生只做一件事，但没有虚度光阴，一个平凡

的生命遇到一个伟大的时代，可用个人的几十年职业生涯为千年古籍续命，竟然与国家的文运紧密相连，可以如此有价值，我何其幸运。

记得创业之初，中午没有时间吃饭的时候，王杨大姐回家给我煮了一碗热乎的西红柿鸡蛋面，压力山大的时候主管的詹福瑞馆长、陈力副馆长一句"红彦是独生女，家里还有八十高龄双目失明的老母需要照顾，真不容易"，让工作八面来袭都不曾退缩、敢于担当的我一下破防，泪水难以抑制地滚落下来。

尽了自己的努力，做出了一点成绩，对从业者而言是本分，而领导们给我的鼓励和荣誉却是沉甸甸的："全国文化系统先进工作者"、"国务院政府特殊津贴专家"、中宣部"文化名家暨'四个一批'"人才，2018年又当选第十三届全国政协委员，有机会作为行业代表为古籍行业发声。我当然知道这荣誉是我个人的，也是我们这个集体的，感恩给予我帮助的每一位前辈、同道、同仁。感恩全力支持我的家人。

"中华古籍保护计划"十五年，古籍保护写入政府工作报告，《关于推进新时代古籍工作的意见》由中办、国办印发，对古籍人而言，又是一个新起点。用科学和爱为古籍延寿，让古籍蕴含的中国精神、中国故事通过我们的作为被传承、激活，这也是为千年古籍续命的古籍人的光荣与梦想，使命与担当。感恩这个时代。

陈红彦

国家图书馆

古籍保护，不止这"十五年"

——专访国家古籍保护中心办公室主任苏品红

2007年1月，"中华古籍保护计划"正式启动，同年5月国家古籍保护中心在国家图书馆挂牌成立。作为全国古籍保护的业务指导中心、培训中心、研究中心，国家古籍保护中心围绕古籍普查、分级保护、古籍修复、数字化、整理研究、人才培养、宣传活化等内容行使着自己的职责。"中华古籍保护计划"是我国历史上第一次由国家主导开展的全国性古籍保护重大工程，十五年来，在党和政府的坚强领导和大力支持下，经过国家古籍保护中心和广大古籍保护工作者的艰苦奋斗，古籍保护事业呈现出欣欣向荣的景象。

一、回顾："中华古籍保护计划"大框架的确立

苏品红1983年进入国家图书馆工作，多年来致力于地图研究与文献保护研究，是最早参与"中华古籍保护计划"编制的成员，也是一路参与古籍保护工作、见证古籍保护发展的图书馆人，她关于"古籍保护"的记忆更早，也更深刻。

2000年之前，古籍保护主要体现在古籍存藏单位小心翼翼地存藏或开展"换皮订线"等简单修复工作上，虽然各馆也出于"敬惜字纸"的传统，制定了不少"轻拿轻放"等保护举措，但缺乏先进理念的科学指导，也没有在更大范围内引起足够的重

视，从事相关工作的专业技术人员更是严重不足。

2000年之后，以国家图书馆为例，虽早已搬迁了新馆，库房条件也得到改善，并且很早就有专职的古籍修复人员，一直致力于科学规范保护修复古籍的探索，但由于没有专门的经费开展古籍保护工作，所以包括敦煌遗书在内的大量古籍文献还缺乏专属装具等设备设施的保护。"当时敦煌学已是显学，国际上对于敦煌遗书开展的保护研究利用都走在了前列，于是有人说敦煌遗书虽出自中国，但还不如国外保护得好。看到这种情况，财政部给国家图书馆拨专款建立敦煌专库。此后，敦煌遗书有了专门库房，每个卷子也有了专用木盒，所有的木盒都整齐摆放进了专门的楠木柜中。"可以说，敦煌库的改造，拉开了全国改善古籍存藏条件、加强古籍保护的新篇章。

改善古籍存藏条件只是古籍保护的一个方面，为了实现古籍的再生性保护，以时任国家图书馆常务副馆长周和平为代表的一批古籍保护业界领导、专家策划了"中华再造善本工程"。2002年，"中华再造善本工程"启动，利用现代出版印刷技术，对珍贵孤罕的古籍善本进行仿真复制，使之"化身千百"，分藏各地，达到继绝存真、传本扬学、嘉惠学林的目的，也有效保护了古籍的安全。

可全国的古籍藏量究竟有多少，存藏状况如何，破损有多少、分别到什么程度，能修复的人有多少……这些问题仍然是摆在全国古籍保护人面前不可逾越的"鸿沟"。苏品红回忆说："在'中华古籍保护计划'启动之前，考虑的首要任务就是开展全国古籍普查，摸清家底；第二个重要任务是存藏环境的改善和破损古籍的抢救性修复，做好古籍的原生性保护；最后要让古籍'化身千百'，需要考虑古籍影印出版及数字化等再生性保护问题。"

现在回想起立项过程中的挑灯夜战、讨论争议，苏品红仍觉得历历在目。"制定相关标准的时候，业界专家一边熬夜反复讨论，一边吵得不可开交，尤其是对少数民族古籍的定级问题，有很多争执。关于普查怎么做法，大家也各有各的理。以至于从2003年就开始准备'中华古籍保护计划'具体的申报文本，经过反复讨论、修改，直至2005年才正式完稿。"在前期准备充分的基础上，2007年1月，国务院办公厅印发《关于进一步加强古籍保护工作的意见》，正式提出大力实施"中华古籍保护计划"。

二、推进：两大抓手摸清家底"账"

"中华古籍保护计划"开启后，为加强组织领导，经国务院批准，成立了由文化部（现文化和旅游部）牵头、十部委共同组成的全国古籍保护工作部际联席会议；国家图书馆正式挂牌"国家古籍保护中心"，担负全国古籍保护业务指导中心、培训中心和研究中心的职责；组建了全国古籍保护工作专家委员会；全国各省、区、市也相继建立了省级古籍保护工作厅际联席会议、省级古籍保护中心和专家委员会。经过十五年的不懈努力，一个由党和政府统筹，各级各类古籍存藏机构协调合作，社会各界共同参与支持的全国古籍保护工作体系逐步完善。

有机制保障，还要有抓手。在推进古籍保护工作中，国家古籍保护中心以评审《国家珍贵古籍名录》和评选"全国古籍重点保护单位"为抓手，一方面促进全国古籍存藏单位加快普查进程，一方面激励其改善古籍存藏条件。有了这两大抓手，既推动了全国范围内的古籍普查登记工作，建立了古籍分级保护制度，又有力改善了古籍存藏条件。

此外，还重点讨论解决了一些争议问题。如开展全国古籍普查工作时，究竟应该"尽善尽美"还是"基本完备"成了很长时间内争论的焦点。一开始，在试点单位做普查时，古籍专家们都希望能够"尽善尽美"，尽力将古籍信息收集齐全，既方便今后利用，也减少再次录入对古籍、人力、物力的损耗。但在全国推广古籍普查时，各地纷纷反映遇到不少问题。"事实上，不光时间不够、人手不够，最关键的是人才匮乏，仅仅以为古籍断代为例，若不具备版本鉴定知识的话也是很难的，更不用说'面面俱到'了。"经过古籍专家、组织实施单位多次讨论，最终确定一个大原则：先按"基本完备"登记，有条件的可以"尽善尽美"，但要确保在"十三五"末基本完成。如此，古籍普查很快在全国得以推进。

"经过十余年的推动，古籍保护成果斐然。"苏品红介绍说。全国汉文古籍存藏家底基本摸清，普查登记目录陆续出版，古籍文物定级工作纳入日程；海外中华古籍存藏调查和数字化回归多渠道开展，取得重大进展；古籍收藏条件不断改善，超过2000万册件古籍得到妥善保护，超过385万叶珍贵古籍得到抢救性修复；一大批列入国家重大文化建设项目的古籍整理出版成果面世，仅国家图书馆出版社就出版1.5万余种；古籍数字化、胶片化等异质保存利用工作稳步推进，仅国家图书馆就有超10万部件古籍数字资源实现免登录在线阅览。

三、成果：全社会古籍保护意识大大提高

古籍保护在普查、修复、数字化、活化利用等方面成绩的取得，让古籍进入了大众的视野。"业界大大提高了古籍保护的意识，社会层面也有越来越多的人关注古籍保护，有意识地参与到古籍保护中来，我觉得这是最大的变化，也是最让人欣喜的成绩。"苏品红说。大众的参与为古籍保护工作的开展营造了良好的社会氛围，不仅吸引了很多社会力量和资金的支持，而且提升了古籍从业人员的社会地位和职业荣誉感，反过来更推动了古籍保护事业的发展。

古籍保护的理念、能力和水平得到了明显提升。在"中华古籍保护计划"启动之前，业界有一个共同感受：相对而言，文物保护方面博物馆系统条件较好，资金相对优厚，开始科学保护的研究较早，工作开展也都有科学理论的指导；档案系统资金较为充足，相关的保护工作也走在前面。"以前图书馆在古籍保护的人员培养、经费方面较弱，但是经过多年发展，古籍保护从理念到技术，到科学性保护举措方面都有了长足进步。"对此，苏品红也很欣慰。

古籍修复的理念越来越成熟，整旧如旧、最小干预等成为业界共识。比如对于古籍中的"缺字"问题，过去要求在修复中补缺，现在则要求尽可能保持原样，依据"整旧如旧"原则保留下历史信息，以便后期的研究利用；过去修复整体托裱较多，现在是哪里破损修复哪里，要"最小干预"……这些都体现了修复理念的发展。

古籍保护学科建设取得成果，科学保护理念深入人心。经过这十余年的发展建设，全国已有多所高校成立了古籍保护学科，国家图书馆还成立了古籍保护科技文化和旅游部重点实验室，古籍保护从理念到技术都越来越科学化、规范化。"古籍保护概念从单纯的原生性保护，发展为'原生性＋再生性＋传承性'保护，成为涵盖古籍保存保护修复、古籍编目整理和研究出版、古籍数字化知识化智慧化、古籍活化利用传播等全域全流程的系统性工作。"苏品红说。

四、期待：推及更广意义上的古籍普查

对于下一阶段的古籍保护工作，苏品红有几点期待。

首先，在汉文古籍普查的基础上，要尽快完成古籍普查登记目录出版，《中华古籍总目》的编纂要加快步伐。"现在古籍普查

登记目录正在有条不紊地出版，有几个省份《中华古籍总目》分省卷的编纂也基本完成，希望接下来能够尽快出齐出全古籍普查登记目录，完成《中华古籍总目》编纂，这样全国汉文古籍存藏的情况就能够一目了然。"

其次，开展更广泛意义上的古籍普查。少数民族古籍，以及简帛、金石拓片、舆图等特种古籍的普查要逐步铺开。在漫长的历史发展过程中，我国各少数民族都创造了优秀的民族文化，留下了卷帙浩繁的文献典籍。这些古籍是各民族智慧和心血的结晶，是中华文化的重要组成部分，也是中华民族共有的宝贵精神财富。据了解，目前，在少数民族古籍普查方面，国家民委在进行《中国少数民族古籍总目提要》的编纂出版工作，"给每部古籍进行普查登记，发放'身份证'的工作还没有做，我觉得可以作为下一阶段的重点。"苏品红说，还有一些比汉文古籍普查起来难度更大的特种古籍，如简帛、金石拓片、舆图等也希望能尽快纳入到普查行列。"我到国家古籍保护中心办公室后，很希望能尽快启动对金石拓片的普查，但真正能够整理编目拓片的人少之又少，所以首先我们面临的是培养人才的问题，虽然也可以通过一边培养人才一边推进普查的模式开展金石拓片普查工作，可加上'疫情'等客观原因，一直未能顺利展开。若是能够克服困难尽快将特种古籍文献的存藏情况也弄清楚并面向社会公布，一定能对学界研究利用起到巨大作用。"除此之外，苏品红还特别关注舆图的普查与保护，她认为，古地图留存下来更不容易，尽快开展普查意义重大。

再次，进一步改善古籍存藏条件和库房微环境。随着全国社会经济的发展，很多地方的古籍存藏环境得到了进一步改善。"接下来，国家古籍保护中心也会按照文旅部要求，通过一些方式，对全国古籍重点保护单位进行复核。一方面以此推动相关单位保持好现有条件，另外一方面进一步促进古籍存藏条件的改善。"

最后，大力推动古籍数字化。古籍数字化是利用、研究、传承古籍基本的途径，是古籍保护工作的难点和重点。在苏品红看来，现在古籍数字化面临两个最大的问题，一是经费，二是统筹。"统筹就是不做重复性的工作，把有限的经费利用好。另外，随着技术的不断发展变化，比如'数字人文'的提出，难点很多，需要的经费也非常大，而且此项工作的开展不仅需要图书馆人，还需要很多社会相关行业的加入，希望能够形成合力，通过我们的努力尽可能推动这项工作往前发展。"

十多年来，古籍保护被提升到空前高度。特别是党的十八大以来，以习近平同志为核心的党中央对传承和弘扬中华优秀传统文化作出一系列重要部署，"中华古籍保护计划"被纳入国家和文旅部"十三五""十四五"规划，制定实施了《"十三五"时期全国古籍保护工作规划》；《中华人民共和国公共图书馆法》使"古籍保护"有了法律依据和保障；2022年3月，"加强文物古籍保护利用"首次被写入政府工作报告；4月，中共中央办公厅、国务院办公厅印发《关于推进新时代古籍工作的意见》。"这是对整个古籍工作有更高层面的政策，有更高层面的布局，在这样的大好形势下，一定会促使古籍保护工作得到长足的、更快的发展，相信后面的古籍保护前景会越来越好。"苏品红表示。

刘晓立

《藏书报》记者

涌泉寺保护修复大藏经的启示

"中华古籍保护计划"实施十五年来，全国古籍保护工作取得长足进步，已经由"小众事业"发展成与每个人休戚相关的"全民事业"，这与社会各界的不懈努力、共同奋斗是分不开的。因为工作的关系，我长期关注佛教界的古籍保护工作，特别是自2005年以来曾五次赴涌泉寺考察，深切地感受到涌泉寺所藏珍贵大藏经能够完好地保护传承下来，离不开明末清初以来永觉元贤、为霖道霈、滋亭、虚云、圆瑛等历代高僧大德，以及当代普法大和尚的守护与奉献。涌泉寺保护修复佛教大藏经的历程彰显了佛教界保护古籍的智慧，对当前佛教界古籍保护工作具有较大启示作用。

一、涌泉寺藏经概况和特色

福建鼓山涌泉寺始建于五代，是曹洞宗祖庭，为福建五大丛林之首，有着悠久的文化传统和深厚的文化积淀，文物古籍存藏丰富，尤以所藏《永乐南藏》《永乐北藏》《嘉兴藏》《龙藏》、历代高僧血经，以及明代以来经板闻名天下。

涌泉寺珍藏的每一部藏经背后都有一段精彩故事。根据天字函《大般若波罗蜜多经》卷十卷尾施经牌记，涌泉寺的《永乐南藏》是清代顺治十一年（1654），民族英雄郑成功的表叔黄征明捐赠给涌泉寺的。他在顺治十一年被委派到福州招抚郑成功，但是没有成功。在这一年，他捐银320两，施印了一部《永乐南藏》给涌泉寺。

涌泉寺所藏《永乐北藏》，经折装，上下木制夹板，两端用宽棉布带捆扎，经中钤"御赐鼓山涌泉禅寺藏经"朱印。这部藏经是康熙帝于康熙五十三年（1714）颁赐给涌泉寺的。这也说明康熙年间仍将《永乐北藏》作为官版大藏经颁赐天下。

《嘉兴藏》亦称《方册藏经》，涌泉寺采用苏州码子编次藏经函号，颇具特色，这是涌泉寺一大发明。据《永觉元贤禅师广录》卷十五《请方册藏经记》可知，这部藏经是永觉元贤大师在明代崇祯元年（1628）夏天，冒着酷暑，翻山越岭，亲自到嘉兴楞严寺请经而来。因为酷暑，加上一路奔波，永觉元贤大师到了嘉兴就中暑病倒，半个月才病愈。乘船返回的路上，经过钱塘江，正值钱塘江涨潮，上万居民被潮水卷走；船到浙江衢州的清湖，河水暴涨，平地成江；洪水过后，路塌桥断。可以说，这部藏经是永觉元贤大师冒着万死一生的危险，经历三次劫难，才请回来的。

血经是由历代高僧大德用自己的鲜血抄写而成。抄写一部血经往往要花上二三十年的时间，非常珍贵，因为血经不容易保存，一般寺院仅藏有两三部，而涌泉寺则多达657册，为全国之冠。这些血经大部分是涌泉寺的高僧大德抄写的。其中，保存最早的为《佛说佛名经》，仔细研读血经题记，可知这部血经是以明崇祯十一年（1638）光孝寺刻本为底本书写的，因题记中有"皇明崇祯拾壹年"纪年，其抄写年份应在明末或南明时期。

二、滋亭上人对藏经的保护与修复

佛教界把大藏经视为三宝之一的法宝，认为整理、保护、流通大藏经，功德无量。涌泉寺佛教法事活动频繁，藏经使用频率高，损坏的自然也就多。再加上南方天气潮湿，易遭虫蠹。有损坏就要修复，以恢复其作为经书的功用。因此可以说历史上涌泉寺的藏经修复是一直持续不断的。

在涌泉寺众多的修复者中，最有影响并且留下碑文记录的就是滋亭通雨大师（？—1844）。据《修藏经记》记载，面对破损、虫蛀的藏经，主藏僧滋亭于道光八年（1828）六月用自已多年积攒的四百余金钵资，聘请良工先修《永乐北藏》，至道光十四年（1834）修复完成300多卷。后遇福州旱涝频繁，斋粮匮乏，僧众星散，滋亭上人义无反顾，担当住持，广结善缘，修天王殿、般若庵，增置田产，雇工耕种，斋食丰盈。三年之后，寺院再复生机，即以老病告退，专心整理修复藏经。至道光二十三年（1843）完成了《永乐北藏》《龙藏》的修复工作，并花费二千余金，制作十二个楠木经橱。滋亭上人次年圆寂，为修复藏经奉献一生。

三、圆瑛大师抗战时期对藏经的保护

在中国历次书厄中，尤以日本侵华战争对中华典籍造成的损失最为严重。据统计，日本侵华期间，仅在华北地区就通过"焚书"的方式烧毁各类书刊65万余册，通过轰炸等手段毁掉的图书馆及其藏书更是不计其数，对中华文明造成了难以估量的损失。为保护人类文化遗产免遭战火涂炭，中国社会各界一大批有志之士全力以赴，守望相助，抢救保护珍贵文献典籍，谱写了全民抗战的辉煌篇章。其中圆瑛大师抗战时期保护抢救鼓山涌泉寺大藏经，成为佛教界在抗战中保护中华古籍的典范。

圆瑛大师是福建古田人，18岁在涌泉寺礼增西上人出家，多次住持涌泉寺，与涌泉寺渊源很深。他不仅佛学高深，还是位爱国爱教的高僧，主张"国家存亡，匹夫有责；佛教兴衰，教徒有

责"。圆瑛大师在1931年"九一八"事变后通告全国佛教徒，启建护国道场，同时致书日本佛教界，谴责日本军国主义的罪行；1937年卢沟桥事变后，号召全国佛教徒参加抗日救国工作，并担任中国佛教会灾区救护团团长，召集苏、沪佛教青年，组织僧侣救护队，积极进行救护抗日伤员工作。在日军逼近福州时，政府当局动员沿海各地将重要文物向内地山区转移。圆瑛大师紧急组织力量，把元延祐二年（1315）刻印的《延祐藏》、明代的《南藏》《北藏》、明清两代血经以及传世孤罕的珍贵版本装了二十多箱，经与尤溪县詹宣献联系后，于1939年7月亲自将这些珍籍护送到尤溪西部的纪洪乡三峰寺秘密保存。抗日战争胜利后，圆瑛大师又把保存完好的二十多箱佛经运回涌泉寺，从而躲过了日本侵略战争的劫难。

四、普法大和尚对藏经的抢救保护

2005年10月2日，七百年难得一遇的龙王台风肆虐福建，位于福州鼓山半山坳的涌泉寺受灾尤重。洪水裹挟泥石，汇成巨流，瞬间冲垮寺院后墙，扫荡了整个寺院。一些殿堂坍塌，大部分殿堂尽管安然无恙，但是积水高达1.5米左右，致使经橱下面两层约5000余册经书直接遭遇水浸，有的被浸时间长达一天半。未淹经书也极度受潮。祸不单行的是，地处亚热带季风气候带的鼓山，在10月中旬以后，天气转阴，湿度增大，而气温仍然很高。经过初步处理未能晾干的经书又遭霉菌的侵袭，散发出浓烈的霉味。特别是血经，由于血渍的营养作用，更利于霉菌生长，生霉情况更为严峻。不少原来只是受潮的血经，在白纸红字中夹杂着大量的黑色霉斑，有的甚至已经蔓延成片，长出一层绿色的绒毛。

在突如其来的特大自然灾害面前，普法大和尚组织全寺僧俗二众在保护、清理寺院的同时，把更多的精力投入抢救经书上：一是组织僧众有序地在泥渣污水中涉水救书；一是及时开会研究抢救方案，并连夜打电话向有关专家咨询，结合寺院实际条件，采取了五个科学、有效的抢救措施。

第一，将受水浸泡的经书转移到弘法楼和招待所。弘法楼和招待所地势较高，比较宽敞通透，有利于通风、排湿。在这里，转移过来的水淹经书被井然有序地摊开摆放在晒经板和简易书台、书架上，不仅及时脱离水泡的恶劣境况，而且拥有了良好的通风、去湿空间条件。

第二，用宣纸去湿。根据有关专家的建议，使用我国传统纸张去湿的方法去除经书中的水分。还按照大藏经的文物文献价值，对抢救的先后顺序进行合理安排，先处理价值最高又最容易损坏的血经，再抢救各种刻本藏经，最后处理现代出版物。在夹纸去湿的抢救过程中，有150多名僧人、信徒对5000余册被淹经书进行了多次置换吸湿纸的工作，置换最多的达10次以上。事实证明，这种方法对经书损害小，操作简便，去湿效果明显，是涌泉寺当时条件下可采取的最佳措施。

第三，用酒精去除霉菌。经书受潮后生霉是亟待解决的另一问题。根据相关专家的意见，僧俗二众用棉签蘸酒精擦除一个个霉点，使生霉现象暂时得到有效遏制。

第四，用抽湿机、活性炭和生石灰去除存储空间的湿气。经过排水，藏经殿内的积水被很快排出，但房间内的湿度仍然很高，这对仍然存放在殿内的未淹经书极为不利。存放了大量水淹经书的弘法楼和招待所也同样需要排湿。然而，不管是藏经殿，还是弘法楼、招待所都没有除湿设备，大量湿气无法排除。寺院只能依靠社会捐助的大功率抽湿机日夜不停地抽湿，并辅以活性炭、生石灰吸湿，增强去湿效果。同时，他们还利用寺院的电风扇加速空气流通，对干燥空气、抑制霉菌生长起到了一定作用。

第五，用无毒杀菌涂料对藏经殿消毒。为有效抑制和杀灭藏经场所的霉菌，普法大和尚根据相关专家的意见，采用无毒杀菌专业涂料消毒杀菌。这种涂料能刺破细菌的细胞壁膜，达到杀菌目的，据说对纸质文献没有任何危害。但普法大和尚为了经书的安全起见，只把这种涂料喷涂在墙壁上，而没有直接用于经书上。

在2005年考察涌泉寺大藏经后，鉴于涌泉寺属于亚热带湿润季风气候，降雨多、湿度大、温度高，非常适宜霉菌的生长，我们建议首先应该尽快改建或新建一个恒温恒湿的现代化书库，这是涌泉寺大藏经保护的根本之策。

普法大和尚在寺院恢复秩序之后，积极推进藏经殿的改造，并于2017年在获得文物部门审批通过后开始实施。一年多以后的2019年1月，改造后的藏经殿基本具备了文物收藏条件，成功迎回29个经橱内的2万多册藏经。

藏经殿经改造后，融合了传统的建筑风格与现代的使用功能，提升了古籍保护水平的同时，保留了藏经殿原有样式，彰显了佛教界保护古籍的智慧，值得借鉴推广。

历代典籍，其中也包括佛教典籍，是我们讲好中国故事、增强文化自信、实现中华民族伟大复兴的重要文化宝藏。做好佛教古籍保护工作是历史赋予我们的责任，是时代提供给我们的机遇。我们当以涌泉寺保护修复佛教大藏经为典范，扎扎实实做好当前佛教古籍保护工作，谱写佛教古籍保护的新篇章。

林世田

国家图书馆

培养具有"工匠精神"的"高精尖缺"人才
——专访国家古籍保护中心办公室
主任助理王红蕾

一、从培训班到"三位一体"

藏书报：请先简单介绍一下，国家古籍保护中心自成立以来在人才培养方面所作的努力？

王红蕾：人才是决定古籍保护事业成败的关键。自2007年至今，国家古籍保护中心的人才培养工作已经开展了九年有余，按"十年树木，百年树人"的说法，已经算有了一个不错的开端。

九年来，国家古籍保护中心举办古籍鉴定、普查、修复、保护等各类培训班近160期，培训8000余人次，涵盖1700多家古籍收藏单位，全国200余位古籍保护专家参与教学。培训班类型也比较多，涵盖古籍鉴定、普查、编目、修复等各方面，而且还有专项培训，如民族文字古籍鉴定、中医古籍普查、碑帖鉴定、传拓技术等；培训内容涉及面广、容量大，既有古籍基本知识的普及，也有古籍保护的深度挖掘，涉及版本学、目录学、纸张分析、实践操作等各方面，特别是修复技术培训注意了由初级入门到后期提高、研修的阶梯培训；配合当期重点工作，开展有针对性的培训，如古籍普查审校培训班、古籍数字化培训班等。这一系列大规模的古籍专业培训在国内来说具有开创意义。

2009年，国家古籍保护中心培训工作获得国家图书馆"馆长特别奖"；2014年，国家古籍保护中心"三位一体"人才培养模式还获得国家图书馆"创新奖"。

藏书报：培训班这种模式是如何被打破的？

王红蕾：后来，大家越来越意识到培训班这种培养模式也存在一些缺陷。比如时间短，古籍保护人才需要在实践过程中逐步积累，短期内大容量知识的灌输，对刚入门的学员来讲消化吸收起来有难度，因而出现了一些人参加了多次培训仍然无法胜任工作的现象。另外是培训人员数量少。培训班招收的都是古籍公藏单位的在编人员，而且由于经费、场地的限制，每一期的招收人数也有一定的控制，因此不能满足所有公藏单位的培训需求。

总之，国家古籍保护中心组织的培训班虽然在一定程度上解决了古籍保护人才匮乏的局面，但是，随着古籍保护工作的深入开展，对古籍保护各类人才的需求越来越大，对人才素质的要求越来越高，仅凭国家古籍保护中心的培训力量已经很难满足全国古籍保护工作的需求。

藏书报："古籍保护学科建设"就是在这个背景下提出的吗？

王红蕾：针对培训班这种模式的种种缺陷，2014年，国家古籍保护中心提出"三位一体"人才培养模式，即积极探索以国家古籍保护人才培训基地、国家级古籍修复技艺传习中心为依托，加大与高校的合作力度，建立古籍保护学科体系，培养古籍保护专业人才。

所谓"三位一体"，一方面是创建培训基地，建立人才培养长效机制。经过申报、考察、评审，2014年6月，文化部正式公布12家申报单位为"国家古籍保护人才培训基地"。这些培训基地主要承担全国古籍保护人才培养的任务，短期培训与长期培养相结合，按照古籍保护工作的实际需要设置课程，主要满足公藏单位在编人员的培训需求。培训基地利用图书馆的古籍资源优势，不仅培养普通的古籍工作人员，还将有重点地培养骨干人才和高精尖人才。如国家图书馆古籍馆重点培养古籍鉴定人才，浙江图书馆重点培养古籍普查、编目人才，天津图书馆重点培养古籍修复骨干人才，中山大学图书馆重点培养西文古籍修复人才，贵州省图书馆重点培养少数民族文字古籍鉴定与编目人才。各培训基地结合自身优势，有重点地开展工作。

其次，以师带徒形式，培养古籍保护修复骨干人才。2013年6月8日，国家级古籍修复技艺传习中心在国家图书馆成立，国家图书馆八位修复人员正式拜国家级非物质文化遗产项目古籍修复技艺代表性传承人杜伟生先生为师。此后，国家古籍保护中心还在全国选择天津图书馆、辽宁省图书馆、山东省图书馆、甘肃省图书馆、云南省图书馆、中山大学图书馆六家作为首批试点单位，截至目前，已经有包括上海图书馆、复旦大学图书馆、南京图书馆等在内的21家传习所，并将在全国进一步推广。

之后就是与高等院校合作办学，建立古籍保护学科体系。2014年，国家古籍保护中心成功与中山大学、复旦大学、天津师范大学、中国社会科学院研究生院签署了合作培养古籍保护硕士学历教育协定，四所院校于2015年正式招收古籍保护专业硕士，目前已经有33人完成了第一学年的学习。为了培养国家亟需的古籍保护高端人才、保护和整理中华古籍资源，复旦大学还于2014年11月正式成立中华古籍保护研究院，致力于在数学、物理学、化学、生物学等学科强项方面找到进一步拓展和交叉的领域。在专业硕士培养之外，国家古籍保护中心还将重点采用课程嵌入模式，进一步扩大与高校的合作。

二、用人机制要求人才学历提升

藏书报： 具体到古籍保护学科建设，高校和图书馆各自有怎样的认识？

王红蕾：中山大学最早有这样的设想，并与张志清馆长的设想不谋而合，都觉得这个事情非做不可。经多次调研和商谈，2014年11月，国家古籍保护中心与中山大学信息管理学院、中山大学图书馆共同签署了《联合培养图书情报专业硕士协议》，从2015年起正式招收、联合培养"古籍修复与保护"方向研究生。这是国家古籍保护中心和中山大学联合开创的高层次应用型人才培养模式。

这个模式的开创主要还是考虑到现在图书馆的用人机制、在职人员的学历提升以及填补国内学科空白等问题。

从古籍保护学科建设方面看，目前中专、大专、本科都有一些相关的专业，再高层次的学历就没有了，但是现在很多图书馆进人是有一定的学历要求的，不少单位要求硕士学位。这样就产生矛盾：一些学生即使学了这些专业的专科、本科，也没有出路；而图书馆需要这方面的人才，又因为学历不符合要求而无法录用。像国家图书馆就曾招募了一些大专生，但只能是"派遣"，慢慢地这些人就待不下去了。公共图书馆尚且如此，进高校图书馆更难，很多高校培养出来的古籍保护人才自己也留不下，这是一个现状。一些在职人员也有学历提升的需求，我们也希望能有一个平台让他们学习。

从高校的角度来说，在国外，古籍修复、保护的硕士培养已经很成熟了，我们到韩国去，人家都已经开展快十年了，在意大利、法国、日本都是有这样的学历才能工作的，所以古籍保护学科建设也是填补国内学科的一个空白点。至少在中山大学开启这个学科专业硕士之前，国内是没有的，具有一定的开创性。

三、古籍保护学科建设进展顺利

藏书报：目前与高校的合作培养情况如何？

王红蕾：目前设置专业硕士进行合作培养的高校有中山大

学、复旦大学、中国社会科学院研究生院和天津师范大学，各院校在研究方向上各有特色。复旦大学的牵头人杨玉良先生是中国科学院院士、高分子化学家，一位有人文情怀的科学家，他将自己的专业知识与古籍保护相结合，进行了包括纸张脱酸、古纸分析、恢复等在内的一系列实验，还与浙江省开化县合作了"开化纸传统制作工艺"的研究项目，未来还将招收化学背景的博士后加入到古籍保护中来；天津师范大学是与天津图书馆、天津古籍出版社联合培养，既有天津师大的历史文献学基础，又有天津图书馆的古籍修复和天津古籍出版社的古籍整理出版优势，是四家中唯一嵌入了出版内容的高校，非常受欢迎；中山大学以西文古籍修复为特色，是全国最早开始西文古籍修复工作的单位，曾派该校图书馆林明副馆长赴美国排名第一的古籍修复教育机构——美国德州大学奥斯汀分校信息学院文献保护与修复中心进修学习，对美国古籍保护和修复事业及西方古籍保护和修复有较深研究；中国社会科学院研究生院有深厚的文博背景，更偏重"古籍鉴定与修复"方向。

另外还有一种课程嵌入式的培养模式，目前正与南京艺术学院、辽宁省图书馆（主要联系的是辽宁大学和辽宁师范大学两家）合作。之所以产生两种培养模式，是希望能够进一步扩大与高校合作的范围，使古籍保护人才培养模式更加多样化，增加受益学生的规模。

藏书报：目前的进展是否符合预期设想？

王红蕾：现在各个院校的进展比预期要好。虽然还处于摸索阶段，但也正是在这样一个阶段，大家投入了更多的时间和精力。从招生前做动员到第一届学生入学再到现在，国家古籍保护中心时时都在关注着他们。在遇到困难的时候，我们积极地协调，共同解决，像暑期实践联系单位等。而学生方面，进步也非常明显，很多学生都能够快速找准方向，扎扎实实地学习，经过考核，基本上认定在两年学习结束之后，能够走上工作岗位，这个是我们比较欣慰的地方。

四、设置特色课程是重点

藏书报：这个过程中，有没有遇到什么难题或障碍？

王红蕾：从2014年开始磨合，到2015年第一届学生入学，再到现在第一学年结束，是从无到有的过程，说起来很短，但是这个学科酝酿的时间很长，现在反映出来的问题主要还是课程设置及实践课时间太短等。

因为毕竟第一次，这两年的时间都上些什么课、用什么教材是最头疼的地方。我们曾经多次开会研讨，设置了一些基础课程，比如请武汉大学的刘家真老师撰写了《古籍保护原理与方法》的教材。除了这本书，我们还邀请专家撰写关于古籍鉴定、修复、数字化等一系列教材，在学科建设上，教材建设是个非常重要的方面。

另外普遍反映的问题就是实践课时间太短。尽管我们已经尽最大的努力让实践课占了较大比重，甚至很多学生在晚上下课后还在努力学习，但是两年时间，既要学习必要的理论课程，又要参与实践，确实不太够用。

藏书报：按照最初的设想，应该怎么看待古籍保护的学科性质？

王红蕾：古籍保护学科不同于其他学科，要形成自己的特色。从我们的理解来说，就是为古籍保护事业培养人，无论他们到公共图书馆、博物馆，还是高校、出版社，希望他们到了工作岗位就能够直接上手工作。在古籍保护学科建设中，我们的重点是图书馆古籍编目、古籍保护技术和修复技术。当然，我们并不是要求所有学生毕业后都是全能型人才，能兼具古籍保护的方方面面，而是在共同的基础上，各有侧重。毕竟图书馆需要的人才是多种多样的，我们培养的人才也一定是多姿多彩的。这些人可以在鉴定、出版、修复、数字化等方面有所侧重，但又能在各自领域精益求精，耐心、专注、坚持，简单地说，就是培养具有"工匠精神"的"高精尖缺"技能人才。

王红蕾

国家图书馆

古籍保护人才培养工作十五年成果回顾

古籍保护人才队伍建设是"中华古籍保护计划"的主要内容之一。多年来，国家古籍保护中心坚持不懈推进人才培养工作，为建立科学有效的人才梯队，解决古籍保护人才短缺的局面，从人才入手，积极探索加大古籍保护人才培养力度的方法、拓宽人才培养的渠道。经过多年实践，古籍保护专业人才队伍建设探索出一条培训班、高等院校、传习所"三位一体"的古籍保护人才培养模式。

截至2022年底，国家和各省级古籍保护中心累计举办古籍保护各类培训班600余期，培训学员超过3万人次，覆盖全国2000余家古籍收藏单位。其中仅国家古籍保护中心就举办培训班超过230期，培训学员超过1.9万人次。同时，我们还引入社会力量，多措并举推动古籍保护人才的全方位成长，取得了多方面的成果。

一、依托国家古籍保护人才培训基地和各省级古籍保护中心，开展在职人员培训工作，建立一支覆盖全国的古籍保护人才队伍

2014年6月，文化部正式公布国家图书馆、天津图书馆、辽宁省图书馆等12家申报单位为"国家古籍保护人才培训基地"。培训基地主要承担全国古籍收藏单位古籍从业人员的培训任务，

短期培训与长期培养相结合，按照古籍保护工作的实际需要设置课程，利用基地图书馆的古籍资源优势，将理论与实践紧密结合，不仅培养普通的古籍工作人员，还有重点地培养骨干人才和高精尖稀缺人才。同时，每一家培训基地结合自身资源优势，有重点、有针对性地开展古籍保护人才培养工作，建成有自身特色的古籍保护人才培训基地。经过7年多的努力，培训基地人才培养工作取得可喜的成果。

（一）培训了一批古籍存藏单位从业人员

从2014至2021年，各基地都按照年度工作任务展开并圆满完成了培训任务，共承办国家古籍保护中心举办的培训班51期，自筹经费举办培训班77期。这些培训班充分利用本地资源优势，涵盖古籍普查、修复、数字化、传拓、书志撰写、印谱编目与鉴定等古籍保护各个领域，参加学员覆盖全国各省区市县级古籍收藏单位，扩大了古籍保护业界人员的受训范围和数量。

（二）打造了一批特色古籍保护人才培训基地

按照"培养古籍保护基础人才，结合地区特色建设特色古籍保护人才培养基地"的整体规划，经过7年的努力，特色古籍保护人才培训基地基本建成，主要有：国家图书馆古籍鉴定、修复、保护技术高级人才培训基地；天津图书馆高级修复人才培训基地；中山大学图书馆西文文献修复人才培训基地；上海图书馆碑帖鉴定、拓片修复、传拓人才培训基地；浙江图书馆古籍编目高级人才培训基地；辽宁省图书馆、南京图书馆、山东省图书馆、广东省立中山图书馆、甘肃省图书馆古籍普查登记、修复等基础业务人才培训基地；贵州省图书馆和贵州民族大学成为少数民族文字古籍保护人才培训基地；复旦大学古籍保护技术研究基地。12家国家古籍保护人才培训基地建立以来，在全国古籍保护人才培养工作上发挥了重要作用，特别是基层图书馆的从业人员受训机会明显增多，古籍保护工作的推进速度显著加快。

二、依托国家级古籍修复技艺非遗项目建设传习所，培养古籍修复骨干人才

为发挥古籍修复专家传帮带作用，更好地传承古籍修复技艺，传习所"师带徒"成为培养古籍修复人才的另一个有效途径。2013年6月8日，国家级古籍修复技艺传习中心在国家图书馆成立。为进一步推广古籍修复技艺传承工作，2014年国家古籍保护中心决定在全国选择试点单位设立国家级古籍修复技艺传习所，传习所附设于国家级古籍修复技艺传习中心之下，由国家古籍保护中心负责统筹管理。传习所聘请全国古籍修复领域专家担任导师，学徒每年跟着导师完成一定的学习课时，同时在导师带领下开展古籍修复项目，通过修复项目带动技艺传承。至此，依托传习中心附设传习所培养古籍修复人才的模式基本形成。至2022年，全国已设立传习所32家，收徒299人，累计修复古籍3万余册件。古籍修复人才培养的长效机制基本建立，修复人才梯队初具规模。包括：

（一）建立了覆盖全国的古籍修复技艺传承体系

32家传习所附设于国家级古籍修复技艺传习中心下，覆盖全国22个省市。传习所不仅包括古籍修复技艺传习，还包括石刻传拓、木版水印、经版雕刻等非遗技艺；不仅包括公藏单位，还涵盖了四川西部文献修复中心、郑州仁清金石传拓艺术博物馆等民间机构。在国家古籍保护中心的组织下，各传习所借助各省级古籍保护中心的支持，开展所属区域的非遗技艺传承工作，浙江、山东、广东、云南、甘肃、山西等省还逐级下设传习工作站（点），建立市县级古籍修复室，由传习所主导，每年开展省内修复人员培训，形成了国家级、省级、市县级的古籍修复技艺传承体系。

（二）培养了一支老、中、青结合的古籍修复队伍

传习所聘请国内技艺精湛的专家担任传习导师，有国家级非

遗传人、省级非遗传人、市县级非遗传人，还有技术过硬的修复专家。古籍修复技艺传承保护项目形成了国家级、省级、市县级的专家队伍。

传习导师中有国家级非遗传人：国家图书馆的杜伟生、故宫博物院的徐建华、金陵刻经处的马萌青、十竹斋的魏立中；有省级非遗传人：上海图书馆赵嘉福、甘肃图书馆师有宽、天津图书馆万群、金陵刻经处邓清之、河南李仁清传拓艺术馆李仁清、福建省图书馆林凤、重庆图书馆许彤；还有顶尖的修复技术专家：张平、潘美娣、杨立群、胡玉清、童芷珍、朱振彬、张品芳、邢跃华、邱晓刚、林明等人。

在传习导师的指导下，200多名学徒经过学习，修复技术有了质的提升，成为单位技术骨干。同时，全国古籍收藏单位一大批80后、90后年轻人经过多年培训，也逐步成长为成熟的古籍修复者，他们中10%以上有研究生学历，50%以上是本科学历。全国古籍修复队伍已经建成合理的老、中、青结合的人才梯队。

（三）抢救性修复了一批珍贵古籍

传习所的主要传习方式是以修复项目带动技艺传习，通过授课，既完成了技艺传习，也修复了一批古籍。从2014至2022年，传习中心和传习所已累计修复古籍3万余册件，特别是完成了国家图书馆藏清宫"天禄琳琅"、西夏文献，山西省藏唐宋佛经，陕西省图书馆藏《古今图书集成》，山东省图书馆藏宋刻本《文选》，上海图书馆藏家谱，迪庆州纳格拉洞藏文古籍，甘肃省藏地方名人手迹，广东省立中山图书馆藏明刻本《书集传》等珍贵古籍修复项目，使一批珍贵古籍得到及时抢救保护。

（四）借助现代科技，使古籍修复技艺在传承中进步

传习所在开展技艺传习工作时，非常注重理论与实践结合，借助科技力量来提高修复技艺。一方面通过邀请业界专家授课，与高校合作研究古籍保护技术，制定古籍保护相关标准，学习行

业前沿理论等途径来提高古籍修复从业者的综合素质；另一方面，利用近年来古籍保护技术研究新成果来改进古籍修复技艺。复旦大学中华古籍保护研究院充分利用高校科技优势，在古籍保护技术、开化纸制作技术、古籍脱酸技术等方面的研究都走在了前列；国家图书馆"古籍保护科技文化和旅游部重点实验室"在古籍修复用纸、古籍文献装具、古籍库房环境、脱酸等方面自主研发了专利技术；浙江大学和南京博物院等单位都有纸质文献保护研究的相关成果。这些都将逐步被利用到提高古籍修复技术中，使古籍修复技艺的传承不再仅仅是继承，而是在继承中发展，在继承中创新。

三、依托高等院校，培养古籍保护有生力量，推动古籍保护学科体系建设

古籍保护是一项长期的、不能间断的事业，要想满足古籍保护对专业人才持续不断的需求，必须依靠学校教育。随着我国经济的迅速发展，开设图书馆学、博物馆学、古典文献学、历史文献学等专业的院校越来越多，但是这些专业都属于二级学科，其课程设置不能满足古籍整理与保护工作的实际需要。同时，古籍修复专业大多开设在高职、专科类院校，或是本科院校二级学科下的某个方向，高校开设的"古籍保护""古籍整理"等专业并没有列入教育部高等院校的本科专业目录，古籍修复仅限于专项技能的训练，古籍整理专业仍在中国古典文献学和历史文献学的框架下运作。对于涵盖文学、历史、化学、生物、物理、美术等跨学科知识的古籍保护来说，学校培养出来的毕业生仍然无法契合古籍保护实际工作的需要。

（一）合作开展古籍保护学历教育

2014年，国家古籍保护中心先后与中山大学、复旦大学、中

国社会科学院研究生院、天津师范大学签订"联合培养古籍保护专业硕士协议",开展古籍保护高素质专业人才的培养。各校从古籍编目、古籍整理、古籍修复、保护技术等方面设置课程,聘请具有长期实践经验的专家授课,对学生进行理论和实践的综合训练,目的是培养出符合古籍保护工作需要的专业人才。截至2022年,合作高校共招收古籍保护专业硕士267人,毕业169人。毕业生去向主要包括:图书馆与文博行业、出版与拍卖行业、企业、公务员、大中小学院校及继续赴国内外深造等,其中从事图书馆与文博等与古籍保护相关行业的占比达到40%以上。

(二)开设古籍保护系列讲座,普及古籍保护知识

2015年,国家古籍保护中心进一步拓展与高校合作模式,先后与南京艺术学院、辽宁省图书馆(联合辽宁大学和沈阳师范大学)签署"古籍保护名家讲坛"合作协议,以讲座方式在高校普及古籍保护相关知识,宣传古籍保护的重要性,提高学生对古籍保护的认识,增加受益学生的规模,从而为古籍保护人才储备扩大范围。

(三)合作办学带动国内古籍保护专业建设

国家古籍保护中心合作办学的成功带动了国内许多高校古籍保护专业的建设,部分省古籍保护中心、图书馆及文博单位也开始采取同高校合作,培养古籍保护、古籍修复相关人才的策略,"图书馆(文博单位)+高校"成为了较为常见的培养模式,如南京图书馆与南京艺术学院、金陵科技学院等联合申报国家古籍保护人才培训基地,辽宁省图书馆(辽宁省古籍保护中心)与沈阳师范大学、辽宁大学合作培养古籍保护人才等。目前全国已有30余所院校开设了古籍保护相关专业,覆盖中专至博士全部学历层次。

经过15年的努力,在国家古籍保护中心与社会各界的带动下,越来越多的高校加入到古籍保护人才培养的队伍中来,古籍保护学科建设不断发展完善,古籍保护专业人员整体素质得到了

提高，为古籍保护队伍注入了新的活力，也为古籍保护后续人才建设提供了保障。

（四）推动古籍保护学科建设

为进一步完善古籍保护学科建设，2015年以来，国家古籍保护中心与高校联合举办4届全国古籍保护学科建设会议，研讨古籍保护学科建设的必要性、课程设置、教材编制、就业需求等内容，助力高校推动古籍保护学科建设，探索古籍保护高水平学历教育路径，促进古籍保护高精尖人才和研究型人才培养。

在国家古籍保护中心的推动以及学科建设研讨会的促进下，各校对古籍保护学科建设越来越重视，陆续成立古籍保护相关研究院，致力于古籍保护科技和技术的研究以及古籍保护人才的培养。截至2022年全国共成立4所古籍保护相关研究院，包括：复旦大学中华古籍保护研究院、中山大学国家文化遗产与文化发展研究院、天津师范大学古籍保护研究院、贵州民族大学古籍保护研究院。

此外，在2020年第四届学科建设研讨会上，华南理工大学相关专家与会讨论，同年，"华南理工大学古籍保护与利用研究中心、广州市岭南文献保护研究中心"获批成立，该中心依托学校制浆造纸学科，重点开展纸质文献实验研究。

（五）启动古籍保护教材编纂

2019年，为进一步加强古籍保护人才培养，规范古籍保护学科建设，在广泛征求意见的基础上，国家古籍保护中心启动"古籍保护系列培训教材"编纂出版工作，包括4部教材和3部工作手册，为古籍保护学科建设尤其是学科教材的编制探索方向。

四、利用社会力量扩大人才储备

（一）开展"中华古籍普查文化志愿者服务行动项目"

开展古籍普查、摸清家底是"中华古籍保护计划"的主要任务，也是古籍保护的基础工作。在古籍普查推进的过程中，许多地区因缺乏专业人员而进展缓慢，影响了"中华古籍保护计划"的顺利实施。2015年，中国古籍保护协会成立后，配合国家古籍保护工作规划，设立了"中华古籍普查文化志愿者服务行动项目"，从社会爱心企业中募集公益资助，充分利用业界专家和高校古籍整理相关专业博士、硕士生做志愿者，深入基层单位开展古籍普查。项目开展7年来，来自全国177所高校的1205名学生和246名业界专家参加了志愿者行动，共完成229家古籍存藏单位的24万部（186万册／件）的普查登记工作，有力促进了全国古籍普查工作的进度。参加活动的志愿者在开始普查前都要经过专业培训，在普查中有专家指导，再经过实践操作，古籍编目能力得到很大提高，为古籍保护培训了一支高素质的人才储备队伍。很多人在活动中对古籍产生了深厚的感情，毕业后直接到古籍相关岗位就业。

"中华古籍普查文化志愿者服务行动项目"为古籍保护人才培养工作发挥了很好的辅助作用，成为古籍保护人才培养的又一有效模式。

（二）引入社会力量支持古籍修复人才培养

2021年，国家图书馆（国家古籍保护中心）与中国文物保护基金会、字节跳动公益合作开展古籍保护公益项目，通过设立古籍保护专项基金，以修复珍贵古籍、培养古籍修复人才为开端，共同促进古籍的保护与利用。一年多来，分别在云南传习所、天一阁传习所、国家图书馆举办共3期全国古籍修复技术与工作管理研修班，共计培训修复师107人，先后修复彝文文献《查姆》、天一阁藏珍贵古籍、国家图书馆藏翁氏藏稿等。这是社会力量参与古籍保护的一次有益尝试，为撬动更多的社会力量参与古籍保护打下了良好的基础。

"中华古籍保护计划"实施15年来，古籍保护人才培养工作取得了令人瞩目的成果，古籍保护人才培养新格局已基本建立。但与此同时，人才培养过程中仍然存在着高精尖人才缺乏、被认可后备力量不足、职业上升渠道不均衡、学科建设缺乏整合等问题。面对成果与挑战，塑造古籍保护高精尖人才、培养具备传承能力的古籍保护事业接班人、打通古籍保护职业上升通道、促进古籍保护学科整合将是我们下一步的工作重点。未来，国家古籍保护中心将继续联合各方力量共同为古籍保护人才培养和发展献力献策，为进一步推进古籍保护事业、传承弘扬中华优秀传统文化共同努力奋斗！

杨照坤

国家图书馆

"中华古籍保护计划"实施以来的
碑帖拓本保护实践

碑帖拓本是传承中华文明的重要载体，具有多方面的史料价值、文献价值和艺术价值，是我国典籍传播史上不可或缺的重要组成部分，历来受到文献学家和书家们的推崇。其内容涉及政治经济、宗教哲学、风俗民情、文学艺术等方面，为古代文学、历史学、文字学提供了大量宝贵的资料，可与史籍互相补正；其文字保存了各个时代、众多名家的法书墨迹，呈现出各家流派的书法风格，篆、隶、真、草、行五体皆备，实为中国书法艺术的宝库。

2007年，《国务院办公厅关于进一步加强古籍保护工作的意见》（国办发〔2007〕6号）（以下简称"《意见》"）发布，对全国古籍保护工作进行总体部署，"中华古籍保护计划"正式实施。国家古籍保护中心积极从各方面推进碑帖拓本的整理、保护，除评审《国家珍贵古籍名录》外，还以碑帖为对象开展普查登记、标准编制、数字化、拓本修复、人才培养等工作实践，取得了一系列的成果。

一、以普查为先导摸清家底

"中华古籍保护计划"启动之初，国家古籍保护中心曾对全国古籍收藏单位的存藏情况做过调查。从反馈情况看，在829家提交问卷的单位中，有217家填写了碑帖收藏情况，约占总数的23%，覆盖了公共图书馆、博物馆、科学院、档案、教育等各个系统。国家图书馆及31个省级公共图书馆中，有13家单位的碑帖藏量明晰。国家图书馆藏拓本26万件，上海图书馆藏25万件，北京大学图书馆8万余件，故宫博物院的近3万件碑帖拓本藏品中，二级及二级以上藏品3500余件，占总数的12.1%。以上单位均有专职部门和人员负责碑帖拓本整理工作，在编目、整理、影印出版等方面成绩斐然。另外中国科学院国家科学图书馆、中国文化遗产研究院图书馆、北京市文物局图书资料中心等单位也收藏大量珍贵碑帖拓本。

为有效开展碑帖拓本普查工作，国家古籍保护中心在全国古籍普查登记平台的基础上，建立了专门的碑帖平台。平台根据碑帖拓本的特征量身定制，题名项包括首题、额题、正题名等，责任者包括撰者、书者、镌刻者等，此外还有传拓情况、刻立情况、形制、字体、刻跋、批校题跋、书影、破损情况等，都可在平台上一一著录。目前，重庆图书馆已编制了本馆的《碑帖普查登记目录》。

二、以《名录》为核心挖掘价值

名碑精拓，世人宝之，延至今日，凡留存者无不递藏有序，品相上乘。由于各种原因，我国的碑帖拓本并未编纂过类似《中国古籍善本书目》那样的联合目录，历代的碑帖书目虽记载了一些传世名碑善拓，但如今存佚几何，并无集中著录，对于珍稀拓本的分布情况并无全面翔实的掌握。通过《国家珍贵古籍名录》的评审，这些珍贵拓本汇聚一堂，再现世人。至今，国家已公布了六批13026部《国家珍贵古籍名录》（以下简称"《名录》"），其中碑帖拓本类古籍入选219部^①，占总量的1.6%，主要集中在汉碑、唐碑、宋帖三大类。从版本看，宋拓本占入选拓本总量的53.64%，元拓本占1.8%，明拓本占26.36%，清拓本占总量的17.35%。围绕《名录》，通过编纂一至六批《国家珍贵古籍名录图录》《国家珍贵古籍题跋丛刊》《书志》等，分别建立《国家珍贵古籍名录》数据库和知识库，举办国家珍贵古籍特展等途径，对《名录》进行内容阐释和价值挖掘。

例如，《名录》知识库可为用户在互联网环境下获取《名录》信息提供新的路径，提供知识化、语义化的分析和研究工具，为学术研究提供便利。该系统在"国家古籍数字化工程"支持下建立，2023年初在"中国古籍保护网"正式对外发布。知识库通过交互式可视化技术与关联语义技术，实现对《名录》收录的包括拓本在内的古籍进行多维度查询与探索，从批次、时间（版本朝代分布）、空间（收藏机构地理分布）等不同角度，结合多种可视化方式进行展示，支持多字段检索与多维度导航。以释怀仁集王羲之《三藏圣教序》为例进行检索，可探寻该拓本的相关人物及其关联，阅读作者小传，呈现名录中隐含的人物关系与书目关系。

《书志》重点展示海内外各古籍收藏单位、研究机构和个人为入选《国家珍贵古籍名录》的珍贵古籍所撰写的书志，兼及其他揭示珍贵古籍或专题文献的书目、提要、访书记等具有学术价值的文献资料，以及书志学术史回顾、书目提要编纂经验总结等相关内容。如第四辑《书志》收录国家博物馆馆藏北宋拓《怀仁集王羲之书圣教序》、宋拓《大观帖》卷七、南宋拓《九成宫醴泉铭》等三部宋拓碑帖文章。

---

① 另有一部《河防一览图》，按古代地图标准收入《名录》，归入古地图类。

三、以标准为依据统一规范

标准的编制，可为古籍的保存保护、科学利用、传播推广提供系统、实用的规范引导，也有助于各级各类古籍工作机构在古籍保护和利用方面协同合作与开放共享。作为《汉文古籍特藏藏品定级》系列国家标准的重要组成部分，国家古籍保护中心组织相关单位和专家起草了《汉文古籍特藏藏品定级 第5部分：碑帖拓本》（以下简称"碑帖标准"），国家图书馆、故宫博物院、北京大学图书馆、上海图书馆等均是标准起草单位。该《标准》对碑帖拓本的定义、相关概念、定级标准等内容做出了科学细致的规定，如对"原刻拓本""翻刻拓本""孤本"以及"考据字"等用于碑帖鉴定常用的专业词汇做了专业的解释。该标准将碑帖拓本分为四个等级，各级之下对各个时期的不同拓本有对应的描述。在定级过程中，尽量充分考虑相应条件拓本的存世数量、珍稀孤罕程度。第一至六批《名录》均以该标准作为评审标准，使《名录》评审有据可依。根据定级标准，宋拓本均为一级。

此外，有关碑帖拓本的标准，在著录方面还有文物行业标准《拓片元数据著录规则》（WW/T 0093—2018），专著《国家图书馆拓片元数据规范与著录规则》；在保护修复方面在研标准有《拓片修复技术规范与质量标准》，等等。

四、以数字化为手段促进共享

数字化是解决古籍"藏"与"用"问题的最为有效的手段。碑帖拓本数据库可为著录和版本鉴定提供最为直观的影像依据，是加快古籍普查进度的有效工具。国内几个碑帖拓本收藏单位已建立自己的中文拓本数据库，如国家图书馆的"碑帖菁华"、北京大学图书馆的"秘籍琳琅"等，浙江大学、故宫博物院等也都在本单位网站上公布了馆藏碑帖影像。

"中华古籍资源库"近年来在古籍数字化方面取得了较大成果，现已累计发布各类型珍贵文献10.3万部，得到了社会各界的广泛关注。其中，"碑帖菁华"专题库以国家图书馆藏历代甲骨、青铜器、石刻等类拓片二十三万余件为基础建设，内容涉及历史、地理、政治、经济、军事、民族、民俗、文学、艺术、科技、建筑等方面，支持年代、地点的关联检索。近年重点推出一批河南明清石刻拓片数字化成果，这些碑刻都散落于乡村、祠堂、寺庙，历代文献上很难查到，具有较为重要的历史文献资料价值。常年的日晒雨淋使许多碑刻受到损害，有的已经漫漶不清，再加上新农村建设的大力推进，有些碑刻已经消失，造成不可挽救的损失，所以抢救、记录、保存及整理出版这些珍贵的碑刻资料时不我待。

在海外珍贵典籍数字化回归方面，2018年，法国国家图书馆藏敦煌遗书数字资源正式在中国国家图书馆网站"中华古籍资源库"中发布。该批资源共计5300余号3.1万余拍，其中也包括存世最早的拓本文献唐太宗《温泉铭》、欧阳询《化度寺故僧邕禅师舍利塔铭》等重要拓本。

五、以修复为重点加强保护

碑帖整理工作起步晚，各地保存状况不一，再加上装帧形式多样，存在尺寸大、褶皱多、纸张薄、质地脆等问题，其修复难度和需要掌握的技巧远大于一般古籍。国家古籍保护中心曾召开"碑帖拓片保护与修复技术专家讨论会"，国内著名的碑帖整理专家和修复专家参会，各位专家结合自己的实践经验，就碑帖的修复技术、装帧、装具、放置、保存等方面提出科学、合理的建议。专家们普遍认为，碑帖拓片的修复难于一般古籍。在修复过程中，要尽可能修旧如旧，最低程度减少破坏，根据装帧形式和破损情况，制订相应的修复方案，同时也要尊重和沿袭传统的装帧和修复方法。

国家古籍保护中心多次举办碑帖修复培训班，采用理论与实践结合的方式培养碑帖修复人才，同时也完成了一批珍贵拓本的修复工作。社会力量也积极支持拓本的保护，2021年，在中国文物保护基金会字节跳动古籍保护专项基金的支持下，国家图书馆完成70册件珍贵古籍文献的修复，其中包括11种13件金石拓本。多为清拓，卷轴装，部分为名家旧藏且有题跋。如卷轴装《洹子孟姜壶》，为洹子孟姜壶两张拓片之一，先后由王懿荣、刘鹗递藏，有刘鹗题跋和罗振玉题记各一则，属早期精拓本，具有较高的历史价值和学术价值。此外修复的还有吴大澂旧藏《愙鼎》、柯昌泗旧藏《白石神君碑》等。

六、以传拓技艺为特色带动非遗传承

为继承和弘扬中华优秀传统文化，展示中国传拓技艺的丰富内涵和独特魅力，国家图书馆曾于2012年举办"中国传拓技艺展览"，同时召开"中国传拓技术国际学术研讨会"，就石刻及拓片的保护、传拓技术、传拓技艺的申遗工作等问题进行研讨。这是中华人民共和国成立以来第一次对传拓技艺的全面展示，也是对传拓技艺传承现状的一次检阅。

为更好推进传拓技艺，国家古籍保护中心在设置国家级古籍修复技艺传习所时，先后命名了李仁清传习所、山东石刻艺术博物馆传习所、桂林传习所、西安碑林博物馆拓印传习所等四家，传习所通过聘请导师，以平面拓、高浮雕传拓、全形拓等技艺为重点开展传习。学徒每年跟着导师完成一定的学习课时，同时在导师指导下开展传拓，带动技艺传承。在国家古籍保护中心号召各地举办的"古籍修复技艺进校园""中华传统晒书大会"等活动中,各单位也以传拓作为互动手段,让古老的技艺在新时代焕发光彩。

七、以实干实操为关键培养人才

为解决人才急缺的问题,国家古籍保护中心将人才培养与碑帖保护项目相结合,专门举办碑帖编目、鉴定、传拓、修复等培训班,采取理论与实践相结合、集中授课与一对一教学结合等方式,重点培养碑帖整理、保护实用型人才。截至2022年底,已在国家图书馆、上海图书馆、重庆图书馆、桂林图书馆、福建图书馆等地举办碑帖类相关培训班23期,累计培训近千人次,一定程度上为缓解我国碑帖整理、保护人才严重匮乏的局面提供了支持。

为了培养碑帖编目与鉴定人才,国家古籍保护中心曾探索性地以重庆图书馆藏碑帖编目与鉴定为培训内容举办了2期碑帖编目与鉴定研修班,培训班结束后,基本完成了重庆图书馆藏碑帖的编目,学员也都掌握了碑帖编目与鉴定的业务技能。2019年4月至6月,在孔子博物馆连续举办2期全国碑帖编目与鉴定研修班。至培训班结束,共录入各类碑帖5330种近2万张,学员基本可以独立进行碑帖编目工作。施安昌、胡海帆、冀亚平等老师在对孔子博物馆藏碑帖进行初步整理鉴定过程中,也意外发现了《乾隆御定石经》初拓本,以及明末清初、乾嘉等十五套《淳化阁帖》和明拓《契苾明碑》、清拓颜真卿《争座位帖》等珍贵碑帖。为提高学员对碑刻的完整性认识,在孔子博物馆支持下,培训班专门安排了实地观摩课程,到孔庙、孔府、孔林、颜庙和周公庙等处现场教学。老师对《孔宙碑》《乙瑛碑》等重要汉魏碑刻的历史源流、碑刻特点和文字信息进行了详细讲解,解决了学员们鉴定编目过程中遇到的部分问题。特别是汉魏碑刻馆现藏著名汉碑，其历代传拓、翻刻颇多，散藏各地真假难辨，通过实物拓本比对，有助于加深学员对于石刻的感性认识。这种实践性培训，将理论知识与实践操作紧密结合，由经验丰富的专家直接指导学员进行大量实战操作，对解决碑帖鉴定、保护中的实际问题起到十分重要的作用。

八、以新发现为引子彰显保护的意义

《乾隆御定石经》（以下简称"《石经》"）是历代儒家经典碑刻中最后一部，也是最为完整、规模最大的一部。乾隆五十六年，乾隆命人以金坛贡生蒋衡手书"十三经"为底本刊刻《石经》，至五十九年刊刻完成，目前原石完整保存于北京国子监。《石经》由皇帝下旨多次改字，现存有改字前和改字后多种拓本，因为数量巨大，搬动和查阅困难，所以不容易区别它们传拓的时间。

《石经》初拓本的发现，是"中华古籍保护计划"关于碑帖保护的人才培养和普查、发现、活化传播的一个重要案例。故宫博物院施安昌先生于2016年在重庆图书馆举办的碑帖编目与鉴定研修班授课时，曾留意其馆藏清拓本《石经》。2019年，由国家古籍保护中心主办、山东省古籍保护中心和孔子博物馆承办的"第四期全国碑帖编目与鉴定研修班"在孔子博物馆举办，意外发现该馆所藏《石经》品相完好，装潢考究，经折装裱，明黄封面，正中楷书"乾隆御定石经"题签。经与孔子博物馆求证，该馆所藏《续修曲阜县志》记录嘉庆元年皇家曾颁赐孔府一套《石经》，应为此拓。该拓本在文献资料和修改字例的双重证实下，又经与重庆图书馆、北京大学图书馆、故宫博物院等所藏拓本比对，可确认为乾隆初拓本。

《乾隆御定石经》初拓本的发现，实在是一场生动的碑帖鉴定实例课。正如施安昌先生所说，"像孔博石经信息明确则是首次遇见，不仅提供了初拓本的参照系，而且给人以多方面的启发。鲁壁灵光，功不可没"。这次新发现也真正带动了相关单位对碑帖的普查、整理、研究与保护，并产生了显著的社会效益。此本于2020年中央电视台《国家宝藏》第三季中专题播出，以此引出并彰显"中华古籍保护计划"的价值和意义。2021年6月，该拓本又被评选为"山东省古籍普查十大新发现"之一。

党的十八大以来，党和国家高度重视中华优秀传统文化，对文物古籍保护政策支持力度空前。2022年4月，中办、国办印发《关于推进新时代古籍工作的意见》，10月，全国古籍整理出版规划小组印发《2021—2035年国家古籍工作规划》，其中对石刻文献的抢救保护、整理研究、数字化等工作也提出了具体要求。如"珍贵濒危古籍抢救修复工程"要求规划实施甲骨文、简帛、石刻、贝叶经、《永乐大典》、孔府档案、"丝绸之路"沿线出土文书等保护修复重点项目；"古籍整理研究和出版工程"要求加强甲骨文、金文、简帛、玺印、石刻文献及纸质文献的整理出版；"古籍数字化工程"要求重点建设历代石刻等专题数据库等。

我们应抓住时代机遇，坚持守正创新，做好碑帖拓本的保护与传承。重点加强从加强碑帖拓本普查、制定统一的整理与保护规范、建设专题数据库，开展著录、鉴定、修复、传拓等人才培训，推动抢救性修复和预防性保护，加大整理出版和宣传活化力度等角度，充分挖掘碑帖拓本中所蕴含的丰富的文献价值、书法价值和艺术价值，让碑帖拓本中所蕴含的中华优秀传统文化突破时空界限，更好服务于新时代文化建设。

王沛

国家图书馆

调动社会力量参与古籍保护
——中国古籍保护协会成立与发展侧记

党的十八大以来，以习近平同志为核心的党中央明确提出"走出一条具有中国特色的社会组织发展之路"的重大命题和战略部署。习近平总书记多次对社会组织工作作出重要指示批示，社会组织领域法规政策体系得到进一步完善，为新时代社会组织健康有序发展提供了根本遵循。在此背景下，全国社会组织有序发展，受到国家高度重视和社会广泛关注，在促进经济建设、繁荣社会事业、创新社会治理中发挥了积极作用。

一、中国古籍保护协会应运而生

新中国成立后，特别是改革开放以来，党和政府高度重视古籍的调查、整理、出版、修复、缩微、数字化等保护工作。2007年，国务院办公厅颁布《关于进一步加强古籍保护工作的意见》（国办发〔2007〕6号），启动了历史上首次由政府主持开展的国家级重要文化工程——"中华古籍保护计划"。《国家"十二五"时期文化改革发展规划纲要》将"中华古籍保护计划"列为国家重要文化遗产保护工程之一，对古籍保护工作提出了更新、更高的要求。

经过多年的不懈努力，我国古籍保护工作取得了令人瞩目的成绩，但仍存在许多问题，特别是收藏在民间的古籍保护难度很大，在古籍拍卖市场红火的同时，民间古籍流失严重。古籍成为财富的新追逐点，许多收藏古籍的企业和个人保护观念淡漠，随意将古籍拆散零卖或进行破坏性装裱。古籍相关产业存在以次充好、粗制滥造现象。许多手工纸墨加入混合酸性木浆填料，造成影印古籍和石刻拓本过早酸化变脆，保存时间甚至低于古籍原本。民间古籍保护人才分散，各行其是，缺乏科学保护修复古籍的理念和技术。不少社会力量和社会资金，甚至爱国华侨都积极支持中华古籍保护，但因为缺乏有效参与机制，影响了社会力量和资金参与古籍保护的积极性。

在我国以各级政府为主导的全国古籍保护工作取得成就的同时，自下而上、充分调动民间古籍收藏单位和个人、各界专家学者，造纸、出版、保护、修复、数字化等行业的企业和社会团体参与古籍保护工作无疑是对目前古籍保护机制的一个有力补充。有鉴于此，2013年12月，周和平、傅熹年、李致忠、史金波、朱凤瀚、白化文、程毅中、张志清等一批全国古籍保护专家和相关行业学者、民间收藏家等大力呼吁成立一个中国古籍保护协会，在民政部注册，由文化部主管，依托国家古籍保护中心开展工作。希望通过行业协会的作用，完善全国古籍保护工作机制，有效解决人才短缺和社会资金参与古籍保护等问题，充分发挥行业协会联络政府、收藏单位、民间组织、企业和古籍专家、爱好者的桥梁纽带作用，充分发挥政府管理参谋助手的作用。

在文化部和国家图书馆积极推动下，经过各方的不懈努力，协会于2015年1月正式成立，是由全国古籍收藏、保护修复、整理出版研究等有关企事业单位、社会团体和相关机构和个人自愿组成的全国性、行业性、非营利性社会组织，是加强行业自律、维护行业权益、促进行业发展的民间行业组织。协会的重要任务是在政府主管部门的领导、支持、帮助下，发挥服务、沟通、咨询、监督作用，凝聚全国古籍保护力量，开展古籍保护事业，推动古籍保护科学发展。

二、持续深耕社会组织运营管理之道

协会认真落实党中央关于社会组织工作决策部署，坚持统筹推进，加强与登记管理部门、业务主管部门及相关群团组织协同配合，在服务国家、服务社会、服务群众、服务行业方面发挥积极作用。自成立以来，协会认真履行社会组织职责，紧密围绕"中华古籍保护计划"的全面实施，团结全体会员和广大古籍保护工作者，发挥行业桥梁纽带作用，引领古籍保护向"公众参与时代"持续迈进。多年来，文化和旅游部作为协会的业务主管部门，国家图书馆作为协会会长单位，及时沟通联系和监督指导协会开展党建工作、自身建设、活动管理、对外交流等事项，注重有针对性的分类指导，完善相关培育扶持政策措施，为协会实现健康可持续发展创造了良好的条件。2021年末，协会荣获民政部"全国先进社会组织"称号。多年来，协会在运营和管理方面始终坚持高质量发展，重点做好以下几方面工作：

（一）学思践悟，始终坚持正确的发展方向

社会组织是党和政府的有力助手、行业的群众的"代言人"，这一最基本的职能定位就要求社会组织必须做到常学常新、学思践悟、久久为功，及时学习掌握党和政府声音、行业发展诉求，做好"上传下达"工作。协会始终将"学习型"社会组织建设放在首位。深入学习贯彻习近平总书记关于社会组织工作重要论述精神和党中央关于古籍工作的决策部署，自觉地将工作任务与党的路线方针政策对标对表，与文化和旅游部、国家古籍保护中心确定的工作目标紧密结合。协会秘书处及时组织召开"学习《关于推进新时代古籍工作的意见》""学习《2022年文化和旅游部社会组织工作要点》"等专题学习交流会，还在协会负责人、常务

理事、理事、监事、分支机构负责人范围内组织召开"贯彻文化和旅游部社会组织工作会议精神视频座谈会",及时学习传达文化和旅游部社会组织工作会议精神,整理归纳发言摘编,形成整改措施,以学促改的方式确保协会始终保持正确的发展方向。

(二)精准施策,重点打造协会的品牌项目

协会在广泛调研和充分论证的基础上,于2015年在全国发起组织了"中华古籍普查文化志愿服务行动",通过动员高校学生参加文化志愿服务,持续得到社会公益资助数百万元,有力促进了全国古籍普查任务如期基本完成。多年来,协会注重对项目的意识形态管理、绩效管理和监督管理,高标准、严要求,不敷衍塞责,不糊弄应付,尽职尽责抓好各项工作的协调和落实,逐步摸索建立了调研、考察、签约、招募、培训、启动、实施、督导、验收、总结、宣传环环相扣的工作流程,并不断规范和完善志愿者招募遴选,志愿服务过程管理,普查整理规范要求,经费筹集使用,中期巡查监管和结项验收等运转管理机制,逐渐发展成为协会的品牌项目且多次获得表彰。在此基础上,协会顺势而为,发动各地因地制宜策划和储备了一些示范性好、价值高的古籍保护项目,对位政府资助和公益资助项目,确保项目的品牌效益得以最大限度地发挥和拓展。

(三)与时俱进,紧跟行业发展的前沿动态

随着全国古籍普查工作的基本完成,"中华古籍普查文化志愿服务行动"已转型升级为"中华古籍保护文化志愿服务行动",协会将继续把文化志愿服务融入古籍保护工作大局,准确把握新发展阶段,深入贯彻新发展理念,着力推动高质量发展,扩展和延伸工作成果,实现服务形式转型和有效衔接的工作思路,为古籍保护和文化志愿服务事业谋求更多的发展机会。此外,为认真学习贯彻习近平总书记关于弘扬中华优秀传统文化重要论述,深入推进中华优秀传统文化创造性转化、创新性发展,不断加强智

能信息环境下古籍抢救保护、整理研究和出版利用，协会面向社会倾情打造以典籍活化与创新利用为主题的网络系列培训班，邀请的业界资深专家学者通过旁征博引、深入浅出的讲解为学员们带来了一场关于古籍活化利用的文化盛宴，得到了学员的普遍好评，并为业界持续关注并深入跟进古籍资源展览推广、数字典藏、智能技术、专题出版、文创研发等热点领域的深度保护和活化利用，发挥了行业组织的积极作用。

三、多年来发展的经验之谈

多年来，协会认真落实党中央关于社会组织工作决策部署，坚持统筹推进，加强与登记管理部门、业务主管部门及相关群团组织协同配合，在服务国家、服务社会、服务群众、服务行业方面发挥积极作用。尤其是在社会组织运营与管理方面进行了大量实践，积累了不少经验，深化了对于社会组织工作特点和规律的认识。

（一）围绕一个中心：建章立制

一是推进法治化建设，协会依据国家法规制定《章程》《理事会常务理事会职权和工作规则》《单位会员个人会员管理办法》《分支机构管理办法》《专项资金管理办法》等一系列规章制度，基本涵盖各项工作，使之有所遵循，实现依法自治。二是强化法人治理机构，切实发挥决策、执行与监督动态运行机制作用，围绕人、财、物、事各个环节，完善内部治理，理顺工作流程，做到事先有议事函告、事中有意见回执、事后有会议纪要。三是建立健全议事制度，强化秘书处的中心枢纽作用，每年召开理事会年会、常务理事会通讯会议和会长办公会，举办分支机构年度述职及与国家古籍保护中心恳谈活动，进行工作策划、协调、决策、部署和总结，规范日常工作流程。

（二）把握两个基本点：内练硬功和外树形象

一方面，协会不断加强自身建设，高度重视战略规划、项目管理、人力资源管理、志愿者招募与管理、资金管理、营销与筹资、效能评估等内部治理工作。积极配合国家古籍保护中心，在实施"中华古籍保护计划"的框架下，明确职责定位，充分发挥社会组织的积极作用。立足业界需求，相继成立传统写印材料研究、文化志愿者、少数民族古籍保护、民间古籍收藏、古籍鉴定、古籍修复技艺、古籍智能开发与利用、典籍博览交流、典籍文创、古籍编目等十个领域的分支机构。积极参与古籍保护立法、标准规范研制、技术交流与协作。主动策划"中华古籍普查文化志愿服务行动"、"全国古籍保护技术与装备展示"、"典籍活化与创新利用网络培训班"、《海峡两岸中华古籍保护论著提要》编纂出版等品牌活动，稳步提升协会的发展活力和内生动力。另一方面，协会强化行业自律，积极动员社会力量参与古籍保护，通过搭建古籍保护宣传推广平台，着力提高社会认知度和公信力。协会成立不久，便建立了门户网站、微信公众号和内刊《行业之声》，形成每天发送资讯、即时更新网站、每季推送会刊的工作机制。利用各种机会和场合，呼吁全社会关注古籍保护，主动开拓社会公益资助渠道。高度重视服务会员，凝聚发展共识，充分利用新媒体搭建会员交流平台，通过门户网站"企业推介"栏目和微信公众号的"会员风采"栏目，对企业会员单位古籍保护技术等宣传介绍，努力实现"为用户找产品、为产品找用户"，不断完善服务清单，为会员提供行业活动类、技术研究类、宣传推广类、业务交流类信息咨询和政策指导。通过一系列举措真抓实干树形象，受到会员单位和社会公众的欢迎，既量力而行又尽力而为，不断增强自身影响力和感召力。

（三）处理好三个关系：政府主导、社会参与和行业联动

一是适应深化文化体制改革要求，承接好政府职能转变相关

工作。国家古籍保护中心是政府主导的"中华古籍保护计划"组织实施单位，中国古籍保护协会是国家古籍保护中心效能的有力补充，两者按照各自职能定位，相互支撑、优势互补。国家古籍保护中心作为政府主导全国古籍保护工作的业务实施单位，自上而下地组织全国古籍保护工作，中国古籍保护协会作为政府与行业之间的桥梁纽带，自下而上地调动社会力量参与古籍保护工作。下一步，协会将进一步发挥桥梁纽带作用，努力参与和推动以政府为主导、社会力量共同参与古籍保护工作体系的构建。二是积极引导社会力量参与国家古籍保护事业。协会围绕引导社会力量参与和推动国家古籍保护工作这项重点工作，不断寻找工作抓手，不断延伸工作触角，如开展导向明确、影响力大的社会公益活动，协调推动古籍保护行业的技术交流与协作，积极引导社会公益资金助力古籍保护项目等，不断激发社会力量参与古籍保护的生机与活力。三是努力发挥行业统筹协调作用。通过接待来访、工作会晤和走访调研等形式，加强会员单位的联络和服务，积极为业界和会员单位业务发展助力。深入开展古籍保护重点难点热点问题理论和应用研究，全面精准反映行业发展情况，研提对策建议，为争取古籍保护领域的政府关注积极发声，并向党和政府及时反馈行业诉求。

新时代担负新使命，新征程展现新作为。中国古籍保护协会将在文化和旅游部、国家古籍保护中心的悉心指导下，在各古籍保护单位通力合作下，通过全体会员的共同努力，继续坚定信念、坚守初心，推动实现高质量发展，努力办成弘扬中华优秀传统文化，促进我国古籍保护事业建设、发展与繁荣的生力军，为建设社会主义文化强国、实现中华民族伟大复兴做出应有贡献！

吴凯

中国古籍保护协会

省级古籍保护中心

汇聚全民力量　共襄古籍保护事业

——北京市古籍保护工作十五年回顾

中共中央办公厅、国务院办公厅印发的《关于推进新时代古籍工作的意见》（以下简称"《意见》"）是指导新时代我国古籍工作的纲领性文件。《意见》的出台充分体现了党和国家对古籍工作的高度重视，古籍事业迎来了新发展机遇。作为图书馆人，感到非常振奋。

首都图书馆的历史可追溯至1913年，是我国较早成立的公共图书馆之一，迄今已有百余年的历史。现有馆藏940余万册件，其中古籍藏量近50万册件，善本6000余部，地方文献6万余种，老唱片2万余张，2008年入选第一批"全国古籍重点保护单位"。北京市古籍保护工作起步较早。2007年初，国务院办公厅印发《关于进一步加强古籍保护工作的意见》（国办发〔2007〕6号），提出在全国范围内实施"中华古籍保护计划"。北京市积极响应国家号召，大力推进古籍保护工作。十五年来，在国家古籍保护中心的统一部署指导下，首都图书馆（北京市古籍保护中心）在北京市属古籍收藏单位的通力合作下，全市的古籍保护工作取得了丰硕的成果。

一、建立机制，增强古籍保护意识

2007年，北京市成立"北京市古籍保护工作领导小组"；2009年，首都图书馆加挂"北京市古籍保护中心"牌子，负责部署和督办北京市属藏书单位的古籍普查和保护工作。每年开展北京市属古籍收藏单位古籍调研、普查登记、古籍鉴定、古籍修复、业务培训，进行古籍保护宣传工作等，普及古籍保护理念和方法，为全面开展全市的古籍保护工作奠定了坚实的基础。

二、摸清家底，推进古籍原生性保护

2012年，首都图书馆率先完成本馆古籍普查工作，并积极协助市属单位开展普查工作。目前，北京市属41家古籍藏书单位古籍普查工作已基本完成。全市已有17家单位的古籍普查登记目录正式出版。首都图书馆十分注重普查工作与科研工作相结合，对北京地区各古籍收藏单位的藏书来源、藏书特色、古籍保存情况、古籍修复情况、古籍整理与利用情况等进行了广泛的摸底普查，同时开展深入的科学研究，极大地丰富了北京地区古籍普查的成果。普查过程中，许多珍稀善本得以确认，得到了更好的保护。全市古籍收藏单位古籍书库保管条件得到了不同程度的改善和优化，古籍修复室面积，修复人员数量，修复专项经费等均有增强。一批具有专业素质，能独立完成普查、保护、修复等专业工作的中青年工作者脱颖而出，为北京市古籍保护工作的未来持续发展奠定了深厚的人才基础。

三、代存代管，提高整体保护水平

立足北京市属收藏单位古籍收藏历史与现状，2009年起，首都图书馆总结以往古籍短期代存的成功实践，在广泛征求主管部门、藏书单位、业界专家意见的基础上，逐步形成了"古籍代存"的解决方案。首都图书馆受理藏书单位提出的古籍代存需求，在尊重古籍所有权和充分论证服务需求的前提下，签署双方认可的代存协议，已先后为北京市11家馆藏单位古籍提供代存代管服务，并对代存古籍开展了编目、修复、数字化以及地方特色文献整理的工作。这是提高本地区古籍保护服务水平的宝贵经验之一。古籍的代存代管服务既充分利用了集约化管理的优势，用较少的资金和人力投入，有针对性地解决藏书单位面临的实际困难，使代存古籍得到妥善保管与合理使用，亦使首都图书馆古籍书库和人力资源得到充分发挥，从整体上提高了北京市古籍收藏条件和保护水平。

四、评估定级，实行古籍分级管理

2009年，首都图书馆在"全国古籍普查登记平台"进行古籍普查登记工作之初，即开始了古籍的定级工作。2021年，首都图书馆作为第一批国家古籍保护中心文物定级试点工作单位，在全国范围内率先完成了所有馆藏古籍的评估定级工作。自2007年开展第一批《国家珍贵古籍名录》申报工作以来，北京市属各单位每次都积极参与申报，提交申报数量每年都有一定增长。全市共有6家单位262部珍贵古籍入选《国家珍贵古籍名录》。藏书单位或定制专门的书盒、函套，或对其进行数字化，给予了珍稀善本最好的保护。

五、整理挖掘，推进古籍再生性保护与研究

首都图书馆一直非常重视馆藏古籍整理出版工作，起步较早，设有专门从事文献研究出版的部门，积极开展馆藏古籍整理出版工作，不断加强对馆藏古籍的整理、揭示或研究。"中华古籍保护计划"实施以来，首都图书馆先后整理出版《北京市古籍善本集萃》《首都图书馆藏稀见方志丛刊》《首都图书馆古籍善本书目》等古籍目录和古籍整理成果，将馆藏稀见文献化身千百。古籍数字化工作也起步较早，2003年自主开发建成了"古籍插图

图像数据库"，包括古籍插图数据15000余条。2011年自主开发建设"首都图书馆馆藏古籍珍善本图像数据库"，所收古籍均为首都图书馆入选《国家珍贵古籍名录》的珍贵文献，并正式提供读者免费在线阅览，为读者利用馆藏珍贵古籍提供了便利。

六、普及推广，吸纳全民共同参与

北京市古籍保护中心成立以来，采用多种方式举办古籍保护相关活动，如举办展览、开设讲座，并定期发布《北京市古籍保护工作专刊》，建设北京市古籍保护工作专题网站等，吸引大众对古籍工作的关注，传承弘扬中华优秀传统文化。每年举办展览3—4次，如"梦回临川四百年——汤显祖戏曲文献展""日下旧样——古代北京的书籍刊印展""中国古代小说大观展""红楼梦影——红楼梦人物图绘暨文献展"等，都曾吸引大批读者到馆参观。目前，所有实体展均已数字化并公布于北京市古籍保护中心网站。

《意见》对新时代古籍保护工作进行了顶层设计，提出了主要目标，做出了规划部署。首都图书馆将紧密围绕北京"全国文化中心"的城市功能定位，结合北京城市副中心图书馆新馆建设契机，统筹一馆多址下的功能布局，在北京市古籍保护阶段性成果基础上，进一步打造国家级古籍修复技艺中心附设传习所，开办典籍学院等品牌项目，以开放、多元、交融、创新的文化格局，集保护珍贵文献、展示典籍文化、弘扬中华优秀传统文化、公共教育于一体，鼓励吸纳全民共同参与古籍事业，构建古籍知识服务体系，让典籍之美、文化之美走进每个人心中，推动中华优秀传统文化的创新和发展。

毛雅君

首都图书馆馆长、北京市古籍保护中心主任

修典兴藏　继往开来

——天津市古籍保护中心走过"中华古籍保护计划"十五年

　　古籍是中华民族数千年历史发展中创造的重要文明成果，是中华文化一脉相承、灿烂光辉的历史见证，是实现中华民族伟大复兴、树立文化自信的根基。加强古籍保护，守护文献典籍，更是当代古籍保护工作者的神圣使命。

　　2007年，国务院办公厅印发《关于进一步加强古籍保护工作的意见》（国办发〔2007〕6号），我国历史上首次国家级重要文化工程——"中华古籍保护计划"正式启动。为进一步加强天津市古籍保护工作，2008年5月12日天津市人民政府办公厅印发《天津市人民政府办公厅关于进一步加强我市古籍保护工作的实施意见》（津政办发〔2008〕43号），成立天津市古籍保护中心（以下简称"天津中心"）。回顾过去的十五年，在文化和旅游部、国家古籍保护中心、天津市政府、天津文化和旅游局的领导帮助下，天津中心以时不我待的精神，踔厉奋发；以全市一盘棋的高度，组织本市古籍收藏单位科学、规范地开展工作。在古籍普查、古籍修复、古籍整理出版、古籍数字化、古籍人才队伍建设、古籍宣传推广、古籍保护交流与合作等方面取得了显著成果。天津古籍保护工作不断创新发展，协力打造古籍保护新格局，以实际行动践行国家战略。

一、继绝存珍、继往开来，天津古籍保护事业蓬勃发展

（一）建立古籍保护长效机制，做好古籍普查工作

天津是一座有着600多年历史的文化名城，文化古籍资源丰富。天津市古籍保护工作是在全面了解天津市古籍存藏情况，健全古籍保护工作责任制度，落实各级文化行政部门的管理、监督职能的基础上，逐步开展的基础性工作。其中，古籍普查是"中华古籍保护计划"的重要内容，也是古籍保护工作的重要基础。按照原文化部（现文化和旅游部）《全国古籍普查工作方案》、国家古籍保护中心《关于加强古籍普查登记审校工作的通知》等文件精神，天津中心于2008年10月起相继制定了《天津市古籍调研工作方案》及《天津市古籍登记办法》，以"第一次天津市可移动文物普查"为抓手，实现顶层对接，同步推进，共同完成了天津市古籍普查登记阶段性工作。

至2012年底，天津中心已建立起比较完善的天津市古籍普查基本数据库，摸清了家底。天津地区主要收藏单位及其古籍数量如下：

天津图书馆：该馆是天津市古籍收藏数量最多的单位，馆藏历代原版古籍62595部590570册。特色古籍包括自庄严堪周叔弢先生捐献四部明清善本古籍、天春园任凤苞先生捐献明清地方志、濠园徐世章先生捐献明清内府刻本、蠹斋周绍良先生捐献明清小说等。

南开大学图书馆：该馆现藏各类古籍27133部276660册，内多珍籍，如宁波天一阁、山东海源阁、丁氏八千卷楼、朱氏结一庐、徐氏积学斋、天津研理楼等大家故物。

天津师范大学图书馆：该馆馆藏古籍线装书通过自主购买、校区资源整合、各方捐赠等方式庋藏1万余部15万余册。其中，明清古籍近6000部8万余册；善本古籍1200余部1万余册。

天津博物馆：该馆收藏历史文献20万册。其中，隋唐时期写本多达300余卷，大部分为藏书家周叔弢先生和张叔诚先生捐献，其中的敦煌遗书尤为珍贵。

天津中医药大学图书馆：该馆是天津最大的一所医学专业图书馆，经过数十年的搜集整理及接受部分已故老中医的捐献，收藏医学类古籍达1868部。

天津医学高等专科学校图书馆：该馆收藏医学类古籍942部。

武清区图书馆：该馆收藏古籍总计371种752函6090册。

和平区图书馆：该馆馆藏古籍242部。

（二）完善古籍分级保护制度，组织天津地区各级图书馆开展申报《国家珍贵古籍名录》及"全国古籍重点保护单位"工作

天津中心以天津市古籍名录档案体系建设为抓手，不断完善天津市古籍分级保护制度，及珍贵名录向国家古籍保护中心的报备制度，积极组织天津地区各级图书馆申报《国家珍贵古籍名录》及"全国古籍重点保护单位"。天津地区收藏古籍375部入选《国家珍贵古籍名录》，4家单位入选"全国古籍重点保护单位"。

2008年，天津地区17部藏书入选第一批《国家珍贵古籍名录》，天津图书馆入选第一批"全国古籍重点保护单位"。

2009年，天津地区61部藏书入选第二批《国家珍贵古籍名录》，南开大学图书馆入选第二批"全国古籍重点保护单位"。

2010年，天津地区225部藏书入选第三批《国家珍贵古籍名录》。

2013年，天津地区42部藏书入选第四批《国家珍贵古籍名录》。

2016年，天津地区14部藏书入选第五批《国家珍贵古籍名录》。天津师范大学图书馆入选第五批"全国古籍重点保护单位"。

2020年，天津地区16部藏书入选第六批《国家珍贵古籍名录》，天津博物馆入选第六批"全国古籍重点保护单位"。

（三）天津市古籍普查硕果累累

至2020年底，天津市22家古籍收藏单位6万多部古籍的普查登记任务已全部完成，最多一家是天津图书馆，最少一家是仅12部的蠹斋。2012年出版的《天津地区馆藏珍贵古籍图录》，充分展现了天津地区古籍收藏的精华。2012年，天津中心与国家古籍保护中心签署协议，承担《中华古籍总目·天津卷》的编纂任务。2014年《天津图书馆藏古籍普查登记目录》出版，标志着天津市古籍普查登记工作进入成果揭示阶段。该书共收录古籍数据31812条，是天津图书馆古籍普查工作的阶段性成果。随即《南开大学图书馆古籍普查登记目录》（2014年）、《天津市十九家收藏单位古籍普查登记目录》（2015年）等一批成果陆续出版。

与此同时，按照国家古籍保护中心关于编纂《中华古籍总目·分省卷》的具体要求，天津中心积极开展《中华古籍总目·天津卷》编纂工作。在普查登记目录的基础上，以每一个古籍收藏机构为独立单位，在原有普查数据的基础上，增加分类、行款等著录事项，丰富了书目内容。2018年，天津中心在全国率先完成了《中华古籍总目·天津卷》的编纂工作。《中华古籍总目·天津卷》是在收录全市21家收藏单位60350条古籍数据的基础上进行编撰的，具有很高的学术水准和科研价值。

二、薪火相传、弦歌不辍，踔厉古籍保护人才队伍建设

"中华古籍保护计划"启动至今，天津中心积极履行职能，开展古籍业务培训，培养古籍专门人才。一方面，组织各藏书单位工作人员参加国家古籍保护中心主办的各项专业培训，内容涵盖古籍编目、鉴定、普查平台审核与管理、古籍修复、碑帖编目与鉴定、传统文化推广等重要内容。另一方面，充分利用本中心优势资源，自主举办具有高度针对性的专业培训，如古籍修复技

艺高级研修班、《中华古籍总目》编纂班等，参加人员遍及全国。仅古籍修复培训班即已举办七次，涉及培训学员253人次，30多个省（自治区、直辖市），70余家藏书单位。这些工作确为藏书单位培养了一批具有一定专业素质，能独立完成普查、保护、修复等专业工作的中青年工作者，为天津市古籍保护工作的未来持续发展奠定了深厚的人才基础。以下就相关单位人才培养成果作简要介绍：

天津图书馆：天津图书馆具有百年历史，长久以来拥有一批"爱书如命"的前辈馆员一直用心典守着馆藏文献，从事着他们默默为之奉献一生的古籍保护事业。"中华古籍保护计划"实施以来，天津图书馆紧跟时代步伐，于2008年成立"天津市古籍保护中心"。2008年3月，入选首批"全国古籍重点保护单位"。2009年成为"国家级古籍修复中心"和"国家古籍保护人才培训基地"。2014年，"国家级古籍修复技艺传习中心天津传习所"挂牌成立。2015年，获国家文物局颁发的"可移动文物修复资质单位证书"。2017年5月，天津图书馆的古籍修复技艺被列入天津市第四批"市级非物质文化遗产名录"，2021年入选第五批"国家级非物质文化遗产代表性项目名录"（编号：Ⅷ－136）。天津图书馆的古籍修复工作得到业内和国家的一致认可。如今天津图书馆作为"国家级古籍修复中心"，有受过正规专业技术培训的古籍保护和科研人员15人，古籍修复技艺今已形成特色。

古籍修复优势资源"走出去"卓有成效。按照"国家级古籍修复中心"需重点承担珍贵古籍修复任务的要求，一直以来，天津图书馆严格遵守古籍修复行业标准，明确古籍修复原则、程序、方法和职责。在严格的同时也在积极寻找机会增加修复实践，多途径的"合作积累"无疑是确保古籍修复工作科学开展，提升保护技艺水平的良好保障。近年，天津馆在"天津图书馆馆藏周叔弢先生捐赠敦煌文献、宋元刻书残叶整理、保护与研究项目""北京文物局图书资料中心整理碑拓项目""天津杨柳青木板线稿修复""北疆博物院珍贵西文文献保护与修复"等文保科研项目中，积极推进文物保护工作科学理念，利用本馆纸质文献保护实验室的专用仪器设备，积累大量真实数据。

南开大学图书馆：在"中华古籍保护计划"开展之前，天津市古籍修复力量较为薄弱，仅以南开大学图书馆为例，其馆藏线装古籍已逾2万种27万册，2007年之前仅一名修复人员。后经发展，目前校图书馆的修复室面积已有300余平方米，修复人员增加到4名，年修复量也在逐年增长。近几年，采购使用纸张纤维检测仪、纸浆补书机、字画清洗机、染纸机、裱画机、高清摄像修复仪、电动压书机等专用设备。2020年6月成功获批"国家级古籍修复技艺中心附设传习所"，借助校历史学院、文学院及天津图书馆的相关力量，持续打造传统文化传承基地，在师生中推广古籍修复整理技能、古籍修复技艺、文献装帧艺术、版本目录学等相关理论与技艺，支持学生实践体验，推广书籍文化为主导的中华传统文化。

天津师范大学古籍保护研究院：2015年1月，天津师范大学图书馆在国家古籍保护中心、天津市古籍保护中心、天津古籍出版社支持下，三家单位联合协作培养"古籍修复与出版"方向的专业学位硕士研究生，并开始正式招生。自2020级起改为"古籍保护与传播"方向。截至2022年9月，已培养毕业研究生44名。2018年5月9日，天津师范大学成立古籍保护研究院，是继复旦大学中华古籍保护研究院之后成立的全国第二家古籍保护研究院。研究院旨在创建具有中国特色的古籍保护学科体系，培养古籍保护方面的高级人才，成为中国古籍保护事业发展的人才培养机构、科学研究机构和重要智库。

天津艺术职业学院：学院成立于2002年，是经天津市政府批准、教育部备案成立的国办全日制艺术类高职学院。学院以传承、发展民族文化艺术和服务天津文化强市发展战略为宗旨，为文化艺术单位及社会各界培养具有较高文化艺术素养和专业技能的专科层次、高素质的复合应用型文化艺术人才。2008年，天津艺术职业学院与天津市古籍保护中心、天津市考古队、杨柳青画社签订联合办学合作协议，在文物鉴定与修复专业中开设古籍修复技术实训课程，有针对性地开展古籍修复人才培养。该专业至今已走过十五年，毕业的学生70%以上进入到京津冀文博单位工作。

三、嘉惠当代、泽被千秋，古籍数字化工作走向纵深

"中华古籍保护计划"开展以来，天津中心通过"中华字库项目"、《中国古籍珍本丛刊》和《中华古籍书目丛刊》等多个国家级项目的扎实推进，推进天津地区古籍数字化建设。天津图书馆承担的"中华字库项目"，是该市近年来承担的规模最大的国家级古籍数字化项目。以该项目为契机，天津图书馆的古籍数字化建设有了长足进展：一是为该项目提供800余万拍明清图书影像数据；二是奠定了天津图书馆古籍数字化工作基础，积累了大量的古籍数字资源，尤其是明清古籍资源；三是建立了"天津图书馆历史文献数据资源库"，用于发布馆藏历史文献资源，为读者提供数字化、个性化的智慧服务；四是参加国家古籍保护中心"中华古籍资源库"建设项目，为全国古籍资源库建设做出重要贡献。

开展天津图书馆馆藏稿抄本古籍数字化项目。借助"中华字库项目"的开展，天津图书馆利用积攒的珍贵古籍数字化信息和锻炼出来的数字化团队，又进一步开展了2021年度国家古籍数字化工程专项经费资助项目"天津图书馆馆藏稿抄本古籍数字化项目"等一系列国家级重大项目，对挖掘稿抄本文献价值、活化古籍文字开发利用等方面起到了推动作用。

天津图书馆用实际行动践行守护、传播和弘扬中华优秀传统文化的职责。2017年2月28日，天津图书馆参加了国家图书馆（国家古籍保护中心）与4家单位在国家图书馆举办的古籍数字资源联合发布会，免费服务大众阅览和学术研究。此次活动中，天津图书馆在线发布馆藏古籍影像1000部，以明清刻本为主，所发布古籍品种和版本极为丰富珍贵、文献价值较高。之后，馆藏普通古籍影像5834部陆续在线发布，有效协调了典藏与利用的矛盾。

与天津市各区图书馆联动开展古籍数字化工作。2022年7月13日，天津图书馆与河东区图书馆签订古籍数字化项目协议，揭开了天津各区图书馆古籍数字化的序幕。与区图书馆开展古籍善本数字化项目是古籍工作的一次重要创新，具有三方面重要意义。一是能够更好地服务社会，满足全区、全市乃至全国读者的古籍数字阅读需求；二是标志着天津地区古籍数字化资源共建共享、统筹协调发展机制的初步建立，可使各区馆藏善本古籍数字资源建设标准、规范统一，在未来有效对接国家古籍数字化工程，同时有利于天津地区古籍数据流通和协同管理，实现开放共享；三是能够推进天津地区古籍保护整理工作向纵深发展，加速古籍整理利用的转型升级。未来这一项目将在全市铺开，进一步激发天津地区古籍事业发展活力。

四、科技保护、聚焦价值，加强古籍活化利用和传播

"中华古籍保护计划"是政府履行社会管理和社会服务职能、指导文化发展、推进遗产保护的重要举措。天津中心需要做好古籍保护宣传工作，深入挖掘典籍文化资源。

1.天津市各古籍保护单位深入挖掘中华古籍的深厚文化内涵，先后主办、承办或参与了"我与中华古籍""非物质文化遗

产联展"中华传统晒书活动""非遗进校园"等活动，基本形成导向正确、配合有力、形式多样、内容丰富的古籍保护工作宣传机制。以天津市古籍收藏机构为平台，开展各种类型的讲座、展览、互动体验等活动，拓展了古籍保护工作成果展示的深度和广度，形成全民参与保护的良好社会氛围，推进优秀传统文化的弘扬和传承。2018年，为纪念"中华古籍保护计划"实施十周年，展示天津古籍保护十年成果，由天津中心主办，天津师范大学承办了"天津地区古籍保护成果展"。时任国家图书馆副馆长、国家古籍保护中心副主任张志清，天津市图书馆馆长、天津市古籍保护中心主任李培出席并讲话，天津师范大学校长钟英华致辞。国家图书馆（国家古籍保护中心）、天津市文化广播影视局、天津图书馆（天津市古籍保护中心）等单位相关部门负责同志和在校图书馆、部分学院师生代表参加活动。

为增强社会公众对传统古籍修复技艺的了解和认识，让"书写在古籍里的文字都活起来"，从2015年至今，天津中心每年都会参与一些大型社会公益活动，如"我与中华古籍"摄影大赛、"寻匠取法——非遗与生活新作品双年展"等活动。此外，为深入贯彻习近平总书记关于京津冀协同发展重要讲话精神，促进京津冀三地非物质文化遗产的展示与交流，天津馆连续参加三届"京津冀非物质文化遗产联展"，每届联展都以"非遗保护——传承发展的生动实践"为主题，精选了三地非遗项目中最具代表性和体现非遗最高技艺水平的传承人作品，展示三地非物质文化遗产丰厚的人文蕴涵和独特的文化魅力。天津图书馆的古籍修复技艺作为第五批"国家级非物质文化遗产代表性项目"，在上述活动中重点推介中国传统古籍修复与保护技艺，为普通市民带去较为新颖丰富的实践内容，让更多的人特别是年轻人对于古籍修复——这项指尖上的非遗项目有了新的认知，让古老的技艺焕发新的活力。

在举办古籍修复展览的同时，天津中心还通过开展古籍修复互动体验活动，使公众能够亲身体验古籍修复及传拓等相关技艺的魅力；通过组织全市古籍保护单位联合举办古籍专题展览、古籍知识讲座辅导、经典诵读、互动体验、技能竞赛等方式吸引群众广泛参与。此外，天津中心还积极配合天津市媒体拍摄录制古籍修复技艺宣传片，在天津电视台等多家媒体展播，取得了良好的社会效益。

2. 加强天津市古籍整理出版支持力度，组织全市古籍保护单位深入挖掘馆藏古籍文化内涵，完善古籍影印、整理出版管理制度，加强影印出版和整理出版工作，提高古籍研究、保护和利用水平。

2015年，国家图书馆出版社出版《天津地区图书馆编印旧版书目汇刊》，收录天津辖区各级图书馆早年编印的部分馆藏旧版古籍目录，包括天津图书馆、南开大学图书馆、天津师范大学图书馆3家公藏目录，6家私人藏书目录，5种专题目录。该书的出版具有三方面的价值：一是为拓展业务、开展古籍征集和购藏提供依据，具有历史文献价值；二是将旧版古籍目录化身千百，为学者所用，具有研究价值；三是通过不同阶段目录对比，掌握馆藏增减、递藏、流通情况，具有实证价值。

2021年5月，天津市民族和宗教事务委员会、天津市文化和旅游局共同下发关于做好《中国少数民族文物图谱·天津卷》编纂出版工作的通知，天津博物馆、天津图书馆等作为主要编纂单位选派专家和业务骨干共同参与项目。该书的编纂为铸牢中华民族共同体意识、积极推进各民族交往交流交融，构筑中华民族共有精神家园贡献了一份力量，对于宣传好天津这座海纳百川的包容性城市亦具有很强的现实意义。

奋进新时代，再创新篇章。当前是我国由全面建成小康社会向基本实现社会主义现代化迈进的关键时期，天津中心将以习近平新时代中国特色社会主义思想为指导，牢记总书记关于古籍工作的重要指示精神，做好新时期古籍保护工作，为深入推进中华优秀传统文化创造性转化、创新性发展做出更大的贡献。

天津图书馆（天津市古籍保护中心）

笃行不辍　耕耘无声
——河北省古籍保护工作十五年回顾

自2007年国务院印发《关于进一步加强古籍保护工作的意见》（国办发〔2007〕6号）以来，河北省古籍保护中心认真落实国务院、文化部（现文化和旅游部）有关古籍保护工作的文件精神，积极按照国家古籍保护中心的工作部署，推进古籍保护各项工作。在河北省委、省政府的重视和支持下，在河北省文化和旅游厅的正确领导下，河北省古籍保护工作蓬勃有序开展，古籍保护意识深入人心，古籍保护成果卓然丰硕。

一、建立健全机构，起草相关制度和文件，逐步形成较为完善的保护体系

自"中华古籍保护计划"实施以来，河北省逐步建立了厅际联席会议制度和省古籍保护中心、省古籍保护工作专家委员会等一系列古籍保护工作机制机构；与此同时，由河北省古籍保护中心起草、由河北省原文化厅（现文化和旅游厅）审定，下发了一系列相关保护文件，如《河北省古籍普查工作方案》《河北省珍贵古籍名录和古籍重点保护单位的申报评定暂行办法》《关于进一步加强全省古籍保护工作的意见》，以及有关古籍普查登记工作等文件。这一系列措施保障了河北省古籍保护工作科学有序地展开。

二、克服人员短缺困难，多途径全面开展古籍普查登记工作

2007年8月，《文化部关于印发〈全国古籍普查工作方案〉等文件的通知》（文社图发〔2007〕31号）下发，全面实施"中华古籍保护计划"。河北省古籍保护中心在分析全省古籍收藏单位实际情况的基础上，制定了全省古籍普查登记方案。为了克服普查人员匮乏的现状，一方面从省中心现有人员中抽调力量派员前往普查单位进行普查，另一方面督导普查力量薄弱的单位将古籍送到省中心进行普查，同时接受普查单位派员前来学习方法，并在大学中招收志愿者。2015年，与中国古籍保护协会共同试点"中华古籍普查志愿服务活动"，经过充分酝酿，精心准备，细致调研，河北省普查工作取得了迅速进展。通过以上系列措施，目前全省古籍普查进入扫尾阶段。河北省60家收藏单位中有55家单位的普查登记项目为"全国古籍普查登记平台"的全部项目，普查数据5万余条，古籍70余万册。在此基础上完成了《河北省图书馆古籍普查登记目录》《河北省保定市图书馆古籍普查登记目录》《河北省石家庄市图书馆古籍普查登记目录》的编辑出版工作。《河北省三十一家公共图书馆古籍普查登记目录》《河北大学图书馆古籍普查登记目录》的数据审核工作也已完成。

三、通过珍贵古籍名录的申报和评审，建立全省珍贵古籍保护体系，推动古籍保护工作的有序开展

自原文化部下发首批《国家珍贵古籍名录》申报通知以来，河北省古籍保护中心积极组织古籍收藏单位完成了一至六批《国家珍贵古籍名录》的申报工作。河北省古籍保护中心先后启动了首批和第二批《河北省珍贵古籍名录》的申报和评审工作，并于

2011年6月、2013年6月由省政府公布，共304部古籍入选《河北省珍贵古籍名录》。为了宣传古籍保护成果，展示珍贵古籍的魅力，河北省古籍保护中心又相继完成了首批和第二批《河北省珍贵古籍名录图录》的编辑和出版工作。

四、通过古籍重点保护单位的申报和评审，建立一批符合国家标准的特藏书库，古籍保护条件得到改善

从2008年开始，河北省古籍保护中心先后组织全省古籍收藏单位，完成了一至六批"全国古籍重点保护单位"的申报工作，开展了首批和第二批"河北省古籍重点保护单位"的申报和评审工作，省内6家单位入选"全国古籍重点保护单位"，6家单位入选"河北省古籍重点保护单位"。此项工作的开展，促使一部分古籍收藏单位采取措施，改善保管条件，建立一批标准化书库，全省古籍保护条件得到改善。

五、克服经费短缺困难，借助国家古籍保护中心力量，加强古籍保护人才培养工作，提高古籍保护工作队伍的素质

2008年以来，河北省古籍保护中心通过多种渠道，为全省培养古籍专业人才。一是借助国家古籍保护中心的财力和师资，组织全省和全国规模的培训共五期，培训河北省古籍专业人员近四百人次；二是积极探索人才培养的新模式，除了下到基层为基层图书馆以实践方式培养人才外，还通过基层收藏单位到省古籍保护中心边实践边培训的方式，培养古籍普查人才；三是从大学中选取学生培养志愿服务人员，为河北省培养了一支古籍保护队伍。

六、广泛联合各界力量，古籍保护宣传工作社会效果显著

2014至2016年，连续承办了中国图书馆学会与国家古籍保护中心举办的"'中华古籍保护计划'成果展"、"我与中华古籍"摄影大赛优秀作品巡展、"我与中华古籍创客大赛"等展览和活动。2017至2019年，相继开展了"公私藏古籍文献联展""文房雅玩展""京津冀珍贵古籍书影展"。自2019年起，连续四年，联合省内外古籍藏家，举办了四届晒书活动，包括"相约冀图　共赏古籍之美——河北省首届晒书节""传习经典　融古慧今——河北省第二届晒书节暨民间晒宝大会""迎七夕　晒经典——河北省古籍保护中心第三届晒书活动""晒珍宝　展技艺　赏笺纸抒雅怀——第四届晒书活动"；举办"《永乐大典》的回归和再造展暨馆藏《中华传统文化百部经典》晒书活动"等。从活动方案策划到省珍贵古籍特展、古籍保护技艺及保护成果展示等，让社会公众走近典籍，感受中华优秀传统文化的恒久魅力，在全省产生了良好的社会效果，古籍保护理念逐步渗入到社会的各个阶层。

七、积极筹措资金，古籍修复与再生性保护工作取得进展

在《国家珍贵古籍名录》的申报和评审工作中，河北省古籍保护中心积极推进古籍再生性保护工作，《畿辅七名家诗抄》《畿辅通志》等珍贵古籍相继影印出版。与此同时，不断推进古籍修复工作，选拔热爱古籍事业、有责任心的人员参加国家古籍保护中心和天津市古籍保护中心（国家级古籍修复中心）举办的修复培训。经过不断努力，河北省古籍保护中心近期获得了可移动文物修复资质。

八、开拓思路，古籍开发和利用工作取得初步成效

为展示古籍魅力，弘扬传统文化，由河北省古籍保护中心工作人员设计和策划的书签和诗笺系列文创产品受到社会各界好评，并在文化系统文创产品大赛中获得银奖。

冉华　苏文珠

河北省图书馆（河北省古籍保护中心）

守护历史典籍　传承三晋文脉
——山西省古籍保护工作十五年回溯

山西是中华民族的重要发祥地，是中国古代造纸和雕版印刷的重要区域，古籍资源宏富。保护好、利用好古代典籍，对传承三晋文脉和弘扬中华优秀传统文化，建设文化强省、文化强国具有重要意义。

2007年"中华古籍保护计划"启动实施以来，山西省古籍保护中心与全省各古籍收藏单位共同奋斗，经过十五年的艰辛努力，在普查登记、分级保护、古籍修复、成果转化、人才培养、宣传推广等方面都取得了令人瞩目的成果，现回溯如下：

一、以志愿服务助力古籍普查登记

山西省古籍普查登记工作经过十五年的持续推进，全省古籍保存状况基本明晰，古籍目录体系逐步建立。截至2020年7月，全省120家藏书单位收藏古籍共计67484种716944册。收藏古籍数量最多的单位是山西省图书馆，约占山西省古籍总量的20%；其次为山西大学图书馆和山西博物院，各占全省古籍总量的10%左右。

古籍普查登记工作的顺利完成，与广大馆员和文化志愿服务团队的辛勤付出密不可分。山西省古籍保护中心多次派出工作人员，指导和帮助有关藏书单位完成古籍普查登记工作，十五年间共涉足山西省内20多个市县。2016至2021年，山西省古籍保护中心连续六年启动"中华古籍普查文化志愿服务行动·山西行"。从2021年起，藏书单位大多主动邀约开展"中华古籍普查志愿服务行动"，从以往的普查单位上门普查转变为收藏单位开门普查，体现了山西省各藏书单位古籍保护意识的普遍提升。2021年11月22日，"中华古籍普查志愿服务行动·山西行"入选"2021年文化和旅游领域学雷锋志愿服务先进典型名单"，是30个"最佳志愿服务项目"之一。

二、以名录评审带动古籍分级保护

在推进古籍普查登记工作进行的同时，山西省古籍保护中心积极组织省内各古籍收藏单位申报《国家珍贵古籍名录》和"全国古籍重点保护单位"，评选《省级珍贵古籍名录》和"省级古籍重点保护单位"。2007年以来，山西省共有280部古籍入选《国家珍贵古籍名录》，6家藏书单位被评为"全国古籍重点保护单位"；562部古籍入选《山西省珍贵古籍名录》，14家藏书单位被评为"山西省古籍重点保护单位"，实现了对珍贵古籍和重点藏书单位的分级保护。

珍贵古籍名录和重点保护单位的评审是实现古籍分级保护的重要抓手，对珍贵古籍的保护起到了有力的推动作用。"中华古籍保护计划"实施以来，山西省各古籍收藏单位不断提高古籍保护意识，积极改善古籍存藏条件，如太原市图书馆、大同市图书馆和曲沃县图书馆均已建成新的古籍书库。2015年，经山西省人民政府批准、省发展和改革委立项，山西省古籍保护中心改造建设项目正式开始实施。改造完成后，将建成建筑面积达8000平方米，藏书容量50万册，阅览座席100座的集保护、修复、阅览、展示、培训为一体的古籍保护基地。

三、以项目实施提升古籍修复能力

2009年，山西省图书馆成为全国首批12家"国家级古籍修复中心"之一；2016年，"国家级古籍修复技艺传习中心附设山西传习所"在山西省图书馆挂牌成立。近年来，山西省古籍修复中心陆续圆满完成21件山西省国家珍贵古籍修复项目、西南大学图书馆国家珍贵古籍修复项目以及馆藏刘大鹏《退想斋日记》的修复工作，修复成果受到业内肯定。在2020年国家古籍保护中心举办的"全国古籍修复技艺竞赛"中，山西省选送的四件珍贵古籍修复作品受到表彰。2021年9月，山西省图书馆经山西省文物局认定，获颁可移动文物修复资质证书。2021年10月，山西省图书馆申报的《西夏文佛经扉画》修复项目获中国文物保护基金会"字节跳动古籍保护专项基金"支持，标志着山西省古籍保护工作首次有了社会力量的参与和支持，将在更大范围内开展古籍修复工作。

四、以资源整合促进保护成果转化

在完成古籍普查登记工作的同时，山西省古籍保护中心积极推进相关成果的衍生转化，与其他古籍收藏单位通力合作，陆续编辑出版了《山西省图书馆古籍普查登记目录》《山西师范大学图书馆古籍普查登记目录》《山西省晋中地区六家收藏单位古籍普查登记目录》《第一批山西省珍贵古籍名录图录》《第二批山西省珍贵古籍名录图录》《山西省图书馆古籍善本书目》《现存山西刻书总目》《郭象升藏书题跋》《郭象升手稿拾遗》《隰县图书馆馆藏地方文献图录（契约篇）》等书目图录、整理研究和汇编影印各类著作共计20余种。2021年11月，"山西省图书馆古籍数字资源库"正式上线，首批全文发布22部286册馆藏国家珍贵古籍的全书数字影像，支持线上检索、全文阅读和下载。

五、以培训实践锻造古籍保护人才

人才培养是古籍保护工作的关键，为适应山西省古籍保护工作的需要，我们始终积极探索多元化、实用性的人才培养模式。一是选派工作人员参加国家古籍保护中心等机构举办的各类古籍保护培训班，接受全面系统的集中培训，历年来共有山西省内各单位业务骨干200余人次受训。二是积极与国家古籍保护中心合作，举办全国性的古籍培训班，同时根据工作需要自主举办培训班9次，培训学员300余人次。三是开展志愿服务培训，以理论和实践相结合的方式，向参加"中华古籍普查文化志愿服务行动"的志愿者们讲授古籍基本知识，使他们能够快速掌握普查登记方法。四是以山西省图书馆为教学实践基地，常年接受各单位古籍保护工作人员和高校古籍修复专业的学生前来学习，并将阵地教学逐渐向全省范围延伸。

六、以展览活动深化古籍保护宣传

自"中华古籍保护计划"实施以来，山西省古籍保护中心一直致力于向公众宣传古籍保护理念，努力在全社会营造古籍保护氛围，通过编辑简报、举办展览、主题活动和经典传习等多种形式，全方位宣传古籍保护事业、弘扬优秀传统文化。2008年举办"守望精神家园——山西省古籍保护初步成果展"，2018年举办"册府千华 妙手匠心——山西省古籍保护成果展"，展示山西省在古籍保护和文化传承方面做出的努力和取得的成果。在每年的"世界读书日""全国公共图书馆服务宣传周""文化和自然遗产日"等重要时间节点，举办"古籍修复技艺进校园""中华传统晒书"等主题活动，让广大学生和读者亲身体验"碑帖传拓""雕版刷印""学做线装书"和"经典传抄"等传统技艺，加深他们对中华典籍的了解。山西省图书馆、太原市图书馆等单位分别设立"文源书院""太原书院"，通过图书馆＋书院的模式，积极面向大众开展中华传统经典传习和诵读活动，激发他们对传统文化的热爱，进一步提高社会公众对古籍保护的关注，增强他们的古籍保护意识。

2022年，"古籍保护利用"首次写入了中央政府工作报告。4月11日，中共中央办公厅、国务院办公厅印发《关于推进新时代古籍工作的意见》，将古籍保护提高到更加突出显要的位置，开启了古籍保护工作的新篇章，山西省古籍保护中心将再接再厉，在新时代继续开创新的业绩。

郭欣萍

山西省图书馆（山西省古籍保护中心）党委书记、馆长

妙手匠心　古籍新生

——山西省国家级珍贵古籍修复回顾

　　2007年，国务院办公厅下发《关于进一步加强古籍保护工作的意见》，古籍保护事业迎来了属于自己的春天。山西省古籍保护工作也经过了十五年的不凡历程，在普查登记、古籍修复、队伍建设、宣传出版等方面都取得了令人满意的成绩。其中国家级珍贵古籍的保护性修复更是一项重要成果。

　　山西是文物大省，保留了大量的历史遗迹，也存藏了浩瀚如海的文献典籍，这些文献典籍承载着丰厚的文化内涵，以年代久远、版本珍贵、类型多样和特色鲜明而备受瞩目，其中最为珍贵的当数佛教典籍。北宋时期的《开宝藏》《崇宁藏》、应县木塔出土的大字本《辽藏》、发现于赵城广胜寺的《赵城金藏》、南宋时期的《毗卢藏》《思溪藏》、元代刊印的《延祐藏》《普宁藏》、明代的南北两藏等，这些历代大藏经中的珍本在山西境内都有收藏，同时，山西也是早期写印单经收藏十分丰富的地区。这一特点与佛教文化在山西的兴盛有着必然联系，南北朝以来，以五台山为中心，佛教依附着历朝政府的力量，深植于山西这片土地，各地寺院广建、众僧云集，为山西留下了大量的佛教典故与文化艺术遗存，而依托着各地的佛门寺院，一大批珍贵的佛教典籍得以留存，成为山西古籍中最珍贵和最具代表性的部分。但是，经过漫长岁月的洗礼，这些古籍都已破损严重。随着"中华古籍保护计划"的开展，为珍贵古籍带来了重生的机会，促成了山西对本土国家珍贵古籍进行修复性保护。

对省内破损严重的国家级珍贵古籍进行抢救性修复一直是山西的迫切需求。2008年11月，在国家古籍保护中心的支持下，山西省图书馆委托国家图书馆修复了《佛说北斗七星经》和《成唯识论了义灯抄科文》两件镇馆之宝，前者是北宋雍熙三年（986）山西绛州雕造、迄今所知山西境内最早的雕版印刷品，堪称宋代北方地区刻书的典范，后者是伪齐阜昌八年（1137）陕西醴州刻本，伪齐是宋朝叛臣刘豫建立的政权，存世八年，现存印刷品仅此一件。这两件珍贵古籍的修复，为山西开启了国家珍贵古籍抢救性修复的序幕，并为后续修复项目作出了示范，确立了标准。

一、传习所挂牌，开展国家珍贵古籍抢救性修复

山西有多支古籍修复队伍，隶属山西省图书馆的山西省古籍修复中心修复团队是其中出色的一支，其古籍修复工作始于1964年，薪火相传近60年。2009年12月，山西省古籍修复中心被文化部（现文化和旅游部）列入"国家级古籍修复中心"。该修复中心自"中华古籍保护计划"开展以来，积极、自觉地承担起山西全省的古籍修复保护重任，在人才培养和修复实践两方面积极探索和努力，先后为太原理工大学、南京金陵科技学院等多所高校和山西省内各级图书馆培养了修复人才，为不同系统、不同层级的收藏单位及个人义务修复了大量纸质文献，取得了良好的社会效果。

2015年6月，山西省图书馆向国家古籍保护中心提出了结合人才培养、分批修复本省国家珍贵古籍的计划，得到国家古籍保护中心的高度重视和支持。国家古籍保护中心建议在山西建立国家级古籍修复技艺传习中心山西传习所，以"师带徒"方式开展此项工作。鉴于山西省图书馆是国家级古籍修复中心，人员、场

地、设施都具备传习所需要的条件，通过国家古籍保护中心的论证和审批，于2016年1月9日，国家级古籍修复技艺传习中心山西传习所正式在山西省图书馆挂牌。根据山西珍贵古籍的特点，国家古籍保护中心特意选派擅长修复佛经文献的胡玉清老师作为导师，参与并指导山西完成国家珍贵古籍修复任务。胡玉清老师在国家图书馆修复古籍30余年，承担过多个国家重点修复项目，尤其擅长修复佛经卷子，曾修复敦煌卷子6千多米。前期山西委托国家图书馆修复的《佛说北斗七星经》和《成唯识论了义灯抄科文》也是出自胡老师之手，因此，胡玉清老师成为山西传习所导师的不二人选。

二、集中修复17种21件，元代前的国宝级珍贵古籍

按照计划，山西遴选了17种21件破损十分严重佛经典籍先行修复，这些典籍产生于唐宋金元间，都是一级国家珍贵古籍，一部分是太原崇善寺的旧藏，新中国成立后归山西省图书馆收藏，另一部分出自曲沃县东凝村的广福院佛像中，1978年分别归曲沃县图书馆和山西省图书馆所有。2016—2017年，山西省古籍修复中心用两年时间，集中修复了这批古籍，取得了圆满成功。

在此经验基础上，2017年年底，受国家古籍保护中心委托，山西又帮助重庆西南大学图书馆修复了两件敦煌写经和一册宋刻文集，为其他区域的珍贵古籍修复尽了一份力量。

比起普通古籍，这批古籍的修复难度大，面临的困难多。一是全部为一级古籍，文物价值高，对修复水平的要求也高。二是全部产生于元代以前，年代久远，纸张老化严重，破损类型复杂，有老化、油渍、污渍、撕裂、缺损、絮化等各种破损的叠加。三是古籍中有一些前人破坏性修复的遗存，也有前人留下的附属性的文物特征需要鉴别，要制定正确解决不良修复后果的办

法，保护好附属文物特性。四是能够与原件相配的补纸、丝、锦和其他配料难以寻觅，这些补配材料不仅要求纤维符合，还要求纹路、厚度符合。五是这批古籍的装帧形式是早期的卷轴和经折装，修复时搭口全部显露在外，要求修复师对细节处理更加严格，而且这两种装帧都是通过多张纸接续完成，整书展卷较长，稍有不慎，就可能出现补丁现象、波浪状和波折状，所以无论是局部和整体，都要做好把控。

三、实现了人才培养与修复项目的有益结合

国家珍贵古籍修复是一件功在当代、利在千秋的事情，对山西古籍的修复和保护工作有着深远的意义。

这次修复使一批珍贵古籍重获新生。山西省的21件和西南大学的3件古籍，全部是元代前的国宝级珍贵古籍，这样一批重量级珍贵古籍的修复，是山西省内集中修复珍贵古籍级别最高、数量最多的一次，取得了业界瞩目的成果。

另外，古籍修复与人才培养相结合的"师带徒"模式取得成功。山西省古籍修复中心以这个项目为抓手，不仅积累了宝贵经验，也为山西培养了人才，带出了队伍。先后参与修复的邢雅梅、傅艳红、高晓英、张育霞、李媛、任俊伟、李巧林、程小利和魏笑英等9位修复师，已经成为后续珍贵古籍修复的骨干力量。

同时，修复中科学技术的应用，为版本学、造纸术研究提供了重要依据。这批典籍均产生于造纸术和雕版印刷术产生重大变革的时代，朝代跨度大、抄刻地域广、来源明确、时代清晰、文物关联性强，这次修复中，充分运用科技手段，对纸张厚度、酸度、纤维材质进行了检测，对水质、染料进行了酸度监控，解决了古籍保护中需要用经验判断纸张的问题。而且，早期文献距今时间久远、流传较少，批量纸张纤维检测的数据尤为珍贵。

为了推广和共享这次珍贵古籍修复成果，2018年5月，国家古籍保护中心在山西举办了"全国古籍修复工作研讨会"，与会的40余位全国古籍修复大师对这次修复工作予以充分肯定和高度称赞，认为这是一次人才培养与修复项目的有益结合，值得大力推广。

范月珍

山西省图书馆

坚守　传承

——内蒙古自治区古籍保护中心古籍保护成果

　　内蒙古自治区图书馆是首批"全国古籍重点保护单位"。其前身是清光绪三十四年（1908）归化城副都统三多在旧城小东街文昌庙内创办的"归化城图书馆"，1925年改名为"绥远省立图书馆"。1950年10月，正式命名为"绥远省人民图书馆"。1954年5月，因蒙、绥合并，改称"内蒙古自治区图书馆"。

　　内蒙古自治区古籍保护中心于2007年底在内蒙古自治区图书馆挂牌成立。内蒙古自治区古籍保护中心成立以来，在统筹本地区"中华古籍保护计划""革命文献与民国时期文献保护计划"、古籍普查、古籍数字化、古籍整理、古籍修复、古籍保护人才培养等方面成果突出，对中华民族文化传承与保护起到了积极作用。截至2022年，全区共有4家单位入选"全国古籍重点保护单位"，116部古籍入选《国家珍贵古籍名录》。

一、摸清家底，有序开展古籍普查工作

　　内蒙古虽地处祖国边陲，但并非文化沙漠。几十年来，文化建设成就斐然。全区各类图书馆除自行开展古籍采访之外，还接受了政府为支援边疆建设调拨来的大量古籍。内蒙古地区古籍收藏量虽难以与内地相比，却也颇为可观。20世纪90年代开始，内蒙古自治区图书馆古籍专家何远景历时十五年完成了对全区50余

家古籍收藏单位近50万册古籍的普查工作，并于2004年出版了全国第一部省级古籍联合目录——《内蒙古自治区线装古籍联合目录》（北京图书馆出版社出版）。进行普查的同时，何远景还为内蒙古大学图书馆、内蒙古师范大学图书馆、呼和浩特市图书馆、内蒙古民族大学图书馆等藏量较大的古籍收藏单位编制古籍目录数据库；其编制的《纪年》软件更是被全国各地古籍收藏单位广泛使用。

"中华古籍保护计划"实施以来，内蒙古自治区图书馆认真做好《中华古籍总目》及"全国古籍普查登记平台"工作，积极提交古籍书目数据。2012年底，内蒙古自治区古籍保护中心率先完成了"全国古籍普查登记平台"的数据提交工作。截至2013年6月，已向该平台上传古籍普查数据2万余条，涵盖全区50余家古籍收藏单位的古籍普查数据。在上传普查数据的工作中，内蒙古自治区古籍保护中心又对《内蒙古自治区线装古籍联合目录》数据库进行了完善：一是确定清末民国间没有明显刊刻标记的古籍的刊印年代；二是核查古籍编号，确定馆藏古籍的存缺册数、重号、错号情况。2015年，出版《内蒙古自治区图书馆古籍普查登记目录》（国家图书馆出版社出版）。该目录出版后，内蒙古自治区古籍保护中心多次与呼和浩特市各古籍收藏单位联系，计划出版《呼和浩特地区古籍普查登记目录》。

第一次内蒙古全区的古籍普查工作距今已有20余年的时间。此段时间内，各古籍收藏单位都或多或少经历了馆舍搬迁、机构调整和人员更替等变化，古籍保存情况发生一些改变，需要重新进行古籍普查。内蒙古自治区古籍保护中心工作人员采取多种普查方式结合的形式，或实地普查，或接受咨询，顺利推进全区古籍普查工作的实施。在古籍普查过程中，随时对普查单位古籍从业人员进行古籍基础知识的培训，包括古籍分类、配部、排架、版本鉴定、古籍编目等内容，保证其对本单位古籍有一定程度的认识。

积极投入少数民族古籍普查整理，参与编纂《全国蒙古文古旧图书联合目录》（内蒙古人民出版社，1978年）、《中国蒙古文古籍总目》（北京图书馆出版社，1999年）、《中国少数民族古籍总目提要目录·蒙古族卷（综合部分汉文版）》（中国工具书出版社，2013年）等；2022年出版了内蒙古自治区第一部满文古籍提要目录——《内蒙古自治区图书馆满文古籍图书综录》（广西师范大学出版社）。

二、开展古籍整理与研究，做好古籍深度挖掘

内蒙古自治区古籍保护中心在进行特藏古籍、满文古籍、黄河文献、红色革命文献整理的同时深入挖掘文献内容、加强整理研究工作。

一是整理馆藏《京报》。内蒙古自治区图书馆藏有北京、陕西、甘肃等地16家报房印制的清代中晚期《京报》5千余册，数量庞大，版种丰富，是研究清代政治制度、信息传播、社会文化等方面的重要文献。2013年，工作人员开始对其进行整理、编目、研究。整理过程中申请国家社科基金项目1项，自治区社科基金项目1项，出版专著1部，发表论文3篇。

二是整合出版地方文献。内蒙古自治区图书馆收藏各类有关内蒙古历史、地理、政治、宗教、经济等方面的文献。近年通过文献的发掘和整合，出版了一系列丛书，力求向世人展示内蒙古的历史面貌。较为重要的包括：1.《内蒙古历史文献丛书》，选收1949年10月以前形成的有关蒙古族及内蒙古地方的具有史料价值的各种文献，现已出版20余辑，包含《科尔沁调查意见书》《西盟会议始末记》《西盟游记》《归绥道志》《筹蒙刍议》等近代内蒙古重要地方文献100余种。2.《内蒙古外文历史文献丛书》，

与内蒙古大学等单位合作影印出版与内蒙古有关的1949年以前出版的日文、其他外文文献，现已出版近20辑，收录《从土俗学上看蒙古》《东部内从北京向莫斯古》《外蒙古调查报告书（1—3编）》《蒙疆牧野调查报告》《满蒙探险记》《外蒙古赤色地带》《满洲牧场记》等文献100余种。

三是满文古籍整理工作。内蒙古自治区藏有少数民族古籍2万余册，满文古籍是一个重要组成部分，囊括了自清初顺治年间，至清末宣统年间的刻本、写本、抄本共300余种3000余册，其中也不乏大量的珍本、善本，但由于种种原因，没有经过系统整理。2019至2021年，内蒙古自治区古籍保护中心系统整理满文古籍，并编制提要目录，整理过程中申请自治区社科基金项目1项，出版专著1部，发表论文1篇。

三、怀敬畏之心，认真开展古籍修复工作

内蒙古自治区古籍保护中心积极购置古籍修复设施设备，加强古籍修复人才培养，完善古籍修复工作。目前，内蒙古自治区图书馆、呼和浩特市图书馆、鄂尔多斯市图书馆、锡林郭勒盟图书馆都培养了古籍修复人才，内蒙古自治区图书馆、呼和浩特市图书馆、鄂尔多斯市图书馆都不同程度地开展了古籍修复工作。

从2013年开始，内蒙古自治区古籍保护中心先后派遣工作人员参加国家古籍保护中心举办的各种古籍培训班，修复人员参加汉文古籍、西文古籍、少数民族古籍修复培训班总计10余次。2020年，内蒙古自治区图书馆3名修复人员的修复作品参加"妙手补书书可春——全国古籍修复技艺竞赛暨古籍保护成果展"，并获得大赛优秀奖。

四、开展古籍数字化，做好古籍再生性保护工作

2012年，内蒙古自治区图书馆启动了"阿拉善蒙古王府"藏书数字化建设项目，扫描加工"阿拉善蒙古王府"藏书中的鼓词曲本类古籍12种100余册。2017年，将内蒙古自治区图书馆馆藏《宝箧印陀罗尼经》《几何原本》《和硕郡主封册》《大方广佛华严经合论》等10余种珍贵文献进行数字化加工并制作复制品。2019至2020年，为进一步方便读者，开展缩微胶片转换、玻璃底版和珍贵照片扫描工作。扫描玻璃底版和珍贵照片2万余张，以便于研究和查询。

五、走向大众，做好公共服务，让古籍"活"起来

一是数字资源服务。在内蒙古自治区图书馆官网上开辟自建"特色馆藏全文数据库"专栏，将《绥远通志稿》《察哈尔通志》《包头市志》等10余种地方文献珍本古籍免费向社会提供查阅、下载服务。购买"中国数字方志库""全国报刊索引""清汇典""中国历代石刻史料汇编"等数据库，在内蒙古自治区图书馆官网上开放、共享，面向社会公众提供服务。

二是开展多种方式古籍宣传传承工作。2017年举办"册府千华——内蒙古自治区藏国家珍贵古籍特展"。该展览精选全区入选《国家珍贵古籍名录》的汉文、西夏文、蒙古文珍贵古籍150余部，分两批进行展览。展览期间同时开展古籍修复、传拓、印刷技艺展示，取得了良好的公众效果。2020年7月举办"册府千华——内蒙古自治区图书馆藏清内府刻珍贵古籍展"，精选清代内府刻印的汉文、满文、蒙古文珍贵古籍20余部进行展览，获得社会一致好评。

2019年12月，巴彦淖尔市图书馆举办"天禄遗珍古籍展"，

展出包括明刻本、稿本、抄本、清内府刻本、满文文献等在内的珍贵古籍文献100余册。

2021年3月，鄂尔多斯市图书馆举办馆藏珍品古籍展，展出康熙版《大藏经》，清代圣旨、旅蒙商祥泰隆商号手写账簿、伪满时期政府公文及入选《国家珍贵古籍名录》的元代刻本《金光明最胜王经》十卷、明代刻本《圣般若波罗蜜多八千颂》、清代刻本《四部医典》四卷等善本古籍。

2021年7月，以建党100周年为契机，内蒙古自治区图书馆策划并开展"解锁尘封的记忆 聆听古籍的声音"让古籍活起来的公众号推荐活动。截至2021年底，共撰写20期馆藏珍贵古籍的公众号视频文字及推文，并在内蒙古自治区图书馆公众号上向广大读者推送。这些典籍文献知识及流传故事受到读者的欢迎，广大读者纷纷收藏转发。2022至2023年发布的24期内容，主要介绍内蒙古自治区图书馆与呼和浩特市图书馆、内蒙古自治区委员会党校图书馆、巴彦淖尔市图书馆、鄂尔多斯市图书馆等单位珍贵古籍。

六、人才培养，为古籍事业不断注入新鲜血液

中华民族文化传承与保护工作需要大量专业人才，内蒙古自治区古籍保护中心十分重视人才培养。中心成立以来，先后组织人员参加古籍普查、编目、数字化、修复、传拓培训30余次，培养了一批专业人才。内蒙古自治区图书馆拥有古籍鉴定、编目、普查、修复、数字化、整理人才，同时为鄂尔多斯市图书馆、呼和浩特市图书馆、锡林郭勒盟图书馆、巴彦淖尔市图书馆培养了古籍编目和修复人才；为内蒙古自治区党校图书馆培养古籍编目与数字化人才；为全区多家单位培养少数民族语言文字古籍编目人员。

人才培养是重要的一项古籍工作内容，内蒙古自治区古籍保

护中心不仅重视提高古籍从业人员的理论知识水平，更多的是在实践中将所学知识融入古籍保护工作中，使大家更加了解和熟练地掌握古籍业务技能，真正形成"传、帮、带"，为古籍保护事业保驾护航。

内蒙古自治区图书馆（内蒙古自治区古籍保护中心）

解锁尘封的记忆　聆听古籍的声音
——内蒙古自治区图书馆古籍保护案例

惟殷先人，有册有典。数千年来，中华典籍文献世代相传，成为中华优秀传统文化的重要载体。习近平总书记指出："每一种文明都延续着一个国家和民族的精神血脉，既需要薪火相传、代代守护，更需要与时俱进、勇于创新。中国人民在实现中国梦的进程中，将按照时代的新进步，推动中华文明创造性转化和创新性发展，激活其生命力，把跨越时空、超越国度、富有永恒魅力、具有当代价值的文化精神弘扬起来，让收藏在博物馆里的文物、陈列在广阔大地上的遗产、书写在古籍里的文字都活起来，让中华文明同世界各国人民创造的丰富多彩的文明一道，为人类提供正确的精神指引和强大的精神动力。"[1]这是习近平总书记对我们的殷殷嘱托，为此内蒙古自治区图书馆积极挖掘古籍内涵，传承优秀传统文化，策划并推出了"解锁尘封的记忆　聆听古籍的声音——让典籍里的文字活起来"馆藏珍贵古籍推荐活动。

一、项目策划

2021年是建党100周年，以此为契机，内蒙古自治区图书馆历史文献部策划并开展了"解锁尘封的记忆　聆听古籍的声音"

---

[1] 习近平：《习近平在联合国教科文组织总部的演讲》，《人民日报》，2014年3月28日第3版。

典籍文献推荐活动，通过微信公众号向广大读者介绍馆藏珍贵典籍，旨在让典籍里的文字"活"起来，让读者在珍贵典籍的文化滋润中提升文化素养，促进全民阅读。

二、项目实施

内蒙古自治区图书馆历史文献部从2021年7月开始开展"解锁尘封的记忆 聆听古籍的声音"典籍文献推荐活动，此活动由历史文献部和蒙文部联合制作，以蒙汉结合的方式交替介绍，以每周一期的频率（每期介绍一部古籍），用视频及图文并茂的方式，形象而又生动地讲述馆藏古籍文献的由来以及古籍文献中蕴含的丰富的知识。这样的方式不仅让读者在闲暇之余能够更好地了解内蒙古自治区图书馆馆藏典籍文献的价值，还为读者带来慰藉心灵的精神大餐。2021年共向读者推送20期，其中历史文献部推送10期，分别介绍了《宝箧印陀罗尼经》《六壬兵占七百二十课》《大方广佛华严经合论》《太平御览》《春秋四传》《星槎胜览》《钦定诗经乐谱全书》《大学衍义补》《资治通鉴》《二十一史》等馆藏珍贵汉文古籍；蒙文部推送10期，分别介绍了《皇帝封亲王第三女为郡主册命》《几何原本》《新译红楼梦》《佛说四十二章经》《甘珠尔》《丹珠尔》《甘露喜宴药饰》《蒙古文教科书》《格斯尔传》《详解月光辞典》。这些典籍文献知识及流传故事受到读者的欢迎，广大读者纷纷收藏转发。

2022年，"解锁尘封的记忆 聆听古籍的声音"列入内蒙古自治区图书馆"两个打造"工程，并联合呼和浩特市图书馆、内蒙古自治区委员会党校图书馆、巴彦淖尔市图书馆、内蒙古社会科学院图书馆、鄂尔多斯市图书馆等古籍收藏单位共同发布古籍推介作品。策划推送24期，每月分别推介1期汉文、少数民族语言文字古籍。因疫情原因，2022年推出20期，分别是汉文古籍

《礼记集说大全》《程氏经说》《草庐经略》《兼济堂纂刻梅勿庵先生历算全书》、《静惕堂尺牍》（呼和浩特市图书馆）、《文献通考》（内蒙古自治区委员会党校图书馆）、《揭子暄先生兵法百言》《满蒙八旗装备图》《文介公手札》（巴彦淖尔市图书馆）；民族文字古籍《蒙文汇书》《五台山志》《四部医典》《兰塔布》《譬喻之海》《满蒙汉三文合璧教科书》《马可·波罗游记》《三合便览》、《阿勒坦汗传》（内蒙古社科院图书馆）、《御制四体清文鉴》《钦定理藩院则例》。2023年年初，剩余4期陆续推介完毕，分别是汉文古籍《旅蒙商账簿》（鄂尔多斯市图书馆）、《御制避暑山庄诗》（巴彦淖尔市图书馆）；民族文字古籍《元史》《御制翻译四书》。

三、项目效果

典籍文献记载着中华民族过往的辉煌，铭刻着先民的创造，延续着民族精神的血脉，通过这种方式，馆藏文献不仅庋藏在书库之中，更走进了广大读者生活之中，让广大读者真正了解古籍、喜爱中国文化，在这个过程中真正找到文化自信，增强中华民族自信心和自豪感。

"解锁尘封的记忆　聆听古籍的声音——让典籍里的文字活起来"微信公众号馆藏珍贵古籍推荐活动是一次古籍走进大众视野的展示。该活动的阅读量和转发量每期可达千余次。通过这种方式的推荐既让典籍里的文字"活"了起来，又让广大读者走近馆藏珍贵典籍，了解珍贵典籍的前世今生。"解锁尘封的记忆　聆听古籍的声音"典籍推荐活动受到读者高度肯定和评价，还被读者大众争相收藏转发，内蒙古自治区图书馆也逐渐成为读者心中的打卡胜地。

内蒙古自治区图书馆（内蒙古自治区古籍保护中心）

内蒙古自治区图书馆满文古籍整理成果

内蒙古自治区图书馆始建于清光绪三十四年（1908），是一座具有百年历史的综合性省级公共图书馆。馆藏古籍现有20余万册，种类和数量均位居内蒙古自治区各大图书馆之首。在所藏古籍文献中，满文古籍是一个重要组成部分，囊括了自清初顺治年间至清末宣统年间的300余部3000余册，内容包括经、史、子、集各大部类，版式风格包括刻本、抄本、写本等，其中也不乏大量的珍本、善本，但由于种种原因，没有经过系统整理。

2019至2021年，内蒙古自治区图书馆历史文献部主任何砺砦带领工作人员着手整理满文古籍，从配部、排架、分类等基础整理工作到撰写馆藏古籍检索目录和提要目录，历时两年完成整理工作。2021年，何砺砦将满文古籍整理成果申请内蒙古社会科学规划项目后期资助，同年11月获批立项。该项目成果《内蒙古自治区图书馆满文古籍图书综录》是内蒙古自治区图书馆第一部满文古籍提要目录，具有非常重要的开拓意义。

此次满文古籍整理工作是对内蒙古自治区图书馆民族文字古籍整理工作的一次总结，同时有许多发现。

一、明确馆藏古籍的来源

内蒙古自治区图书馆馆藏满文古籍有两个主要来源：其一

是从馆藏蒙文古籍中提取出来的旧藏。相对于汉文、蒙文文献来说，其他民族文字古籍存藏数量较少，所以很多古籍收藏单位将蒙、满、藏等文字古籍统一入藏，称"少数民族古籍库"或"蒙文书库"，并钤满蒙文藏书章，不再单独为满文古籍另设藏书库，这种情况在内蒙古地区其他满文古籍收藏单位亦很常见；另一个来源则是靠本地藏书家零星捐赠，及本馆几代工作人员多年来从各地逐渐收集、整理，积土成山、积水成渊，慢慢汇集而形成现有的馆藏规模。其中，1956至1987年在本馆工作的内蒙古著名喇嘛翻译家王庆先生做出了卓越贡献，其所撰的《收集民族文献记事》一文，记载了内蒙古自治区图书馆满蒙文献的部分来源，"还有蒙满汉翻译参考资料，如《蒙文汇书》《三合便览》《四体合璧文鉴》等资料是阿拉善王达理札雅赠送"。

二、发现多部珍贵古籍

通过对馆藏满文古籍细细整理后，内蒙古自治区图书馆发现有明确纪年或经鉴定属于清早、中期版本的数量较多，除已为外界所熟知的康熙年间稿本《几何原本》外，还有多部珍本、善本之前并未引起关注。其中，顺治刻本、抄本3部，康熙刻本、写本、稿本45部，雍正刻本8部，乾隆刻本更是数量众多。经仔细对比全国各大古籍收藏单位入选第一至六批《国家珍贵古籍名录》的满文古籍书影图片和书目数据，发现内蒙古自治区图书馆藏多部满文古籍与入选《国家珍贵古籍名录》的满文古籍版本无论从开本尺寸、行款甚至版刻风格方面相似程度均极高。除此之外，亦有三部书值得注意。其一，满文《抄本医书六种》。蓝绫封皮、装帧考究、缮写字体工整流畅，从装帧及版式风格上看，应为清早期内府刻本。全书共六册，佚名撰、满文本，开本高30.8厘米，宽20厘米，半叶七行，行字不等，以"礼、乐、射、御、书、数"分册，保存完好，无缺卷残叶。是书各分册题名分别为《药性赋》《诸病论》《伤寒赋》《用药歌诀》《王叔和脉赋》《难经》。视其各分册书名，此书应为同名汉文医书之满文译本。通过查询《中国中医总目》发现，编号11837藏于中国中医研究院之《抄本医书六种》与此书分册名完全一致。经中国第一历史档案馆满文专家吴元丰先生甄别，确认其翻译自《抄本医书六种》。吴元丰先生确定其成书时间为清早期，甚至为顺治时期。满文本医书本就稀见，加之成书年代如此之早，且出于内府，弥足珍贵。

其二，康熙三十八年（1699）听松楼刻本《清书全集五种》不分卷。是书由五部分组成，分别为：《清书十二字头》《新刻满汉同声》《满汉切要杂言》《新刻满汉备考》《清书对音谐字》。《清书十二字头》卷后有康熙三十八年汪鹤孙、凌绍雯两序。内封牌记镌"满汉书名／听松楼藏本"。内封牌皆钤"大学士校正满汉字无讹"朱文圆印、"听松楼藏板"朱文方印。《清书十二字头》书签上钤"广□堂"。《满汉切要杂言》书签上钤"光裕堂"朱文方印，卷端钤"耕烟"朱文方印。《清书对音谐字》卷末钤"王缵曾印"白文方印，"愧先"朱文方印。该书刊刻年代较早，为清代最早成书的满汉文对照日常用语词典及语音辞书，由序可知编撰此书是为当时"国史馆"翻译书籍提供参考，还为初学满文者学习满汉文翻译及为参加科考者利用，是清代重要的翻译工具书之一。据故宫博物院春花女士所著《清代满蒙文词典研究》一书中所言："此书流传不广，只有内蒙古图书馆藏本保存完好，大连图书馆、国家图书馆、中央民族大学图书馆所藏均缺卷。"

其三，清早期刻本《格言》。内蒙古自治区图书馆藏有一部《格言》很特别，该书无书名、无著者、无牌记、无序、满汉合璧、字体超大，半叶两行。书分四册，其中两册汉文行三字，另两册行四字，板框高21.2厘米，宽13.5厘米。视其版式风格应属清早期刻本。

三、发现满文古籍中铅印本、石印本极少

印刷术发展至清中晚期，铅印、石印技术相继在我国出现，对比雕版印刷，铅印及石印有节约成本、制版周期短、出书快等优点，随着铅印及石印技术在制书行业被广泛使用，汉文铅印本与石印本大量出现。在大多数古籍收藏单位，汉文刻本、抄本的数量远不及铅印本和石印本，而满文古籍却恰恰相反。以内蒙古自治区图书馆为例，馆藏满文古籍大多数为清中早期刻本、抄本，中晚期刻本、抄本较少，石印本仅见一部。纵观北京地区与辽宁地区满文古籍书目，此两种印本也属凤毛麟角。此现象与满文、满语的衰落息息相关。满文创制于明万历二十七年（1599），清人入关后，满族人日常亦使用汉语。为保存其文化血脉，清皇室用强大的财力推动满文的传承，所以在清早期出现了大量的满文刻本、写本、抄本。随着清朝政府的逐渐没落，国家财力衰退，满文也失去了其支撑之源泉，习满文、懂满文的人越来越少，书无人读，自然也就无人印。即便更新成本更低的印刷技术出现，满文书的印制亦日渐稀少。

2022年5月，《内蒙古自治区图书馆满文古籍图书综录》正式出版，通过对满文文献的研究，可以比较、对照不同文化和语言之异同，对于人类学、语言学等学科发展亦有非常重要之作用。同时，该著作也是内蒙古自治区图书馆民族文字古籍普查及整理的重要成果，对带动其他古籍收藏单位开展民族文字古籍普查工作及编制全区满文古籍联合目录具有重要意义。

内蒙古自治区图书馆（内蒙古自治区古籍保护中心）

心怀敬畏　勇于担当
——辽宁省古籍保护工作十五年回顾

中共中央办公厅、国务院办公厅印发的《关于推进新时代古籍工作的意见》对如何做好新时代古籍保护工作、推动古籍在传承中华优秀传统文化中发挥更大作用等方面，提出了明确的要求。这为今后的古籍工作提供了理论支持和政策保障，使古籍保护工作能以更高的起点、更高的站位、更高的要求来规划布局。我们要做的就是结合各自古籍文献特色、优势，将其真正融合吸收，并落到实处，落到真处。

辽宁省图书馆（辽宁省古籍保护中心）是中国共产党领导下建立的第一所省级公共图书馆，庋藏古籍文献61万册。其中善本古籍6200余部12万余册。古籍藏书以质量好、特色鲜明在国内外享有盛誉。这些古籍，是中华传统文化的深厚积淀，是历久弥新的宝贵精神财富。

"中华古籍保护计划"实施以来，遵循"保护为主、抢救第一、合理利用、加强管理"的古籍保护基本方针，在各级政府的领导下，在古籍保护工作者的共同努力下，辽宁省图书馆在古籍工作的原生性、再生性和传承性保护等方面，都取得了一定的成绩。

此外，2018年辽宁省的事业单位改革和文化体制改革，通过解放思想、资源整合、机制创新、内合外联，为本馆的古籍保护工作注入了新的活力，开启了新的篇章。

一、基本完成古籍普查，摸清古籍家底

2007年，辽宁省图书馆被确定为全国古籍保护工作试点单位，也肩负着辽宁省古籍保护中心的职能。为做好古籍普查工作，辽宁省几次召开全省古籍普查工作会议，并与省内各古籍收藏单位签订了古籍普查任务书，明确职责和时限。

截至2021年底，辽宁省图书馆、辽宁大学图书馆、沈阳市图书馆和辽宁省26家古籍收藏单位的普查数据登记目录，先后由国家图书馆出版社出版。通过普查，基本摸清了辽宁省的古籍藏量，发现了一批具有很高文献价值的珍贵古籍。如辽宁省图书馆藏宋台州公使库刻本《扬子法言》，被列为全国古籍普查中的新发现；辽宁省图书馆在未整理古籍中发现的宋版藏经残卷《广大宝楼阁善住秘密陀罗尼经》，入选第二批《国家珍贵古籍名录》。

普查工作中，我们抽调业务骨干协助沈阳市慈恩寺完成了该寺古籍文献的普查；发现的两部大藏经参加了在国家图书馆举办的"中华传统文化典籍保护传承大展"；积极组织慈恩寺申报"全国古籍重点保护单位"，并成功获选；该寺申报的《永乐北藏》《乾隆版大藏经》也成功入选第六批《国家珍贵古籍名录》。

在国家古籍保护中心的指导和中国古籍保护协会的组织下，辽宁省古籍保护中心开展了"中华古籍普查志愿服务行动"，协助铁岭县图书馆完成该馆所有古旧文献的普查，有力推进了全省的古籍普查工作，也使古籍普查真正做到了"典册有目"。

二、古籍分级保护成绩显著

从2008年至今，国务院已公布了六批《国家珍贵古籍名录》和"全国古籍重点保护单位"。辽宁省共有553部古籍入选，辽宁省图书馆、大连图书馆、辽宁大学图书馆、沈阳市图书馆、辽宁

省博物馆、辽宁省档案馆、沈阳师范大学图书馆、旅顺博物馆、沈阳市慈恩寺先后获评"全国古籍重点保护单位"。

2010年以来，辽宁省开展了五批《辽宁省珍贵古籍名录》和"辽宁省古籍重点保护单位"的申报评审工作（第五批名单尚未公布）。《辽宁省珍贵古籍名录》收录珍贵古籍3179部；沈阳市图书馆、辽宁大学图书馆、辽宁省档案馆、沈阳师范大学图书馆、锦州市图书馆、旅顺博物馆、辽阳市图书馆和辽东学院图书馆八家古籍收藏单位先后被命名为"辽宁省古籍重点保护单位"。各主要古籍收藏单位的古籍存藏条件也得到不同程度的改善。

三、古籍修复工作初见成效

2010年，辽宁省图书馆入选全国首批"国家级古籍修复中心"。2015年，辽宁省图书馆浑南新馆规划出600平方米的空间，进行新古籍修复中心的建设，集修复、实验、教学实训、库房存储为一体，为全省的古籍修复事业发展提供了更大的发展空间。

2014年，辽宁省图书馆被命名为"国家级古籍修复技艺传习中心附设辽宁传习所"。国内著名古籍修复专家赵嘉福、边沙先后作为辽宁传习所的导师。这种师徒相授的传习模式，是对传统修复技艺的传承，是传统文化技艺的接力和薪火相传。

辽宁省图书馆开展了两批辽宁省"小微古籍修复室"的申报评审工作，八家古籍收藏单位入选。辽宁省图书馆组织开展全省古籍修复师人员的业务轮训，进行面对面修复的"帮"和"带"，并在设备和技术方面给予相应的支持，初步实现辽宁省内各主要古籍收藏单位的全覆盖，初步缓解人员不足、人员分布不均衡的问题。

四、文献整理让古籍活起来

长期以来，辽宁省图书馆非常重视古籍文献的整理开发，围绕馆藏特色，出版了一批古籍保护研究成果，如《辽宁省图书馆藏稀见方志丛刊》《辽宁省图书馆藏陶湘旧藏闵凌刻本集成》《辽宁省图书馆藏民国时期东北大学毕业论文全集》《辽宁省入选国家珍贵古籍名录古籍图录》《清宫遗珍：天禄琳琅、石渠宝笈典籍书画集》《清代满汉合璧国学丛书》《辽宁省图书馆藏珍稀历史文献图录》、第一至四批《辽宁省珍贵古籍名录图录》等。

五、利用古籍传承中华传统文化

近年来，我们贯彻党中央"建设优秀传统文化传承体系，弘扬中华优秀传统文化"的指示精神，多视角、多元化地展现和揭示古籍的传统艺术魅力和深邃文化内涵。

一是打造古籍的"云阅读"。辽宁省图书馆近年来持续开展了"馆藏孤本善本数字资源库"建设项目，以每年十万拍的速度推进。现在已有2500余部珍贵古籍实现了馆内的全文阅览。我们也在"中国古籍保护网"上发布了101部闵凌刻套印本的数字资源。通过古籍数字化项目，也带动了古籍整理开发、展览展示等一系列工作，为传承传统文化提供了多元化的手段和更广阔的发展空间。

二是打造立体浸入式传统文化体验模式。1. 利用典籍展示馆，结合馆藏特色，挖掘展示主题，举办了多场古籍展览、展示活动。如珍贵古籍、天禄琳琅藏书、闵凌刻套印本、清内府刻书、馆藏唐宋八大家古籍文献、"努力名山接薪火：辽宁省古籍保护工作十周年成果展"等，取得了较好的社会反响。2. 抓住重要时间节点，有针对性地开展古籍雕版、修复、传拓等体验。利用"萃升书院",弘扬传统文化,挖掘和利用地方文化资源,努力使图书馆成为传统文化的又一教育中心。

三是变阵地宣传为"走出去"和"联合互通"。如与辽宁高校合作举办"跟我学作线装书体验活动",让莘莘学子觉得古籍和传统文化不再虚无缥缈和遥不可及。辽宁省图书馆也与国家古籍保护中心、辽宁省博物馆、北京模范书局等合作举办展览,形成了图书馆和博物馆之间、省内馆和省外馆联合互通的有益尝试。

通过新闻媒体、自媒体形式扩大古籍受众面。在《中国文化报》《辽宁日报》《辽沈晚报》等媒体上通过新闻报道、专栏、专版等形式宣传辽宁省古籍保护工作。

四是做好文化创意工作。辽宁省图书馆与"奉天记忆文化创意产业园"合作,利用各自优势,在文创产品的研发与地域文化宣传等方面开展相关合作。对《聊斋志异》《御制盛京赋》《贞观政要》《孔子七十二贤像》等馆藏珍稀文献进行了高清仿真影印;设计了古籍书签、笔筒、辽图藏书票等一系列文创产品;在馆内也开辟专门区域,作为文创产品的宣传展示平台。

六、打造古籍保护人才的养成体系

2010年开始,辽宁省图书馆创新古籍人才培养模式,采取"面对面辅导"的方式,为省内图书馆培训古籍普查人员,效果很好。

此外,还采取多种途径培养古籍保护人才。一方面,重视对年轻业务骨干的培养,通过大的文化项目不断砥砺年轻同志的业务水平;一方面实施走出去、请进来的人才战略。先后邀请李致忠、杜伟生、万群、刘建明、易晓辉等知名专家来辽宁授课。目前,辽宁省基本上形成了辽宁省古籍保护中心、辽宁省国家级古籍修复中心、国家古籍保护中心人才培训基地、国家古籍修复技艺传习中心附设辽宁传习所四体合一、各有侧重、互为补充的古籍保护和人才培养体系。尤其是人才培训基地，辽宁省图书馆和辽宁大学图书馆、沈阳师范大学开展合作办学，整合各自优势，努力打造古籍保护、人才培养、合作交流、学术传承、释放成果的长期、有效模式。

　　同时也应该看到，古籍保护也面临着诸多困难和不足，需要我们从文化强国、文化强省的战略高度进行认识、总结、研究、布局；需要我们不断创新古籍保护模式，促进全省古籍保护工作持续、深入发展，不辜负时代赋予的责任和使命。

杜希林

辽宁省图书馆馆长、辽宁省古籍保护中心主任

赓续中华千年文脉　谱写古保数载春秋

——吉林省古籍保护工作十五年回顾

　　中华古籍蕴藏着伟大的中华民族精神，是中华优秀传统文化的载体，也是传承发展中华优秀传统文化的基础。保护古籍，传承文明，服务社会是全体古籍工作者的责任和义务。自"中华古籍保护计划"实施以来，吉林省图书馆（吉林省古籍保护中心）上下联动，凝聚合力，开创出古籍保护的新局面。

一、静待花开的文化宝库

　　吉林省图书馆是第二批"全国古籍重点保护单位"，首批"吉林省古籍重点保护单位"。馆藏古籍23617部23万余册件，其中善本古籍4601部，唐宋元珍本39部，先后有218部古籍入选由国务院公布的第一至六批《国家珍贵古籍名录》，340部古籍入选《吉林省珍贵古籍名录》。藏品时间跨度1200多年，典籍类型包括敦煌遗书、善本古籍、名家手稿、金石拓片、舆图等，具有重要的历史文物性、学术资料性和艺术代表性，体现了中华文化的发展脉络。

　　由于古籍本身的特殊性，其必须存放在恒温恒湿的书库中，每一次提阅都会改变古籍的保存环境，进而影响古籍的寿命，因此图书馆馆藏古籍很难像其他普通书籍一样面向大众全面开放；同时，由于古籍晦涩难懂，鲜有人问津，使得这些泛黄的古籍终日沉睡在图书馆的书架上静待属于它们的"春暖花开"。

二、图书馆与博物馆的联袂演出

党的十八大以来，围绕传承与弘扬中华优秀传统文化，习近平总书记发表了一系列重要论述："让收藏在博物馆里的文物、陈列在广阔大地上的遗产、书写在古籍里的文字都活起来。""传承中华文化，绝不是简单复古，也不是盲目排外，而是古为今用、洋为中用、辩证取舍、推陈出新，摒弃消极因素，继承积极思想，'以古人之规矩，开自己之生面'，实现中华文化的创造性转化和创新性发展。""坚持正确政治方向，弘扬优秀传统文化，创新服务方式，推动全民阅读，更好满足人民精神文化需求，为建设社会主义文化强国再立新功。"这不仅是习近平总书记的殷切嘱托，也是我们新一代图书馆人保护古籍，弘扬中华优秀传统文化的新遵循。

为深入学习贯彻习近平总书记的重要讲话精神，让珍贵典籍走进大众，推动优秀传统文化创造性转化和创新性发展，激活中华优秀传统文化生命力，吉林省图书馆积极发挥新时代图书馆的重要作用、重要使命，集思广益，组织筹建吉林省典籍博物馆，以满足社会民众体验典籍文化的需求，同时为束之高阁的典籍走出神圣殿堂发挥其价值提供了舞台。

吉林省典籍博物馆于2017年9月28日正式对外开放，它依托于吉林省丰富典籍资源，以展示典籍、弘扬中华文化为宗旨，发挥典籍收藏中心、保护中心、学术交流中心等功能，全面展示吉林省古籍收藏的菁华，拓展省级图书馆社会教育新职能，是图书馆与博物馆的联袂演出。

三、传统与现代的融合碰撞

吉林省典籍博物馆成立以来，成功举办三场专业性古籍展览：展示吉林省图书馆馆藏精品的"墨雅余香　纸润流芳——吉林省图书馆藏珍籍展"；全省联动，展示全省古籍菁华的"册府千华——吉林省珍贵古籍特展"；深入展示、挖掘与研究明代古籍的"书林明话——吉林省图书馆藏明代版刻专题展"。三场展览共展出吉林省藏珍贵古籍237部，展品既有宋元孤本，亦有明清佳刻，其中大部分古籍是入藏以来首次在公众面前亮相。现代化的展馆和传统的典籍完美融合，使得每一场展览都是一场精彩纷呈的精神盛宴。静置于展柜中的古籍，穿越千百年的峥嵘岁月，历经水火兵燹的洗礼，绽放出历史的光芒。线下展览的同时，吉林省图书馆也推出了线上展厅，观众可以不受空间和时间限制，随时随地浏览体验。昔日束之高阁，今日渐入公众视野，古籍恒久的文化魅力再次"典"亮吉林大地。

每一场展览的成功举办都让吉图人更加明白吉林省典籍博物馆的光环不能仅仅依赖于典籍，其内在魅力更多的在于典籍背后的内容。典籍中所蕴含的传统文化的光芒亘古不变，但是时代在变，社会在变，需求在变，典籍展览不应只是对珍贵典籍的单一呈现，而是如何以"不变"应"万变"。为赋予传统文化新的时代内涵，吉图人对每一场展览从主题的敲定到每一部展出古籍的选择，从展出文献的介绍到背景文字的撰写，从展览风格的设计到展出形式的布局都经过慎重的考虑与分析，因为我们知道新时代下每一次展出都是重新审视典籍的机会，对典籍都会有新的理解和认识。

四、理论与实践的完美邂逅

在典籍展览展示的同时，为了让观众更深刻地感受中华优秀传统文化的内涵，吉林省图书馆延续了"古韵传承"品牌活动，举办雕版印刷、拓片、线装书制作等传统技艺体验活动，活动以吉林省图书馆为中心，辐射军营、社区、校园等多个场所，让大家通过体验活动近距离感受中国传统文化的独特魅力，激发大家守护笔墨乾坤、延续中华文脉的责任感与使命感。

新媒体技术的发展，带给吉林省图书馆新的服务思路，线下走进吉林省典籍博物馆，线上云游传统文化知识海洋。2020年5月18日，推出线上古籍推介栏目"翰墨籍香"，全景式呈现吉林省图书馆馆藏的珍贵古籍，为读者讲述"无声的典籍，今生的故事"。栏目每两周推出一期古籍推介文章，图文并茂，幽默不失准确度，活泼不失专业性。"翰墨籍香"栏目从宋刻本、元刻本、明刻本、清刻本、稿抄本、拓本、地方文献多个角度系列化选取吉林省图书馆藏珍贵典籍向大家进行介绍，同时在特殊时间节点推出符合特点的推文，每期以宣传馆藏珍贵善本古籍，传播中华优秀传统文化为主题，精选古籍书目，寻求优秀传统文化与社会主义核心价值观的契合点，深入浅出地做好线上古籍推广工作。

五、拓宽思路提升古籍保护工作能力

吉林省图书馆以典籍为基础，以展览为载体，以典籍博物馆为着力点，以传承中华优秀传统文化为根本，积极转变思路、拓宽领域，成果申报4项"国家文物保护专项资金"项目。创新性的项目来源，多样性的资金支持，让我馆典籍的原生性保护和再生性保护水平取得突破性的进展。

"吉林省图书馆馆藏文物预防性保护设备采购及安装项目"已全部完成。项目的实施为吉林省图书馆历史文献库房配置了专用恒温恒湿系统，建立了库房环境监测系统，同时为部分珍贵历史文献配置无酸保护盒，全面提升了本馆珍贵文献的预防性保护能力。

　　"吉林省图书馆古籍资源数字化项目"正在进行。古籍数字化是古籍保护与利用工作的重要内容，亦是促进古籍开发、研究、传播、利用的重要手段，数字化项目的成果也是吉林省古籍保护和开发工作的重要成果。它让馆藏珍籍走出书库，走进更多读者的阅读生活，让广大读者和研究者足不出户浏览古籍资源，充分发挥古籍的当代价值，促进古籍的传播利用。

　　"吉林省图书馆文物本体修复项目"第一期目前正在稳步开展，第二期也已经成功申报。项目的顺利开展，让吉林省图书馆藏部分破损文献及时修复。2019年，"国家级古籍修复技艺传习中心附设吉林传习所"正式挂牌。"吉林省图书馆文物本体修复项目"的顺利开展和国家级古籍修复技艺传习所的成立，提升了吉林省图书馆古籍修复能力，让吉林省图书馆古籍原生性保护踏上了新的台阶。

　　吉林省典籍博物馆作为吉林省图书馆的职能部门，充分发挥了其职能作用，从不同的途径，以不同的方式，积极改善了吉林省图书馆的文献存藏环境，提升了吉林省图书馆的文献保护水平。同时，吉林省典籍博物馆作为吉林省独具特色的典籍展陈中心、教育学习基地，充分发挥了图书馆的博物馆功能，成为传播优秀传统文化的重要阵地。吉林省典籍博物馆成立以来，共服务约22万人次，包括高校、中小学、幼儿园学生，军人，学者等等，为民众提供了接近典籍、了解典籍、喜爱典籍的机会，让民众赏古风之美、享古书意趣，在感受传统文化的魅力的同时，使中华传统文化更具有影响力和感召力，树立文化自信，增强民族自豪感，助力吉林省文化强省的建设。

吉林省图书馆（吉林省古籍保护中心）

砥砺前行　不负韶华

——黑龙江省古籍保护工作十五年

黑龙江地处祖国东北边陲，其源远流长的历史文化可追溯至虞舜夏禹时期，也包括东北抗日联军等光辉灿烂的革命文化、黑龙江流域雄奇壮美的山河文化、丰厚丰富的民间文化等。黑龙江省现存的历代纸本文献、碑刻文献、金文文献等，类型多样，数量丰富。这些都是黑龙江省文化事业建设、文化产业发展的动力源泉，在延续历史文脉、加强文化建设、弘扬优秀文化、增强文化自信方面产生了积极影响。

黑龙江省古籍保护中心成立于2007年7月，挂牌在黑龙江省图书馆，负责黑龙江全省古籍保护以及相关工作。自"中华古籍保护计划"实施以来，黑龙江省古籍保护中心带领全省古籍存藏单位在古籍普查登记、存藏环境建设、古籍整理开发、中华优秀传统文化推广、古籍数字化等方面都取得了积极进展。

一、古籍普查摸清家底

十五年来，在党和政府、国家古籍保护中心、黑龙江省文化和旅游厅的领导下，在全省各古籍收藏单位和各位同仁的支持配合下，黑龙江省建立了省古籍保护工作厅际联席会议制度，健全古籍分级保护机制，组建黑龙江省古籍保护工作专家委员会。黑龙江省古籍保护中心发挥职能，指导全省古籍保护工作，召开全省古籍保护工作会议，履行组织、协调、管理、培训等职责，为"中华古籍保护计划"在全省范围的顺利实施开拓了局面，奠定了基础，古籍保护工作取得可喜的阶段性成果。

"十三五"期间，黑龙江省古籍普查登记任务圆满完成，馆藏古籍普查登记目录审校出版工作扎实推进。在国家古籍保护中心的指导和中国古籍保护协会的襄助下，黑龙江省10家公共图书馆、18家高校及科研院所共计28家古籍公藏单位，完成21851种266363册件古籍普查登记，上传至"全国古籍普查平台"，面向社会提供检索服务。2014年，黑龙江省图书馆完成馆藏全部古籍的基本项著录工作，彻底摸清了家底，并推动全省古籍工作全面展开。《黑龙江省图书馆古籍普查登记目录》《黑龙江省十家公共图书馆古籍普查登记目录》相继出版。作为古籍普查另一个阶段性成果，黑龙江省古籍保护中心编撰出版了《黑龙江珍贵古籍要览》（黑龙江人民出版社，2016年）一书，收录了黑龙江省16家收藏单位177部珍贵古籍。该书的编撰工作推进了古籍保护工作向纵深发展，并荣获黑龙江省哲学社会科学科研成果二等奖。这些整理出版成果是黑龙江省古籍保护事业发展的重要阶段性成果，是黑龙江省古籍保护中心协调各基层单位，对外揭示和宣传黑龙江省珍贵古籍，弘扬中华文化的重要文献。

作为古籍普查的延续，黑龙江省古籍保护中心还开展了新善本普查工作。民国时期文献是新善本的主体之一，摸清民国线装书情况，才能避免图书剔旧过程中新善本的流失，这也是古籍保护工作的深化和拓展。

由于黑龙江省是历史上的边疆偏远省份，古籍存藏量不大，古籍保护意识较为淡薄。为推动普查工作的开展，在中国古籍保护协会的大力支持下，黑龙江省于2020至2021年连续两年开展了"中华古籍普查文化志愿服务行动·黑龙江行"活动。通过志愿活动，黑龙江省古籍保护中心在摸清家底的基础上，对古籍保护进行了更科学、广泛、系统的宣传。志愿者提高了古籍保护知识、提升了古籍文化意识、激发研究古籍学习古籍的兴趣；受援单位在此过程中得以摸清古籍家底、完善数据、提升质量；此外，还对特色文献进行了深度挖掘，对破损古籍进行了再次整理。2021年黑龙江省图书馆在志愿行动中的积极工作被中国古籍保护协会通报表扬。

二、促进古籍分级保护，《国家珍贵古籍名录》和"全国古籍重点保护单位"申报工作不断深入

为促进古籍普查工作的开展，本着遵循国家定级标准、体现地域特色和鼓励申报单位积极性的原则，黑龙江省古籍保护中心对古籍收藏数量和保护状况较好、达到要求的古籍收藏单位推荐申报"全国古籍重点保护单位"；对各古籍收藏单位的一、二级古籍推荐申报《国家珍贵古籍名录》，以期通过申报工作把黑龙江省古籍保护工作推向新的发展阶段。2008年，黑龙江省图书馆入选首批"全国古籍重点保护单位"。2009年，齐齐哈尔市图书馆、哈尔滨师范大学图书馆入选第二批"全国古籍重点保护单位"。2010年，黑龙江大学图书馆入选第三批"全国古籍重点保护单位"。2020年哈尔滨市图书馆入选第六批"全国古籍重点保护单位"。截至目前，黑龙江省共有5家"全国古籍重点保护单位"，7家单位的79部古籍及私人收藏的1部古籍入选《国家珍贵古籍名录》。

三、大力争取支持，古籍存藏条件逐步改善

"中华古籍保护计划"启动以来，黑龙江省各古籍收藏单位都积极行动起来，积极争取省、市各级领导和财政部门的支持，申

请专项经费，大力改善古籍存藏条件。伊春、大庆等图书馆新开辟了专门的古籍书库；齐齐哈尔市图书馆争取到220万元古籍保护经费，购置了樟木箱和古籍书柜等古籍保护设备，牡丹江师范学院图书馆斥资20万元购置了40个全樟木的古籍书柜；哈尔滨师范大学图书馆、黑龙江大学图书馆也实现了古籍书库的防火、防盗，大规模地改善了古籍保护环境。黑龙江省图书馆、齐齐哈尔市图书馆等一批古籍存藏单位古籍书库达到了《图书馆古籍书库基本要求》（GB/T 30227−2013）所规定的国家标准，全省古籍得到有效保护和管理。

四、积极稳妥推进原生性保护

古籍修复是一种原生性的古籍保护措施。黑龙江省古籍保护中心积极争取资金，加大古籍修复设备的投入。黑龙江省图书馆2009年规划建设成拥有现代科学设备、恒温恒湿的新型古籍修复室。哈尔滨市图书馆、齐齐哈尔市图书馆等存藏单位先后建立了比较正规，设备较齐全的古籍修复室。2013年黑龙江省图书馆"古籍修复技艺"被列为"省级非物质文化遗产"项目。

黑龙江省图书馆古籍修复工作发端于20世纪60年代，经过多年的发展积累，古籍修复工作取得了较大的成绩，古籍修复力量不断壮大。黑龙江省图书馆古籍修复组隶属于特藏部。专职古籍修复人员4人，人才梯队合理。伴随着"中华古籍保护计划"发展历程，黑龙江省图书馆建立健全古籍修复规章制度，建立古籍修复档案，对古籍修复实行量化、制度化管理，遵循"整旧如旧"和"可逆性原则"，提出修复计划和具体操作方案，使用现代化设备，采用科学方法进行修复，古籍修复保护工作持续稳步开展。十多年来，黑龙江省图书馆相继完成馆藏《金史》《来瞿唐先生易注》《八旗文经》《大吉羊室遗稿》《文献通考》《韵补》

《资治通鉴》《李义山文集》《课子随笔》等百余部珍贵古籍近千叶的修复任务。

五、再生性保护摸索探寻

古籍数字化和影印出版是古籍再生性保护的两种重要手段，代表着古籍整理未来的方向。黑龙江省古籍保护中心经过精心筹备，建立黑龙江省古籍数据库，将馆藏制成书目数据和全文数据，通过网络等介质保存和传播，以达到对古籍长期保护和有效利用的目的。2018至2019年，黑龙江省图书馆连续参加国家古籍保护中心举办的"古籍数字资源联合发布会"。在国家的统筹下，和全国许多省、市各级公共图书馆共同实现了古籍数字资源的网络共享和无障碍服务。目前，黑龙江省图书馆已完成了百余部三万余拍黑龙江省古籍方志的数字化工作。自2019年开始，黑龙江省图书馆不断挖掘馆藏珍贵资源，服务大众，陆续影印仿制《瑷珲县志》《黑龙江外记》《政和五礼新仪》等馆藏孤本，高仿复制了唐写经《大般若波罗蜜多经》等古籍，在有效保护原件的同时，使得馆藏善本珍贵文献得以化身千百，嘉惠学林。

六、古籍保护人才队伍建设常抓不懈

为加强古籍保护人才培养，黑龙江省古籍保护中心采取了一系列措施强化队伍建设。一是选派业务骨干参加国家古籍保护中心举办的古籍鉴定、普查、修复等培训。二是通过举办培训班、馆员外派学习等方式广泛培养人才，黑龙江省古籍保护中心举办了五期全省古籍培训班，承办了三期国家古籍保护中心在黑龙江省举办的培训班，这给黑龙江省的古籍专业人员提供更多的学习机会。三是招录高层次人才，黑龙江省图书馆、牡丹江师范大学图书馆等单位公开招录文献学专业研究生充实古籍保护工作队伍。四是建立古籍保护志愿者队伍，经过多年的努力，黑龙江省已经初步建立了有一定专业技能、综合素质高、层次较为合理的黑龙江省古籍保护人才梯队。五是积极探索"图书馆＋高校"联合培养创新型人才模式，黑龙江省图书馆同黑龙江中医药大学人文与管理学院亲密合作，创建古典文献学本科专业学生实习基地，以增强大学生的实践能力。

七、古籍保护宣传和中华传统文化推广工作与时偕行

为更好地在广大社会公众中进行古籍保护理念的普及和宣传推广，让"古籍里的文字都活起来"，让珍贵古籍走进公众，黑龙江省各古籍收藏单位做了大量内容丰富、形式多样的古籍宣传推广工作。

一是以馆藏资源为中心，各古籍保护单位开办各种展览，以"世界读书日"及"世界文化遗产日"为契机，举办了多次古籍保护展览展出活动。影响比较大的有"芸阁菁华　历史的记忆——黑龙江省入选《国家珍贵古籍名录》善本展""册府千华——黑龙江省藏珍贵古籍特展"等大型主题展览，举办古籍保护技艺演示，让广大读者近距离地观赏古籍修复技艺，如"文明之光——古籍修复技艺展""古籍修复技艺进校园"等。

二是创办古籍公开课、古籍讲座，撰写有关古籍保护和馆藏珍贵古籍材料印刷宣传单发放给读者，并设计古籍保护知识问答题请读者参与互动，如"纸韵书香　馆藏撷珍——馆藏珍品解读"活动。

三是积极开展民间古籍鉴定活动，齐齐哈尔市图书馆、鸡西市图书馆还开展了现场民间古籍鉴定及答疑，齐齐哈尔市图书馆现已接待民间古籍鉴定百余人次，登记并鉴定民间古籍数百种。

四是建立龙江书院，为国学、国艺、国服、龙江历曷、龙江技艺等开辟宣传阵地，传承地方文化，弘扬传统文化。通过图书馆＋书院的模式，积极面向大众开展中华传统经典传习和诵读活动，激发他们对传统文化的热爱，进一步提高社会公众对古籍保护的关注，增强古籍保护意识，为广大读者提供多维全面的文化服务。这一举措取得了非常好的社会效应，2019年黑龙江省图书馆被国家古籍保护中心授予"中华优秀传统文化实践基地"。

五是利用古籍文创产品，让古代典籍进入民众生活。黑龙江省各古籍收藏单位集思广益，立足馆藏，对古籍文创产品进行了积极有益的探索和尝试，开发了众多精品，如齐齐哈尔市图书馆开发了《龙沙剑传奇》复制本，黑龙江省图书馆开发了以《十竹斋画谱》中的兰谱为底本的手提袋、丝巾，以钤印本为底本的线装笔记本等。

十五年来的古籍保护工作，有力地推动了黑龙江省古籍普查、研究、修复、展览、数字化、出版等工作，促进了各古籍收藏单位馆藏古籍的资源建设、服务与宣传推广，造就了一批业务精、能吃苦的专业队伍。这些成果开创了黑龙江省古籍工作的新局面、增强了我们的使命感和文化自信。今后我们将继续奋进，在古籍保护领域深耕厚植，结合新的时代条件传承和弘扬中华优秀传统文化，把凝结着中华民族传统文化的典籍保护好、管理好、研究好、利用好，我们将继续努力，不忘初心，砥砺前行。

黑龙江省图书馆（黑龙江省古籍保护中心）

上海市古籍保护事业十五年工作成果回顾

上海，一座充满魅力的城市，弥漫着历史文化的气息，交融着中西文明的智慧。海派文化植根于历史悠久的江南文化，同时也吸纳、融合了一些西方文化的元素。开埠以后，上海逐渐发展成为近代中国的经济与文化中心，也是国内古籍收藏的重镇。自2007年"中华古籍保护计划"启动以来，上海市的古籍保护工作在各个方面成绩斐然，令人瞩目。

一、摸清家底，初步完成古籍普查

摸清家底一直是古籍收藏单位的重要工作。十五年来，在古籍从业者及上海市古籍保护中心专家的共同努力下，本市多家古籍保护单位新发现了一批具有重要价值的古籍善本，增补并完善了馆藏，如：上海图书公司所藏清王乃昭手抄本《石田稿》（黄丕烈跋）、华东师范大学图书馆藏徐乃昌稿本《积学斋藏善本书目》、上海社会科学院图书馆藏清严虞惇批校本《南华真经旁注》、上海师范大学图书馆藏改琦手稿本《先贤图谱》等。上海图书馆更是于2018年发现了宋建刻本《杜工部草堂诗笺》（存卷二十至二十一）、元至正十四年（1354）翠岩精舍刻本《书集传辑录纂注》（存卷一至四），堪称该馆在整理未编古籍过程中最为重要、最引人注目的发现。

在此基础上，上海市积极推进古籍普查工作，多次举办研讨会、推进会及培训班。经过多方努力，上海市古籍普查工作已初步完成。截至2022年11月，复旦大学图书馆、上海师范大学图书馆、中国科学院上海生命科学图书馆、华东师范大学图书馆等单位的《古籍普查登记目录》均已由国家图书馆出版社出版，上海图书馆《古籍普查登记目录》即将出版，这意味着上海大部分公藏古籍拥有了"国家编号"，为下一步工作的开展打下了坚实的基础。

为确保中小收藏单位顺利完成普查，上海市古籍保护中心与中国古籍保护协会合作，于2017至2018年连续两年在黄浦区明复图书馆、上海文庙管理处、崇明区图书馆、金山区图书馆开展"中华古籍普查文化志愿服务行动·上海行"活动。

二、多管齐下，不断新增古籍存藏

多年来，上海各古籍保护单位仍在不断加强古籍资源建设，通过定向转让、捐赠、拍卖等方式，新近入藏了大量珍贵文献。上海图书馆于2010年11月成功购入了瑞典藏书家罗闻达先生的藏书，共有1551种西文古籍，是世界最大的西方私人汉学藏书；2013年中国科学院院士、北京大学教授张恭庆及胞弟张恭慈向上海图书馆捐赠其曾祖张佩纶尺牍、日记手稿等；2015至2019年间，上海图书馆又分批接受了翁万戈、翁铭庆、翁以钧捐赠、转让的翁氏藏书、尺牍、手稿、档案等，使得翁氏专藏蔚为壮观。

沪上高校结合自身学科优势与收藏特点，不断充盈馆藏。复旦大学图书馆自2007年以来入藏的原版古籍1000余册，其中不乏珍本秘籍，如俞樾手稿《俣析录》、明弘治刻本《国语》、明万历建阳詹氏书坊刻本《鼎镌太仓王氏桥梓世业四书旨》等，皆为《中国古籍善本书目》未著录的品种。华东师范大学图书馆十余年来分三批购入了2600多种碑帖的拓片，又重点购入日本汉籍1000种，如五山版《大川和尚语录》、伏见版《孔子家语》等，都是珍贵的域外汉籍。

2021年，普陀区图书馆获得了原上海造币博物馆馆长张跃群先生捐赠的古籍163部808册，实现了"从无到有"的跨越，成为本市新的一家古籍收藏单位。

三、分级管理，开展珍贵古籍名录申报

在上海市古籍保护中心的组织与推动下，本市积极开展珍贵古籍名录的申报与评审工作。沪上公私收藏机构共有979部古籍善本入选一至六批《国家珍贵古籍名录》，1473部入选一至六批《上海市古籍珍贵名录》，品种涵盖了甲骨文、竹简、写经、碑帖、古籍善本以及西文珍本等，充分展示了上海的整体收藏实力。一些新发现、新入藏的古籍得以及时申报并入选，如：严虞惇批校本《南华真经旁注》入选第四批《国家珍贵古籍名录》；罗氏藏书中的1477年威尼斯版《世界论》、1480年米兰版《曼德维尔游记》、1656年维也纳版《中国植物志》等入选第五批《国家珍贵古籍名录》；宋本《杜工部草堂诗笺》、元本《书集传辑录纂注》入选第六批《国家珍贵古籍名录》。

此外，上海图书馆、上海博物馆、复旦大学图书馆等7家古籍收藏单位被列入"全国古籍重点保护单位"，9家单位被列入"上海市古籍重点保护单位"。2022年，按照文化和旅游部的要求，上海市古籍保护中心组织专家，对7家"全国古籍重点保护单位"进行了复核，并以此为契机，全面评估各馆古籍保护工作，肯定成绩，指出不足，以达到"以评促建"的目的。

四、再生保护，推进数字化与数据库建设

作为古籍再生性保护的重要手段，数字化有力地促进了学术

研究和古籍文化推广。

上海图书馆于1996年启动"馆藏历史文献数字化"项目，陆续对馆藏古籍善本等级藏品、稿抄本、方志、家谱、尺牍等进行数字化，又于2016年启动碑帖与舆图数字化项目，皆持续至今。此外，上海图书馆还先后推出"历史文献统一检索阅览平台""古籍循证平台""家谱数字人文平台"等一系列古籍数字化成果，大幅提升了馆藏文献的利用效能，仅"历史文献统一检索阅览平台"年度访问量就超过300万次。

各大高校也对特藏文献进行了数字化。复旦大学图书馆的古籍稿抄本数字化平台，实现了电子书影全文阅览，辅以标引字段检索，成为该馆古籍保护工作的重要成果之一；华东师范大学图书馆通过参加"大学图书馆数字国际合作计划（CADAL）"、华东师范大学"子藏"、北京大学"儒藏"等校内外重大项目，开展了古籍书影数字化近1500部6000余册约55万叶；上海中医药大学图书馆创建的"上海中医药大学古籍数据库"，基本实现所有典藏中医类古籍的数字化；上海师范大学图书馆亦建成了馆藏善本古籍数据库。

自国家古籍保护中心组织举办"古籍数字资源联合发布会"以来，上海市各古籍保护单位积极响应。上海图书馆在线发布家谱资源8565部，公众可足不出户进行家谱的全文浏览和检索，发布古籍文献472部，包括宋元善本及地方文献；中国科学院上海生命科学信息中心发布珍贵中医古籍图文61部；复旦大学图书馆在线开放200部馆藏古籍的全文图像。

五、引领业界，探索古籍修复与保护新道路

上海市在古籍修复方面走在全国前列，各大收藏机构多设有古籍修复专职人员。全市现有"国家级古籍修复中心"一家（上

海图书馆）、"国家古籍保护人才培训基地"两家（上海图书馆、复旦大学图书馆）、"国家级古籍修复技艺传习中心附设传习所"两家（上海图书馆、复旦大学图书馆）。上海视觉艺术学院、上海工会管理职业学院均开设文献修复人才的专业课程，培养本科生和大专生。复旦大学中华古籍保护研究院招收了古籍保护专业硕士生，开创了上海高学历古籍保护人才培养的教学实践。

上海图书馆专门设有文献保护修复部，修复数量、质量均在全国纸质文献修复机构中名列前茅，自2007至2021年，完成馆藏古籍修复255800册件1463118叶。同时，还为上海市古籍修复人员长期提供系统培训机会，组织青年修复师参加上海传习所古籍修复技艺培训以及历届全国古籍修复班、碑拓传拓班、西文文献等技能培训班等。

2014年，复旦大学成立了全国首家"中华古籍保护研究院"，把传统的古籍保护和现代的科技手段结合，利用图书馆、高分子科学系、化学系、生命科学系、文物与博物馆学系、史地所、古籍所、出土文献与古文字研究中心、文史研究院等多学科资源，在古籍保护与修复、古籍保护高端人才培养、新材料新技术的探索等方面取得了丰硕的成果。

六、文献开发，刊布珍籍嘉惠学林

作为全国古籍整理研究重镇，上海依托丰富的古籍资源，整理影印出版了大量精品典籍，使之化身千百。近五年出版成果主要有：

1. 上海图书馆。《上海图书馆藏古琴文献珍萃·稿钞校本》（中华书局，2017年），《翰墨瑰宝：上海图书馆藏珍本碑帖丛刊》（第五辑，上海古籍出版社，2017年），《上海图书馆藏珍稀家谱丛刊》（第二至四辑，上海科学技术文献出版社，2017至2019年），

《上海图书馆藏珍本年谱丛刊续编》（国家图书馆出版社，2019年），《上海图书馆藏涉园稿抄校本丛书》（国家图书馆出版社，2019年），《上海图书馆藏〈西厢记〉善本丛刊》（国家图书馆出版社，2019年），《元本资治通鉴》（国家图书馆出版社，2020年），《青溪旧屋尺牍》《通义堂尺牍》（经学文化，2021年），《江南制造局译书全编》（上海科学技术文献出版社，2021年）。

2.上海博物馆。《上海博物馆藏碑帖珍本丛刊》（第一至四辑，上海书画出版社，2020至2021年）。

3.复旦大学图书馆。《中国古籍珍本丛刊·复旦大学图书馆卷》（国家图书馆出版社，2018年），《复旦大学图书馆藏古籍稿抄珍本》（第一辑，复旦大学出版社，2020年）。

4.华东师范大学图书馆。《华东师范大学图书馆馆藏严复批校本》（上海人民出版社，2019年），《华东师范大学图书馆藏珍稀文献丛刊（二种）》（华东师范大学出版社，2019至2020年），《华东师范大学图书馆藏明清稀见别集丛刊》（巴蜀书社，2022年）。

5.上海中医药大学图书馆。《上海中医药大学图书馆藏珍本古籍丛刊》（第一至二辑，复旦大学出版社，2018至2019年）。

6.中国科学院上海生命科学信息研究中心。《中华中医古籍珍稀稿抄本丛刊》（第一辑，上海科学技术文献出版社，2017至2018年）。

此外，在上海市古籍保护中心的指导与协调下，上海市各古籍收藏单位开展了多项合作项目。在全市基本完成古籍普查的基础上，上海图书馆、上海中医药大学图书馆、复旦大学图书馆、中国科学院上海生命科学信息研究中心、华东师范大学图书馆、上海师范大学图书馆等十余家古籍保护机构共同启动编纂《上海地区馆藏中医古籍目录》，现已完成目录数据库的建设。上海古籍保护中心又与金山区政府合作，开展了"江南藏书文化研究"

征文，重点对清代上海金山守山阁出版与藏书进行研究，同时探讨了江南藏书文化、上海藏书文化、金山藏书文化、古籍修复与再生性保护等议题，论文集即将出版。

七、宣传推广，揭示馆藏服务大众

上海市各家古籍保护单位一贯重视古籍保护的公众宣传及推广活动，为了让"书写在古籍里的文字都活起来"，让更多的市民尤其是年轻人认识古籍，采取了多种多样的方式。

举办古籍展览是让珍贵文献走近观众的重要手段。除上海图书馆十多年来坚持举办年度精品展以外，各单位也纷纷推出各自的馆藏精品展览，近年来更是出现了多家单位联合办展，引入社会资源办展的新局面。2017年，由上海市古籍保护中心主办、本市12家古籍收藏单位参与的"汲古慧今——上海市古籍保护工作十年成果展"在上海图书馆正式开幕，面向公众集中展示了本市入选《国家珍贵古籍名录》的馆藏精品及近年来在编目中新发现的古籍善本。期间还举办"沪台论坛暨第三届海峡两岸古籍保护高峰论坛"，交流两岸古籍保护经验。2019年，上海图书馆、上海博物馆、上海市书法家协会联合主办了"墨彩斑斓·石鼓齐鸣——石鼓文善本新春大展"，在本市掀起一股金石热。2021年，复旦大学邀请上海图书馆、上海世纪出版集团、华东师范大学图书馆及部分藏书爱好者，合作举办了"蛾术箧存"王大隆先生诞辰120周年纪念展，致敬藏书文化，缅怀欣夫先生；同年，上海图书馆再次与上海市书法家协会合办"大唐气象——上海图书馆藏唐碑善本展"，协办单位更是将广告投放于美国纽约时代广场，向世界展示了我国的优秀传统文化。

不仅如此，一系列古籍体验活动也在如火如荼地展开，如：上海图书馆与万代南梦宫公司连续两年联合举办"古韵今辉　乐创未来——非遗技艺体验课"，由上海图书馆古籍修复师带领广大体验者在亲身实践中感受非遗技艺的魅力。此活动引起多家媒体报道与社会公众极大关注，并获得第九届"亚洲—太平洋史蒂夫奖公共企业活动创新奖"金奖。华东师范大学图书馆从2013年起开展了"古籍修复""书画装裱""传拓技艺""雕版印刷""手稿临摹"等一系列展示与体验活动，引领学生近距离感受传统技艺的魅力。复旦大学中华古籍保护研究院自2017年起举办金秋曝书节，不仅展示各类古籍原件，更是向学生提供了古籍装帧、刷印、修复、传拓等方面的体验机会，成为校园一道靓丽的风景。

除了线下活动，上海图书馆还推出了以馆所文史专家介绍馆藏特色文献为主要形式的系列科普视频——"观止讲堂"，通过"哔哩哔哩"这一新兴媒体，面向全社会的古籍爱好者播出。已推出的"先行说善本""仲威讲碑帖""燕子姐姐说家谱""沈博士说稿本"等，获得了良好的社会反响，成为大众了解古籍、学生学习版本、专家发现资源的重要途径之一。

十五年的古籍保护历程，上海市在古籍普查、资源建设、整理出版、修复保护、宣传推广方面硕果累累。自2022年4月中共中央办公厅、国务院办公厅印发《关于推进新时代古籍工作的意见》以来，上海市古籍从业人员积极学习，深刻领会，今后还将继续贯彻落实相关精神，推动古籍事业攀登新高峰。

上海图书馆（上海市古籍保护中心）

锐意进取　砥砺前行

——江苏省古籍保护事业十五年工作成果回顾

　　典籍是历史的记录者，是文脉的传承者，"惟殷先人，有册有典"，自春秋言偃藏书以来，江苏古代公私藏书、刻书事业蓬勃发展，这些珍贵的文献典籍数量庞大，分布广泛，内容丰富，是保存江苏文化，延续江苏文脉的重要文献资源。江苏省委、省政府历来高度重视古籍保护，在各地、各级有关部门和全社会的共同努力下，随着"中华古籍保护计划"的实施，十五年来，江苏省在古籍普查、制度建设、保护修复、人才培养、整理研究等方面还取得了许多标志性成果，使古籍在新时期重新焕发出生命力与创造力，推动着江苏省古籍保护工作高质量发展。

一、全面完成江苏省25万多部古籍普查，41家单位古籍普查登记目录出版

　　知家底方能定良策。古籍普查是开展古籍保护工作的基础，自"中华古籍保护计划"实施以来，江苏省古籍保护中心经过十多年的艰苦努力，收集全省168家古籍收藏单位的古籍书目数据25万余条，2022年底前完成全部书目数据的审核。目前已有33家单位的古籍普查登记目录正式出版，另有8家单位的目录进入出版排版阶段。普查工作者每审核一部书就对应给予一个国家编号，并保证书目数据真实精准。逐年更新的数字，代表的是有越

来越多的古籍被纳入了江苏古籍保护的范畴中。通过古籍普查，江苏省公藏机构现存古籍书目数量首次以准确数据呈现，书目数据总量名列全国省份之首，再度力证江苏作为"古籍大省"文脉传承有序。

二、持续开展珍贵古籍名录与古籍保护单位评选，1422部入《国家珍贵古籍名录》，3026部古籍入《江苏省珍贵古籍名录》

江苏省积极推动省内古籍收藏单位参与一至六批《国家珍贵古籍名录》和"全国古籍重点保护单位"的申报评选工作，同时还组织评选了五批《江苏省珍贵古籍名录》和"江苏省古籍重点保护单位""江苏省古籍保护单位"，省内古籍分级管理保护机制逐步建立完善。截至目前，全省共有21家单位入选"全国古籍重点保护单位"；24家单位入选"江苏省古籍重点保护单位"，26家单位入选"江苏省古籍保护单位"。江苏共有1422部珍贵古籍入选一至六批《国家珍贵古籍名录》，占全国总量的10.9%，在此基础上，江苏省古籍保护中心整理出版了六批《江苏省国家珍贵古籍名录图录》。另有3026部古籍入选一至五批《江苏省珍贵古籍名录》。江苏是全国为数不多持续开展省级珍贵古籍名录工作的省份，目前也是全国范围内评选次数最多的省份，受到文化和旅游部的肯定。

三、加强全省古籍修复能力的提升，共建古籍修复室27个，修复古籍130万余叶

为进一步加强古籍修复人才培养，提升古籍修复技术。继南京大学图书馆设立"国家级古籍修复技艺传习中心附设南京大学

传习所"后，2018年南京图书馆也成功设立"国家级古籍修复技艺传习中心附设江苏传习所"，聘请国家图书馆资深古籍修复专家朱振彬担任传习所导师，开展古籍修复技艺的指导工作。传习所重在古籍修复的非遗技艺传承，采取传统的"师带徒"形式，充分利用专家资源，专项培养古籍修复的骨干力量，推动江苏地区珍贵古籍的修复。2020年，江苏省古籍保护中心组织全省20家单位、70位修复人员参加国家古籍保护中心开展的《全国古籍保护人员名录·古籍修复师》的申报工作。同时，在国家古籍保护中心开展的"妙手补书书可春——全国古籍修复技艺竞赛暨古籍保护成果展"活动中，江苏省筛选出4家单位6位修复人员的作品参赛，其中1位获二等奖，5位获优秀奖。南京图书馆已启动《天下郡国利病书》等珍贵古籍修复工程。南京图书馆的元刻本《永类钤方》修复项目入选中国文物保护基金会"字节跳动古籍保护专项基金"支持项目。

四、以《江苏经籍志》《江苏文库·书目编》等多项重大工程项目为抓手，有效提高古籍整理研究水平，整理出版成果丰硕

在古籍整理与研究方面，江苏省重视以项目为抓手，来强化全省古籍整理与研究能力。其中江苏省社会科学重大基金项目"江苏经籍志"在经历了申请立项、组织实施、中期论证、成果汇报等诸多过程后，目前已结题，进一步提升了江苏古籍在全国的影响力。此外，江苏省古籍保护中心牵头省内多家公共图书馆参与的《中国茶文化资料集成·江苏卷》编纂工作也已全部完成。目前，江苏省正积极推进《江苏文库·书目编》和《中华古籍总目·江苏卷》的编纂，以全面体现江苏历史文化和藏书文化的脉络。

同时，为探索新时期古籍整理与保护的发展道路，2018年，江苏省召开以"传承·融合·发展"为主题的古籍整理与保护学术研讨会，深入探讨新时期古籍整理出版与保护工作；2020年，江苏省参与国家"十四五"规划相关调研工作。南京图书馆联合金陵图书馆承担了公共图书馆事业发展"传承弘扬中华优秀传统文化"的项目研究，完成了约十万字的课题报告，目前课题也已顺利结项。

学术研究与整理出版——以项目带动学术研究，推进历史文献整理出版。江苏省内各古籍收藏单位积极开展馆藏历史文献的整理，出版了一系列质量较高的，包括原本影印、书目整理、图录编纂等各种形式的历史文献丛书，其中不少还获得了国家出版基金、国家重点古籍整理规划项目、国家"十三五"重点出版规划项目、革命文献与民国时期文献保护计划等资助，取得了显著的成果。以南京图书馆为例，《南京图书馆藏未刊稿本集成》的史部和子部两个项目均获得国家出版基金项目，《南京图书馆藏稀见书目书志丛刊》入选国家"十三五"重点出版规划项目，《南京图书馆藏民国调查统计资料》入选"革命文献与民国时期文献整理项目"。另外，《册府千华——江苏省藏珍贵古籍特展图录（第一辑）》《南京图书馆藏国家珍贵古籍图录》《新盦山书影》《江苏省珍贵古籍书志》《近代大运河史料丛编》《南京图书馆藏稀见抗战戏剧文献》等书即将面世。江苏省内多家图书馆也在有序推进古籍与民国文献整理出版工作，苏州图书馆、扬州市图书馆等近年来完成了馆内重要古籍整理出版项目。

五、加大宣传力度，举办近千场专题活动，营造古籍保护的良好社会氛围

为了更好地普及古籍保护知识，营造全社会共同保护古籍的

良好氛围，江苏省近年来持续加大古籍保护的宣传力度。为宣传"中华古籍保护计划"实施成果，江苏省古籍保护中心举办"册府千华——2018江苏省藏国家珍贵古籍特展"及"江苏省古籍保护十周年成果展"。再次举办的"册府千华"展，是近年来南京图书馆展陈善本最多、内容涵盖最广、展品分量最重的精品大展，充分展现出江苏古籍存藏、保护与整理事业的繁荣面貌。此外，江苏省选送了三部珍贵典籍参加"中华传统文化典籍保护传承大展"（南京图书馆藏北宋刻本《礼部韵略》、元崇化余志安勤有堂刻本《仪礼十七卷仪礼图十七卷旁通图一卷》，徐州图书馆藏宋刻本《四书章句集注二十八卷》），充分展示了江苏珍贵古籍风貌，引发社会关注。

自2019年起，江苏省古籍保护中心每年组织和引导全省各地区开展各类主题宣传活动，如"中华传统晒书活动""古籍修复技艺进校园"、节日庆典活动，内容包括展览、讲座、线下体验、线上互动等。仅在"十三五"期间，江苏省内古籍收藏单位在线下举办了各类文化讲座270场，展览175次，其他特色体验活动超300场，并且运用新闻媒体、微信公众号、官方网站、微博等网络平台开展宣传工作，取得了良好的社会反响，在活动中深入挖掘中华古籍的深厚文化内涵，真正让"书写在古籍里的文字都活起来"。

六、以数字化手段助推古籍活化利用，全省完成古籍数字化1500万余拍

江苏省各公藏单位多年来积极开展古籍数字化工作，不定期将相关资料陆续在官网上公布，以发挥学术公器之作用。截至2021年底，江苏省已有2万多部1566万拍古籍进行了数字化，南京图书馆、苏州图书馆、苏州吴中区图书馆等多家古籍收藏单位

参加国家古籍保护中心举办的"古籍数字资源联合发布会"。镇江、扬州、苏州、南通、徐州等地公共图书馆及南京大学、南京中医药大学等高校图书馆均建立了馆藏特色古籍数据库。南京图书馆早在2007年即已较为系统地开展古籍扫描。截至目前，南京图书馆已完成近1万部古籍和2万部民国文献的原本扫描工作，总计形成了约500万拍的数字化影像文件库，历史文献数字化影像总量在全国居于前列，拍摄像素在400DPI以上，图像质量较高。

"十四五"期间，江苏省将重点打造数字资源建设项目——江苏省珍贵古籍数字资源集成，现已获江苏省文化和旅游厅专项经费支持，前期已启动平台设计等工作。2023年初开始向全省征集资源，建设江苏省珍贵古籍全文影像数据库（一期）。此项目获得2021年度国家古籍数字化工程专项经费资助。此外，江苏省还将重点推进相关古籍书目数据库、影像数据库、全文数据库及主题数据库的建设，力求最大限度地揭示与开放古籍资源。

七、建立人才培养体系，保障古籍保护人才梯队稳定成型，举办全省培训班25期，培训千余人次

江苏省一直非常重视对古籍保护人才的培养，通过外派学习、自主培训以及合作办学等方式，系统培养全省古籍保护工作人才。自2008年起，江苏省古籍保护中心坚持每年举办全省古籍保护工作培训班，截至目前，共举办培训班24期，内容涵盖古籍普查、古籍修复、传统文化弘扬、古籍数字化等方面，培训千余人次。自"中华古籍保护计划"实施以来，江苏省古籍保护从业人员由过去的30多人发展到目前的173人，副高级以上职称人员达40人，本科学历以上人员占比超90%。

此外，南京图书馆还牵头发挥"国家古籍保护人才培训基地"作用，与南京艺术学院、金陵科技学院、南京市莫愁中等专

业学校等开展古籍修复、古籍数字化等教学、实践以及业务委托等方面的合作。古籍保护志愿者队伍专业稳定，志愿活动正常有序开展，并且能够跨系统、跨行业参加古籍普查，江苏省古籍保护工作人才梯队已然成形。

开展古籍保护，是一项功在当代、利在千秋的大事，江苏省古籍保护事业取得的成果，离不开全体古籍保护工作人员的共同努力，今后我们将继续秉持继往开来的责任使命，砥砺奋进，为全国古籍保护工作做出积极贡献。

南京图书馆（江苏省古籍保护中心）

浙江古籍保护十五年

自2007年"中华古籍保护工程"启动以来，浙江省古籍保护中心在国家古籍保护中心指导下，认真组织浙江省收藏有古籍的公藏单位落实古籍保护各项工作和计划，经过十五年的不懈努力，成功完成古籍普查任务，实现古籍登记目录全部出版的目标，构建了数字化阅读和全省古籍数字资源共享的平台，在古籍修复、整理研究、宣传推广、普及利用等各方面都取得较好成绩。浙江省古籍保护工作者充满历史使命感和时代责任感，精诚团结、攻坚克难，摸清家底，夯实基础，队伍稳定，成果显著。现列述如下：

一、完善管理机制，推进古籍保护制度化

一是浙江省古籍保护工作联席会议。2007年国家古籍保护中心成立，随即浙江省也成立"浙江省古籍保护中心"，办公室设在浙江图书馆。2009年，由浙江省文化厅（现文化和旅游厅）牵头，浙江省发展和改革委、财政厅、人力资源和社会保障厅等11个厅局共同组成浙江省古籍保护工作联席会议。2010年8月，联席会议通过《浙江省"中华古籍保护计划"实施方案》《浙江省古籍普查工作方案》《浙江省古籍重点保护单位和保护达标单位申报评定办法》《浙江省珍贵古籍名录评选办法》等7个方案。2015年，

根据人事变动和工作需要，联席会议组成新的联席会议工作人员名单并运行至今。

二是浙江省古籍保护专家委员会。2010年，浙江省文化厅聘请25位省内外专家学者，组建成立了以浙江图书馆分馆领导为主任的浙江省古籍保护工作专家委员会，就《浙江省"中华古籍保护计划"实施方案》《浙江省古籍普查工作方案》《浙江省古籍重点保护单位和保护达标单位申报评定办法》《浙江省珍贵古籍名录评选办法》等方案展开讨论。2018年11月，调整成立了以浙江图书馆馆长褚树青为主任的第二届浙江省古籍保护工作专家委员会，就浙江省政府提出的《传承发展浙江优秀传统文化行动计划》五大工程进行深入讨论，给出意见和建议。

三是完善古籍保护相关制度。为了进一步加强古籍库房安全管理，提高管理效率，浙江图书馆完善库房规范管理规章制度，如《浙江图书馆历史与特藏文献库房管理规定》《浙江图书馆历史文献、特藏文献使用与服务管理规定》《浙江图书馆历史文献修复工作管理规定》《浙江图书馆历史文献、特藏文献出借规定》等。2019年，经过本馆数字化组全流程测试后，浙江图书馆制定浙江省古籍数字化加工工作流程和技术标准，形成《古籍数字化加工工作流程》《浙江省古籍数字化加工技术要求（试行）》《浙江省古籍元数据规范与著录规则及附录（试行）》《古籍数字化加工安全注意事项》《浙江图书馆古籍数字化加工各岗位工作职责及注意事项》古籍数字化规范操作实施意见和《关于古籍书衣酸化、脆化等现象的修复方案建议》业务指导意见，制订《浙江省古籍元数据规范与著录规则》《浙江图书馆历史文献、特藏文献数字化加工工作流程》《数字化现场管理细则及工作规范》等相关制度，编制《浙江省古籍数字化工作指导性意见》。

二、编制工作手册，建立古籍普查规范化

2007年，浙江省古籍保护中心建立之初，即成为全国古籍普查的试点单位（浙江省有五家试点：浙江图书馆、杭州图书馆、宁波天一阁博物院、温州市图书馆、绍兴图书馆）。根据当时的著录标准，确定了高效可行的《浙江省古籍普查工作方案》，后编写出《浙江省古籍普查手册》初稿，设计了古籍普查书影制作专用拍摄架，梳理了清晰的古籍普查流程，实现实际工作的可控可溯。2013年，《浙江省古籍普查手册》正式出版，标志着浙江省古籍普查工作的规范化、制度化得到进一步加强。一是开展馆藏历史文献调研，先期摸清古籍收藏藏量、大致品类，人员配备、需要条件，做到有的放矢。二是在浙江省古籍保护中心开办普查培训班，以带教制、强化制等模式，提高全省古籍普查进度。三是严格坚持审校制度，认真贯彻本单位一审、省中心二审、国家中心三审的三审三校制度，使普查员能迅速掌握基本规则，强化古籍普查数据的客观准确性。至2017年4月30日，浙江省古籍普查基本完成1949年前产生的中国传统装帧书籍。全省95家藏书单位（分属公共图书馆、文物、教育、档案、卫生五大系统），共计完成普查337405部2506633册，其中古籍219862部1754943册（含域外本1877部14522册）、民国传统装帧书籍117543部751690册，完成率达99.91%，基本完成全省古籍普查工作。其中浙江图书馆藏古籍及民国线装书109153部822372册（此外有书画1466余种、信札16900余通、碑帖拓片1465种、舆图3342种27296幅、雕版近20万片等历史文物，也将清点完毕）。从整体上掌握了浙江省公藏单位馆藏历史文献典籍的品种、数量及学术和文物价值，为今后建设文化浙江提供了丰富的文献依据。

三、建立珍贵名录，确立保护体系等级化

积极组织各古籍收藏单位参与国家古籍保护中心举办的第一至六批《国家珍贵古籍名录》的评审工作，到目前为止，已有951部古籍入选《国家珍贵古籍名录》，13家单位成为"全国古籍重点保护单位"。浙江省古籍保护中心制定《浙江省珍贵古籍名录评选办法》，明确了《浙江省珍贵古籍名录》的申报条件，重点突出历代浙江籍著名历史人物的稀见稿抄校本，保存浙江具有重要史地文化史料的古籍。

自2012年，浙江省文化厅共组织申报三批《浙江省珍贵古籍名录》，共计评选609部浙江省级珍贵古籍，其中第一批228部、第二批197部、第三批184部，由浙江省政府批准、公布，并分别出版。形成了国家级珍贵古籍、浙江省级珍贵古籍及一般馆藏的三个等级的古籍体系，为全省古籍分级保护打下基础。

建立"浙江省古籍保护重点单位"和"达标单位"制度，到2016年已公布省级古籍保护重点单位16家，省级古籍保护达标单位15家。在馆藏条件的综合评估上形成三个等级：国家级古籍重点保护单位、浙江省级古籍重点保护单位以及古籍保护达标单位，通过分层确保有针对性地进行古籍评估保护。

四、建设材料总库，实现修复网络立体化

浙江省古籍保护中心根据浙江省古籍收藏的现实情况及保护水平现状，在全省的古籍修复领域，形成国家级古籍修复中心、浙江省级古籍修复中心以及浙江省古籍修复站三个等级，实现全省古籍修复和保护的立体化构建。浙江图书馆和宁波天一阁博物院为国家级古籍修复中心，主要解决古籍修复疑难杂症，为全省古籍修复提供咨询参考和业务指导，引导全省古籍修复事业的发

展方向。6家单位为"省级修复中心"，承担本单位古籍修复和其他单位的较严重和特殊破损的古籍修复工作。15家单位为"省级修复站"，基本任务是对馆藏古籍进行维护，如穿线换面等基础业务。全省古籍修复工作通过等级分层，对不同破损等级的古籍进行有效修复保护。

2013年，在浙江图书馆古籍修复中心建立"浙江省古籍修复材料中央库"，为浙江省古籍修复材料中央材料库的建设提供了重要支持。截至2021年底，浙江省古籍修复材料中央材料库存放古籍修复用纸60万余张，除纸样存放、供本馆修复使用外，也为基层古籍藏书单位配发修复用纸和其他工具。2015年，"国家级古籍修复技艺传习中心附设浙江传习所"正式挂牌，聘请国家图书馆资深修复专家胡玉清作为导师，向本馆年轻的修复骨干传授古籍修复技艺。2017年3月，浙江图书馆古籍修复中心获得"可移动文物修复资质证书"。2018年，修复中心1名成员获评全省最美修复师。2019年，修复中心成员参加"妙手补书书可春——全国古籍修复技艺竞赛暨古籍保护成果展"，有3人获二等奖，1人获三等奖，在全国省级公共图书馆古籍修复队伍中团体成绩第一。

五、保障专项经费，提升古籍保护条件

充足的专项经费，是推进古籍保护工作的一大保障。从2007年"中华古籍保护计划"启动伊始，浙江省就每年拨出专项资金作为全省古籍保护经费。浙江图书馆作为浙江省古籍保护中心，承担着全省古籍保护综合管理职能，是省内收藏古籍最多的公共图书馆，因此持续获得专项经费支持。省级投入近2000万元古籍普查专项经费，凡能够独立开展古籍普查的藏书单位都以项目制形式来组织和展开，有效保障普查所需软硬件和编外人员的配备。到2021年底，浙江省古籍保护中心做好经费预算和视划，对

于专项经费深入设计，用于古籍数字化、古籍管理平台建设、古籍善本库房改造、购置相关设施设备及业务培训工作等。近年来分别对全省公共图书馆所藏古籍在制作专门的书盒、函套、书柜、书架及无酸纸袋等方面提出要求，极大地改善了古籍保存条件。

六、构建数据平台，提升古籍服务效能

根据浙江省委"最多跑一次"要求，浙江图书馆设立古籍与地方文献小组，加快推进馆藏历史文献数字化，提出浙江省古籍地方文献数字化标准，聚集古籍数字化工作合力，完善工作交流机制，推动浙江省公共图书馆古籍数字化工作进展。在浙江省古籍数字化规范化、制度化的推进过程中，构建浙江省古籍数字资源网络。到2021年底，浙江省公共图书馆共完成古籍数字化近300万拍的标准化拍摄。

提升古籍借阅服务效能。浙江图书馆新建"影印古籍与缩微文献阅览室"，将1949年以来的新印古籍及历史文献（平装影印本、线装影印本、缩微文献等为主）开架开放，实现部分历史文献由读者自由取阅拍摄复制，缩减索书取书流程，提高古籍阅览咨询质量，助力"服务大提升"。浙江省古籍保护中心持续推动全省公共馆开展馆藏珍贵古籍及历史文献数字化加工工作，浙江省古籍资源平台的建设拓宽了古籍传播的广度和深度。截止到2021年底，公共馆藏国家级、省级珍贵古籍和稿本、名人批校题跋本及存世量较少的刻本古籍、稀见和珍贵家谱、方志、拓片、舆图等均进行了数量不等数字化加工，尤其是浙江图书馆联合全省公共图书馆共建的"浙江省历史文献资源总库"已开始发布古籍等历史文献数字资源，浙江全省共建共享的"一键式"检索服务的数字资源平台已基本实现。

七、持续人才培养，古保交流常态化

十五年来，浙江省古籍保护中心承办国家级各类培训57场，省级古籍培训、修复培训近百场，对古籍保护人才专业化、古籍保护工作规范化起到重要作用。涌现出的一批技术骨干，在全国古籍普查、古籍保护管理、古籍修复研修、古籍修复技艺传习、中华经典传习、碑帖鉴定和传拓等方面取得较大成果，成为浙江省古籍保护工作的中坚力量。各存藏单位积极展开业务交流，如浙江省古籍保护中心主持的"浙江省古籍保护工作会议"、杭州图书馆主持的"杭州市公共图书馆古籍与地方文献工作会议"、嘉兴图书馆主办的"嘉兴地区公共图书馆古籍业务培训班"等，既为行业工作者提供了业务沟通学习的机会，又连接了图书馆、高校、博物馆、档案馆、文保所等专业机构，全省联动，为全省古籍保护工作顺利展开提供组织保障和交流平台。

八、强化基础研究，助力浙江文化建设

浙江省公共图书馆在保护古籍原生性保护的同时，也十分重视再生性保护。自"中华古籍保护计划"开展以来，浙江省古籍保护中心主持组织的古籍整理研究成果有《全国古籍普查登记目录·浙江》《浙江省民国时期传统装帧书籍普查登记目录》《浙江省古籍善本联合目录》《浙江图书馆藏国家珍贵古籍题跋图录》《第一批浙江省珍贵古籍名录图录》《第二批浙江省珍贵古籍名录图录》《第三批浙江省珍贵古籍名录图录》。馆藏珍贵文献整理出版的有《浙江图书馆馆藏名人墨迹选》《浙江图书馆馆藏名人手札选》《浙江图书馆藏清季民国期刊创刊号封面选》《浙江图书馆藏清季民国浙江期刊创刊号封面选》《西湖风景图》《越中八景图》《八仙图》《弘一法师绘观世音像》《浙江图书馆馆藏赵孟𫖯

碑帖拓片辑存》《浙江图书馆藏稀见方志丛刊》等，嘉兴市图书馆《许瑶光诗文注评集》，温州市图书馆《刘绍宽日记》《赵钧日记》《符璋日记》《林骏日记》，绍兴图书馆《绍兴县志资料汇编》《绍兴家谱文献丛书》等，杭州图书馆《王文韶日记》《萧山人物志》《绍兴风俗志》《龙井见闻录》《童振藻云南地方文献汇编》，湖州市图书馆《"品读湖州"第三期：勘访下菰城》《走进赵孟頫故居旧址纪念馆》等，在学术界引起一定的反响。《浙学未刊稿丛编》第一辑、第二辑列入"浙江文化研究工程"，为文化浙江建设提供了极为重要的历史文献参考依据。浙江图书馆坚守公共图书馆省级中心馆的本职，利用馆藏地方特色资源，为浙江省内外大型丛书如《四库提要著录丛书》《浙江文丛》《台州文献丛书》《嘉兴文献丛书》《衢州文献集成》《绍兴丛书》《子藏》《古本戏曲丛刊》等文献的编辑出版提供底本。浙江全省古籍普查登记目录的陆续出版，为《中华古籍总目·分省卷》的编纂以及历史文献的利用提供了学术支持。陆续整理面世的馆藏古籍资源，为学术研究提供了丰富文献资源。

九、融合媒体优势，提升宣传社会效能

浙江省古籍保护中心自建立以来，举办各类展览30余场，配合各个古籍收藏单位开展了一系列宣传工作，探索古籍宣传推广的新角度，在国际和区域上打造出新名片。2018年底，由浙江省文化和旅游厅、巴黎中国文化中心联合举办，浙江图书馆承办的"楮墨浙韵——浙江印刷文化展"在巴黎开展，是第一次以中国浙江古代典籍为主题的海外文化交流活动，迈出了浙江古籍保护宣传走出国门的第一步。2019年"两宋论坛图书文献展"，2020年"大运河京杭对话历史文献展""浙江图书馆120周年馆庆文献展"，2021年"真理的力量——建党百年革命历史文献展""宋版

传续 文脉郁衍——首届悦读宋韵节宋刻本展"等大型展览的举办，促进了中国古籍文化的全球传播，加深了古籍地域融合，实践了让"古籍里的文字都活起来"的理念。

积极开展线装书装订、石刻传拓、雕版印刷体验等古籍修复体验活动。如浙江图书馆不断加强古籍保护理念的宣传和推广工作，每年举行古籍修复体验系列活动，开展古籍保护成果展，2017年11月，举办国内第一个以古籍修复为主题的特展"书路修行 与古为役——古籍修复特展"，引起业内、业外的广泛关注。嘉兴市图书馆全年举办雕版印刷、活字印刷、石刻传拓、线装书制作、古籍修复等活动。绍兴图书馆将本馆修复体验活动做成品牌，举办"小小古籍修复师"体验活动4期，每次选择特定小读者群体，从娃娃抓起，使古籍知识深入人心。为宣传推广古籍保护理念、弘扬古籍修复技艺，古籍修复中心团队在浙江大学、杭州师范大学、浙江工商大学、中国美术学院等学校举办"古籍修复技艺进高校"活动，提高了校园师生们的非物质文化遗产意识，传承、弘扬了中华优秀传统文化。其他如在"国际博物馆日"与金华市博物馆、台州市图书馆、松阳县博物馆、义乌市博物馆联合举办的"书香古韵 纸上流年"互动体验日活动，有效提升文博系统与民众对于纸本文物保护的关注度。

在古籍知识、古保成果、互动体验等方面积极探索与现代媒体相融合，利用实物展示、视频展现、现场动态演示和沉浸式交互体验等创意体验方式，深受读者欢迎，取得良好的社会效应。近三年来举办"中华传统晒书"活动，理念创新，模式新颖，媒体和社会力量深度参与，成为南部中国传统晒书的代表活动之一。2019年首届浙江曝书节"书以会友 友以辅仁——已亥雅集"、2020年"椁湖孤山问津琅——庚子晒书雅集"和2021年"云端晒书——穿越时空阅读推广活动"，共推出浙江省内传统藏书楼（天一阁、玉海楼、海宁蒋氏"衍芬草堂"藏书楼、曝书亭、古越藏书楼、湖州皕宋楼、嘉业藏书楼、余姚五桂楼、浙江图书馆文澜阁）所具有的藏书空间、阅读空间、历史传承等理念。每一年的晒书活动，都从一封古意盎然的"晒书邀约启"开始酝酿氛围，邀请藏书家参与晒馆藏、晒珍贵古籍、晒传统技艺等等，再辅以童声经典诵读、汉服礼仪展示、宋韵十雅生活艺术体验、藏书读书心得分享交流等等，使传统晒书活动在当代再现，为当代的社会生活提供更多的审美享受。这些融合性的晒书活动，在提升传统阅读空间，推广历史传承理念，指引国潮典范等方面都受到国内外图书馆界的极大关注。

自2007年"中华古籍保护计划"开展以来，浙江省古籍保护中心作为第一批"全国古籍重点保护单位"、第一批"国家级古籍修复中心"、第一批"国家古籍修复技艺传习中心附设传习所"、第一批中华经典传习所，及中国古籍保护协会常务理事单位，在全省各公共图书馆的支持下，通过全省联动、行业合作，在古籍保藏、古籍普查、目录出版、馆藏研究、整理出版、开发利用、读者服务、修复整饬、展览展示、宣传推广和传承发扬等方面做出了努力，取得了成绩，受到业内的认可和社会的关注。2022年4月，中共中央办公厅、国务院办公厅印发《关于推进新时代古籍工作的意见》，浙江省委宣传部、省文化和旅游厅传达《意见》精神后，根据《〈关于推进新时代古籍工作的意见〉任务分工方案》的工作部署，浙江省古籍保护中心结合全省古籍保护的实际情况，拟定了今后十五年浙江省古籍保护工作的实施方案，在今后的一段时间里，浙江省古籍保护中心与全省公共图书馆一起努力，在古籍保护理论研究、库房建设、科学检测、修复材料、宣传普及、经典阅读等领域，开展更加深入的研究和探索，争取取得更大的成果。

浙江图书馆（浙江省古籍保护中心）

传承与发展

——安徽省图书馆古籍保护十五年

2008年，安徽省图书馆入选首批"全国古籍重点保护单位"，安徽省古籍保护中心（以下简称"安徽省中心"）也在安徽省图书馆正式挂牌成立。十五年来，安徽省图书馆大力推进本馆的古籍保护工作，加大对馆藏古籍的整理与保护、大力发展本馆的古籍数字化工作、创新思维策划古籍传承与推广活动，各项古籍保护工作均取得积极进展。

一、引领全省古籍保护，发挥安徽省古籍保护中心职能

2008年3月，经安徽省机构编制委员会批准，安徽省中心在安徽省图书馆成立，其主要职责是组织全省古籍保护工作，开展古籍普查登记，建立古籍综合信息数据库，开展古籍保护修复培训和古籍保护研究工作。

十五年来，安徽省建立了省古籍保护工作厅际联席会议制度，健全古籍分级保护机制，组建安徽省古籍保护工作专家委员会。安徽省古籍保护中心发挥职能，指导省古籍保护工作，召开全省古籍保护工作会议，组织省内古籍公藏单位积极参加《国家珍贵古籍名录》和"全国古籍重点保护单位"申报，安徽省282部古籍入选前六批《国家珍贵古籍名录》，10家古籍公藏单位被命名为"全国古籍重点保护单位"。安徽省中心组织开展《安

徽省珍贵古籍名录》与"安徽省古籍重点保护单位"申报评审，首批有270部古籍和6家单位入选。各批次入选成果得到及时宣传，安徽文脉精华传承与保护成果受到学界和社会公众的交口称誉。安徽全省古籍存藏条件得到极大改善，安徽省设立古籍书库72个，总面积11136平方米，其中24个古籍书库达到了国家标准《图书馆古籍书库基本要求》（GB/T 30227−2013），使全省的古籍遗存得到有效保护和管理。

"十三五"期间，安徽省古籍普查登记任务圆满完成，馆藏古籍普查登记目录审校出版工作扎实推进。在国家古籍保护中心的指导和中国古籍保护协会的襄助下，安徽39家公共图书馆、19家高校及科研院所、11家文博单位和1家县级中学共计70家古籍公藏单位，完成85478部723349册件古旧线装书普查登记，其中1912年前刊印抄写的古籍有72197部646825册件，有68622部554683册件古旧线装书上传至"全国古籍普查平台"，面向社会提供检索服务。2016年起，安徽省图书馆、安徽博物院、安徽师范大学图书馆、安徽大学图书馆、安徽中国徽州文化博物馆、安庆市图书馆、皖北地区26家收藏单位共计32家公藏单位的7部馆藏古籍普查登记目录由国家图书馆出版社正式出版，最后一部《安徽省歙县博物馆等三十七家收藏单位古籍普查登记目录》合册也即将出版，为《中华古籍总目·安徽卷》的汇编打下了基础。2020年，安徽省中心汇编《安徽省古籍普查登记工作报告》，全面总结全省古籍普查工作。2021年，安徽省古籍保护中心组织开展"安徽省古籍普查工作最佳组织单位"与"安徽省优秀古籍普查员"遴选，经专家评审，确定17家公藏单位与23位古籍普查员入选。

二、以项目促保护，大力开展古籍原生性抢救修复

"国家级古籍修复技艺传习中心附设安徽传习所"2016年在

安徽省图书馆挂牌成立，由国家古籍保护中心配发修复设备和专用工具。2016至2020年间聘请全国资深古籍修复专家、上海图书馆潘美娣担任传习所导师，2021年以来聘请中山大学图书馆肖晓梅来馆传习执教，采用"师徒同修"项目方式课徒指导。安徽传习所目前有5名专职修复师，均为文献修复专业毕业生，其中耿宁被国家古籍保护中心聘为助理导师。2019年，耿宁、臧春华两位"潘门弟子"参加国家古籍保护中心举办的"妙手补书书可春——全国古籍修复技艺竞赛暨古籍保护成果展"，同时荣获优秀奖。

安徽传习所采用"以项目促保护"的工作模式，通过古籍修复项目管理，不断提升修复专业技能。2020年，完成安徽省图书馆藏桐城派珍稀古籍修复与研究项目，共修复馆藏珍贵古籍60部243册16648叶。此外，安徽传习所还帮助省内基层古籍公藏单位，抢救性修复破损严重的珍贵古籍。截至2021年，先后为枞阳县图书馆、寿县图书馆、中国李白研究会办公室、宿州市埇桥区图书馆、桐城市图书馆、肥西县文旅局等6家基层单位，修复珍贵古籍30部173册15055叶，解了燃眉之急。

2021年8月，安徽省图书馆取得由安徽省文物局颁发的"可移动文物修复资质证书"，业务范围包括古籍善本、碑帖拓本等类别。在此基础上，安徽省图书馆还参加了文化和旅游部第二批"国家级古籍修复中心"的申报工作，对标制定了硬件设施补缺和业务提升方案，及时查缺补漏，提升管理水平。

三、开展再生性保护，促进古籍的整理出版与开发利用

2008年以来，安徽省图书馆致力于馆藏古籍整理出版工作，编印出版了《新安画派作品精选》《徽派版画菁华》《观世音菩萨三十二相大悲心忏》等馆藏珍本，汇编《安徽省图书馆藏精品图

录》《安徽省国家珍贵古籍名录图录》与《首批安徽省珍贵古籍名录图录》等图录，宣传古籍保护成果；开展古籍整理研究，出版了《安徽省图书馆藏章伯钧书志》《安徽省图书馆藏桐城派书目解题》以及增订续纂的《安徽省图书馆藏章伯钧珍藏善本书志》等，向学界揭示古籍特藏；积极申报国家出版基金资助项目，影印出版了《安徽省图书馆藏桐城派作家稿本钞本丛刊》。与黄山书社合作的"桐城派珍本文献丛刊（安徽省图书馆藏）"出版及数据库开发项目，获批列入安徽省出版集团"十四五"重点规划。《安徽现存徽州历史名人诗文集稀见珍本整理与文献研究》获批2021年度安徽省社会科学创新发展研究课题立项（2021CX166）。

安徽省图书馆积极从馆藏古籍中发掘文献价值，建设馆藏古籍特色资源数据库，如桐城派作家稿钞本、地方家谱、茶文化资料等专题，开展馆藏特色古籍的数字化；实行读者数字化预约制度，扫描调阅的馆藏珍贵古籍文献，年均数字化读者预约古籍百余部；开发共享古籍数字资源服务，2021年，安徽省图书馆首批馆藏家谱专题数字资源上线，该数据库也是本馆首次发布的家谱全文影像数据库。同年4月21日，国家图书馆联合10家单位发布古籍数字资源，安徽省图书馆的"安徽家谱"数据库也在其中，总发布量达157部35万叶。此外，安徽省图书馆十分注重提升古籍保护业务标准化建设，编制安徽省地方标准《古籍数字化工作指南》（2021-2-272），确立古籍数字化工作标准，规范统一全省古籍数字化工作。

四、加强业务培训，建立古籍保护专业人才队伍

安徽省中心办公室设置在安徽省图书馆历史文献部，目前共有员工18人，其中硕士研究生8名，占部门员工总人数的44.4%；

研究馆员及副研究馆员共4人，占部门员工总人数的22.2%。部门员工多次获得省级荣誉表彰，12名女员工获安徽省直属机关工委颁发的"省直机关三八红旗集体"荣誉称号，古籍修复师臧春华获共青团安徽省直属机关工委颁发的2015—2016年度省直机关"青年岗位能手"称号，张文文获2017—2018年度省直机关"优秀共青团员"及2020年度"安徽省优秀共青团员"称号。

多年来，安徽省中心着力提升全省古籍人才业务水平，加强古籍人才队伍建设，建立古籍保护人才梯队。全省70家古籍公藏单位共有古籍保护从业人员167人。参加国家古籍保护中心及安徽省中心举办的古籍整理、古籍修复、古籍普查、数据宣校、传统文化推广等各类古籍培训共115期641人次。由于疫情防控需要，近年采用线上线下相结合的方式开展培训，扩大了全省参训人员的范围。安徽省中心面向本省举办了古籍普查与保护、古籍版本鉴定、古籍编目审校、古籍修复等相关培训5期。不仅如此，2016至2019年安徽省中心连续四年参加中国古籍保护协会主办的"中华古籍普查文化志愿服务行动"，为相关专业学生提供实践机会，搭建与省内高校合作的平台，为古籍保护事业的发展储备人才力量。

五、挖掘馆藏珍宝，多角度策划古籍传承与推广活动

安徽省图书馆创新思维，采取"线上＋线下"相结合的方式开展宣传推广活动，积极与《安徽商报》《江淮晨报》等多家媒体合作，及时报道本省古籍保护的阶段性成果。2017年8月24日《安徽日报》第12版整版刊发了《古籍保护有传人》的图文报道，多角度介绍了安徽省图书馆古籍修复工作取得的可喜成绩；2020年6月22日《安徽商报》第2版"后浪之传承"专题刊发《另一种方式与"古人"对话》，宣传安徽传习所古籍修复师张文文；

2021年12月6日《江淮晨报》"文化合肥"栏目专题刊发了安徽省图书馆入选第六批《国家珍贵古籍名录》的馆藏珍贵古籍；2022年与《安徽商报》合作推出"典籍中的安徽"，以讲好典籍中的安徽故事为切入点，聚焦流传有序、弥足珍贵、特色鲜明的馆藏皖派典籍，深入挖掘其中蕴含的安徽优秀传统文化，打造地域特色鲜明的文化IP。

积极组织特色古籍保护宣传活动，加大社会宣传力度，利用"中华古籍保护计划"成果展览、古籍修复与体验、古籍文献专题讲座、章伯钧家人捐赠古籍评鉴会、古籍雕版印刷读者体验等方式，多渠道普及古籍保护观念，如安徽传习所的雕版印刷体验活动以及联合安徽大学举办的"古籍保护　你我同行——古籍修复技艺进校园"活动等，受到一致好评。灵活运用新媒体参与古籍保护，拓宽渠道宣传古籍保护观念。开辟安徽省中心网站，及时发布全省古籍保护工作动态，宣传古籍保护方针政策。拍摄安徽传习所导师抖音宣传视频，向公众普及古籍保护观念。安徽省中心积极参与国家古籍保护中心"中华传统晒书节"，挖掘整理特藏，策划拍摄林旭东"馆长晒国宝：法家集大成者《韩非子》"，改编拍摄《续齐谐记》故事的传统文化宣传片《重阳驱魔记》，参加"品味书香，诵读经典"线上古诗文诵读活动。尝试网络直播与图文访谈稿结合模式，做客大皖客户端"徽派"栏目访谈直播，专访内容被《新安晚报》整版刊发。安徽省图书馆响应让"书写在古籍里的文字都活起来"的号召，开展了一系列主题鲜明而又形式多样的宣传推广活动，取得了良好的社会效益。

安徽省图书馆利用多种方式开展古籍保护普及与传播，获得了网络融媒体的持续关注，新华网于2022年4月28日发布《这群年轻人，在跨越时空中"追光"》，采访安徽传习所古籍修复师蒋云，讲述青年古籍修复工作者的故事。安徽省图书馆古籍保护工作成果多次被新华网、文旅中国、安徽省文化和旅游厅网站等媒体转载，国家古籍保护中心也多次在官方微信公众号推送宣传安徽省古籍工作中的人物事迹和阶段性成果，如2022年发布《薪火相传守初心，妙手匠心焕新生——安徽传习所古籍修复技艺传习工作成绩斐然》，及时宣传安徽省古籍修复工作成果；2022年《藏书报》"三八女将"系列报道中发布安徽省图书馆葛小禾、王东琪两位"她力量"的新生代古籍从业经历，极大地提高了宣传效率、拓展了受众范围。

十五年的古籍保护历程之于中华历史文化的参天巨树，犹如片叶之微。一叶春秋意，回首细思量。未来，我们将引领全省的古籍保护工作，继续加大安徽省图书馆珍贵古籍的原生性、再生性、传承性保护，开发特色古籍数字化资源库，面向社会公众提供服务。持续深入挖掘馆藏珍贵古籍的文献价值，加强对古籍文献的学术研究，加大对馆藏古籍的影印出版与整理利用．多渠道宣传推广古籍保护工作，推动中华优秀传统文化的创造性转化、创新性发展。

石梅

安徽省图书馆（安徽省古籍保护中心）

奋楫扬帆　赓续前行
——福建省古籍保护中心工作十五周年记

古籍是中华民族历史记忆、思想智慧和知识体系的载体。做好古籍保护对赓续中华文脉、弘扬民族精神、实现中华民族的伟大复兴具有十分重要的意义。2007年，"中华古籍保护计划"启动实施。经福建省人民政府批准，福建省古籍保护中心（以下简称"福建省中心"）于同年9月正式成立，挂靠福建省图书馆。十五年来，在福建省委省政府、福建省文化和旅游厅的大力支持和指导下，福建省中心按照国家古籍保护中心的任务部署和要求，统筹组织全省各地区古籍收藏单位奋楫扬帆，攻坚克难，在古籍普查、古籍修复、古籍数字化及整理出版、文献资源采访、人才队伍建设、古籍宣传推广等方面，取得了较好的成绩。

一、攻坚克难，全省古籍普查登记初步完成

作为"中华古籍保护计划"的首要任务，普查登记是全面了解全国古籍存藏情况，建立古籍总台账，开展全国古籍保护的基础性工作。从2007年开始，福建省中心在全省范围内组织开展古籍普查登记工作，旨在全面了解和掌握各级各类图书馆、博物馆、民族宗教等单位的古籍收藏情况，先后二十余次派员到基层图书馆进行调研和业务指导，足迹遍布全省各个古籍收藏单位。迄今为止，福建全省共有52家单位参与了此次全国古籍普查

登记工作，其中已有48家完成古籍普查登记（5家为文博系统有关单位）。据摸排调查，全省古籍收藏量近5万部，目前在"全国古籍普查登记平台"上登记著录的普查数据近4.7万条目，合计44.347万余册件，完成率达92.3%，初步完成了福建省古籍普查登记工作的既定目标任务。

随着全省古籍普查登记工作不断推进，福建省中心按照《中华古籍总目·分省卷》的要求，统筹指导各馆《馆藏古籍普查登记目录》或《图录》的编辑出版工作。截至目前，福建省共有8家单位5部《古籍普查登记目录》出版，分别是：《福建省图书馆古籍普查登记目录》《三明学院图书馆古籍普查登记图目》《福州市图书馆古籍普查登记图目》《厦门市图书馆等四家收藏单位古籍普查登记目录》《厦门大学图书馆古籍普查登记目录》，为《中华古籍总目·分省卷》的编纂打下了一定基础。

同时，在古籍普查的基础上，福建省中心动员全省古籍收藏单位积极参加《国家珍贵古籍名录》和"全国古籍重点保护单位"的申报工作。福建省图书馆、福建师范大学图书馆、厦门大学图书馆三家单位分别入选第一批、第二批"全国古籍重点保护单位"；8家古籍收藏单位共156部珍贵古籍入选一至六批《国家珍贵古籍名录》，以此建立了完备的珍贵古籍档案，为进一步开展古籍分级分类保护工作奠定了基础。

特别值得一提的是，在古籍普查登记工作中，普查员按照"目验原书，逐册清点"的原则，对古籍进行客观著录。经认真比勘，一些年代久远、信息杳然的馆藏珍贵古籍被挖掘出来。2013年，普查工作者在对普通古籍书库进行清理和普查登记时，先后发掘出《玉枕兰亭序玉版十三行合册》和《大唐西京千福寺多宝佛塔感应碑文》两部拓本。其中《多宝塔碑》为清初墨拓本，白纸挖镶剪裱，经折装，共计二十幅，一册。全碑原有2025字，但此本缺23字，所拓锋颖存真，不失精妙。此本墨拓的外镶裱纸上还粘附有清代金石学家许瀚校阅所题的签条，上面详书校勘文字；篇末附有二纸，分别为清代著名学者丁艮善及许瀚两人的题跋并钤印。正文末叶有晚清著名学者缪荃孙题款："光绪辛卯六月江阴缪荃孙观于济南泺源讲舍。"此本于20世纪五六十年代为福建省图书馆购藏，保存完好。关于此本摩拓年代，丁氏在题记中将其定为明末清初所拓。此本于2013年发掘出来后，经上海图书馆著名碑帖专家仲威先生鉴定，厘定为清初拓本，因有名家题留的校、跋与观款，而尤显珍贵。诸如此类的馆藏珍贵古籍因普查而被重新发掘整理出来，无疑为福建省图书馆的古籍典藏增辉添色，既是福建省图书馆乃至福建省古籍普查工作取得的一项重要成果，同时也是"中华古籍保护计划"启动实施以来的一次重要发现。

二、抓住时机，推进全省古籍修复推陈出新

古籍修复是实现古籍原生性保护的重要手段，福建省中心始终重视古籍修复工作的开展。以"裱褙组"为基础，抓住"中华古籍保护计划"实施的良机，选送年轻修复师参加国家古籍保护中心举办的各级各类古籍修复培训班，不断强化和提振本馆的古籍修复能力。

在国家古籍保护中心的大力支持下，"国家级古籍修复技艺传习中心附设福建传习所"于2016年在福建省图书馆设立，延聘上海图书馆资深古籍修复专家邢跃华先生担任传习导师，建立了古籍修复人才培养的长效机制。

福建传习所迄今共举办了八期培训班，传习所导师邢跃华、上海图书馆资深碑帖鉴定专家仲威及著名传拓大师、"大国工匠"李仁清三位先生先后莅闽为学员授课，福建省图书馆界与文博系统共计有150多名业务骨干参加了相关培训，推动了福建省古籍

修复与保护工作稳健发展。经业界专家评审，国家级古籍修复技艺传习中心附设福建传习所第一批学徒林凤、蔡雪玲、宋丽钦等5人获准出师，另外3位古籍保护工作者王靖、林益莉、邬楠华向导师邢跃华行拜师礼，正式成为福建传习所第二批学徒。

同时，福建省中心在充分调研的基础上，于2017年在三明学院图书馆建立了"福建省古籍保护中心三明学院古籍修复站"，为建构和完善全省古籍修复站点网络化布局做出新的探索和努力。

此外，福建省中心积极推动"福建古籍修复技艺"申报"省级非物质文化遗产代表性项目"，并于2017年顺利入选"福建省第五批省级非物质文化遗产代表性项目名录"。林凤、宋丽钦先后被评为该项目代表性传承人。

三、双轮驱动，统筹布局古籍再生性保护

古籍数字化和影印出版，是实现古籍再生性保护的重要手段，福建省中心对此十分重视。

首先，通过综合考量和规划设计，完成了专业技术设备的采购，配置了I2S高清专业扫描仪、高配置的电脑设备、数字化彩色打印系统、大容量储存设备和酸碱度检测仪等，初步建成了福建省中心数字化工作室，稳步提高省中心的综合实力。截至目前，福建省中心共完成馆藏古籍数字化16万余帧。一是过过参加国家古籍保护中心"中华古籍数字资源库"建设，完成部分馆藏珍贵古籍的数字化任务。二是作为福建省委宣传部重点项目《八闽文库》参编单位之一，结合《八闽文库》的编纂工作，有计划、分步骤地推进馆藏古籍特藏文献的数字化进程，实现珍稀古籍和濒危文献的抢救性保护。

其次，结合馆藏文献数字化工作，围绕相关题材与乡邦文献的研究，福建省中心遴选一批珍稀古籍和特藏文献进行开发，予

以整理出版，从而带动古籍研究、保护和利用水平的提高。先后整理出版了《玉枕兰亭序玉版十三行合册》《多宝塔碑》《民国参政院议事录（1914—1916）》《民国时期福建华侨史料汇编》《福建省图书馆藏稀见书目书志丛刊》《闽茶文献丛刊》《林则徐云左山房二种》等十余部书籍，深受社会各界好评。同时，还积极对外寻求合作，与江西省古籍保护中心、宜春慈化寺联袂再造福建省图书馆藏明刻本《南泉慈化寺志》；与福建省地方志编纂委员会合作，影印出版了馆藏明澹生堂抄本《瀛涯胜览》。

古籍整理成果的出版，有利于公共图书馆进入公众的视野，提升图书馆的社会影响力，让广大民众更好地利用古籍，促进古籍保护工作。

四、访采珍籍，完善馆藏文献资源典藏格局

在福建省文化和旅游厅的大力支持下，福建省中心积极开展文献征集工作，极大丰富了馆藏文献资源，完善了典藏格局。

福建省中心明确将历代闽刻本（主要是建本），作为馆藏古籍资源建设的重要对象，努力搜求，并予以及时采进，不断增扩馆藏建本资源。征集途径主要有以下两种：一是采撷珍籍，委托苏州古籍经营名家文学山房旧书店进行有针对性的收集闽版古籍的采访工作，共计40种463册件，其中建本23种370册。二是高仿复制，即利用现代复制技术采取原大、原彩、原装帧，最大程度地保持所选古籍底本的原貌，委托国家图书馆高仿复制了一些国图馆藏珍贵宋元时期闽版珍本，总计34种263册闽刻本，其中建本为20种163册。值得一提的是，有3部闽刻宋元珍本被采进，意义十分重大，其中一部宋元祐五年（1090）福州东禅寺等觉院刻隆兴元年（1163）印崇宁大藏经本《大威德陀罗尼经》（存卷四）入选了第六批《国家珍贵古籍名录》。另外，还采进其他非书类

文献，如拓片、舆图、尺牍、木刻版片以及墓志铭石刻碑板等，极大丰富了馆藏文献的形制和内容。

十五年来，福建省中心除了将上述3部宋刻元椠收入囊中，还采进了明清时期闽刻珍本百十余种，形成了自己的收藏特色，提升了福建省图书馆历史文献的典藏与研究水平。

五、多管齐下，抓好古籍保护人才队伍建设

人才队伍建设，是关系古籍保护工作能否行稳致远的重要工作。福建省中心采取了一系列措施，来强化古籍保护人才培养。

一是选派业务骨干参加由国家古籍保护中心举办的如古籍普查、修复、编目、审校等各级各类培训班；二是通过承办国家古籍保护中心举办的培训班，如"第二十六期全国古籍普查培训班"和"第六期全国古籍普查管理人员培训班"，为全省古籍保护人员提供更多的研修机会；三是与福建省艺术职业学院合作，在该校"文物修复与保护"专业开办"纸质文物保护与修复"课程，尝试馆院合作培养古籍修复后备人才，建设人才梯队。福建省中心派出林凤、金玥两位修复师负责授课，多途径培养福建省紧缺的古籍修复后备人才，现已培养了200余位学员，该项工作得到了福建省文化和旅游厅以及社会各界的一致好评。

六、活态传承，多维度古籍保护宣传见实效

为贯彻习近平总书记让"书写在古籍里的文字都活起来"的指示精神，福建省中心加大宣传力度，创新宣传方式，策划并举办形式多样的活动，让古籍走向大众，让大众亲近经典。

一是举办展览，以馆藏资源为中心，利用重大节日，策划举办了多次古籍保护展览展示活动。如为纪念福建省图书馆百年馆

庆，在馆内首次举办了向公众开放的馆藏珍品特展、馆藏地方文献展览专场、"世界记忆遗产——侨批珍品实物展"等，市民、学生踊跃前来观展，反响较大。

二是开展讲座与研讨会。分别邀请国家图书馆陈红彦和苏品红两位研究馆员做客闽图，分享陈清华藏书中的国宝故事和《福建舆图》的传奇故事，为福州市民带来古籍知识方面的饕餮盛宴，多家媒体到场采访并作充分报道。举办"《福建省图书馆藏稀见书目书志丛刊》出版暨闽台藏书文化研讨会"，福建省内公共高校馆的领导、专家和台湾古籍保护学会代表等40余人参会研讨，引起省内外众多媒体的高度关注。策划开展的珍贵古籍"晒宝"活动，"晒"出了部分福建省图书馆藏珍贵古籍和闽县龚氏"大通楼"所藏古籍书影特展，现场还陈列展出了《福建省图书馆藏稀见书目书志丛刊》《闽茶文献丛刊》等馆藏文献的研究整理成果，受到社会各界的好评。

三是开展古籍修复技艺演示与雕版印刷传拓体验等活动，宣传中华传统文化的魅力。如在每年的"文化和自然遗产日"，福建省中心分别与福州大学、福建艺术职业学院和三明学院策划并组织了古籍修复技艺展示与体验活动和"古籍保护　你我同行——古籍修复技艺进校园"的主题活动，为社会大众和高校师生们带去了古籍修复与装帧技艺演示与互动体验、雕版印刷和手抄经典书叶等项目，在场读者纷纷参与，获得了良好的社会效益。

四是充分运用数字化、网络化等现代技术手段，积极开展古籍保护宣传工作，促进古籍多媒体、多渠道、多终端传播。如2020年初，在新冠疫情暴发之际，在福建省图书馆官方微信公众号平台上设立古籍特藏文献宣传推广专栏——"馆藏珍本"和"兰台书医"，藉此积极宣传和推介馆藏历代珍籍和古籍保护工作，受到业界同行和广大读者的肯定。

福建省中心旨在让公众通过多渠道、多方式欣赏古籍、品味经典，既能营造爱护古籍、传承文明的良好社会氛围，又能充分发挥古籍的文化价值和社会服务功能，让保护古籍形成共识，助益古籍保护从小众事业变身大众事业。

十五年来，福建省中心筚路蓝缕、矢志不渝地开展古籍保护，极大地推动了福建省古籍普查、修复、数字化及整理出版、文献资源采访、人才队伍建设、宣传推广等各项工作，为福建省古籍保护工作走进新时代打下了良好基础。站在新的历史起点上，福建省中心将把握新发展阶段，贯彻新发展理念，增强职业的紧迫感、责任感和使命感，为赓续中华文脉，守护文明基因，踔厉奋发、勇毅前行，在古籍保护事业上做出更多的成就和更大的贡献。

福建省图书馆（福建省古籍保护中心）

江西古籍保护工作的实践与发展

　　江西素有"物华天宝""人杰地灵"的美誉，尤自宋以来，人文鼎盛，名家辈出，佳作流芳，留存至今的文献典籍浩如烟海，为中华文明做出了重要贡献。保护和利用好这些典籍，对传承赣鄱文明，弘扬优秀传统文化，推进文化强省建设具有重要意义。

　　利用项目推动普查，全面揭示江西文脉。保存在赣鄱大地上的丰厚古籍，是先贤留给我们的宝贵财富，是各地历史文脉的重要见证。将这些珍贵典籍保护好并传承给后代子孙，是我们这一代人的历史责任和神圣使命。古籍保护的前提是开展普查登记，摸清古籍家底。古籍普查是全面了解古籍存藏情况，建立古籍总台账，开展古籍保护的基础性工作。其中心任务是通过每部古籍的身份证——"古籍普查登记编号"和相关信息，建立国家古籍登记制度，加强政府对古籍的管理、保护和利用。面对江西省古籍藏量丰富、收藏单位众多、专业人才不足的实际情况，除了举办培训班，加强古籍保护人才队伍建设外，江西省古籍保护中心还积极利用江西省"三区"人才支持计划、"中华古籍普查文化志愿服务行动"等项目，组织古籍普查骨干力量，对全省古籍收藏单位开展普查帮扶工作。目前，江西全省98家公藏单位的古籍普查工作基本完成，古籍藏量100960部786205册。

　　建立制度改善条件，科学保护文献典籍。近年来，江西省古籍分级分类保护不断推进。江西省图书馆、萍乡市图书馆、赣州市图书馆、江西省博物馆、乐平市图书馆、庐山图书馆、景德镇市图书馆等7家单位入选"全国古籍重点保护单位",江西省有143部古籍入选第一至六批《国家珍贵古籍名录》。2012年,江西省人民政府公布第一批《江西省珍贵古籍名录》和第一批"江西省古籍重点保护单位",收录古籍340部,保护单位15家。与此同时,各地积极加强古籍原生性保护,即针对古籍本身的保存和修复,以及改善古籍装具、库房的保护环境等,这是保护古籍最有效、最直接、最普遍的方法。江西省图书馆凤凰洲新馆古籍修复室面积420平方米,古籍书库面积1802平方米,配备先进设施设备,提升修复水平,打造标准化古籍书库。江西省各古籍收藏单位积极争取各地财政支持,购置樟木书柜、樟木夹板、恒温恒湿、自动灭火等相关设备,规范古籍书库建设,改善古籍保存条件。

创新利用化身千百,大力弘扬赣鄱文化。古籍保护的目的是传承和弘扬优秀传统文化,而传承和弘扬优秀传统文化的重要方式就是要充分挖掘、利用古籍资源,服务读者、服务社会。近年来,江西省持续开展古籍数字化和整理影印出版工作,组织完成全省入选第一至四批《国家珍贵古籍名录》116部古籍的数字化工作,建成"江西珍贵古籍数字资源库",读者可以在9家参与单位的局域网较便捷地阅览使用。各地结合本区域特点,建成了"南康区图书馆古籍善本数据库""井冈山大学图书馆馆藏特色古籍全文库""萍乡古籍方志资源库""萍乡清代民国时期族谱数字资源库""萍乡历史名人著作资源库""庐陵文化文献资源数据库""江西中医药大学古籍数据库""抚州市图书馆古籍资源库""陶瓷古籍数字资源库""九江记忆特色库""陶渊明人物专题资源库""南丰地方文化古籍资源库""石城县图书馆民间契约资源库""石城县图书馆客家家谱资源库""石城县图书馆古籍资源库"等古籍数据库。组织完成《江西省图书馆古籍善本书目》《江西省图书馆馆藏古籍珍本丛书》《国家珍贵古籍江西珍本丛刊》《景德镇陶瓷古籍文献精粹》《杨文节公诗文集》《楚辞》《赣州府志》《清彩绘本西游记》《袁州府志》《庐山古今游记丛钞》等30余部古籍整理出版项目，其中，《江西省图书馆古籍善本书目》荣获"2015年度全国优秀古籍图书奖"一等奖。促成《江西全省图说》《玉茗堂书经讲意》《南泉慈化寺志》等具有赣鄱地方特色古籍以影印出版的方式回归江西。

做好古籍宣传普及，推动古籍走进大众。幸存至今的文献典籍，经历过无数次的兵燹水火、焚籍毁版、辗转播迁，是前辈先贤留给我们的丰厚文化遗产，是我们继承传统、赓续文脉的重要根基。各单位依托丰富的古籍资源，积极组织策划形式多样的古籍保护宣传活动，比如江西省图书馆借助省市主要新闻媒体，包括电视、报纸开展了形式多样的宣传，其中南昌电视台《感动南昌》栏目的"古籍美容师"、中央电视台新闻频道《走基层·在岗位上》栏目的"古籍修复师，化腐朽为神奇"、南昌电视台一套新闻栏目的"拍案惊奇：隐形的翅膀"，江西五套新闻晚高峰"古籍保护，还原最真实的历史文化"等反映江西省图书馆古籍修复和编目工作专题片的播出，取得了良好的宣传效果；江西省古籍保护中心先后与江西师范大学、南昌大学联合举办"古籍修复技艺进校园"活动；举办展览、讲座、修复体验、雕版印刷、传拓体验活动等200余场；尤其值得一提的是，2020年12月8日，由国家图书馆（国家古籍保护中心）、江西省文化和旅游厅主办，江西省图书馆（江西省古籍保护中心）承办的"册府千华——江西省藏国家珍贵古籍特展"正式开展，向广大观众展示了众多江西省藏珍稀古籍和江西省古籍保护成果。此次展览展期一个月，有22000余位观众参观，社会效益显著。

《关于推进新时代古籍工作的意见》为新时代古籍工作谋划了宏伟蓝图，为新时代古籍发展指明了方向。作为公共图书馆的古籍工作者和古籍工作的管理者，我们深受鼓舞，备感振奋。根据要求与部署，下一步，江西省图书馆（江西省古籍保护中心）将按照文件要求与部署，推动全省古籍保护工作高质量发展，续写江西古籍保护事业发展新篇章。

一是提升古籍保护水平。深入开展古籍普查，完成江西省古籍普查登记目录的出版。开展《中华古籍总目·江西卷》的编纂准备工作。推动一批古籍标准化书库建设，改善古籍存藏条件，做好异质灾备保护，确保古籍实体安全。持续开展《江西省珍贵古籍名录》和"江西省古籍重点保护单位"的申报与评审工作。提升古籍修复能力，加强江西地方特色文献和濒危古籍的抢救性修复。组织江西省图书馆申请成立"国家级古籍修复技艺传习中心附设江西传习所"。

二是挖掘赣鄱古籍价值。加强古籍整理，开展江西历史文化专题研究，深入推进陶瓷文化、书院文化、戏曲文化、中医药文化、阳明文化等具有区域特色历史文化的研究阐释，加强对临川文化、庐陵文化、客家文化等地域文化的梳理研究。将古籍工作融入江西发展大局，推进古籍保护传承和转化利用。深度整理研究古代科技典籍，传承江西科学文化，服务江西科技创新。梳理挖掘古典医籍精华，推动江西中医药传承创新发展，增进人民健康福祉。传承中华农耕文明优秀成果，服务江西乡村振兴。

三是推进古籍数字化。建立全省古籍数字化工作协调机制，江西省古籍保护中心做好统筹工作，推进一批具有江西地方特色的古籍数字化项目的建设。各古籍收藏单位对所藏特色文献和珍贵古籍进行数字化，比如可筹建"江西各馆藏科举资料数字资源库""江西各馆藏珍稀古籍数字资源库"等。完善古籍资源便捷使用机制，向社会公众提供古籍资源服务，实现古籍数字化资源汇聚共享。

四是讲好江西典籍故事。加大古籍宣传推广力度，持续推进古籍进校园工作，持续举办展览、讲座、古籍修复、雕版印刷、传拓体验活动，利用网络直播等融媒体技术，创新传播形式，创新"晒书"内容，多渠道、多媒介、立体化做好古籍大众化传播。开发推广具有江西特色的古籍文创产品。讲述江西典籍故事，制作推出在全国有影响力的古籍专题片。

五是加强人才队伍建设。推进江西省图书馆（江西省古籍保护中心）与省内外高校、科研机构深度合作，加强古籍整理研究力量。积极招聘专业人才，扩大江西省古籍保护修复人才队伍。与江西省内外高校合作，定向委托培养古籍人才，充实市县级图书馆古籍保护人才队伍。引进古籍保护高层次人才，提升古籍队伍整体素质。强化古籍人才培训，建设江西省古籍人才培训基地和古籍整理研学一体的培训平台。

涂安宁

江西省图书馆（江西省古籍保护中心）党委书记、馆长

创立"七位一体"模式扎实保护齐鲁典籍

——山东省古籍保护十五周年纪实

自2007年"中华古籍保护计划"正式实施以来，山东省图书馆（山东省古籍保护中心）在国家古籍保护中心和山东省文化和旅游厅的正确领导和强力支持下，在山东省各公共图书馆、博物馆、高校图书馆等古籍收藏机构的共同努力下，求实奋进、开拓创新、多措并举、勇于探索，建立了集普查、修复、培训、展示、研究、利用、管理"七位一体"的古籍保护工作模式，古籍保护事业取得显著成效。以山东省图书馆为例，本馆先后获得"全国古籍重点保护单位""国家级古籍修复中心""国家古籍保护人才培训基地""国家级古籍修复技艺传习中心附设山东传习所""中华优秀传统文化实践基地试点单位""全国古籍保护工作先进单位"等全国荣誉，古籍修复技艺、雕版印刷技艺入选山东省级非物质文化遗产。截至目前，山东已有14家单位成功入选"全国古籍重点保护单位"，966部古籍入选第一至六批《国家珍贵古籍名录》，入选数量位居全国前列。

一、强化顶层设计，完善全省古籍保护体制机制

围绕建立全省联动的古籍保护工作机制，山东省主要做了三项工作。

制订总体规划，明确发展方向。自国务院办公厅印发《关于

进一步加强古籍保护工作的意见》（国办发〔2007〕6号），"中华古籍保护计划"开展伊始，2007年10月，山东省人民政府办公厅发布《关于进一步加强古籍保护工作的意见》（鲁政办发〔2007〕81号），这是全国省级政府颁布的第一份同类文件，为全省古籍保护工作指明了方向。山东省原文化厅（现文化和旅游厅）又发布了《山东省"十三五"时期古籍保护工作规划》《山东省"十四五"时期古籍保护工作规划》，规定了山东省古籍保护的指导思想、基本方针、主要任务、总体规划和保障措施。

完善厅际联席会议，构建跨部门联动机制。召开山东省古籍保护厅际联席会议，山东省原文化厅、发展和改革委、财政厅、教育厅、科技厅、民委、文物局等九厅局负责同志，共商全省古籍保护大计，形成古籍保护工作合力。

拓宽投入渠道，提升保障能力。山东省采取从财政争取专项经费、从运转经费中列支、从社会基金争取支持等方式筹集资金，山东省财政连续投入专项经费1677.5万，争取字节跳动、中国古籍保护协会资金19万，有力支持了各项工作的开展。

二、坚持创新驱动，探索丰富多样的工作方法

山东省坚持创新驱动，不断探索新的工作方法，形成了以"统筹安排、激励激活、督导落实、借力引智"为代表的古籍保护工作方法体系。

坚持举办年会，统筹山东全省工作。坚持每年举办一次"全省古籍保护工作会议"，对山东省古籍保护工作进行统筹安排。山东省同行聚在一起交流工作经验，研究工作中遇到的困难和问题，起到了很好的统一思想、统一行动的作用。

推行督导制度，督促工作落实。为提升保护工作的科学化与规范化水平，多次组织古籍保护工作专项督导。通过督导见证成绩、

发现问题、反馈结果、监督整改，起到了积极的推动促进作用。

建立激励机制，激发工作热情。自2008年开始，山东省每年评选全省古籍保护工作先进单位和先进个人，由山东省文化和旅游厅或山东省古籍保护中心进行表彰，并在培训、科研等方面给予扶持，有效调动了全省同行的积极性和主动性。

发挥专家作用，提高工作水准。为了提高山东省古籍保护工作水平，组建了以李致忠、张志清等国内知名专家为主任的专家委员会，在重大问题上，如《山东省珍贵古籍名录》评选、珍贵古籍修复、金石文献整理等召开专家评审会或论证会10余次，保障了决策的科学性。

三、坚持统筹兼顾，构建"七位一体"工作模式

随着工作的不断深入，山东省对于古籍保护工作内涵的认识也在不断深化，构建集普查、修复、培训、展示、研究、利用、管理"七位一体"的古籍保护工作模式的思路越来越清晰，并逐步打造，臻于完善。

（一）创新工作方式，圆满完成古籍普查

1. 普查工作全面完成。山东省坚持问题导向，创新工作方式，全面完成全省古籍普查工作。截至2021年底，山东省16市136家单位普查古籍共计121055部，是全国第四个向国家古籍保护中心提交《古籍普查报告（2007—2020）》的省份。

2. 构建四级名录体系。山东省坚持以国家和全省名录申报、评审为抓手，建立国家级、省级、市级、县级四级名录保护体系。33家单位入选"山东省古籍重点保护单位"，8477部古籍入选四批《山东省珍贵古籍名录》；烟台、日照、潍坊等市公布了市级名录；青州、寿光等市建立了县级名录。

3. 评选普查十大新发现。为展现"中华古籍保护计划"实施

十五年间山东省古籍普查工作成绩和亮点，推动全社会关心支持古籍保护事业，2021年5月，在全省开展"中华古籍保护计划山东省古籍普查十大新发现"活动，共23家单位25部古籍申报，经国内顶尖专家评审，清乾隆初拓本《乾隆御定石经》等10部珍贵典籍入选。活动被新华社山东频道、学习强国等媒体报道，引起强烈反响。这是"中华古籍保护计划"正式实施以来，第一次全省范围的古籍普查新发现评选活动，也是全国第一次正式发布的十大古籍普查新发现，开全国先河。

4. 评选五大镇馆之宝。为展示山东省图书馆古籍普查成果和宏富馆藏，致敬历代前辈同仁的辛苦搜求，献礼建馆110周年，山东省图书馆于2019年3月开展了镇馆之宝评选工作。经过国内七位顶尖专家和读者票选，从12部珍稀古籍中遴选出宋刻巾箱本《太学新增合璧联珠声律万卷菁华》等5部镇馆之宝，填补了镇馆之宝一直虚位以待的缺憾。

5. 多措并举加快进程。为解决普查进度慢的难题，一是采取"人上门"的模式，山东省中心派人到普查力量薄弱的单位帮助完成普查；二是采取"书上门"的模式，由收藏单位送书到山东省中心，由山东省中心组织人员普查；三是采取"课堂式"的模式，招聘学生志愿者，如山东省图书馆、济南市图书馆等藏量大的单位从高校文史专业招聘学生帮助普查；四是积极参与"中华古籍普查文化志愿服务行动·山东行"活动。

（二）聚焦原生态保护，强化全省修复网络建设

1. 提升硬件设施。山东省修复中心设施从零到有，从小到大；修复设备从少到多，不断完善，先后被评为国家级古籍修复中心、国家级古籍修复技艺中心附设山东传习所；全新打造的"山东省古籍保护与修复重点实验室"已经落成。

2. 建立全省古籍修复网络。2017年6月从"山东省古籍重点保护单位"中评选公布了第一批"省级古籍修复站点"名单，从中选拔出11名初级修复学员由山东省中心特聘修复专家潘美娣老师与中心青年修复师进行培训，用三年时间打造山东省古籍修复站点和人才网络体系。

3.重点项目带动引领。山东省修复中心实施的宋刻本《文选》修复项目，运用项目管理的理念，引入专家论证会制度，建立试修本制度，预做装帧形式，建立完备的修复档案，以科学检测为依据，建立科学报告制度。该项目实现七大创新，被称为一级古籍修复科学管理的典范，由国家古籍保护中心在全国推广。

（三）守正创新，不断探索人才培养新业态

依托山东省中心"国家古籍保护人才培训基地"的资源优势，守正创新，借助"互联网＋"，实现培训的新业态。

1.坚持举办"基地型"培训。山东省中心以山东省图书馆为基地，以山东大学等优势资源为依托，坚持每年至少举办一次全省或全国古籍培训班。自主或合作举办古籍普查、版本鉴定、编目、修复等各类培训班20余次，累计培训全国及全省从业人员近千人次，山东全省古籍从业人员基本轮训一遍。

2.积极争取"走出去"培训。山东全省总计派出200余人次到全国各地学习，参加古籍保护工作管理、鉴定、编目、登记平台、分省卷编纂、碑拓、修复等各类培训。

3.创新"多元化"培训形式。2020年10月举办的"潍坊市古籍保护培训班"，在山东省中心的支持下，借助"互联网＋"，采取微视频直播的方式，在潍坊市图书馆网站和微信平台同步直播，两门课程累计观看33万人次，创山东省古籍保护培训开展以来受众人次之最。

（四）强化品牌建设，全面提升展览展示水平

1.打造展示平台。2011年底，山东省古籍保护中心在省馆打造了古籍保护成果专题展厅——"册府琳琅"，制定了《山东省图书馆册府琳琅展厅展览方案》，该展厅是全国第一个省级古籍

保护成果专题展厅。

2. 创建展示品牌。重视社会宣传，策划"文明的守望"系列、"走近古籍体验日"、"齐鲁文明之光"、"中华传统晒书节"品牌项目。坚持在"世界自然和文化遗产日"期间，举办"线装书装帧体验活动""传拓技艺体验活动""雕版印刷技艺体验活动""馆长晒国宝""古籍沙龙""古籍问诊课堂"活动，宣传品牌全面开花。其中的"山东省图书馆藏珍稀家谱展"吸引大批读者观展和媒体报道，新华社关于家谱展的通稿被中国政府网采用并转发。

3. 推动展览走出去。2018年9月，"一山一水一圣人——山东珍贵文献展"在澳大利亚南澳州图书馆成功举办。这是全国省级图书馆第一次走出国门办古籍展。

4. 全省开展古籍传播展示。山东师范大学图书馆打造全新的古籍展示中心；孔子博物馆"馆藏汉魏碑刻拓片展"、山东大学"晒传统技艺·享雕刻时光"活动、青岛市图书馆"楮墨芸香"网上专栏、淄博市图书馆线上"馆藏地方刻书展"、烟台图书馆"刻鹄遗箴传家远——福山王氏刻书展"等是其中的代表。

5. 创新宣传模式。主动拥抱互联网，让融媒体为古籍宣传推动插上翅膀，馆长带队直播晒国宝、晒技艺，在新华社直播平台、山东省文化和旅游厅"好客山东"直播矩阵等16个线上平台同步播出，直播观看量达783.7万。相较于往年，古籍传播的影响力实现了指数级增长。策划拍摄《未若清心对素书——山东省图书馆古籍修复师日记》系列短视频，向大众传播古籍修复技艺。

（五）不断提高认识，古籍研究项目实现突破

1. 古籍科研项目实现突破。"山东方志人物传记资料索引"获2013年度教育部人文社科研究项目立项，"宋金元伤寒著述版本研究与辑佚"获2016年度国家社科基金青年项目立项，"海内外现存易学古籍版本目录的调查与研究"获2017年度国家社科基金项目立项，《〈佩文斋书画谱〉校点》《捕蝗文献集成整理》获批2021年度山东省社科基金项目立项。

2.古籍研究全省开花。抓住山东省图书馆"馆员文库"出版的机遇，出版《〈隋书经籍志〉研究》《山东书局研究》《清代历城人物与著述研究》等专著多部；编辑"修行"系列丛书，先后出版《潘美娣与古籍修复》《蝶变记——山东省图书馆宋刻本文选保护与修复研究报告》等，实现了对古籍资源的深入挖掘。淄博市图书馆参与山东省古代文学重点课题项目《历代诗咏齐鲁总汇·淄博卷》整理、编纂；烟台图书馆与《烟台晚报》合办《文献里的烟台》专栏，挖掘整理有关烟台的文献典籍，研究解读烟台历史事件、人物；日照市图书馆在《黄海晨刊》"典藏日照"专栏发表有关日照文献的文章多篇等等。

（六）着力活化利用，加大古籍开发力度

1.古籍数字化建设初见成效。完成"山东省图书馆古籍珍本数据库""山东省古籍特色图书馆——易学古籍数据库""山东省图书馆佛经数据库"建设，参与国家古籍保护中心组织的"古籍数字资源联合发布会"，免费为读者提供阅览服务。

2.古籍影印整理稳步推进。山东省图书馆先后参与山东省政府重大项目《山东文献集成》、国家社科基金重大委托项目《子海》、尼山世界儒学中心（中国孔子基金会）重大项目《孟子文献集成》《儒典》的影印工作；济南市图书馆再造古籍地方文献累计达22种；山东省委党校图书馆和文化馆开发了馆藏《孔子圣迹图》、《共产党宣言》纪念版口袋书等；山东大学图书馆影印出版《山东大学图书馆藏稀见书目书志丛刊》（全30册）；曲阜师范大学影印出版《曲阜师范大学图书馆藏孔子故里儒门文献汇编》（全56册）。

3.古籍文创蓬勃发展。为贯彻落实国务院、山东省政府关于推动文化文物单位文化创意产品开发有关精神，创新文化服务新方式，山东省图书馆于2018年举办首届文创产品设计大赛。2021年，山东省文化和旅游厅在山东省图书馆举办山东省首届公共文化机构文创大赛，收到文创设计作品5000余件。以赛促建，依托馆藏深厚的文化内涵和独特的文化要素，开发文化创意产品，推动中华文化创造性转化和创新性发展。

（七）强化管理力度，提升工作保障水平

十五年来，山东省不断强化管理力度，克服种种困难，不断改造基础设施，全面提升古籍存藏硬件，实现了古籍的预防性保护。

山东省图书馆率先带头。山东省图书馆先后对古籍书库进行了漏水报警线路铺设、除湿机设备更换、空调安装等硬件设备的升级改造，杜绝了漏水隐患，改善了地下书库夏天湿度大、八楼书库夏季温度过高等问题，古籍存藏条件上了一个新台阶。

全省持续跟进。山东大学图书馆全面更新消防设备，山东博物馆改造库房管线，孔子博物馆购置低氧杀虫设备。济南市图书馆、滨州市图书馆、潍坊市图书馆、威海市图书馆、日照市图书馆、济宁市图书馆等馆利用新馆建设和搬迁的契机，积极跟进，超前规划，改善了古籍书库条件，提高了书库硬件设施标准，古籍存藏条件实现质变。

多年来，山东省做了大量艰苦细致的工作，也取得了一些成绩。随着越来越多的单位纳入普查范围，山东省四级名录体系建设还有待完善，市县单位古籍保护人才尤其是修复人才还应大力培养。

关山初度路犹长，策马扬鞭再奋蹄。山东省图书馆（山东省古籍保护中心）将再接再厉、扎实工作，在新时代、新形势、新任务下，深化完善"七位一体"的古籍保护模式，不断开创古籍保护事业的新局面，为传承弘扬优秀齐鲁文化再立新功！

山东省图书馆（山东省古籍保护中心）

千淘万漉虽辛苦　吹尽狂沙始到金

——山东省十大古籍普查新发现掠影

一、万丈高楼平地起之——评选缘起

2007年，国务院办公厅印发《关于进一步加强古籍保护工作的意见》（国办发〔2007〕6号），"中华古籍保护计划"正式实施。十多年来，山东省各级各类古籍收藏单位、全体古籍保护工作者共同努力，扎实工作，至2020年全省古籍普查工作已经结束。全省普查工作摸清了山东省古籍家底，为下一步深入保护、研究、利用全省丰厚的古籍资源奠定了坚实的基础。山东省普查中涌现出了众多新发现的珍贵典籍，为了深入贯彻落实习近平总书记关于让"书写在古籍里的文字都活起来"的重要指示，展现山东古籍普查工作成绩和亮点，推动全社会关心支持古籍保护事业，山东省古籍保护中心决定在全省范围内开展十大古籍普查新发现评选工作，评选十部在古籍普查中新发现的、以前未经本单位著录或著录错误经普查更正的珍贵古籍。

二、众人拾柴火焰高之——评选过程

为评选工作顺利进行，山东省图书馆（山东省古籍保护中心）按照通知、申报、评审、公布四个环节进行周密组织。2021年5月7日向全省古籍收藏单位下发了《关于开展全省十大古籍普

查新发现评选工作的通知》，通知对评选工作的申报范围、评审过程、申报要求、申报程序做了明确要求。通知下发后，全省各古籍收藏单位积极响应、踊跃申报，共计收到23家单位25部申报材料。山东省古籍保护中心经过初审、读者票选和专家投票评选出10部珍贵古籍当选山东省古籍普查十大新发现，5部珍贵古籍入围。6月4日，2021年度山东省古籍保护工作会议期间正式向社会公布。

三、群贤毕至少长集之——专家助阵

为了保证评选的质量和水准，山东省古籍保护中心邀请国内顶级专家组成评选委员会。他们涵盖业界、学界、收藏界，包括国家图书馆常务副馆长、国家古籍保护中心副主任张志清先生，全国古籍保护工作专家委员会主任委员李致忠先生，山东大学文学院院长杜泽逊先生，复旦大学教授吴格先生，著名藏书家韦力先生。面对申报材料，他们每人一票，最后根据票数的排名决定入选顺序。

四、千呼万唤始出来之——评选结果

"山东省古籍普查十大新发现"最终结果为：孔子博物馆藏清乾隆初拓本《乾隆御定石经》、平阴县图书馆藏明嘉靖衡湘书院刻本《说经札记》、青岛市博物馆藏明拓本《秦泰山刻石》、潍坊市图书馆藏稿本《潍县金石志潍县金石遗文录》、山东师范大学图书馆藏明衡藩刻本《便于搜检》、泰安市博物馆藏明正统十年（1445）内府刻明万历二十六年（1598）官印本《道藏》、山东省图书馆藏明永乐十至十五年（1412—1417）刻明嘉靖续刻嘉靖印本《永乐南藏》、烟台市图书馆藏稿本《郭康介公遗集》、淄

博市图书馆藏明万历二十八年（1600）徐氏刻本《余学士集》、慕湘藏书馆藏明万历书林余文台刻本《新刊京本春秋五霸七雄全像列国志》。

五、一石激起千层浪之——活动反响

该项工作是"中华古籍保护计划"正式实施以来，第一次山东全省范围的古籍普查新发现评选活动，也是全国第一次正式发布的十大古籍普查新发现，开古籍普查新发现评选工作的先河。

评选发布结果被新华社山东频道、大众报业·海报新闻、学习强国·山东学习平台、国家古籍保护中心微信公众号等媒体进行了报道，并被数十家互联网媒体转载，在业内引起强烈反响。

山东省图书馆（山东省古籍保护中心）

坚守无声 砥砺前行

——河南省图书馆十五年古籍保护成果印记

河南地处华夏腹地，是中华文明的重要发源地之一。它凭借悠久的历史渊源和深厚的文化积淀，为后世留下丰富的典籍文献，它们主要集中在各级公共图书馆、高校图书馆、科研院所、文博档案和宗教单位中，还有一部分被民间收藏爱好者所收。

"中华古籍保护计划"启动后，河南省古籍保护中心于2009年正式成立，河南省古籍保护事业开启了新篇章。作为全国52家试点单位之一，河南省图书馆率先在全省范围内开展古籍普查登记，并牵头以古籍普查登记工作为抓手，全面推进河南省古籍保护工作，取得了丰硕成果：2008年3月被国务院命名为首批"全国古籍重点保护单位"，2011年被河南省人民政府命名为"河南省古籍重点保护单位"，2014年被文化部（现文化和旅游部）评为"全国古籍保护工作先进单位"，2015年荣获"河南省第一次全国可移动文物普查工作先进单位"奖。

十五年来，河南省古籍保护工作取得了以下长足进展：

一、古籍普查，成效显著

摸清区域内古籍收藏的家底，是古籍普查的首要任务，也是进一步开展工作的前提。在河南省图书馆（河南省古籍保护中心）的统筹和带领之下，经过全省普查人员日复一日、年复一年的整理，基本摸清了河南省古籍收藏的总体情况。功夫不负有心人，还有了一些在此次普查开展之前从未见诸古籍书目的重要新发现。

2010年起，河南省古籍普查登记工作自上而下全面铺开，进展顺利，成效显著。截至2017年底，参与全省古籍普查登记的81家古籍收藏单位，共88920条古籍目录信息全部完成登记，"家底"陆续亮相。其中，河南省图书馆登记目录3万多条，古籍数量30多万册件，馆藏古籍家底得以基本澄清。自河南省首部古籍普查登记目录《河南大学图书馆古籍普查登记目录》（2014年）正式出版后，河南省图书馆又负责审校修改、协助出版了《河南省郑州图书馆等十一家收藏单位古籍普查登记目录》《河南省新乡市图书馆古籍普查登记目录》《河南省洛阳市图书馆等九家收藏单位古籍普查登记目录》《河南省开封市图书馆古籍普查登记目录》《河南省许昌市图书馆等十六家收藏单位古籍普查登记目录》《河南省郑州大学图书馆古籍普查登记目录》7部包括40家古籍收藏单位的普查登记目录。

通过普查登记工作，进一步全面了解和掌握了全省古籍收藏情况。灵宝市文物保护管理所、洛阳文物考古研究院等古籍收藏单位的古籍和线装书藏量都在1万册以上。其中，洛阳文物考古研究院所藏古籍不乏善本、孤本。例如民国金石家郭玉堂手书的《洛阳出土志》《洛阳金石文字跋尾》《千唐志斋藏石目录》等稿本，弥足珍贵。此前，该院及其藏品在《中国善本古籍书目》等书目中均未见著录。洛阳不仅是九朝古都，还是华夏文明的星星之火渐成燎原之势的重要核心区域。这一重要发现无疑更加丰富了河洛文化这一宝库的内涵，其长远价值不可估量。

通过普查登记，获嘉县档案馆也发现一部重要的兵法丛书《武经七书》。该书汇集了中国古代兵书的精华，为历代武学经典集成之作，对后世军事研究具有重要价值。这部《武经七书》，采用包背装，白棉纸本，字体方正清雅，书前有明嘉靖乙卯年"重刻武经七书序"。经专家核实，鉴定此本为明嘉靖三十四年（1555）陆束刻本。这一版本极为稀见，诸多古籍书目中均未见著录，成为河南省档案系统入选《国家珍贵古籍名录》的第一部古籍（名录号11725）。

这些珍稀古籍的重大发现，充分体现了古籍普查登记工作的重要价值。一些珍贵古籍曾经不为人知或少为人知，由此重现于世；一些古籍收藏单位默默无闻却珍品迭出，由此获得更多的关注和支持，使民族文化遗产得以更好地保存和流传后世。

此外，由于河南省内许多古籍收藏单位存在家底不清、工作人员水平参差不齐的问题，为保证河南省普查工作高质量完成，河南省图书馆（河南省古籍保护中心）借鉴以往古籍普查工作中的经验，分批次组建古籍普查工作组，分赴河南省内各古籍收藏单位，协助基层图书馆开古籍普查登记工作。特别是2011年至2012年，河南省图书馆先后6次派出专业人员31人次，历时几十天，协助少林寺藏经阁对收藏的古籍逐册清点、整理、著录，共登记802部6060册，并对善本古籍和普通古籍进行了区分和鉴别。通过普查登记，发现少林寺不仅保存有完整的明《永乐南藏》等珍贵佛教典籍，还有清乾隆二十七年（1762）嵩山书院刊刻的清纪昀《庚辰集》、清活字印本《串雅内编》、清康熙岳生堂刊刻《说嵩》等，或刊刻精良，或存世稀少，或为珍贵的河南地方文献。2012年5月，少林寺普查登记工作终于完成，使少林寺成为中国汉传佛教界首家完成古籍普查登记的图书馆。宗教文献是中国古代文献的重要组成部分，遍布名山大川的宗教寺观也是收藏珍贵古籍的重要场所，少林寺藏古籍普查登记的顺利完成，为河南省宗教系统古籍普查登记工作起到了很好的示范和推动作用。

二、名录评审，以评促建

提高古籍普查工作质量，不仅需要工作人员崇高的职业精神和热情忘我的付出，还需要探索好的工作机制。组织珍贵古籍名录评审，以评促保，以评促建，是一条有效的途径。

在古籍普查过程中，河南省图书馆积极参与《国家珍贵古籍名录》和"全国古籍重点保护单位"的申报工作，并根据河南省原文化厅（现文化和旅游厅）的工作安排，起草了《〈河南省珍贵古籍名录〉申报评审办法（暂行）》《"河南省古籍重点保护单位"申报评审办法（暂行）》，经河南省文化厅和河南省厅际联席会议批准后在全省实施，积极推动河南省内其他古籍收藏单位参加申报工作。2011年11月，河南省人民政府批准公布了第一批"河南省古籍重点保护单位"和《河南省珍贵古籍名录》（豫政〔2011〕87号），16家古籍收藏单位和534部古籍入选。2017年，河南省图书馆积极筹备第二批《河南省珍贵古籍名录》和"河南省古籍重点保护单位"的各种事宜，修订了申报评审办法，目前，第二批《河南省珍贵古籍名录》和"河南省古籍重点保护单位"评审工作基本完成。

评审工作极大调动了各收藏单位古籍保护工作积极性，一些不为人知的中华珍贵典籍陆续浮现人世，令人欣喜不已。民间古籍收藏机构洛阳白河书斋所藏明万历二十一年（1593）金陵胡承龙刊刻《本草纲目》，是现存《本草纲目》的祖本，堪称"中华古籍保护计划"开展以来最重要的发现之一。该书之前深藏河南伏牛山脉，保存状况不佳，经古籍普查发现后，国家古籍保护中心特意委托国家图书馆古籍修复专家完成了全书的修复。该书入选第四批《国家珍贵古籍名录》（名录号08384）。以评促保，以评促建，使这颗"养在深闺人未识"的明珠重新散发出夺目的光彩。

前述少林寺古籍普查工作的圆满完成也得益于这一机制。2011年少林寺释永信方丈得知全国即将开展第四批《国家珍贵古籍名录》和"全国古籍重点保护单位"申报评审工作的消息后，立即派专人与河南省古籍保护中心取得联系，表达了少林寺积极参与的愿望，并根据申报要求开展古籍普查和库房改造。从古寺的藏经阁到现代的图书馆，珍贵古籍名录评审机制促进少林寺的古籍管理工作逐步走向规范化、制度化。

三、多措发力，促活化传承

古籍普查登记是古籍保护工作的基础，古籍的活化利用则是向更高境界的升华。如何促进古籍文献所承载的信息创造性转化、创新性发展？河南省图书馆（河南省古籍保护中心）在借鉴全国各地宝贵经验的同时，充分利用地方文化底蕴深厚、古籍资源丰富的优势，在"春满中原"迎新春系列活动、"4·23"世界读书日、"世界遗产日"、"全民读书月"等活动期间，开展多种形式的古籍活化利用活动，丰富多彩，不拘一格，取得了良好的社会效益。

2017年9月，在国家图书馆（国家古籍保护中心）的大力支持下，河南省图书馆组织全省收藏单位举办了"册府千华——河南省藏国家珍贵古籍特展"，这是河南省近年来展出古籍珍本最丰、规模最大、规格最高的一次，向公众展示河南省藏珍贵古籍150余部，其中有不少入选《国家珍贵古籍名录》的古籍。在此活动的影响和带动下，2017年11月，河南省内二十余名古籍收藏爱好者以"中原古书联盟"的名义，依托河南省图书馆，举办了"首届中原民间珍贵古籍展"。该展览集中展示了河南民间收藏家所藏唐代至民国时期的珍贵古籍文献近200种。这一高规格古籍展由民间组织发起，河南省图书馆（河南省古籍保护中心）提供平台并悉心指导，是继国家图书馆（国家古籍保护中心）2015年举办的"册府千华——民间珍贵典籍收藏展"之后的又一次大型民间珍藏善本展示。

守护古籍文献，是全社会共同的责任，民间藏家对推动中华古籍保护、弘扬优秀典籍文化发挥着不可忽视的作用。2019年8月26日，河南省图书馆与河南省民间古籍保护协会（筹）联合承办了第二届"中原民间珍贵古籍展"，展出珍贵古籍、河南地方文献、碑帖拓片300余件。期间还举办了首届中原古籍论坛及中原碑帖论坛和讲座，对古籍收藏与保护的现状、发展和未来展望及最新研究成果进行讨论，吸引了不少古籍专家、学者及民间古籍、拓片收藏者、爱好者前来参展与交流。

2020年8月25日，河南省图书馆组织全省11家古籍收藏单位及民间收藏在嵩山少林寺碑廊举办"传习经典　融古慧今——2020年河南中华传统晒书活动"，其中有洛阳出土的唐代墓志拓片精品、南阳新野的汉画像砖拓片、北齐时期摩崖石刻拓片等等，让游客们大饱眼福。此次活动借助于嵩山少林寺游客众多、社会影响力较大，不仅对石刻文化与古籍保护，起到了很好的宣传作用，更进一步促进了文化与旅游业的深度融合。

科技发展日新月异的时代，利用好各种现代技术，无疑也为古籍活化插上了"飞入寻常百姓家"的翅膀。为此河南省图书馆也进行了积极的探索。比如，线上直播的"诗书继世　察古知今——2021年河南中华传统晒书活动""从《诗经》到《红楼梦》——那些年我们读过的经典"等活动，观看量都高达35万以上。在河南省图书馆官方微信公众号上播放的"古籍修复技艺""经典古书讲解"小视频，馆藏珍贵古籍线上展等，让读者充分领略了古籍中的文字之美、艺术之美，使陈列在黄河流域的遗产、书写在古籍里的文字活起来。

在守护遗产、留住胜迹的同时，古籍普查保护工作为今后社会各界保存古籍文献、进一步加大对这些文献的开发和利用提供了可以参考的依据。在中华优秀传统文化复兴的时代潮流中抓住机遇，积极响应让"书写在古籍中的文字都活起来"的号召，我们今后将更加以时不我待的紧迫感，不忘初心，砥砺前行，让古籍保护工作在新时代绽放出更绚丽的光彩。

河南省图书馆（河南省古籍保护中心）

东壁宝籍　荆楚灵秀
——湖北省古籍保护工作成果概述

东壁藏宝籍，荆楚毓灵秀。湖北是中华文明的重要发祥地之一，深厚的文化积淀赖文献典籍得以传承。保护、研究、利用、开发古籍，让"书写在古籍里的文字都活起来"，是时代赋予我们的责任担当。2007年，国务院印发《关于进一步加强古籍保护工作的意见》，提出在"十一五"期间大力实施"中华古籍保护计划"。十五年来，湖北省古籍工作取得长足进步：新设施、新设备、新技术广泛应用，古籍存藏条件明显改善，普查登记顺利推进，数字化加速进行，整理研究出版硕果累累，稀见古籍化身千百，专业团队日渐活跃，讲座、展览、现场演示和互动活动层出不穷，为传承和弘扬中华优秀传统文化贡献了湖北力量。

一、古籍保护工作机制建立健全

2008年，湖北省人民政府办公厅印发《省人民政府办公厅关于进一步加强古籍保护工作的通知》，为湖北省古籍普查工作提供了坚实的政策保障。湖北省古籍保护中心揭牌成立，在湖北省文化厅（现文化和旅游厅）的直接领导下，在国家古籍保护中心和"湖北省古籍保护厅际联席会议"的指导下，组织、协调全省古籍保护工作。同时部分市州也成立了市级古籍保护中心。

2009年，湖北省文化厅组织召开湖北省古籍保护工作厅际联席会议第一次全体会议，湖北省发展和改革委、民宗委，财政厅、教育厅、科技厅、新闻出版局、档案局、文物局单位参加，形成文化、财政、人事、教育、宗教、档案等多部门协同保障支持湖北省古籍保护工作的发展机制。成立湖北省古籍保护工作专家委员会，负责湖北省古籍保护工作的咨询、论证、评审和专业指导。2016年成立湖北省古籍保护协会，是全国第一家省级古籍保护协会。

二、古籍存藏条件极大改善

在实施"中华古籍保护计划"过程中，全省古籍收藏单位按照《图书馆古籍书库基本要求》（GB/T 30227–2013）开展古籍书库的标准化建设，不同程度地新建或改建了古籍库房，改善了保管条件。湖北省图书馆、湖北省博物馆、武汉大学图书馆、华中师范大学图书馆、湖北大学图书馆、武汉图书馆、天门市博物馆、荆州市图书馆等单位达到行业标准。国家珍贵古籍、湖北省珍贵古籍均配置了函套。湖北省图书馆、武汉大学图书馆、华中师范大学图书馆、湖北大学图书馆、恩施土家族苗族自治州图书馆、孝南区图书馆等有条件的单位为馆藏所有古籍配置函套。古籍藏量较少的单位配置了古籍专用书柜。

三、古籍普查基本完成

通过全面铺开的普查工作，湖北基本摸清了本省古籍家底：已知54家单位登记古籍书目数据8.8万余条。其中8家单位入选"全国古籍重点保护单位"，10家单位入选"湖北省古籍重点保护单位"，湖北省入选第一至六批《国家珍贵古籍名录》共计260部，湖北省人民政府公布第一批《湖北省珍贵古籍名录》384部。

《武汉大学图书馆古籍普查登记目录》《湖北省武汉图书馆古籍普查登记目录》《湖北省襄阳市青少年儿童图书馆古籍普查登记目录》《湖北省安陆市图书馆等八家古籍普查登记目录》等业已出版。

四、古籍保护人才队伍不断壮大

"中华古籍保护计划"实施以来，湖北省古籍保护从业人员由过去的50多人发展到目前160余人，其中副高级以上职称20余人。部分青年古籍保护工作者具有古典文献学、历史文献学、汉语言文字等专业硕、博士研究生学历。

湖北省古籍保护中心从各古籍收藏单位选派业务骨干参加国家古籍保护中心举办的培训班，同时坚持每年在省内举办培训班。至2021年，省内培训班已举办至20期，培训人员达800多人次，内容涵盖古籍普查、古籍修复、古籍编目诸方面。湖北省图书馆设有"国家级古籍修复技艺传习中心湖北传习所"，是培养古籍修复人才的重要基地。

五、古籍修复水平逐步提升

湖北省内有省图书馆、武汉大学图书馆、武汉图书馆、浠水县博物馆4家单位开展日常古籍修复业务，从业人员20余位，修复室总面积3000余平方米。天门市博物馆、浠水县博物馆等单位已开展古籍修复项目。

2015年5月20日，华中地区唯一一家国家级古籍修复技艺传习中心落户湖北省图书馆。2018年，武汉图书馆古籍修复技艺被评为省级"非物质文化遗产代表性项目"，武汉图书馆古籍修复师贺琳被认定为市级非物质文化遗产项目代表性传承人。2021年7月，武汉大学成立古籍保护暨文献修复研究中心。12月，省图书馆获得可移动文物修复资质。2022年，湖北省图书馆古籍修复师盛兰、武汉图书馆修复师贺琳被评为第六批"省级非物质文化遗产代表性传承人"。

六、古籍整理研究成果涌现

以湖北省图书馆和武汉大学图书馆为代表湖北省古籍收藏单位，充分发挥古籍在学术研究和文化建设方面的积极作用，加强古籍整理影印出版和数字化工作，促进古籍开发利用，积极承担《中华大典》《中国古籍总目》《荆楚文库》等国家、省部级重大文化古籍整理科研项目，为研究湖北地域文化奠定文献基础，为湖北建设文化强省提供文献资源保障。编纂古籍专业目录和图录12种、古籍研究类书籍15种，影印出版古籍310余种。缩微古籍1200余种，80余万拍；数字化古籍2000余部，100万余拍。

（一）古籍目录、图录

1.湖北省图书馆

《中国古籍总目·丛书部》（国家古籍整理出版重点项目）

《湖北官书局版刻图录》《湖北省国家珍贵古籍名录图录》《第一批湖北省珍贵古籍名录图录》

《现存湖北著作总录》（《荆楚全书》基金项目成果、湖北省2013年社会科学基金项目）

《湖北家谱总目》（2017年度国家出版基金资助项目、2017年湖北省社科基金一般项目〈后期资助项目〉成果）

《徐行可旧藏善本图录》（湖北省学术著作出版专项资金资助）

2.武汉大学图书馆

《武汉大学图书馆藏古籍善本图录》（"十一五"国家古籍整理重点图书出版规划项目）

3．华中师范大学图书馆

《华中师范大学图书馆百年珍藏撷荟》

4．湖北省博物馆

《邻苏园藏书目录》

5．襄阳图书馆

《襄阳图书馆善本图录》

（二）古籍整理影印

1．湖北省图书馆

《荆楚文库·方志编》（湖北省社会科学基金重大项目《荆楚文库》三大分项之一）

《崇文书局版刻丛刊》

《湖北省图书馆藏稀见方志丛刊》（"十一五"国家古籍整理重点图书出版规划项目）

《湖北省图书馆藏稿本日记四种》（"中华古籍保护计划"成果）

《日藏珍本湖北方志丛编》（国家古籍整理出版专项经费资助项目）、《民国时期预约样本辑存》

《经雅》《操风琐录》《音韵学稽古录》《识字璚言》《方元长印谱》《南宋四家律选》《童蒙训佚文》《下雉纂》《龙洲碎金——刘心源遗墨三种》《论墨八种》

2．武汉大学图书馆

《湖北天门熊氏契约文书》（国家清史工程项目，国家出版基金资助项目，武汉大学人文社会科学研究项目"民间文书与基层社会变迁"结项成果）

《武汉大学图书馆藏稀见方志丛刊》（"十一五"国家古籍整理重点图书出版规划项目）

《中国古籍珍本丛刊·武汉大学图书馆卷》（"十二五"国家古籍整理重点图书出版规划项目）

《民国时期武汉大学讲义汇编》（革命文献与民国时期文献保护计划成果，武汉大学中国传统文化研究中心"十三五"规划重大项目"明清以来中国文化的近代转型"的中期成果之一）

《大冶旧志集成》

（三）古籍研究

1. 武汉大学图书馆

《中国图书散失史》（湖北省学术著作出版专项资金资助项目，武汉大学人文社科资助研究项目成果，湖北省社会科学基金资助出版项目）

《晚清财政说明书（广西·福建）》（国家清史工程项目，国家出版基金资助项目，湖北省学术著作出版专项资金资助项目）

《晚清财政说明书（湖南·湖北·山东）》（国家清史工程项目，国家出版基金资助项目，湖北省学术著作出版专项资金资助项目）

《中华大典·地学典·测绘分典》（国家重大文化出版工程《中华大典》项目）

《中国古代的藏书印》（湖北省学术著作出版专项资金资助项目）

《中国阅读通史·清代卷（下）》（国家出版基金资助项目）

《中国藏书楼的故事》

2. 湖北省博物馆

《湖北文征》

3. 武汉图书馆

《中国古籍版刻图志》

4. 浠水县博物馆

《历代名人咏浠水》

5. 湖北省图书馆

《不为一家之蓄　俟诸三代之英——徐行可先生捐赠古籍文物50周年纪念集》

（五）古籍缩微及数字化

2007年以来，湖北省缩微古籍1200余部，80余万筒子叶，计1700盘胶片；数字化古籍2000余部，100万余拍。建设《湖北方志》数据库，上传方志164部108406拍；《湖北家谱》数据库，上传家谱256部254915拍。

武汉大学图书馆参与"高校古文献资源库"（学苑汲古）建设；武汉大学图书馆、华中师范大学图书馆加入"大学数字图书馆国际合作计划"（CADAL），成为CADAL项目参建单位，完成古籍数字化加工，并上传CADAL平台；三峡大学图书馆自2014年开始收集水电史料方面的电子资源，截至目前，共收集水电史料11223条，主要内容有水志、疆域、堤防、武备、经政等内容。

（六）湖北省家谱收集、整理、研究

湖北省文化厅于2017年批准在湖北省图书馆成立湖北省家谱收藏中心，目前收集的家谱由2011年的200余种增加到2150种，其中1949年前旧谱由50余种增加到400余种，家谱数字化600余种。通过多种途径获取海内外湖北家谱书目数据5363种。编纂出版《湖北家谱总目》，并得到国家出版基金资助。在国际图联（IFLA）第85届大会上，湖北省图书馆家谱工作者发表《突破困境创新路径——湖北省图书馆的家谱收藏》主题演讲，并现场答疑，湖北省图书馆通过"晒谱节"活动开展族谱征集的举措，获得大会主席称赞。湖北省图书馆家谱收集、整理、研究工作在全国受到广泛关注，被称为"湖北模式"。

七、古籍宣传推广工作蓬勃开展

湖北省古籍收藏单位精心策划、创新形式，加大对古籍保护工作的宣传力度，普及保护知识，展示保护成果，培养公众的保护意识，营造全社会共同保护古籍的良好氛围，彰显古籍保护在

促进经济发展、推动社会进步、拓展人文交流中的积极作用。

如湖北省图书馆着力加强古籍特色馆建设，建成徐行可纪念图书馆和湖北典籍博物馆等古籍特色服务阵地；举办"珠还合浦历劫重光——《永乐大典》的回归和再造湖北巡展暨湖北省古籍保护工作成果展"，"册府千华——湖北省藏国家珍贵古籍特展"，"荆楚宝典：湖北省图书馆藏国家珍贵古籍展"等大型珍贵古籍展览；组织晒谱节、馆长晒国宝、古籍修复技艺展示体验等特色宣传活动。武汉大学图书馆、华中师范大学图书馆则发挥高校优势，教研结合，推出"古书制作暨'中国古典文献学'混合式教学探索成果展"，"走近《四库全书》"等深受师生欢迎的传统文化推广活动。

中华文明源远流长，底蕴深厚，各历史时段文献层出不穷，卷帙浩繁，各地区地域典籍千形万态，满目琳琅。湖北文献典籍不仅是荆楚文化的宝贵遗产，也是传承中华优秀传统文化的重要载体，更是树立民族文化自信自强的重要智力支持。保护好、研究好、利用好这些珍贵文献，对于加强文化强省建设，弘扬民族优秀传统文化，践行社会主义核心价值观，提高国家文化软实力具有非凡意义。湖北省将进一步强化馆、校、文、博等跨系统，省、区、市等跨地区沟通与合作，共同深入开展古籍修复整理、研究出版和宣传推广等工作，凝智聚力，不断推进湖北省古籍事业取得新成绩，为建设文化强省再立新功。

湖北省图书馆（湖北省古籍保护中心）

湖北省古籍宣传推广活动的创新举措

2007年"中华古籍保护计划"开展以来，湖北省图书馆积极开展古籍宣传推广活动，通过举办大型专题展览、馆长晒国宝、晒谱节、古籍修复技艺展示等方式，加大对古籍保护工作的宣传力度，普及保护知识，展示保护成果，培养公众保护意识，营造全社会共同保护古籍的良好氛围，彰显古籍保护在促进经济发展、推动社会进步、拓展人文交流中的积极作用。2021年底，湖北省图书馆借国家图书馆（国家古籍保护中心）举办"珠还合浦 历劫重光——《永乐大典》的回归和再造"巡展的东风，创新古籍宣传推广形式，融古籍展览、讲座、修复技艺展示、读者互动体验、文创产品开发、晒宝于一体，成功举办"珠还合浦 历劫重光——《永乐大典》的回归和再造湖北巡展暨湖北省古籍保护工作成果展"。

本次展览时间为2021年12月9日至2022年1月11日，由湖北省文化和旅游厅联合国家图书馆主办，湖北省图书馆、湖北省博物馆承办，湖北省18家古籍重点保护单位联合协办。文化和旅游部副部长张旭、湖北省政府副省长张文兵、国家图书馆馆长熊远明、文化和旅游部公共服务司一级巡视员陈彬斌、湖北省委宣传部副部长胡勇政等领导及各兄弟省份古籍保护中心主任出席展览开幕式，30多家团体和1万余名观众到省图书馆参观展览，武汉大学、华中科技大学、华中师范大学等10余所在汉高校组织师生到场参观，湖北省委督查室、省文物局等20多家机关单位到场进行传统文化专题主题党日学习。展馆现场及同期全省各地巡展参观人数达60万余人次。

一、历劫重光：3册原件首度离京展览

国家图书馆共收藏有《永乐大典》嘉靖副本224册，占存世《永乐大典》的一半以上。此次巡展，在湖北省图书馆展出3册副本原件，这是迄今为止《永乐大典》副本原件最多一次京外展出。《永乐大典》被喻为"辑佚之渊薮"，它保存了14世纪以前中国历史地理、文学艺术、哲学宗教和其他文献。自清以来，已有《宋会要辑稿》《建炎以来系年要录》《东观汉记》《大元海运记》《农桑辑要》《水经注》《永徽法经》《续资治通鉴长编》等，由《大典》辑出，或经《大典》校补。湖北唯一存世的宋代方志《［宝祐］寿昌乘》，安陆宋庠、宋祁兄弟文集等11部著作均因《永乐大典》得以流传于今。"文运同国运相牵，文脉同国脉相连"，国运昌则文运盛。1949年以来，在党和政府的亲切关怀下，明珠还于合浦，国家图书馆现已成为《永乐大典》在海内外的最大藏家，并给予前所未有的重视和保护，使这座人类文化史上不朽的丰碑屹立万世，传之永远。

二、东壁宝籍：荆楚古籍保护利用成果丰硕

此次与《永乐大典》巡展同步开展的"东壁宝籍 荆楚灵秀——湖北省古籍保护工作成果展"，向观众生动展现我省古籍保护利用成果。2007年，国务院发布《关于进一步加强古籍保护工作的意见》，提出在"十一五"期间大力实施"中华古籍保护计划"。十五年来，湖北省古籍工作取得了长足的进步：新设施、

新设备、新技术广泛应用，古籍存藏条件明显改善，普查登记顺利推进，数字化加速进行，整理研究出版硕果累累，稀见古籍化身千百，专业团队日渐活跃，讲座、展览、现场演示和互动活动层出不穷，取得了诸多成绩，为弘扬和传承中华优秀传统文化贡献了湖北力量。与成果展配套展出的还有"书遇良工守千年——湖北省古籍修复技艺展"，展示区分"材料篇""工具篇""技艺篇""传承篇"四个板块，对湖北省古籍修复工作进行了全面介绍。另有湖北省博物馆馆藏古书画展，集中展出明清书画30余件，其中包括《王翚浅绛山水轴》《王忘庵芙蓉小鸟扇面》等5件国家一级文物。

三、多维互动：典籍之美激发文化自信

从2021年10月至12月，湖北省图书馆陆续举办5场长江讲坛讲座，武汉大学历史学院教授谢贵安、故宫博物院研究馆员翁连溪、国家图书馆古籍馆副馆长陈红彦、北京大学教授孙玉文、著名作家熊召政等分别主讲《永乐大典》诞生的时代背景、人物故事、收藏情况，兼涉古籍的装潢、保护与传承等内容。他们的解读助力公众了解这部上起先秦、下达明初、统汇古今、包罗万象的类书，让公众意识到《永乐大典》不仅是我国文化遗产的珍品，在世界文化史上也享有崇高地位。

由湖北省图书馆出品的《永乐大典》文创在首届中国（武汉）文化旅游博览会直播间首次亮相，人气火爆。此次巡展现场，线装笔记本、精品书签、趣味冰箱贴、纪念币礼盒等9种品类丰富的文创，承载着《永乐大典》独特的文化符号，以"文化＋时尚＋流行"的全新组合，彰显出国潮魅力。其中，"永乐之旅"盲盒以《永乐大典》的四个重要阶段为灵感——太祖动议、成祖始修、嘉靖重录、回归再造，以"盲盒"为载体，让古籍"活"

起来，诠释了这部旷世奇书600多年间的沧桑浮沉。

巡展期间由湖北省图书馆、武汉图书馆、武汉大学图书馆三家单位联合举办了五场读者互动活动。活动内容以"《永乐大典》抄写""传拓技艺""雕版印刷"的体验课为核心，由专业修复师为现场体验者讲解、指导制作，读者可以通过湖北省图书馆公众号预约参与，体验国之瑰宝的文化魅力。"《永乐大典》荆楚行"知识连载、永乐大典文创作品"最佳人气"网络评选等文化惠民活动联袂登场。读者还能够线上预约参加雕版印刷、古籍抄写、拓印等古籍互动体验活动，拉近读者与古籍的距离，让文化自信发自内心。

四、缤纷多彩：18家古籍重点保护单位齐聚"晒宝"

此次"珠还合浦　历劫重光——《永乐大典》的回归和再造"湖北巡展，湖北省18家古籍重点保护单位共拿出34部与《永乐大典》密切关联的珍贵古籍参展，从不同侧面反映这部皇皇巨著的旷世风采。如武汉大学图书馆所藏《大明世宗肃皇帝实录》五百六十六卷，明确记载了明嘉靖三十六年（1557）故宫三大殿失火，嘉靖帝下旨登文楼抢救大典，使大典幸免于火，后着意重录大典，以备不测的史实。湖北大学图书馆所藏《御选明臣奏议》四十卷，书中收录明洪武二十一年（1388）解缙向明太祖所呈《大庖西室封事》，作为《永乐大典》首任主编，解缙声名显赫，生平令人慨叹。《大庖西室封事》可以窥见少年天才的宏大志向。

五、巡回展示：《永乐大典》的回归和再造在湖北省内巡展

"珠还合浦　历劫重光——《永乐大典》的回归和再造"图

文展示部分以国家图书馆展板为主要展示内容。在湖北省图书馆、武汉图书馆、武汉大学图书馆、湖北大学图书馆、华中师范大学图书馆、襄阳市图书馆、江汉大学图书馆、三峡大学图书馆、宜昌市图书馆、荆州市图书馆、黄冈市图书馆、天门市博物馆、孝感市图书馆、建始县图书馆、竹溪县图书馆等湖北省内18家单位巡回展出，巡展时间一直延续到2022年7月。

　　本次巡展开展前，主办方还推出专题宣传片、人物专访、探馆活动进行宣传预热。开展后，央视新闻、中国政府网、新华社、人民日报等央媒均对展览进行了报道，共发布相关新闻报道200篇（原创不计转载），累计头版报道5次，各主流媒体重点策划版面8个，全媒体矩阵传播量超7500万次。主办方同步推出徽章、书签、笔记本、杯子盲盒、丝巾等展览主题文创产品8种，设计新颖，广受公众喜爱。

湖北省图书馆（湖北省古籍保护中心）

湖北省图书馆古籍整理研究新成果
——《鄂图藏珍》

2007年"中华古籍保护计划"开展以来，湖北省古籍保护体系基本建立、古籍分级管理保护机制逐步完善、各藏书单位《古籍普查登记目录》陆续出版，在"十三五"规划即将圆满收官之时，谋划好"十四五"时期湖北省图书馆古籍保护的各项工作安排，以顺应时代发展的更高要求，就成为湖北省图书馆的重要议题。根据《文化和旅游部贯彻落实习近平总书记重要批示精神深入做好公共图书馆改革创新工作的实施方案》（文旅办公共发〔2020〕125号）的具体要求和国家古籍保护中心"十四五"时期"中华古籍保护计划"重点工作的目标指引，在湖北省文化和旅游厅的领导下，2020年12月，湖北省图书馆结合自身条件，经深入调研、充分酝酿，在古籍再生性保护工作方面，决定编辑出版《鄂图藏珍》，以实际行动做出新的贡献。

《鄂图藏珍》以古籍整理影印为主，兼及民国书刊，立足于抢救保护、学界需求，编纂上或依类型，或按专题，或为短帙，或结鸿篇，重点收录湖北省图书馆所藏存世稀少乃至濒危的珍贵文献。此外，还选收古籍题跋与藏印等版本数据，原貌呈现，不失其真，以资古籍研究之参考；另收新编专题书目与善本书志、图录等，提要钩玄，考镜源流，方便读者利用。

《鄂图藏珍》规模宏大，所收诸书内容广泛、版本复杂，在选编出版过程中，湖北省图书馆加强与业内及学界专家团队的通力合作，以确保文献价值与学术价值，并寻求有关出版社的专业指导，主动与国家古籍出版规划有机衔接，科学统筹，协作双赢，以确保拟编项目的陆续推出。

《鄂图藏珍》虽是古籍影印出版项目，但在具体工作中，还涉及图书馆古籍编目、古籍修复、整理拍摄、学术研究、数字化建设与人才培养等多方面，作为一项古籍保护工程，对湖北省图书馆进一步做好古籍保护各项工作，实具重要意义。同时，湖北省图书馆也希望借此项目的实施，促进全省公藏单位馆藏珍稀文献的开发利用，推动有关成果不断涌现。

"鄂图藏珍"工程，已经影印出版的项目有以下几种：

《湖北省图书馆藏稿本日记四种》，湖北省图书馆编，国家图书馆出版社，2021年9月。本书精选湖北省图书馆所藏清中晚期至民国时期四种稿本日记影印出版，主要包括彭瑞毓日记、左绍佐日记、皮锡瑞日记和陈曾寿日记，日记内容涉及该历史时期中国政治、经济、文化等各个领域。读者可通过这些日记了解作者的生平事迹、社会活动、读书撰述等等，对传统史料有补充不足、订正讹误的作用。

《民国时期预约样本辑存》，湖北省图书馆编，广西师范大学出版社，2021年10月。本书汇集了湖北省图书馆所藏民国时期扫叶山房、商务印书馆、中华书局、文明书局、大东书局等22家出版机构售发图书的预约样本，共91种。预约样本是出版机构在图书印刷出版前为征求客户、预估销量而印发的宣传册，其在编写预约简章、制定预约订单、摘取书目样章时，往往简洁明了，达到恰当表达预约内容、展示图书价值的目的。为便利读者择要点、摘精华、定取舍，往往内容简要、编目简约、装帧简单，甚至连封面两侧也加以利用，是值得细细玩味的营销策略。从具体内容看，其中既有访求旧书的启事，也有预约出书、推销新书的广告，还有图书印制工艺等内容，是彼时图书多元营销的具体展现，也是研究出版史、印刷史的绝佳样本。

《鄂东王氏未刊稿丛编》，国家古籍整理出版资助项目、"中华古籍保护计划"成果，湖北省图书馆编，国家图书馆出版社，2021年7月。将鄂东王氏20位家族成员所撰、所辑、所校的稿钞本作品汇总整理，对研究明清时期历史、文学和文人的仕宦生活具有重要意义。

《操风琐录》《音韵学稽古录》《识字璅言》《经雅》，湖北省图书馆编，湖北教育出版社，2021年6月。小学古已有之，其著述可谓汗牛充栋。清代朴学大兴，众多学者穷年累月，殚精竭力，献身于斯，著述之丰，将这门学科推向了一个新的发展阶段。受历史条件局限，其中有些著作未付剞劂，甚或未见著录，鲜为人知。湖北省图书馆注意入藏此类文献，并搜访到一批颇具学术数据价值的稿本、抄本和批校本。今将所藏《操风琐录》《音韵学稽古录》《识字璅言》《经雅》加以影印出版，以供学者参考。

目前正在编纂并进入出版计划的项目还有"湖北省图书馆藏古籍题跋""湖北省图书馆藏古籍稿钞本""湖北省图书馆藏明清总集""湖北省图书馆藏黄侃批校"等系列。

湖北省图书馆（湖北省古籍保护中心）

植根湖湘文脉，为古籍保护事业注入湖湘力量

——湖南省古籍保护工作十五周年记

在纷纭多姿的地域文化中，湖湘文化无疑是中华文化中历史悠久、特色鲜明、成就卓著、影响深远的地域文化之一。几千年文明史中，湖湘大地孕育出浩若烟海的宝贵文献。这些传统典籍是湖湘文化乃至中华优秀传统文化的重要载体，是中华文化传承千年的鲜活见证，是不可再生的文化资源。重视这些典籍的保护，守住湖湘文脉，是每个湖南儿女应尽之责。自2007年"中华古籍保护计划"实施以来，湖南省古籍保护工作的脚步明显加快，在古籍普查、文献修复、整理出版、古籍服务、宣传展示、发布利用以及人才培养等方面取得令人瞩目的成果，构建起比较完备的古籍保护体系。

一、有效拓宽古籍征集渠道，为古籍工作注入"源头活水"

特色馆藏建设已成为当今图书馆建设的主流之一。近年来，湖南省各公藏单位均采取不同措施，扩充馆藏。湖南图书馆积极开展古籍征集工作，重点采取购买、接受捐赠、缩微、交换等方式征集地方史志与湖南家谱；又竭力拓宽渠道，通过天心阁古玩市场、捞刀河湖湘文化市场、湖南省古籍书店、孔夫子旧书网等途径多管齐下，抢救流散古籍。2015年伊始，湖南图书馆涉足拍卖领域，不断参加北京、上海、湖南等地拍卖公司的古籍拍场，

征集模式实现新突破。长沙市图书馆每年筹集经费100万用于古旧文献征集，采购了一大批具有长沙地域特色的珍贵文献。

二、古籍普查登记扎实推进，为古籍工作奠定"稳固基石"

古籍普查是古籍开发利用、保存保护的基础工作。早在2013年，省图书馆就完成了《湖南图书馆古旧文献目录丛编》出版工作，全馆80万册古旧文献资源得到系统梳理。

截至目前，全省近70家公藏单位完成古籍普查，录入数据81000余条，其中54家单位完成普查登记目录出版。普查过程中，一批尘封在库房里的珍贵善本，如乾隆禁毁书、湖湘名人著述、地方刻书等，首次呈现在世人面前，使湖南古籍收藏品种、质量都有所提升。经过多年努力，《湖南省古籍线装书联合目录》拟于2023年正式出版，届时湖南古籍普查成果将得到全面揭示。

三、古籍修复工作稳步开展，"妙手书医"各显其能

十五年来，全省古籍修复在人才队伍培养、环境设施改善、操作流程规范、人员管理水平等方面均有大幅度提升。2016年6月，"国家级古籍修复技艺传习中心湖南传习所"揭牌成立，导师师玉祥同志在湖南图书馆开展古籍修复师带徒活动，使湖南省古籍修复工作迈上新台阶。

传习所常年举办古籍修复培训班，为档案系统、市县图书馆培训各类学员二十余人，并定期开展古籍修复技艺演示与体验活动，重点开展湖南图书馆藏明写本《滩头孔氏族谱》、凤凰县图书馆镇馆之宝——《致贵州提督田兴恕手札》稿本、清康熙刻本《道国元公濂溪周夫子志》等大型修复项目。2020年，传习所进行了古籍修复盥洗间改造及古籍纸张实验室建设。

为充分发挥省中心职能，传习所还建立了灵活机动、反应迅速的突发性古籍抢救和事故预防机制。在传承发扬古籍修复技艺的同时，不断增强自身技术力量，利用现有设备，为省内其他单位提供技术支持。2017年抢救东安县图书馆浸水古籍209册，2018年抢救湖南第一师范学院图书馆浸水古籍403册，使损毁严重的古籍得到及时处置，为突发事故应急处理积累宝贵经验。

四、编纂实施保护服务规范，主动为古籍工作"保驾护航"

我国疆域广阔，古籍资源分布不均衡，各地经济发展水平、政府管理与服务效能也有较大差异。因此，在制定古籍保护政策时，应采取因地制宜，灵活机动的办法，根据本地区实际发展情况设计、完善地方性标准，促进古籍保护事业高效协调发展。2020年4月，由湖南图书馆编纂的《古籍保护与服务规范》，经省市场监督管理局批准，面向全省发布，于当年7月正式实施。这是国内第一部有关古籍保护与服务的地方性标准，结合了湖南古籍保护的特点难题，一定程度上具有行业先锋和引领示范作用。该标准规定了古籍征集、普查登记、分级保护、库房管理、古籍修复、缩微与数字化、人才队伍建设、古籍服务等内容。该标准强调古籍的文化服务功能，兼顾藏用，具有创新价值和现实意义，为下一步湖南古籍保护地方性法律法规建设打下基础。

五、古籍宣传推广多措并举，让古籍观念"走进生活"

为弘扬湖湘文化，贯彻落实习近平总书记关于传承和弘扬中华优秀传统文化重要讲话精神的号召，全省各公藏单位一直坚持以展览、讲座、新媒体推荐、古籍修复技艺展示等大众喜闻乐见的方式开展古籍保护宣传推广活动，讲好湖湘故事。如湖南图书馆组织拍摄了《传承湖南文化脉络　荟萃三湘文献精华——湖南省珍贵古籍掠影》《馆长晒国宝》等宣传片；联合湖南人民广播电台年代音乐台推出60期《湘图典藏》系列广播节目；每年至少举办两三次大型古籍展览和十余次古籍修复演示、拓片制作体验活动，为大众提供近距离接触传统典籍与文化的机会，迄今已举办大型公益展览三四十场，在学校、书院、国金中心等场地开展古籍修复演示活动七十余次。尤其值得一提的是，2016年元月，"册府千华——湖南省藏国家珍贵古籍特展"在省图书馆开展，省内17家重要古籍收藏单位积极参展，展出珍贵古籍150余部，是我省历年来展出珍本数量最多、价值最高、规模最大的一次。

除省图书馆外，湖南师范大学图书馆、长沙市图书馆、衡阳市图书馆、省委党校图书馆等单位也不断通过展览、讲座、微信推荐、视频拍摄等手段宣传馆藏。这些活动体现了图书馆服务由静态向动态的转变，强化图书馆传承文明、保存文化的职能，为普及古籍保护意识、提升公众鉴赏品位搭建起专业平台。

在古籍保护宣传中，受众最多、最能引起观众兴趣的是古籍修复。为此，省古籍保护中心专门拍摄了宣传片《延续文献载体　传承民族文化——湖南图书馆的古籍修复工作》，向兢兢业业从事古籍修复工作的图书馆"匠人"致敬。湖南卫视、湖南经视、文汇报、潇湘晨报、湖南日报、人民网、光明网等重要媒体也多次对我省古籍修复活动进行报道，对话老中青三代修复师，让这项传统技艺逐渐走入大众视野，树立修复工作者"为古籍续命"的良好社会形象。

六、古籍整理出版成果丰硕，让珍贵典籍"活在当下"

湖南省古籍资源丰富，加强各古籍收藏单位之间统筹协作，优势互补，为今所用，是古籍开发利用的一项重要课题。近年来，全省各古籍收藏单位积极对馆藏文献进行整理出版，推动学术研究与文化交流。其中，湖南图书馆在影印出版、整理点校、目录编纂等方面取得丰硕成果，先后影印出版《曾国藩手札集》、《五色抄本〈周易〉》、《湖南图书馆藏稀见方志丛刊》（全六十八册）、影宋抄本《重续千字文》等珍贵文献，整理出版《湖南文献撷珍》《湖湘历史名人家书》《湖南家谱家训选》等著作，为《郴州通典》《中华医藏》《湖湘文库》等文化工程提供大量底本。湖南省社会科学院图书馆编纂《典籍聚珍》，该书名家稿抄部分收录陶澍、魏源、曾国藩、左宗棠、郭嵩焘、谭嗣同等晚清近代湖湘名人手稿、信札、日记，极具史料价值。湖南师范大学也为该校入选《国家珍贵古籍名录》的善本编辑出版了图录。

七、古籍人才队伍日益壮大，让古籍保护事业"薪火相传"

湖南省古籍保护中心十分重视古籍人才培养，致力于多层次、多渠道搭建古籍人才队伍。2007年以来，湖南古籍工作者超200人次参与了国家古籍保护中心主办的各类业务培训班，内容包含古籍编目与鉴定、古籍修复、古籍数字化等诸多方面。省中心也多次举办覆盖全省14地州市的古籍保护培训班，培训学员500余人次。通过查缺补漏，不断进行培训学习，湖南古籍保护工作者业务素质得到整体性提升，人才队伍结构优化，布局合理。

此外，为适应新形势发展，省内各公藏单位主动与时间赛跑，加快古籍数字化进程。如湖南图书馆重点开展字画、家谱数据库建设。湖南师范大学图书馆、湖南省社会科学院图书馆、长沙市图书馆、衡阳市图书馆等单位也在条件允许的情况下，相继开展特色馆藏数字化加工。

湖南图书馆还深入挖掘古籍的价值内涵和文化元素，积极推进跨界合作。2018年发布文创商标"难得湖图"以及动漫形象

"湘湘""图图"，举办了"难得湖图"IP创意征集活动，文创产品开发初显成效。

古籍保护贵在具备坚守传统之心，汇聚创新之力。站在当下，湖南省古籍保护工作者面对新时代，顺应新发展，必将踔厉奋发，笃行不息。我们要不断加大古籍保护、研究、宣传力度，不断探索传统文化现代化、专业知识大众化，挖掘传统典籍所蕴含的思想精髓、文明观念，使之化一为百千，变小众为大众，让中华优秀传统文化更加深入人心。

刘雪平

湖南图书馆（湖南省古籍保护中心）

这十五年，从古籍普查到分省卷编纂，湖南省古籍保护工作在探索中快速发展

湖南全省各公藏单位藏有古旧文献约120万册件，主要集中在湖南图书馆、湖南师范大学图书馆、湖南省社会科学院图书馆，而湖南省博物馆、湖南大学岳麓书院、邵阳市松坡图书馆、武冈市图书馆、凤凰县图书馆、祁阳县图书馆、溆浦县图书馆、新化县图书馆等单位的古籍数量亦以万计。全省古籍善本达6000部以上，其中宋元刻本约40部，明刻本2000余部，湖湘名人稿本、信札、家谱等富有地方特色的文献也蔚为大观。

一、湖南省古籍普查工作：经历三个阶段，探索中取得硕果

自2007年"中华古籍保护计划"启动以来，湖南省古籍普查工作大致经历了三个阶段，其中既有曲折，也有经验。2007年10月湖南省文化厅（现文化和旅游厅）发布《关于做好古籍普查和保护工作的意见》，2009年6月湖南省古籍保护中心正式成立，负责全省古籍保护的组织、协调、督促及指导工作。这是湖南省古籍普查的宣传及调查阶段。

通过宣传、摸底及各单位自行申报，统计全省约有60余家单位藏有古籍。2009年7月，"第九期全国古籍普查培训班"在湖南图书馆举办，湖南省古籍普查工作也随之全面展开。为了保证普

查工作的顺利进行，湖南省古籍保护中心除派员参加国家古籍保护中心举办的各种培训班外，也在湖南图书馆及衡阳市、邵阳市、湘西土家族苗族自治州等地区举办了多期古籍著录培训班。之后数年，全省有30余家单位向省中心提交了馆藏古籍目录，然除湖南图书馆、湖南省社会科学院图书馆、湖南中医药大学图书馆、湘潭市图书馆、衡阳市图书馆、邵阳市松坡图书馆、祁阳县图书馆、溆浦县图书馆等单位原有目录较为完善外，其余单位的目录，或因著录差错较多，或因著录项目不完备，都有重核及补充的必要。在此期间，国家古籍保护中心的著录规则、款目也在不断调整变更完善之中。这是湖南省古籍普查工作的探索发展阶段。

2013年以后，湖南省古籍保护中心针对古籍著录须具备较丰富的古文献知识，而各基层图书馆缺乏古籍专业人员，短期培训无法达到预期目标的现状，不再要求各单位自行著录、上交数据，而是直接派员下至各单位帮扶著录。这种方式既可保证著录质量，加快工作进展，又可了解基层单位古籍保护状况，发现隐患并及时指出纠正，同时也便于掌握各单位古籍质量，发现其珍贵馆藏。至2016年12月，湖南省古籍保护中心基本完成全省的古籍普查登记工作。这是湖南省古籍普查工作的快速发展阶段。

各单位古籍普查登记完成后，其数据上交省中心，由省中心审校后再提交国家中心。以往湖南省古籍保护中心每接收一家单位数据后即展开审校，每条数据皆一一进行校对。由于数量巨大，不同单位的同条数据往往须重复审核若干次，进展极其缓慢。2016年7月，"第十五期《全国古籍普查登记目录》审校人员培训班"在长沙举办。在吴格先生的指导下，我们将所有单位数据按著者统一排列，将不同单位同一著者的所有著作及其版本集中于一处，既便于发现异同及问题，又可一次性统一修改。凡有疑问处，则核对"全国古籍普查登记基本数据库"及"学苑汲古——高校古文献资源库"等大型数据库；无法确定者，则返回各单位核对原书。此举大大提高了工作效率，2017年3月，全省数据审校工作顺利完成。

古籍普查是古籍阅览、保护、开发的最基础工作。通过普查，各单位加强了古籍保护意识，了解了本单位古籍收藏数量、质量及保护状况，掌握了基本的古籍保护知识。各单位之间的联系也得到加强，工作中每每遇到疑难问题及突发事故，都会主动与省古籍保护中心联系，避免或减少对古籍的损害。在此期间，湖南省有两家单位近千册古籍发生浸水事故。接到求援信息后，省中心及时委托湖南省古籍修复技艺传习所通过各种方式，免费对浸水古籍进行抢救，数月后，这批古籍被完好无损地送归原单位。

古籍普查还帮助收藏单位摸清了家底，使一些原不为人所知或原以为失传的珍贵文献得见天日。2014年10月，湖南省古籍保护中心在对湖南大学岳麓书院存藏古籍进行普查时，发现元泰定三年庐陵武溪书院刻《新编古今事文类聚新集》三十六卷《外集》十五卷一部14册，又在湖南省博物馆发现元刻残本二种3册，使湖南省宋元刻本收藏单位增至四家。又如清攸县胡作传《独秀轩文集》一卷（清康熙刻本）、酃县周士仪《史贯》十一卷（清康熙刻本）、湘潭刘授易《损斋诗集》十二卷（清康熙刻本）、长沙廖元度《覆巢余笔》一卷（清乾隆长沙际恒堂刻本）、安乡刘之珩《刘钝轩先生格物集》四卷（清乾隆刻本），皆为乾隆禁毁书，普查过程中分别在湖南图书馆、湘潭市图书馆、澧县图书馆发现。宁乡人王文清是清前期湘籍经学大师，所著《仪礼分节句读》是湘人治《仪礼》的先声，此书原被学界认为失传，今在湖南师范大学图书馆发现清乾隆十二年（1747）刻本一部。邵阳贺金声是清末湖南“扶清灭洋军”首领，今于邵东县图书馆发现其文集抄本一册。而中共湖南省委党校图书馆所藏王夫之《夕堂永日绪论》二卷、《船山鼓棹》一卷，乃清康熙四十九年（1710）湘西草堂刻本，为该书最早版本。凤凰县图书馆藏有清同光间知名人物致贵州提督凤凰田兴恕书信数百页，多有关贵州平苗及教案信息，史料价值很高。

普查工作也使省中心对各馆藏书来源、质量、特色及保护状况有了大致了解。如湖南图书馆善本古籍以长沙叶氏捐赠为基础，湘中幼专古籍主要来源于邵阳曾寿麟原藏，凤凰县图书馆多民族文献，龙山县图书馆多湘人著述，武冈市图书馆多科举试卷等。至2021年底，湖南省古籍普查及《古籍普查登记目录》编纂出版工作皆已完成。除湖南图书馆、湖南省社会科学院图书馆独立成书外，其余单位按地区合并五种，分别为长沙市·株洲市·湘潭市、衡阳市·永州市·郴州市、邵阳市·娄底市、岳阳市·常德市·益阳市·怀化市、湘西土家族苗族自治州，共计10册，收录湖南省古籍普查数据近8万条。

古籍普查之外，湖南省古籍保护的其他工作也顺利进行。全省共有319部古籍入选一至六批《国家珍贵古籍名录》，湖南图书馆、湖南师范大学图书馆、湖南省社会科学院图书馆等3家单位入选"全国古籍重点保护单位"。文献修复、古籍数字化、整理出版、人才培养、宣传推广诸方面工作扎实推进，古籍保护意识深入人心，古籍保护成果有目共睹。

二、编纂《中华古籍总目·湖南省卷》

《中华古籍总目·湖南省卷》编纂工作包括古籍著录、分类、款目组织、索引编制四个环节。在完成全省大部分单位或主要单位所藏古籍普查之后，湖南省古籍保护中心即开始着手编纂《中华古籍总目·湖南省卷》，并在此基础上建立湖南省古籍书目数据库。

古籍普查登记目录是各单位的古籍财产目录，一部古籍是否具有复本，及其残缺破损状况，都须登录在案。条目以各书排架顺序为次，不必进行分类及款目组织。而分省卷则是全省古籍的联合目录，是一部分类准确、款目组织科学有序的分类目录。它既是读者按图索骥的工具书，也是"辨章学术、考镜源流"的学术史。两者功用不同、难易有别。湖南省分省卷工作程序包括古籍著录、分类、款目组织、索引编制四个环节。其中著录是最基础、最艰巨环节，应在古籍普查及审校阶段完成。

分省卷编纂具有以下几个步骤：

一是成立编纂办公室。分省卷编纂人员应精练，设立经、史、子、集、丛、新学分部主编及总校。总校除负责分类表、著录规则的确定，对条目进行最初归类外，还应在工作中解难定歧，并最终通校全书。分部主编则需根据各部条目数量、分类及款目组织的难度确定，如子部书类目多而条目少，分类难而款目组织易；集部书条目多而类目少，分类易而款目组织难；史部条目多、类目亦多；经部、丛部条目较少，但子目多，费眼力。办公室成员应集中办公，且先进行必要的集中培训，以便在工作中随时发现问题并形成共识。

二是剔出复本。将各单位古籍普查登记条目剔出复本，并删除各条目的索书号、册数。每条目后都需著录收藏单位，收藏单位的著录可采用简称形式。

三是条目合并。先将剔出复本后各单位条目按作者混排在一起，再将同一图书的同一版本进行归并，将不同收藏单位著录于同一条目之下。归并工作须极谨慎，凡不能确定为同一图书同一版本者，不要勉强合并，应当核对原书或参考他家目录及工具书。仍不能确定为同一图书同一版本者，则保留不同的条目。同一图书同一版本若有不同批校题识、钤印或朱印、蓝印者，可当不同版本处理。同一版片前后印刷的条目应当保留。

四是分类。先由总校按六大部类大致分类，再交由各分部主编细分及进行款目组织。目录的"辨章学术、考镜源流"功用主要通过分类及款目组织体现。以往一直没有一部全国统一的古籍分类法，各收藏单位古籍藏量、品种不一，对分类法类目设置及分类级次也有不同要求，不同分类人员对同一古籍归类也往往有不同理解。全省联合目录仅根据各单位上呈条目进行编纂，常常不能见到原书，需根据书名推测其内容，而很多书名不能反映内容，甚至误导内容。虽然有一些工具书或别家目录、数据库可供参考，然亦有无迹可寻者，需要分编人员根据图书内容确定其类目归属。各分部主编须对全书类目都有所了解，对总校归类不准确的图书进行部类调整，并根据条目具体情况增加、删并、调整本部类目。

五是款目组织。分类工作完成后，某一类目下会聚集数十条，甚至数百条条目。款目组织就是让同一类下众多条目科学有序排列。在分类过程中，不同的操作者主观性较强，同种图书往往不同编目人员归入不同类目。但款目组织有一定规律可循，可以实现大致划一的目标。《中华古籍总目分类款目组织规则》所拟定的款目组织原则可供遵循。

六是制作索引。湖南省卷拟按书名，著者，刻工，刻书、印书、版藏堂号（机构），批校、题跋者，藏书者、藏书堂号等笔画笔顺制作索引。

三、新学图书的分类：设置"六不入"原则

目前关于"新学"的定义并不明确，湖南分省卷设置"六不入"原则，对其进行界定，即：明末清初传教士及信众所著所译之书不入新学；道光末年鸦片战争后，林则徐、魏源等人所著介绍西方地理、历史之书不入新学；外国人所著介绍中国传统文化之书不入新学；中国人所著所编中学为主、西学为用，以西阐中、贬西扬中之书不入新学；中国人所著所编内容涵括中、西之

书等，如《中西时务汇编》不入新学；四部分类法中有类可入之书不入新学，如经部语言文字类"译语"，子部宗教类"西教"、史部地理类"外纪"等类。另中国人所著介绍"新学"之书可入新学。各单位根据馆藏，可自行增加新学类目。

寻霖

湖南图书馆（湖南省古籍保护中心）

旧邦文献　晖光日新

——广东省古籍保护中心古籍保护工作十五年回眸

　　我国是历史悠久的文明古国，拥有卷帙浩繁的古代文献典籍。这些古籍是中华民族在数千年历史发展过程中创造的重要文明成果，是中华文明的根脉所系。加强古籍保护、守护文献典籍，是图书馆的一项神圣使命。自2008年3月广东省古籍保护中心（以下简称"广东省中心"）成立以来，在文化和旅游部、国家古籍保护中心、广东省政府、广东省文化和旅游厅的指导支持下，广东省中心组织全省古籍收藏单位科学、规范、有序地开展中华古籍保护工作，在古籍普查、古籍修复、古籍整理出版、古籍数字化、古籍人才队伍建设、古籍宣传推广、粤港澳大湾区古籍保护交流与合作等方面，取得了显著成绩。广东省古籍保护工作迈上一个新台阶。

一、深入开展古籍普查，掌握全省古籍存藏情况

　　开展古籍普查是"中华古籍保护计划"的重要内容，也是古籍保护工作的重要基础。按照文化部（现文化和旅游部）《全国古籍普查工作方案》、国家古籍保护中心《关于加强古籍普查登记审校工作的通知》等文件精神，广东省中心于2008年12月制定《广东省古籍普查方案》，2012年补充制定《广东省古籍普查登记工作方案》，并以"广东省古籍普查科研立项"为抓手，积

极组织开展全省古籍普查工作。

至2020年底，全省49家古籍收藏单位8万多部古籍的普查登记任务已全部完成，先后编辑出版《广东省立中山图书馆善本书目》（2012年）、《暨南大学图书馆古籍普查登记目录》（2017年）、《广东省佛山市图书馆等八家收藏单位古籍普查登记目录》（包括佛山市图书馆、广州图书馆、江门市新会景堂图书馆、汕头市图书馆、汕头市金山中学、东莞图书馆、韩山师范学院图书馆、广东外语外贸大学图书馆，2018年）、《广东省社会科学院图书馆古籍普查登记目录》（2021年）等普查成果。

与此同时，按照国家古籍保护中心关于编纂《中华古籍总目·分省卷》的具体要求，广东省中心积极开展《中华古籍总目·广东卷》编纂工作，以每一个古籍收藏机构为独立单位，在原有普查数据基础上，增加分类、行款等著录项目，丰富书目内容，分期分批编辑《广东省古籍总目·分馆卷》，以便汇总形成《中华古籍总目·广东卷》，建立起著录规范、分类合理、数据准确、内容丰富的广东全省古籍"户口本"，为全面、准确地掌握全省古籍的数量、价值、分布、保存状况等基本情况，进一步开展古籍分级保护工作打下坚实基础。

二、以国家级、省级珍贵古籍名录和重点保护单位的申报评审为基础，扎实推进实施全省古籍分级保护制度

2008以来，广东省中心在逐步开展全省古籍普查的基础上，先后组织完成三批"全国古籍重点保护单位"和六批《国家珍贵古籍名录》的申报工作。广东省立中山图书馆、中山大学图书馆，华南师范大学图书馆、暨南大学图书馆，广东省社会科学院图书馆5家单位分别入选第一批、第二批、第六批"全国古籍重点保护单位"；全省342部古籍入选第一至第六批《国家珍贵古籍

名录》；又组织完成两批"广东省古籍重点保护单位"和《广东省珍贵古籍名录》评审，共有23家单位、1864部古籍先后入选第一批、二批"广东省古籍重点保护单位"和《广东省珍贵古籍名录》，两批省级名录的《图录》也先后编纂出版。

在此基础上，广东省中心积极争取财政专项资金，实施广东省珍贵古籍分级保护制度，为入选国家级和省级珍贵古籍名录的善本配置专门装具，确保古籍实体安全；定期检查其存藏状况，对破损严重的善本进行科学、规范的抢救性修复。

三、以建设"国家级古籍修复中心"为目标，带动全省古籍修复工作全面均衡发展

广东省中心一直致力于古籍修复工作的科学化、规范化建设。目前已建立了368平方米的古籍文献修复室；配备有纸张测酸仪、纸张测厚仪、数字水分仪、自控式杀虫防霉机、进口切纸机、纸张抗张强度试验机、电热恒温鼓风干燥箱、白度颜色测定仪、耐折度仪、造纸纤维测量仪等仪器设备；共有专职修复编制8名，特聘专家导师1名，积极开展善本古籍、普通古籍、书画、报纸、舆图等多种文献的修复工作，参与研制《图书馆古籍虫霉防治指南》，并于2020年10月获广东省可移动文物修复资质。

此外，广东省中心分别于2013年和2017年启动实施"广东省基层图书馆古籍修复能力提升计划"和"广东省基层图书馆古籍库房和阅览空间提升计划"，在全省基层建立了21家专业古籍修复室，更新改造14家基层图书馆古籍库房和阅览室，有效提升全省基层图书馆古籍预防性保护和原生性保护整体水平，强化基层图书馆古籍保护综合能力，构建以省馆为中心、覆盖全省各地的古籍保护网络，推动全省古籍保护工作可持续开展。

四、积极推进"广东省古籍地方文献整理出版计划"，加强古籍再生性保护和揭示利用

广东省中心依托丰富馆藏古籍和地方文献资源，与各地方政府部门、文化机构、高校合作，以区域文献和专题文献为中心，策划实施"广东省古籍地方文献整理出版计划"，完成多项古籍地方文献整理出版项目。继《广州大典》（520册）之后，编辑出版《中山文献》（第一至二辑共110册）、《东莞历史文献丛书》（第一辑47册）、《茂名历史文献丛书》（30册）、《韶关历史文献丛书》（55册）、《中国近代城市史料丛刊·广州卷》（第一至第二辑100册）、《清代稿钞本》（第一至八辑400册）、《民国稿抄本》（第一至二辑共100册）、《黄埔军校史料汇编》（第一至第五辑152册）、《旧报新闻——清末民初画报中的广东》（3册）、《杜定友文集》（22册）、《时事画报》（10册）、《葡萄牙驻广州总领事馆档案》（193册）、《中国古籍珍本丛刊·广东省立中山图书馆卷》（62册）、《近代华侨报刊大系》（第一至第三辑105册）、《海外广东珍本文献丛刊》（第一辑40册）、《广东省政府公报》（160册）、《广东民国年鉴丛编》（15册）、《永安月刊》（10册）、《广东省立中山图书馆藏黄牧甫印谱九种》（2册）、《华南抗战时期史料汇编》（第一辑50册）、《狷斋丛稿》（6册）、《广州市市政公报》（90册）、《中国近代教育史料丛刊·韩山师范学院卷》（18册）等多种大型地方文献丛书。先后荣获2014年度全国优秀古籍图书一等奖、二等奖，2015年度广东省第六届哲学社会科学优秀成果三等奖，2015年度全国优秀古籍图书二等奖两项，2016年度全国优秀古籍图书一等奖，2022年度广东省政府出版奖等奖项。古籍整理出版成果丰硕，影响广泛，充分发挥图书馆在保存文献、传承文明、服务社会方面的重要作用。

五、加快古籍数字化建设，促进古籍数字资源开放共享

广东省中心结合古籍、地方文献整理出版和文献缩微业务，持续推进古籍、地方文献数字化工作，自建"缩微文献全文数据库"（收录古籍地方文献120万拍），与中山大学图书馆、广州图书馆合建"《广州大典》数据库"（收录广州历代古籍3000余种），并与香港、澳门公共图书馆通过发布共享形式，为粤港澳地区读者联合提供服务。积极参与中华古籍影像和全文数据库建设，促进古籍数字资源向全社会开放共享。

六、加强古籍保护人才培养，切实提升基层图书馆古籍保护能力

人才培养是古籍保护工作科学持续发展的重要基础。广东省中心一直将人才培训作为一项重要工作内容开展，为全省古籍保护人才队伍建设做出积极努力。2014年，广东省立中山图书馆入选"国家古籍保护中心人才培训基地"；2015年，国家级古籍修复技艺传习中心广东传习所成立；2016年11月，与南京艺术学院合作建立"文物鉴赏与修复专业教学实践基地"。广东省中心先后举办古籍和民国文献修复、编目、鉴定、整理等各种古籍保护培训班27期，累计培训全省乃至全国古籍从业人员700余人次。同时依托"广东省基层图书馆古籍修复能力提升计划"，通过集中授课培训、"一对一跟班培训"和网络在线培训等形式，有针对性地帮助基层各级古籍收藏单位进行人才培养，提升基层单位古籍保护工作专业水平。

七、加大古籍保护宣传推广力度，深入挖掘中华古籍深厚文化内涵

为更好地提高社会公众的古籍保护意识，广东省中心不断加大社会宣传力度，通过讲座、展览、公众演示、读者体验等一系列活动，广泛宣传古籍保护知识与意义，进一步拉近古籍保护与社会大众的距离。自2012年起，广东省馆联合各地图书馆、高校和中小学，连续十年在全省和澳门地区策划组织"书香古韵——中华古籍之魅力"古籍修复技艺演示和读者体验项目活动60余场。活动内容包括古籍修复技艺演示、古籍珍本展示、古籍鉴定、碑刻传拓、雕版印刷和线装书装订的演示与体验，以及古籍保护成果展览、古籍知识讲座、古籍知识有奖问答等，吸引了大量读者、学生的参与观摩，受到广泛好评。"书香古韵——中华古籍之魅力"读者体验活动荣获"2019年广东图书馆学会阅读推广优秀项目一等奖""2020年中国图书馆学会阅读推广示范项目"。

此外，2019—2022年，广东省中心连续四年在全省范围内联动各地图书馆组织开展"中华传统晒书活动"，策划举办"岭海揽珍——广东省立中山图书馆藏珍贵古籍特展暨广东省古籍保护成果展""吉金墨韵——容庚先生旧藏铜器拓片展"；开展"国粹经典 翰墨流香"《中华传统文化百部经典》教育推广系列活动，举办"广东省第一届中华传统文化百部经典知识大赛"，以及相关主题讲座、展览。2019年起，还将广东省入选《国家珍贵古籍名录》的善本陆续在"学习强国"平台进行推送介绍，促进社会公众提高古籍保护意识。

八、加强粤港澳大湾区在古籍保护领域的交流合作，助力共建"人文湾区"

广东省馆作为粤港澳文化交流示范点，积极与香港、澳门

地区的公共图书馆、大学图书馆等文化机构合作，开展珍稀档案文献的征集、整理、出版，举办各种古籍地方文献展览和体验活动，先后与澳门基金会、澳门大学图书馆合作开展"葡萄牙驻广州总领事馆档案"征集整理出版工作；与香港和澳门地区的公共图书馆、高校图书馆合作举办"广州十三行图片文献艺术展""纸上风云——辛亥革命在广东""纸上留声——粤剧粤曲文献文物展""墨香古韵——岭南碑刻拓片展""旧报新闻——清末民初画报中的省港澳""岭海揽珍——粤澳珍贵古籍特展"等展览；"书香古韵——中华古籍之魅力"系列活动也多次走进澳门公共图书馆和大学图书馆，让港澳市民更深入了解中华优秀传统文化，对加强粤港澳三地文化交流起到积极作用。

广东省中心还按照《粤港澳大湾区文化和旅游发展规划》中"大力塑造湾区人文精神"的要求，"加强古籍保护、研究、利用，深入开展历史文化、文物资源普查、保护，促进资源共享、活化利用"，组织编纂《粤港澳大湾区藏国家珍贵古籍名录图录》《粤剧文献总览》，进一步加强粤港澳三地古籍地方文献资源的整理开发和宣传推广，弘扬中华优秀传统文化，为"人文湾区"建设注入精神动力。

奋进新时代，再创新篇章。当前是我国由全面建成小康社会向基本实现社会主义现代化迈进的关键时期，是"两个一百年"奋斗目标的历史交汇期。广东省中心将以习近平新时代中国特色社会主义思想为指导，牢记总书记关于古籍工作的重要指示精神，做好新时期古籍保护工作，为"滋养民族心灵，培育文化自信"和"传承中华文明，提高国民素质"，做出更大贡献。

广东省立中山图书馆（广东省古籍保护中心）

磨砺十五载　芸帙更披香
——广西古籍保护工作十五年成就

中华文化历史悠久，光彩夺目，中华古籍包罗万象，历久弥新。广西作为少数民族聚居区，民族古籍资源丰富，2007年"中华古籍保护计划"实施以来，广西在古籍保护机制建设、人才培养、软硬件条件等方面获得显著进步，在宣传推广、古籍研究等方面取得丰硕成果。

一、建立健全广西古籍保护工作机制

通过建立广西古籍保护工作厅际联席会议制度、设立广西古籍保护中心、成立广西古籍保护工作专家委员会，使广西古籍保护工作向制度化、规范化发展。特别是广西古籍保护中心的组建，使全自治区古籍保护在业务层面有了专门机构负责，古籍普查登记、人员培训、目录编纂等工作有了统筹规划，有力推进广西古籍保护工作有序开展。

二、古籍保护经费投入力度显著增强

在2007年以前，广西没有古籍保护专项经费，各收藏单位从其他经费中不定期给予少许投入。"中华古籍保护计划"实施以来，自治区层面将古籍保护工作列入财政预算，各级政府也纷纷加大投入。据不完全统计，2007年以来，全自治区投入古籍保护经费1000多万元，其中自治区本级累计投入超过840万，为广西古籍保护工作顺利开展提供必要的经费支持。

三、以评促建，建立分级分类保护体系

广西积极组织开展国家和自治区珍贵古籍名录、古籍重点保护单位、古籍修复中心的申报评审工作，推动各古籍收藏单位改善古籍存藏条件，带动全区古籍保护工作科学、全面、可持续开展。现广西共有84部古籍入选《国家珍贵古籍名录》，4家单位入选"全国古籍重点保护单位"。结合实际，广西还组织了广西古籍重点保护单位、《广西珍贵古籍名录》、自治区级修复中心的评审工作，共评出《广西珍贵古籍名录》古籍372部、广西古籍重点保护单位6家、自治区级古籍修复中心4家。

四、完成古籍普查工作，摸清广西古籍家底

通过动员收藏单位自行登记和委派专家下基层辅导相结合的方式，用十年时间，克服种种困难，到2017年12月，完成全自治区45家收藏单位27000多部古籍的普查登记工作，全面掌握自治区古籍的数量、版本、分布、保存现状等基本情况，如期完成国家古籍保护中心布置的任务，结束我区古籍"家底不清"的不利局面，广西古籍保护工作取得阶段性成果。

五、改善古籍存藏条件

结合古籍重点保护单位的评审要求，广西各收藏单位尽可能对古籍书库进行标准化改造。以新馆建设或改扩建为契机，广西

图书馆、桂林图书馆、广西师范大学图书馆、柳州市图书馆等根据《图书馆古籍书库基本要求》（GB/T 30227-2013）均已兴建新的古籍书库，更新古籍书柜等设施设备，大幅度改善古籍保管保护条件。

六、建立专业化古籍保护人才队伍

2007年以来，自治区通过"中华古籍保护计划"参加全国性古籍普查、版本鉴定、古籍修复、传拓、编目、数字化、传统文化推广等内容的培训80批次、共249人次。自治区古籍保护中心主办全自治区性古籍培训11批次，累计参训人员达635人次。另外广西还通过与高校合作、承办全国性培训等形式，培养了一批古籍保护专业技术人才，提升了广西古籍保护工作整体水平。

七、古籍保护宣传推广成效显著

通过展览、讲座、现场体验等方式，普及古籍保护知识，利用新媒体开展古籍保护类阅读推广活动，增强全社会古籍保护意识。中心网站及时通报古籍保护工作动态，展示保护成果，已经成为广西古籍保护的重要窗口。十五年来，仅广西古籍保护中心就组织开展各类宣传推广活动43场，媒体报道79次。如今，全广西各古籍存藏单位已将古籍保护和利用作为工作重点，将与古籍保护相关的活动、合作、交流作为行业亮点，让古籍元素从"深闺"走向开放、走近大众，提升公众古籍保护意识，提高古籍保护工作知名度。

八、整理、研究、开发结出累累硕果

在完成普查保护工作的基础上，自治区古籍保护中心组织整理出版了《广西文献名录》《广西壮族自治区珍贵古籍名录》《芸阁菁华——广西壮族自治区图书馆古籍珍品》《广西桂林图书馆馆藏珍贵古籍名录图录》《广西壮族自治区古籍保护中心成立十周年文集》等一批阶段性研究成果，其中《第一批广西壮族自治区珍贵古籍名录》荣获自治区第十二次社会科学优秀成果三等奖。又通过与广西桂学研究会、广西地方志办公室等单位合作，影印出版了《桂学文库：广西历代文献集成》《广西古籍丛书》等大型丛书。

广西壮族自治区图书馆

（广西壮族自治区古籍保护中心）

躬耕琼岛　踵步不休
——海南省古籍保护工作十五年回顾

　　悠悠上万年，遥遥数千里。在漫长而久远的历史进程中，海南岛虽孤悬海外，却始终与中原文化联系紧密，与中华文明一脉相承，传承着中华文化的优秀基因。同时，受海洋文化、黎族文化、移民文化、南洋文化等多元文化影响，在交流融合中发展形成独特的以中华文化为正统的海南文化。

　　2007年，国务院办公厅印发《关于进一步加强古籍保护工作的意见》，拉开了"中华古籍保护计划"的帷幕。全国最年轻的省级公共图书馆——海南省图书馆也在这一年的十月成立开馆。开馆之初的工作千头万绪，海南省古籍保护工作从那一刻起克服重重困难，在探索中迈出坚定步伐。2007年起，省图书馆开始派员参加国家古籍保护中心举办的古籍普查、古籍修复、古籍编目等专题培训班，并将培训成果落实到岗位工作中。2008年，海南省古籍保护中心成立，挂靠于海南省图书馆地方文献与古籍部，承担全省古籍保护工作统筹推进和业务指导。十五年来，海南省古籍保护中心在古籍普查登记、人才培养、书库建设、宣传推广等方面开展一系列工作，取得较大发展。

一、启动普查"摸家底"

　　古籍普查是古籍保护的基础性工作，是古籍抢救、保护与利用工作的重要环节。因此，古籍普查登记是"中华古籍保护计划"的首要任务。在国家古籍保护中心的指导、省文体厅的领导下，海南省古籍保护中心组织开展全省古籍普查工作，对全省古籍存藏情况进行摸底调查。2009年1月，海南省首届古籍普查培训班开班，全省25家图书馆馆长、古籍工作人员50余人参加培训，通过培训推动古籍保护，特别是普查工作全面、科学、规范实施。两年后的2011年，海南省图书馆馆藏古籍全部录入古籍普查平台，进入审校环节。

在完成本馆普查任务后，海南省古籍保护中心继续履行职能，于2011年7月委派王冬梅、黄文锋前往琼台师范学院图书馆开展古籍普查工作。此后，省中心开始深入全省各类型图书馆、文博单位、科研院所和档案系统，协助其开展古籍普查登记工作。2017年12月，儋州市第一中学图书馆古籍普查收尾，全省普查任务基本完成。普查结果显示，海南11家古籍公藏单位、4家私藏单位共藏有古籍2294种24089册。

二、分级保护促成效

《国家珍贵古籍名录》是由国务院批准公布的我国现存珍贵古籍目录。海南省古籍保护中心积极组织全省珍贵古籍申报工作，迄今已有3种古籍入选《国家珍贵古籍名录》，分别是：海南师范大学图书馆藏明徐氏东雅堂刻本《昌黎先生集》、海南省民族博物馆藏明弘治十七年（1504）黄氏集义书堂刻本《大广益会玉篇》、明嘉靖至万历间复古斋刻本《诗法》。

与此同时，省中心厉行古籍分级保护，主动开展省级古籍重点保护单位和省珍贵古籍名录评审。2013年，在收藏单位、个人申报基础上，经专家评议，并报省古籍保护工作厅级联席会议审核批准，确定54种珍贵古籍入选首批《海南省珍贵古籍名录》，海南师范大学图书馆入选首批"海南省古籍重点保护单位"。

三、加强人才培养助发展

为加强古籍保护人才培养，海南省先后选派骨干员工40余人次，参加全国范围的古籍普查、编目、修复、数字化实地培训，及线上学习。又举办省内古籍保护工作培训班、座谈会12期，参训、交流学员250余人次。省中心派员赴省内古籍收藏单位开展实地业务指导、培训40余人次，实现岛内全覆盖。经过不懈努力，全省有1名古籍修复师被授予"南海工匠"荣誉称号，7名古籍保护工作者通过高层次人才认定，行业发展水平得到显著提高。

四、古籍存藏条件改善——升级提档

在各级政府和文化行政部门的支持下，十五年来，海南省古籍原生性保护条件得到明显改善。海南省图书馆建设了标准化古籍书库，配有樟木书柜书架、古籍专用展柜、恒温恒湿空调机组系统、臭氧消毒机、火灾自动报警系统、气溶胶灭火系统，以及红外线防盗报警系统等设备。

此外，海南大学图书馆新建标准化古籍书库；文昌市图书馆新增樟木书柜；海口市图书馆对原古籍书库进行升级改造，安装空调、窗帘，增置冷柜；海南师范大学图书馆在原有基础上新安装防紫外线窗帘，新置樟木书柜；海南省民族博物馆古籍书库配置了标准的消防系统、防盗设备、抽湿防霉设施，专门用于古籍存藏的文保楼也在建设当中。即使是古籍藏量较少的单位，如儋州市一中图书馆等，也非常重视古籍保护，采取有效措施，确保古籍安全。经过十五年努力，海南省古籍保护硬件条件得到显著改善，古籍保护理念在社会层面得到明显提升。

五、古籍修复——在发展中传承

海南地理位置特殊，高温高湿的气候环境非常不利于古籍保护，是以现存古籍多为破损状态，虫蛀、霉蚀是最为多见的破损类型，古籍修复成为古籍保护的重要一环。海南省古籍保护中心从建成伊始，就极为重视古籍修复工作，从零开始筹建古籍修复室。目前，海南省图书馆古籍修复室面积约90平方米，配备有较完善的修复设施、设备及工具。如：－40度冷柜、纸张测厚仪、纸张酸碱度检测仪、压平机、纸浆补书机、冷光补书板、起脊架、整理架、板墙、大红裱案等，可支持开展古籍、拓片、地图、地契及西装书的修复工作，也可承接学生、社会志愿者进行古籍修复培训与实践。截至2022年，全省共修复古籍70余册约8000叶。

六、古籍保护宣传——走向大众

中华典籍世代相传，保护古籍是为了让"书写在古籍里的文字都活起来"，化身千百，服务社会。海南省古籍保护中心注重通过多种手段开展古籍活化、利用、宣传推广工作，通过典籍展示、专题讲座、读者体验、媒体访谈、古籍文创产品开发等渠道方式，让公众领略古籍之美，共享经典智慧，传承中华文明。在"世界读书日""文化和自然遗产日"、春节等图书馆传统活动季举办的读者活动中，古籍保护是必不可少的主题，雕版拓印、古籍装帧体验是最受欢迎的形式，吸引了众多参与者。近年来，海南省古籍保护中心一方面自行举办了"影印文津阁《四库全书》图谱展""海南万里真吾乡——海南省图书馆馆藏苏东坡文献展"等古籍主题展览；一方面积极参与国家图书馆举办的系列宣传品牌，如"珠还合浦　历劫重光——《永乐大典》的回归和再造"线上展;"古籍保护 你我同行——古籍修复技艺进校园"活动,走进高校、中小学、幼儿园,采用现场演示、互动体验、展览讲解等多种形式,展示古籍修复、雕版刷印、古籍装帧制作等传统技艺。不同年龄段、不同学历层次的青少年亲身体验,开心互动,近距离感受中华优秀传统文化的独特魅力,真正了解、关注,并参与到古籍保护中来。

海南省图书馆(海南省古籍保护中心)

（全三册）的出版，为重庆市古籍普查画上圆满句号。至此，重庆市43家收藏单位的《古籍普查登记目录》全部出版完毕，共收录重庆市公藏古籍4.5万余部，63.5万余册。其中重庆图书馆古籍藏量23325部292381册。重庆市通过十年艰辛的普查工作，终于摸清了全市古籍收藏家底。

二、实践育人，率先完成碑帖普查

2014年，重庆图书馆响应第一次全国可移动文物普查工作号召，开始了本馆可移动文物普查工作。在此过程中，发现了一批珍贵碑帖，亟待深入整理、著录。在国家古籍保护中心的大力支持下，重庆图书馆有幸邀请到几位碑帖鉴定权威专家——国家图书馆冀亚平和卢芳玉、故宫博物院施安昌、上海图书馆仲威，对馆藏碑帖进行考察鉴定，为后续碑帖整理、修复及研究工作指明了方向。以此为契机，重庆图书馆在全国图书馆界率先开展了馆藏碑帖普查登记工作。

许多图书馆对于碑帖拓片的普查登记工作还处于摸索阶段，专业碑帖整理研究人员也相对较少。为了更好地对馆藏碑帖进行保护利用，重庆市古籍保护中心创新普查方式，将碑帖整理工作与人才队伍建设相结合，在国家古籍保护中心的大力支持下，分别于2015年6月、2016年5月，承办了第一期和第二期"全国碑帖编目与鉴定研修班"。第一期研修班在国家图书馆举办，为了确保碑帖拓片安全，重庆图书馆工作人员乘坐二十几个小时火车，将1570张珍贵碑帖拓片运送到北京，用于研修班教学。第二期研修班在重庆图书馆举办，仍然以馆藏碑帖拓片为教学材料。两期研修班通过理论学习、编目实践、实地参访等形式，培训学员70余人次，缓解了图书馆碑帖整理人才短缺压力，对提升全国碑帖整理研究人员的业务水平发挥了积极作用。同时，研修班的举办，获得了约3000条重庆图书馆馆藏碑帖基本数据，有力推进了重庆图书馆碑帖普查登记工作，成果斐然。

2017年，重庆图书馆终于完成了4000余种（件）碑帖拓片的全部普查登记工作，并于2019年初步完成数据审校。书稿提交国家图书馆出版社后，工作人员又反复打磨，于2021年9月赴国家图书馆与多位专家一起深入研讨修改中发现的问题，确定最终方案，力争使《重庆图书馆古籍普查登记目录·拓本卷》为此后碑帖普查推广铺平道路。作为全国第一家完成馆藏碑帖拓片普查登记的公共图书馆，重庆图书馆此举在全国图书馆界获得广泛好评。

三、奋楫笃行，古籍普查成效显著

"中华古籍保护计划"启动以来，重庆市古籍保护中心砥砺前行，在全市古籍普查整理、保护利用等方面，取得显著成效。

以古籍普查登记成果为基础，通过推进古籍书库建设、配置珍贵古籍装具等措施，进一步改善珍贵古籍存藏环境。同时，积极组织开展《国家珍贵古籍名录》申报，让那些文物、文献价值突出的珍罕古籍得到重点保护。至2020年，全市已有274部古籍入选第一至六批《国家珍贵古籍名录》，重庆图书馆、北碚图书馆、西南大学图书馆、重庆中国三峡博物馆4家单位成为"全国古籍重点保护单位"。

在普查过程中，一批此前未经注意的珍贵古籍被细心的普查员首次挖掘出来，公之于众。重庆市第一部入选《国家珍贵古籍名录》的碑帖——明初拓本《汝帖》，就是重庆图书馆碑帖普查工作中的重大发现。拓本内容完整，品相较佳，曾为明末大收藏家项元汴旧藏，是以入选第六批《国家珍贵古籍名录》。

除新发现外，部分已知古籍的文献价值也得到了学界的再认识。譬如重庆图书馆藏元刻本《监本附音春秋公羊注疏》在申报《国家珍贵古籍名录》时，被评审专家发现有七叶配补，是罕见的宋刻十行本零叶，也是我国现存最早的《公羊传》注疏合刻本——宋十行本《监本附音春秋公羊注疏》的仅存版叶。

2020年底，"册府千华——重庆市藏国家珍贵古籍特展"在重庆图书馆盛大开幕，这是重庆十余年来古籍保护成果的集中汇报。展览展出了150余部入选《国家珍贵古籍名录》的善本佳刻，让重庆市民大饱眼福，一览中华优秀传统文化的深厚底蕴与独特魅力。

古籍保护，任重道远。中共中央办公厅、国务院办公厅印发的《关于推进新时代古籍工作的意见》中指出："做好古籍工作，把祖国宝贵的文化遗产保护好、传承好、发展好，对赓续中华文脉、弘扬民族精神、增强国家文化软实力、建设社会主义文化强国具有重要意义。"重庆市古籍保护中心将一如既往肩负起传承和弘扬中华优秀传统文化的使命和责任，坚持守正创新，加强对古籍的科学保护，服务当代，面向未来，让中华优秀传统文化在巴渝大地上薪火相传，生生不息。

重庆图书馆（重庆市古籍保护中心）

人才为重　守正创新

——重庆市古籍保护中心古籍修复
工作十五年发展回顾

重庆市古籍保护中心（以下简称"重庆中心"）下设的古籍修复中心在"中华古籍保护计划"支持下成立，在国家古籍保护中心（以下简称"国家中心"）的指导和扶植下成长壮大。十五年来，经历了从无到有、从有到优的跨越式发展，拉起一套全面发展、各有特长的人才班底，创新性引入社会合作和项目化管理，积极探索传统技艺活化之路，扩大对外宣传，让重庆市民感受到"中华古籍保护计划"就在身边。经过多年努力，在人才队伍建设、社会合作和宣传推广方面小有心得。

一、从无到有——组建专业修复机构

重庆中心所依托的重庆图书馆是重庆地区最大的古籍收藏机构。其最早家底就来自抗战中流离无主的古籍，因此从成立之日起就重视文献保护，常设文献修复岗位，但也多次出现青黄不接、业务工作接续受困的问题。20世纪80年代，重庆图书馆曾派专人赴上海图书馆学习古籍修复技艺，但仍未实现可持续发展。

直到2007年"中华古籍保护计划"实施，国家对发展古籍保护事业的坚定决心和突破性投入，给足了各省市"干成事、干大事"的底气。重庆中心决定组建专门的古籍修复机构，在重图新馆中为其预留场地。修复师许彤带着筹建机构的重任参加了国家中心的首批培训。这一趟，她不仅带回了系统全面的古籍修复技艺，带回了国家中心对修复机构建设的指导意见和运行经验，还带回了国家中心赠送的"白手起家大礼包"——纸浆补书机、压平机、修复纸等一大批设备和耗材。重庆中心的古籍修复工作成功起步，又迅速步入"快车道"。

二、守正固本——牢筑人才基础

吃过人才短缺的亏，重庆中心把队伍建设看作重中之重。为应对修复人才培养周期长、流失严重的问题，在制度设计初期，就要看得更远、想得更细，包括加强思想建设、引入渠道和培养机制多样化、完善人才梯度、统筹集体与个体发展方向等等。

"中华古籍保护计划"实施之初，为迅速培养修复人才，国家中心打破了古籍修复沿袭千年的师带徒模式，为各省市中心提供了大量集中培训，使全国古籍修复师数量成倍增长。重庆中心抓紧这一机遇，修复团队成员由最初的1人发展到2010年的5人。2010年，中心邀请全国著名修复专家赵嘉福、李大东莅临指导，由此萌生了系统培训与师徒制并行的想法，此后每年聘请专家到馆指导1—2月。2013年，市图书馆修复团队正式拜入赵嘉福先生门下。2015年，"国家级古籍修复技艺传习中心重庆传习所"成立，仍以赵嘉福为导师。

在人才培养方面，重庆中心高度重视思想建设，将修复行业敬惜字纸、灵惠虚和的传统追求，纳入促进古籍事业发展、实现中华民族伟大复兴的大框架中，要求古籍修复工作者德才兼备、以德为先。引导修复师将个人志向与集体发展相协调，尊重个体发展需求，通过"送出去""请进来"为他们争取培训机会，改善日常工作环境，在评奖推优、科研成果认定、工作效益评估、职称评定等方面予以倾斜，保障工作待遇。

传习所通过内部人员选拔和公招考试吸收新力量，截至2022年4月底，重庆中心修复团队已壮大至11人。团队成员均具有大专以上学历，通过学历教育、师徒传统或系统培训等不同渠道入行，其中5人从业经验超过10年，6人取得图书资料序列高级（含副高）专业职称，形成了以60后为领军人物、80后为中坚力量的业务梯队。

得益于国家中心的系统培训和赵嘉福先生十余年倾囊相授，团队掌握了古籍修复、书画装裱、传拓、碑刻、篆刻等专门技艺，成长为国内修复技艺门类最全的图书馆之一，修复成果涵盖线装书、舆图、碑帖拓片、民国时期文献、书画等多种类型。团队成员在掌握多项技艺的基础上各擅所长，形成高原之上起高峰的良性竞争态势。

三、创新项目——吸引社会力量加入

在"中华古籍保护计划"实施的十五年里，多项国家标准和行业标准陆续颁布，重庆中心第一时间跟进学习、贯彻执行。同时，主动适应文物保护的各类框架，寻求更多保障，推进规范化管理。2018年取得可移动文物修复资质，2019年推进古籍修复技艺入选重庆市第六批"市级非物质文化遗产代表性项目名录"。

重庆中心按照国家中心的统筹规划，坚持技艺传习的动态管理，做到高标准计划、高质量推进，目标任务清晰、责任落实到人。2018年起，尝试项目化管理，以项目带人，并引入社会力量参与项目共建。

一方面，结合修复团队、普查团队的共同力量，为其他古籍收藏机构提供古籍保护方案咨询或文献修复服务。除了公共图书馆系统，还先后与重庆市中药研究院、重庆三峡医药高等专科学校、红岩革命历史博物馆等多家单位开展合作。

另一方面，与中国古籍保护协会联合打造传拓技艺专业培训品牌。2018年，双方合作的古籍传拓技艺培训班，开始向民间爱好者敞开大门，赢得协会领导高度评价；2019年再接再厉举办提高班，也获得一致好评。培训班的大受欢迎，反映出社会大众对古籍修复的浓厚兴趣，令业界同仁大受鼓舞。虽因疫情受阻，中心仍有意将其打造为行业培训品牌。

四、古为今用——探索古籍活化、技艺活化

重庆中心作为市级非遗保护项目承办单位、国家级古籍修复技艺传习所，尤其重视古籍修复宣传推广，并充分发挥修复团队技艺门类较齐全的优势，在古为今用方面做出多种尝试。

一是开展原生性保护，为古籍活化保驾护航。如为"刘伯承及其捐赠图书展""联合国文件省亲展"等文献保护成果展览设立专项，修复展陈文献。开展《种福堂公选温热论医案四卷》修复项目、重庆三峡医药高等专科学校修复项目，为满足古籍数字化和复制出版做好准备。

二是通过传统技艺复制可移动文物，用于文创开发和对外交流合作。重庆中心发挥自身技艺特长，从碑刻、传拓到装裱完成"一条龙"制作，复制珍贵拓片十余种，作为重庆市对外文化交流的礼物，向外国友人展示我国书法艺术和古典装帧魅力。

三是面向公众开展形式多样的宣传推广活动。古籍修复技艺是中国传统手工技艺的杰出代表，具有较强的观赏性。重庆中心以此为主题，借助阅读推广活动，形成集中策展与常规活动相结合的稳定宣传频率。

经过多年提炼，重庆中心打造出一套"组合拳"，准备了传拓、雕版印刷、手抄经典等互动体验项目和古籍修复、碑刻等技艺展示项目，根据受众需求进行排列组合，揭示传统技艺中蕴含

的科技基因。每年的规定动作包括"一大",即重庆市全民阅读活动办公室牵头的"世界读书日暨重庆读书月"大型主题活动;"三小",即重庆市文旅委主办的"文化和自然遗产日"主题活动、"重庆文化周"对外文化交流活动,重庆中心与重庆市大中学校联合举办的"古籍修复技艺进校园"活动。此外,重庆中心还为以重庆图书馆为活动阵地的"格林童话之夜"和覆盖重庆市各区县的"蒲公英梦想书屋"等少儿阅读品牌配备了充满童趣的自制雕版,借助常规化、高频率的少儿活动,培养少年儿童的古籍保护认知。丰富多样的宣传活动吸引了《人民日报》《中国文化报》、重庆电视台等媒体进行报道,进一步扩大古籍修复技艺在重庆地区的社会影响力。

今年,中共中央办公厅、国务院办公厅《关于推进新时代古籍工作的意见》指明了未来一段时间发展的方向,带来了新的发展机遇。在修复方面,重庆中心拟使"中华古籍保护计划"成果进一步惠及基层,以重庆图书馆核心团队带动重庆地区古籍修复人才培养,继续探索吸引社会力量的方法和技艺活化的道路,切实提升古籍修复能力。

重庆图书馆(重庆市古籍保护中心)

栉风沐雨十五载　传承文脉谱新篇

——四川省古籍保护工作十五年回顾

四川是中华文化发源地之一，悠久历史沉淀了丰厚的古籍遗产。全省现有古籍收藏单位（含民间收藏）138家，现存古籍187万册，入选《国家珍贵古籍名录》246部、省级珍贵古籍名录373部，囊括写本、刻本、活字本、稿抄本、套印本、石印本等形式，精品内容多，版本类型丰富，为涵养民族精神、培育民族文化提供了重要支撑。

为保护好、传承好这笔珍贵的历史文化遗产，四川几代古籍工作者克服困难、坚守不殆。2007年，国务院办公厅印发《关于进一步加强古籍保护工作的意见》，开始实施"中华古籍保护计划"，由此打开四川古籍工作新局面。

十五年来，四川立足本省实际，自觉担负时代使命，以传承弘扬中华优秀传统文化为己任，以"保护为主、抢救第一、合理利用、加强管理"为方针，坚持依法保护和科学保护相结合，逐步建立起科学有效、重点突出的古籍保护工作机制。经过十五年努力，在四川省古籍保护中心的引领与推动下，四川在古籍普查、抢救性保护、数字共享与活化利用、专业人才培养等方面取得了一系列成就，有力推动全省古籍工作科学发展。

一、协同配合的古籍保护工作机制已经建立

2007年，四川省古籍普查工作厅际联席会议首次在四川省图书馆召开，四川省古籍保护中心（以下称"省中心"）、四川省古籍普查工作专家小组在四川省图书馆挂牌成立，由此开启长达十五年的四川古籍保护新征程。2012年7月，第二次四川省古籍保护工作厅际联席会议召开，省发展和改革委、省财政厅、省教育厅、省科技厅等成员单位参加会议并发言，审议通过了《四川省省级古籍重点保护单位省级古籍保护单位申报评定暂行办法》《四川省古籍保护中心关于申请全省古籍保护工作经费的请示》两份文件，为全省古籍保护工作进一步开展奠定坚实基础。通过财政划拨、馆内经费统筹形式，古籍保护工作经费按年持续投入，近五年年均投入一百万元。

2019年，第二次全省古籍保护工作会议在四川省图书馆召开，这是自2007年"中华古籍保护计划"实施以来，四川省召开的最大规模古籍保护工作会议，全省21市州分管古籍工作的文旅局长、图书馆长出席此次会议，为不断推动古籍普查、整理、研究、开发利用，做出统一部署。

二、全省古籍普查登记基本完成

古籍普查登记是"中华古籍保护计划"的核心任务，对摸清家底、有的放矢实施保护有重要意义。2007年至今，在四川省图书馆（四川省古籍保护中心）组织下，古籍普查工作在全省范围内持续推进，目前已基本完成，共登记数据23万余条，省中心跟进审校3.4万余条，先后出版《四川省十一家单位古籍普查登记目录》《四川科技古籍文献联合书目》《李一氓捐赠四川省图书馆藏书书目》等阶段性成果。

2021年，省中心按照《中华古籍总目》编纂要求，在全省率先开展深度普查，截至2021年，著录并审校完成普本库古籍2.08万部，有力促进全省古籍普查质量提升。

三、全省古籍修复工作网络初步形成

古籍修复是古籍原生性保护的重要手段。"中华古籍保护计划"实施以来，四川古籍修复水平大幅度提高，实现跨越式发展。2007年时，四川省图书馆专职从事修复工作的工作人员仅1人，全省不足10人，古籍修复进展迟缓。经过十五年大力发展，目前已形成以省中心为核心，向外辐射的古籍修复工作网络，其中省图书馆专职古籍修复师12人，全省公藏单位共71人，涉及10多个市州。2008年，省中心在富顺县举办全省首个古籍修复技艺培训班，和上一次同类培训相隔已16年，培训学员20余人。2010年，四川省古籍修复中心在四川省图书馆挂牌，此后陆续举办面向公藏单位的省级古籍修复技艺培训班4期，配发工具，培养学员80余人次。2016年，四川古籍修复中心带领杜甫草堂博物馆、四川大学图书馆两家单位成功申报"国家级古籍修复技艺中心附传习所"，邀请到"故宫画医"徐建华先生担任导师，为全省储备书画装裱修复技艺高级人才。2019年，举办全省首届古籍修复技艺大赛，为全省古籍修复工作者切磋进益提供平台。通过培训、竞赛，修复师们熟练了技术，增长了见识，业务素质迅速提高。

1984至2006年，在仅有1人日常开展古籍修复的情况下，四川省图书馆共完成199种2397册古籍、拓片、线装书修复工作。四川省古籍修复中心挂牌后，十年时间修书183部1041册，仅2021年就修复古籍47部1万2千余叶。

四、重点书库场所建设得到保障

书库建设是古籍工作开展的重要基础，2007年以前，全省公藏单位普遍存在书库建设不达标，改扩建难度大的窘境。为改变这一现状，省中心通过评选省级古籍重点保护单位、古籍保护单位、古籍保护站等分级保护和管理方式，以评促建，推动基层古籍收藏单位改善存藏条件。目前，共评出省级古籍重点保护单位19家，省级古籍保护单位23家。

四川省图书馆新馆建设完成后，古籍书库达到国内先进水平，实现恒温恒湿的同时，引入低氧气调杀虫系统和芸香草杀虫法，已完成5万余册善本古籍的杀虫工作，2018年被评为全国古籍重点保护单位。

五、重点突出的古籍缩微和数字化持续推进

为了充分开发利用馆藏古籍，省中心积极建立古籍数字共享系统。目前，已完成数字古籍221部1585册112325拍，其中国家珍贵古籍44部298册18488拍，建成"四川科技古籍数字资源库（第一期）"。

以馆藏资源为基础，完成四川坊刻曲本、李一氓藏词的数字化扫描，目前已逐步建成"四川省图书馆藏科技古籍数据库""四川省图书馆藏珍贵古籍数据库"，并实现免费在线阅览，有力推进古籍活化利用和开放共享。

六、多维度人才培养体系初步形成

古籍保护工作专业性较强，从业者需要具备扎实的文史知识和丰富的经验积累。省中心高度重视人才培养，"中华古籍保护

计划"实施以来，在全省范围举办各类古籍培训17次，培养学员596人次，着重提高基层公藏单位工作人员的基础知识和业务能力；不断派出本省古籍保护工作者参加国内各大图书馆、学术机构举办的古籍普查、碑帖鉴定、数字化和缩微、古籍修复培训班、研讨会，仅2016至2021年六年间，即派出72人次，参与培训36次，帮助省内同仁开阔眼界，提升水平。目前，省中心已建立起一支高素质人才队伍，其中研究生学历11人，副高及以上职称8人，省级非遗代表性传承人1人，有力支撑起全省古籍保护工作。

古籍普查志愿者是古籍工作一支不可或缺的新生力量。在中国古籍保护协会的指导下，从2019年起，省中心持续组织古籍普查暑期志愿服务活动，招募来自四川大学、四川师范大学等高校的大学生、研究生参与省馆古籍普查。各基层公藏单位也通过志愿者招募形式完成了一批古籍普查任务。古籍保护的后备力量，在志愿服务活动中逐步建立起来。

七、古籍宣传推广活动丰富多彩

省馆和省中心积极开展古籍宣传推广，通过举办展览、古籍开放周、设立研学课程、摄制宣传片、录制直播、在重要节庆期间开展专门体验活动等方式，将古籍和古籍知识、古籍修复技艺介绍给社会大众，吸引更多传统文化爱好者参与支持古籍保护事业。

2018年，"李一氓·李劼人文库"在省馆五楼落成，文库集古籍保存、古籍阅览、学术研究、展览展示、文创推广、教育宣传等多种功能于一体，为保护和弘扬古籍提供了新思路；2017至2020年相继举办"册府千华"古籍成果展、"存史·资治·育人——从方志中汲取智慧"古籍展暨古籍修复技艺互动体验推广活动、"默化——中医药古籍文化展"、"甲骨文记忆展"等专题大展，获得极大社会反响；积极开展"川图荐古"线上荐书活动，宣扬川图古籍文化品牌。

2021年，为扎实开展党史学习教育，赓续红色基因，省馆和省中心精心策划"巴蜀风云——川渝红色文献特展"，利用珍贵图书、报纸、期刊、图片等具有代表性的百余件文献、实物、影像资料，全景式展现党领导四川人民革命奋斗的生动实践，引起社会广泛注意。2021年天府书展期间举办的"妙手书医——古籍修复技艺展"，成为书展网红打卡点，通过互动体验非遗技艺，宣传推广古籍保护。

栉风沐雨，积土成山。经过十五年不懈奋斗，四川古籍保护工作得到前所未有的提升与改善：全省古籍保护工作网络基本建成，从古籍普查、修复、缩微数字化，到活化利用、宣传推广、人才培养，都取得让人欣慰的成绩。

十五年里，四川省图书馆和省中心克服种种困难，先后应对汶川大地震、省图老馆搬迁、新冠疫情等重大不利因素，在有限条件下积极进取，发挥全省龙头和辐射中心作用，为古籍保护事业广泛深入开展做出贡献。经历十五年矢志奋斗，四川古籍工作焕发出新面貌，为推动以"两办意见"为指导的新时代古籍工作奠定良好基础，今后还将为保护和传承中华文脉，实现优秀传统文化创造性转化、创新性发展贡献更多力量！

四川省图书馆（四川省古籍保护中心）

加强古籍保护　传承历史文脉

——贵州省古籍保护工作十五年回顾

2007年1月，国务院办公厅印发了《关于进一步加强古籍保护工作的意见》，拉开贵州省"中华古籍保护计划"序幕，迄今已历时十五年。在此期间，省政府、省文化和旅游厅大力支持古籍保护事业，累计下拨全省古籍文献保护及普查专项经费1120万元。各古籍收藏单位不懈努力，实现贵州古籍保护跨越式发展。

一、建立覆盖全省的古籍保护工作体系

贵州古籍除收藏在公共图书馆外，还大量存藏于文博、教育、宗教、档案等系统。为加强全省古籍保护组织领导，促进部门间协调配合，2007年9月，根据《省人民政府关于建立全省古籍保护工作厅际联席会议制度的批复》（黔府函〔2007〕136号），我省建立起由贵州省文化厅（现文化和旅游厅）牵头，省发展和改革委、教育厅、科技厅、民委、财政厅、新闻出版局、宗教局、文物局组成的"贵州省古籍保护工作厅际联席会议"。2008年6月，贵州省古籍保护中心（以下简称"省中心"）正式揭牌成立，标志着我省古籍保护工作进入全面实施阶段。2008年10月，"贵州省古籍保护工作专家委员会"成立。至此，覆盖全省的古籍保护工作体系基本形成，为下一步工作开展奠定重要基础。

二、摸清家底是做好古籍保护工作的基础

2011年，贵州省古籍普查平台安装调试完毕，全省各古籍收藏单位按照国家古籍保护中心统一部署，陆续开展古籍普查登记工作。先是，贵州师范大学图书馆、贵州大学图书馆、贵州民族大学图书馆、三都县档案馆、毕节市彝文文献翻译研究中心等单位率先完成古籍普查。2015年，省图书馆普查数据审校完毕，上传至"中华古籍书目数据库"，同年底《贵州省图书馆古籍普查登记目录》由国家图书馆出版社出版。

省图书馆作为全省文献收藏中心，馆藏古籍10288部117717册，其中善本421部4200册，有12部古籍入选第一至六批《国家珍贵古籍名录》。从历史年代看，馆藏古籍上起明代，以清代中期至清末版本居多，约占总数的三分之二。其中何应钦旧藏兵书如明刻本《八阵合变图说》《删定武库益智录》《武德全书》《黄石公素书》、清刻本《标题武经七书开宗》等，均为海内孤本。省图书馆还收藏有111部珍贵稿抄本，其中清稿本《莫友芝先生存真集手稿》系晚清贵州籍大儒莫友芝亲书手稿，具有较高文献、文物价值。

2017年底，省中心完成全省30家古籍收藏单位25288条汉文古籍普查登记数据的审核校对，提交国家古籍保护中心。目前，全省汉文古籍联合目录出版正在紧锣密鼓进行当中。

除汉文古籍外，贵州作为多民族聚居省份，少数民族文献数量大、精品多，入选《国家珍贵古籍名录》的179部古籍中，彝文、水文、布依文古书占据绝大多数。卷帙繁多的少数民族古籍与汉文古籍一样，承载着丰厚的文化传统，展示着贵州"多元一体"、五彩缤纷、和谐共生的文化形态，见证了各民族同胞为缔造中华文明做出的伟大贡献。

三、运用科学方法保护古籍

（一）预防性保护

贵州省图书馆异地扩建项目充分考虑古籍存藏要求，建设了面积1270平方米古籍专用书库，分藏普本、善本。古籍书库按照《图书馆古籍书库基本要求》（GB/T 30227-2013）施工建设，依据《贵州省图书馆古籍书库安全管理制度》严格管理，370部善本古籍和153幅字画配置无酸装具，珍贵馆藏得到有效保护。

（二）治理性保护

治理性保护是指通过人为干预延长古籍寿命，其办法主要是对古籍原件进行保护性修复。省图书馆现有专职修复师8人。古籍修复室配备有字画古籍高清拍摄修复仪、纸张纤维测量仪、古籍修复桌、电动压平机、纸张白度仪、纸张厚度仪、纸张酸碱度测定仪、实木裱画桌等专业设备工具，为科学规范开展古籍研究性修复提供条件。2007年至今，省图书馆完成3万余叶破损古籍的修复，使它们重获新生。

（三）再生性保护

1.古籍数字化。2015年省图书馆正式开展古籍数字化扫描工作。截至2021年底，共计完成285部1252册88580叶馆藏古籍文献的数字化扫描，为本省重大文化出版工程《贵州文库》《遵义丛书》《安顺文库》提供底本。馆藏善本古籍数字化图片免费提供到馆读者查阅，一定程度上缓解古籍藏用的矛盾。2018年省图书馆搭建"贵州省图书馆馆藏古籍文献资源内容发布与知识服务大数据平台"，平台不仅收录古籍文献数字化全文影像，还具有强大检索功能，为学术研究提供便利。

2.影印出版。自2015年以来，省图书馆积极开展古籍文献整理研究与馆藏珍善本再造影印出版。

（1）古籍整理研究出版。2015年12月，由国家图书馆出版社出版《贵州省图书馆古籍普查登记目录》；2017年9月由贵州省民族出版社出版水文古籍《六十龙备要》《吉星》；2018年5月，由贵州大学出版社出版《贵州乡贤年谱（第一辑）》丛书；2018年7月，由国家图书馆出版社出版《贵州省一至五批珍贵古籍名录》；2018年11月，由贵州人民出版社出版《抗战时期文澜阁〈四库全书〉秘藏贵阳纪实》。

（2）珍善本古籍再造影印。省图书馆自2019年起，对馆藏《八阵合变图说》《黄石公素书》《战国策》三部珍贵善本按照原大原色进行仿真再造，出版后获得较好的市场反馈

四、探索古籍保护人才培养模式

古籍保护工作的可持续发展离不开古籍保护人才培养。在贵州，我们将古籍保护学科教育与"师带徒"传统模式有机结合起来，采取走出去、请进来、下基层等多种形式，加强古籍工作者职业培训，帮助他们多渠道提升学历水平、业务水平、管理水平。一批高层次、复合型的古籍修复人才逐渐成长起来，成为全省古籍保护事业的中坚力量。

省中心除日常开展本馆破损古籍修复工作外，还承担全省、全国古籍修复培训班工作。2008至2009年，举办两期全省古籍普查培训班；与国家古籍保护中心联合举办两期全国古籍修复技术培训班；2014年，省图书馆与贵州民族大学图书馆联合申报"国家古籍保护人才培训基地"获得成功，成为全国12家"国家级古籍保护人才培训基地"之一。从2014至2022年间，人才培训基地共计完成14期全国、全省古籍业务培训，内容涉及古籍版本鉴定、少数民族古籍收集与整理、民族文字古籍普查、古籍修复、民族古籍管理与服务，来自全国、全省各古籍收藏单位的参训学

员达到507人次。

五、古籍传承推广工作

十五年来，我们始终致力于创新古籍宣传内容形式，运用数字化、网络化、智慧化等现代技术手段，发挥传统媒体与新媒体作用，促进古籍多媒体、多渠道、多终端传播。

（一）举办古籍展览，让珍贵典籍走近大众

1.册府千华——贵州省藏国家珍贵古籍特展。2017年10月，我省充分利用国家古籍保护中心展览示范品牌，举办"册府千华——贵州省藏国家珍贵古籍特展"。本次展览从贵州省图书馆等11家古籍收藏单位遴选汉文和少数民族文字珍贵古籍共150部，与广大读者见面。

2.书香镌刻时间——贵州省图书馆古籍展。2020年12月贵州省图书馆新馆开馆当日，"书香镌刻时间——贵州省图书馆古籍展"开展。展览图文并茂地介绍了贵州传统纸张源流和中国古籍装帧演变历程。

3.珠还合浦　历劫重光——《永乐大典》的回归与再造展。2021年9月，贵州省图书馆积极响应国家图书馆（国家古籍保护中心）"珠还合浦　历劫重光——《永乐大典》的回归与再造"全国巡展号召，联合省内10家古籍收藏单位举办线上线下综合展。

（二）开展丰富多样的传统文化推广活动

近年来，我省或以年节假日为契机，或响应国家古籍保护中心号召，策划了一系列贴近群众、寓教于乐的传统文化宣传推广活动。如每逢"文化和自然遗产日"，省图书馆都会组织读者体验原汁原味的古籍修复技艺；新春佳节则为群众书春送春，讲解楹联文化。作为抗战期间文澜阁《四库全书》的秘藏地，我省积极参与国家古籍保护中心发起的"走近《四库全书》"活动，通过展板演示、有奖竞答、古籍抄写、专家讲座等方式，普及《四库全书》知识，激发青少年的爱国热忱。

彭银

贵州省图书馆（贵州省古籍保护中心）馆长

踔厉奋发结硕果　笃行不怠向未来

——云南省古籍保护工作十五年综述

　　云南是我国少数民族最多的省份，各民族在长期发展中创造了丰富多彩的民族文化，留下弥足珍贵的民族古籍文献，以彝文、藏文、傣文古籍和纳西东巴经为代表的云南少数民族典籍异彩纷呈，与汉文典籍交相辉映。自2007年"中华古籍保护计划"实施以来，在文化和旅游部、国家古籍保护中心的帮助、指导、支持下，云南省委、省政府及省文化和旅游厅高度重视古籍保护工作，加强组织领导，投入资金，实施了一系列古籍保护项目。古籍普查、古籍修复、古籍数字化、人才培养、古籍整理出版、古籍科研等各项工作有序推进，形成较为完善的古籍保护工作协调推进机制，全省古籍保护工作成绩显著，为深入推进中华优秀传统文化创造性转化、创新性发展做出积极贡献。

一、成立云南省古籍保护机构，强化组织领导

　　2008年8月，云南省政府在云南省图书馆成立云南省古籍保护中心（以下简称"省中心"），同时成立了云南省古籍保护工作专家委员会，云南省古籍保护工作全面启动。同年，云南省图书馆入选"全国古籍重点保护单位"。2009年12月，云南省图书馆成为国家级古籍修复中心。2014年1月，云南省民国时期文献保护工作办公室正式成立，同年10月，"国家级古籍修复技艺传

习中心云南传习所"在云南省图书馆揭牌。2018年12月，中国古籍保护协会"少数民族古籍保护专业委员会"在云南省图书馆成立。

二、深入开展古籍普查登记工作，揭示古籍普查成果

省中心自成立以来，对全省16个州市、129个县的图书馆工作人员进行古籍普查登记培训，实现了"县县都有古籍普查员"的既定目标；与部分高校合作，引入志愿者参与全省古籍普查登记工作，通过参与"中华古籍普查文化志愿服务行动"，提高全省古籍普查登记工作的整体水平和效率。"中华古籍普查文化志愿服务行动·云南行"开展5年来，省中心组织了360余名志愿者参加，完成了全省44家单位的古籍普查登记工作，普查登记汉文古籍3万余部37万余册，藏文古籍2285叶，傣文古籍1874部3376册（含贝叶经），彝文古籍127部230册，西文古籍836部，汉文古籍普查完成率达95%以上。普查中发现了珍稀古籍86部（其中明刻本25部、清康熙刻本24部、清乾隆刻本37部），提高了全省古籍普查登记工作的整体质量与效率。2016年12月，云南省图书馆"云南省古籍普查登记"项目入选文化部（现文化和旅游部）"2016年基层文化志愿服务活动典型案例"，"云南省古籍保护中心文化志愿服务团队"入选"2016年文化志愿服务团队"。

在此基础上，云南省积极申报《国家珍贵古籍名录》，建立古籍分级保护制度。至第六批评审结束，共有259部古籍入选《国家珍贵古籍名录》，其中汉文古籍178部，少数民族文字古籍81部。云南省图书馆、云南省社会科学院图书馆、楚雄彝族文化研究院、云南省西双版纳傣族自治州图书馆、云南师范大学图书馆5家单位入选"全国古籍重点保护单位"。

三、全面提升古籍修复能力，少数民族古籍修复硕果累累

"中华古籍保护计划"实施以后，省中心抓好国家珍贵古籍和濒危古籍的抢救修复工作。同时，针对云南省民族文字古籍资源丰富但缺乏专业保护、亟待抢救修复的情况，省古籍保护中心在全省实施"少数民族古籍抢救修复文化志愿者在行动"项目，组织志愿者及州市、县（市、区）古籍修复骨干开展彝文、藏文、傣文、东巴文等民族古籍修复工作。通过举办29期各类型修复技术培训班，共抢救性修复汉文古籍1788册105063余叶，彝文古籍277册14924叶，藏文古籍2566叶，傣文古籍9册360叶，东巴经古籍40册491叶，修复拓片90幅（68平方米）、拓印拓片741幅（约300平方米），奠定了云南省少数民族古籍修复在全国的突出地位。特别是"纳格拉洞藏经"修复项目的圆满完成，被列为"中华古籍保护计划"重大成果，它发展并丰富了传统古籍修复技艺，在全国的古籍修复事业中具有里程碑式的重要意义。该项工作于2016年获中共中央宣传部等11个部委联合授予"2016年宣传推选学雷锋志愿服务最佳志愿服务项目"。

四、开展民族文字古籍专项保护工作

2021年，在国家古籍保护中心的协调推荐下，北京苹果慈善基金会、云南省图书馆（云南省古籍保护中心）和国家图书馆（国家古籍保护中心），实施了纳格拉洞藏经存藏保护项目。包括定制藏书柜、保护装具及数字化，共计投入资金18.22万元。同时，中国古籍保护协会得到财通证券公益捐助，在西双版纳傣族自治州图书馆建成"傣文古籍文献提供中心"，于五年内投入100万元资金支持建设。项目的实施不仅进一步改善了纳格拉洞藏经和傣文古籍的保护存藏条件，更为下一步古籍保护研究利用工作

的深入开展注入了新动力。

同年，省中心成功申报并获得古籍保护专项基金支持（中国文物基金会与字节跳动公益联合设立），对双柏县藏彝文创世纪史诗《查姆》进行抢救性修复。省中心将古籍修复基础研究与古籍修复项目相结合，最大限度保护珍贵少数民族古籍。

2022年，省中心在省财政厅、省文旅厅的支持指导下，实施"藏文古籍""彝文古籍""傣文古籍"保护中心示范项目建设，将在楚雄彝族自治州、迪庆藏族自治州、西双版纳傣族自治州设立"民族古籍保护研究服务示范中心"。以当地民族文字古籍资源为依托，建成民族特色鲜明、民族文字古籍藏量逐步提升、能支撑本民族学科研究的民族文献资源中心，系统保护、传承和发展我省民族文字古籍资源。

2022年，国家古籍保护中心在云南省图书馆建立"国家级藏文古籍修复基地和技艺传习中心（云南）"，开展藏文古籍修复及相关科学研究，进一步形成保护修复技艺科学独特、专业技术先进的云南优势，充分发挥在全国的引领示范作用。

五、加强古籍数字化建设，提升服务效能

在国家古籍保护中心的大力支持、推动下，以云南省图书馆为主的古籍数字化工作取得了显著成效。目前云南省图书馆已将2000余部4600余册地方文献、690部2847册古籍善本、1626种6564拍拓片进行数字化加工，并在局域网内"云南古籍数字图书馆"上为公众免费提供服务，目前有注册用户1392个，总浏览量33607次。先后四次参加国家图书馆古籍数字资源联合在线发布，共发布古籍数字资源634部2527册，有效促进了资源共享，提高利用效率。同时，与各地相关部门合作，对馆藏地方文献进行数字化，出版《云南丛书续编》《红河文库》《保山丛书》等，共建

云南地方文献数据库，免费服务大众阅览和学术研究，推动中华优秀传统文化创造性转化、创新性发展。

六、古籍整理研究及出版成绩突出

通过进一步加大珍贵古籍的保护、研究和开发利用，多项古籍研究课题获得国家级、省级立项。在数字化基础上，云南省图书馆完成了《木氏六公传》《滇南草本》《钱氏族谱》《枯树赋》等文献的影印出版和《云南省图书馆馆藏善本书目》《云南省图书馆馆藏珍品图录》《云南省国家珍贵古籍名录》等文献的整理出版，真正让珍贵典籍化身千百、服务社会。

七、古籍保护人才培养有成效

省中心多层次、多渠道培养古籍保护人才队伍。近年来，共举办22期古籍普查培训班，在全省各系统培养了一批古籍普查登记骨干，受训人员近2000人次。积极招募省内外部分高校历史学、文献学、图书档案学等相关专业教师、学生及社会专业人士作为志愿者参与古籍普查工作。截至目前，云南省共有古籍普查文化志愿服务注册志愿者360余人，约900人次参与了古籍普查登记工作。通过集中培训和师带徒两种方式，举办不同层次、不同文字的古籍修复技术培训班32期，受训人员达1065人次，在全省培养了一支30余人的古籍修复骨干队伍。云南省古籍修复人才已形成梯队发展的良好态势。

八、加强古籍活化利用和宣传推广

深入挖掘古籍文化内涵，通过线上线下相结合的方式组织开展古籍保护宣传推广活动。2017年、2019年先后在云南省图书馆举办"册府千华——云南省藏珍贵古籍特展""守望文明 馨润三迤——云南省图书馆古籍保护成果展",多视角展示云南省古籍保护工作成果。同时,结合自身优势和地域文化特点,运用数字化、信息化、网络化等现代技术手段,开展"中华传统晒书活动""传拓技艺进校园""古籍修复和传拓技艺现场观摩体验"等古籍保护宣传推广活动,营造全社会共同参与保护传承中华优秀传统文化的浓厚氛围。

积极引入社会机构参与古籍保护。云南省图书馆联合云南澹斋文化传播有限公司成立"云南省图书馆古籍修复保护传拓研习馆",面向社会、民众开展以古籍修复、历史碑刻传拓为主要形式的常态化实践研习活动及专业技能培训。"研习馆"自2020年8月建立以来,开展了"新春拓福""拓印红色记忆"等系列公益活动、党建团建教育活动200余场,近万人次参与其中。

加强古籍文化创意产品开发。2016年5月,云南省图书馆被文化部确定为国家级试点探索开展文化创意产品开发的公共图书馆,重点开展文创产品开发工作。省图书馆依托本馆馆藏文献资源,通过创意转化,开发了馆藏复制品、衍生纪念品、体验型产品及出版产品等一系列文创产品。

建立"典籍博物馆"。立足本馆丰富、珍贵的古籍文献资源,推进图书馆、博物馆功能聚合。在省委省政府的关心支持下,由省财政拨款,在云南省图书馆内建设了国内第三家省级典籍博物馆——云南典籍博物馆。在此基础上,指导帮助陆良县图书馆建立云南省图书馆陆良服务创新分馆暨全省首个县级典籍博物馆。典籍博物馆的建立,大大提高了图书馆和古籍存藏单位的社会教育职能,拓展了服务边界。云南典籍博物馆位于云南省图书馆一楼,占地400平方米,于2022年7月15日正式开馆。国家图书馆馆长熊远明、复旦大学古籍保护研究院院长杨玉良等专家领导出席开馆仪式。典籍馆开馆当天，首场展览"藏典云滇——云南珍贵古籍展"同时开展，这是云南省近年来展出古籍珍本数量较多、规模较大的一次展览。

开馆以来，云南典籍博物馆积极开展各类展示体验活动，深受各级领导和社会各界关注。2022年8月4日，云南省图书馆受邀参与国家图书馆2022年中华传统晒书活动暨"典籍里的七夕：一起晒书吧"央视直播活动，在云南典籍博物馆向广大网友分享了特色馆藏《护国司南抄》《滇南草本》和木氏诗集等珍贵古籍文献。直播在央视新闻、新浪微博、百度直播、快手、哔哩哔哩等多个平台播放，总观看量达938.8万，深受全国观众喜爱。2022年9月10日，云南典籍博物馆再次受邀参加央视新闻"探古追今话中秋"直播，向公众宣传云南典籍博物馆，介绍云南省图书馆古籍数字资源建设及发布情况。当天，国家图书馆在"中华古籍资源库"发布古籍数字资源462部2046册14.8万叶，其中云南省图书馆馆藏特色古籍数字资源128部536册3.2万余叶，直播总观看量达574.5万。

计思诚　颜艳萍　杨敏仙　钟楚宇
云南省图书馆（云南省古籍保护中心）

云南"纳格拉洞藏经"发掘—修复—整理—普查—保护案例

云南迪庆香格里拉风景奇异壮美，民族风情旖旎瑰丽，历史文化源远流长。千余年来，在滇、川、藏"大三角"地带的丛林草莽之中，在横断山脉险峻清幽的高山险谷之间，茶马古道盘桓其中，不仅为沿途区域带来了丰富的物产资源，也将各民族极具特色的民俗文化和宗教思想广泛传播。纳格拉洞就坐落于这片高山峡谷之中——在距迪庆州香格里拉西北约140公里的格咱乡境内，金沙江的支流岗曲河蜿蜒而下，在高出河水千米的绝壁之上，竹林密布、荆棘丛生，一个天然形成的巨大洞穴隐藏其间，多年来不为世人所知。

2010年9月，上山采药的当地村民无意中发现了这一藏有大量藏文古籍的神秘洞穴。同年10月，在香格里拉市格咱乡纳格拉村村民协助下，迪庆藏族自治州图书馆（迪庆州古籍保护中心）组织考察队先后两次进入纳格拉洞考察发掘。纳格拉洞位于纳格拉村25公里之外的千仞悬崖之上，暴露的崖石已被风化成近似锉刀，许多地方只有脚前掌大的空隙作为支撑点。考察队耗费四个小时，数人轮换在竹林、荆棘中奋力劈砍，才最终爬行着抵达洞口。巨大的洞穴内有大小木房20余间，都有明显的人为破坏痕迹，古老的藏文经书零乱地散落在干燥的墙体缝隙和倒塌的石块泥土之中。考察队徒手翻刨，将发掘出的藏文古籍装入大编织袋内。由于壁峭林深无法背行，队员们只能一手一袋，每人拖行两袋，在丛林中拖爬前行。10月20日，考察队原路重返纳格拉洞，对洞里的藏经进行彻底清理，收集了所有残片，并发现了通往藏经洞的悬崖小道和防御掩体。掩体遗弃已久，石墙满布青苔，四周杂草树木丛生。石墙上人为凿穿的孔洞，或许就是茶马古道在战争岁月中所遗留的弩箭和枪弹痕迹。经过两次艰苦卓绝的探险式发掘，考察队共抢救出藏文佛经2285叶，我们把这批发掘出来的藏文古籍统称为"纳格拉洞藏经"。

"纳格拉洞藏经"大多数是长条散叶，没有装订，书叶有以下几种规格：①长62厘米，高20厘米，计1815叶，是数量最多的一种，内有写本1753叶，蓝靛写本62叶；②长66厘米，高20.5厘米，雕版刊印39叶；③长49.5厘米，高9厘米，写本62叶；④长38厘米，高9厘米，写本31叶；⑤长56厘米，高17厘米，写本42叶；⑥长30厘米，高6厘米，写本11叶；⑦长30.5厘米，高11厘米，写本3叶；⑧长38厘米，高10.8厘米，写本1叶；⑨无法测量尺寸的5叶；⑩书砖一批，无法测量尺寸。其中，较完整的1153叶，残片856叶。书叶双面书写，大部分为手写本，有39叶为雕版印刷。迪庆藏族自治州图书馆邀请中央民族大学徐丽华教授对这批藏文古籍进行了初步鉴定，认为这批藏文古籍的内容有《甘珠尔》、波罗蜜心经、大宝积经等，也有少部分祭祀用的经书。由于抢救出的大部分藏经有火烧、受潮痕迹，长满黑霉，有的书叶完全粘连在一起，从外观上看就像一块木炭，又黑又硬，破损严重，无法整理。

云南省古籍保护中心第一时间把"纳格拉洞藏经"业经发掘、亟待抢救的情况汇报给国家古籍保护中心。同时，省中心对这批藏经的破损程度、纸张成分进行分析，走访、调研云南、贵州、安徽、福建、西藏等地区的手工纸厂家，定制适合这批藏文古籍的修复用纸。

2014年9月22日，省中心在迪庆藏族自治州图书馆召开"纳格拉洞藏文古籍修复专家研讨会"，邀请国家图书馆副馆长、国家古籍保护中心副主任张志清、国家图书馆古籍修复专家杜伟生、西藏自治区古籍保护中心领导和藏文古籍保护专家亲赴迪庆州，对"纳格拉洞藏经"抢救性修复进行研究，讨论省中心修复方案的可行性，确定了先抢救再整理的工作策略。其中修复原则包括：①"因地制宜、就地取材"，利用藏区的狼毒草根汁与纸浆混合制成纸浆，与藏文古籍纸张自然融合；②"不作装帧"，保持藏文古籍散叶的原貌，以便日后整理、归类；③"整旧如旧"，保持藏文古籍原有的面貌，保护好其文物价值和版本价值；④"最小干预"，尽量避免大面积挖补、托衬、镶衬等，最大限度地保留古籍原有的文字、纸张及风格；⑤"材料和措施可逆"，黏合剂、加固材料具有可溶性。

2014年9月，第一个藏文古籍修复培训班在迪庆藏族自治州图书馆开班，从此开启了"纳格拉洞藏经"抢救性修复项目。随后，在国家古籍保护中心的大力支持下，省中心组织志愿者对这批藏经进行精心修复，通过举办五期少数民族古籍修复技术培训班，修复藏经2285叶。在修复中，省中心研究出一套创新性修复方案——人工纸浆补书法。利用狼毒草根肉熬制的汁与纸浆混合后进行修补，取得良好效果，目前这一创新方法还运用于其他少数民族古籍修复。

"纳格拉洞藏经"修复项目的圆满成功，是"中华古籍保护计划"的重大成果，它开启了全国藏文古籍修复先河，发展并丰富了传统古籍修复技艺，在全国古籍修复事业中具有里程碑式的意义。

为了挖掘古籍价值，充分保护好、整理好、利用好"纳格拉洞藏经"，2018年，迪庆藏族自治州图书馆（迪庆州古籍保护中心）抽调馆内专业技术骨干，聘请本土藏学专家、民族学者，招募古籍保护志愿者10余人，耗时3个月对"纳格拉洞藏经"进行了分类、整理、普查登记，并到香格里拉印经院、云南佛学院迪庆藏传佛教分院以及香格里拉市、德钦县藏文古籍收藏单位（寺院、个人）等涉藏重点州市进行藏文古籍普查。经考证，纳格拉洞所藏藏文文献中，除一小部分为藏传佛教宁玛派僧人常用的法事用书和账目记录外，其余均是藏传佛教《甘珠尔》的内容，包括《大般若经》《妙法莲华经》《般若五部经》等。《甘珠尔》有手抄本和刻本两种，手抄本共15套、刻本1套，其中刻本初步确认为理塘版《甘珠尔》。理塘版《甘珠尔》，又称丽江版《甘珠尔》，是1608年第十九代云南丽江土司噶玛·弥旁索朗绕登（汉名木增，明朝册封的官职为通议大夫、世守滇西云南布政司右参政）遵照噶玛·曲杰旺修上师（噶举派第六世红帽活佛）之命，出资在香格里拉境内康思寺刊刻的，是藏地最早的《甘珠尔》刻本。

"纳格拉洞藏经"在雕版印刷技术、造纸技艺、藏文书法艺术等方面，具有很高的历史价值、文物价值和科研价值，从中可以考证出藏传佛教在此区域（香格里拉）的沿袭、传承、传播以及历史和文化演变，为深入研究香格里拉历史文化提供有力佐证。

2018年9月2日，由国家图书馆（国家古籍保护中心）、云南省文化厅（现文化和旅游厅）、迪庆州人民政府主办，云南省图书馆（云南省古籍保护中心）、迪庆州文体广电和新闻出版版权局、迪庆藏族自治州图书馆（迪庆州古籍保护中心）承办的"册府千华——纳格拉洞藏经修复成果展"在迪庆藏族自治州图书馆开展。展览通过图文、视频、活态演示等方式全方位展示了"纳格拉洞藏经"修复成果，受到社会各界高度关注欢迎。《云南日报》《云南经济报》《藏书报》等主流纸质媒体，央视新闻、云南卫视等电视媒体，云南网、新华网、云南省人民政府网、昆明信息港等网络媒体对展览进行了充分报道。

为积极引导社会力量参与藏文古籍保护工作，国家古籍保护中心于2019年12月与北京苹果慈善基金会签署合作框架协议，共同开展藏文古籍保护与利用项目。2021年，国家图书馆（国家古籍保护中心）、云南省图书馆（云南省古籍保护中心）和北京苹果慈善基金会签署三方协议，共同开展"纳格拉洞藏文古籍保护项目"，内容包括纳格拉洞藏经装具、藏书柜配置及全文数字化等。该项目于2021年10月完成并交付迪庆藏族自治州图书馆使用，包括特别定制的藏式藏书柜10个、保护装具40套、"纳格拉洞藏经"数字化图像4556叶。

2022年7月13日上午，"纳格拉洞藏文古籍保护项目"揭牌仪式在云南省迪庆藏族自治州图书馆举行。国家图书馆馆长、国家古籍保护中心主任熊远明，云南省文化和旅游厅一级巡视员马迎春，云南省图书馆馆长、云南省古籍保护中心主任马云川，北京苹果慈善基金会秘书长马帅等领导、嘉宾出席揭牌仪式。熊远明馆长表示，"纳格拉洞藏文古籍保护项目"是国家图书馆与北京苹果慈善基金会签署有关藏文古籍保护合作框架协议后的首个重点项目，是与云南省图书馆（云南省古籍保护中心）共同开展的。该项目的实施使这批珍贵古籍得到更好的保存、保护，这是藏文古籍保护工作的一项重要成果，将对全国藏文古籍保护起到示范和推动作用。下一步，国家古籍保护中心将以纳格拉洞藏文古籍保护项目的成功经验作为典型案例，推动西藏自治区和四省涉藏州县的藏文古籍保护打开新局面、迈上新台阶。云南日报、云南民族时报、新华网、云报客户端、国家古籍保护中心、北京苹果基金会、云南省文化和旅游厅、云南森林消防、迪庆州广播电视台、云南省图书馆微信公众号、拉祜雅等媒体进行了宣传报道。

"人间仙境"香格里拉，因地处青藏高原东南缘，曾是茶马古道上的重要驿站，扼守入藏交通咽喉。这批重现世间的佛教秘典，不仅是雪域高原的文化瑰宝，也是藏传佛教与汉藏文化在茶马古道上交流、交融、演变的有力见证。在"纳格拉洞藏经"的发掘、修复、普查、保护过程中，古籍修复专家、古籍保护工作者、古籍保护志愿者、社会力量历尽艰险、克服万难，倾注了大量心血汗水，为中华古籍保护事业做出了积极贡献，为全国少数民族古籍修复、保护和传承，书写了浓墨重彩的一笔。

计思诚　钟楚宇

云南省图书馆（云南省古籍保护中心）

云南彝文古籍《查姆》普查—修复—整理案例

　　彝族文化发展进程中留下了数量丰富的文字信息。现存彝文古籍中，以宗教经书、神话史诗为主。其中创世史诗是彝族人民艺术创作的结晶，反映彝族先民的世界观、人生观和价值观，是研究古代彝族社会、历史、文化、风俗习惯的重要素材。《查姆》是流传于云南省双柏县大麦地镇、安龙堡乡等彝族地区的民间创世史诗，具有悠久历史。查姆在彝语中有"大"和"起源"之意，一般意译为"万物的起源"。《查姆》是一部较完整的彝族创世纪史诗，展现了先民开天辟地、创世劳动斗争的广阔图景，艺术地赞颂了人类劳动，生动描绘了人类由低级向高级、从野蛮到文明的发展历程。《查姆》的形成年代难以考证，它由通晓彝文的毕摩（彝族祭司）用彝文记录在书笺上，通过口耳相传扩散开来，为更多民众所知，结构庞杂、神话色彩浓厚。2008年6月，云南省双柏县为《查姆》申遗，经国务院批准，列入第二批"国家级非物质文化遗产名录"。

　　2021年7月15日至22日，云南省古籍保护中心举办"2021年中华古籍普查文化志愿服务行动·云南行"活动，首次成规模开展了彝文古籍普查登记工作。云南省古籍保护中心普查员带领高校相关专业研究生志愿者，在彝族毕摩的协助下，对楚雄彝族自治州双柏县文化馆收藏的彝文古籍进行普查登记。彝文古籍普查无先例可循，普查员和志愿者根据其形制特点和保护需要，参考汉文古籍普查登记项目，制定出适合彝文古籍的相应规范，包括序号、分类、题名卷数、责任者、行款、外帙长宽、内页长宽、版式、材质、页数、装帧、卷册状况、成书年代、内容提要、附注等十余项。同时，彝族毕摩志愿者对彝文古籍逐册辨识、翻译，尽可能全面描述普查对象的体量、成书、形制、保存状况和著述内容，形成较全面的普查数据。在云南省图书馆普查员、云南民族大学研究生和当地毕摩的共同努力下，这批古籍的普查工作顺利完成，登记数量为127部230册。因为多数彝文古籍长期分藏私人手里，保存条件较差，破损亦较严重，其中70卷彝文古籍因由非专业人员错误使用胶粘托裱，对文献本体造成严重破坏。

2021年10月，为使这批古籍得到有效保护，云南省古籍保护中心遴选双柏县文化馆所藏破损严重、亟待科学修复的5册《查姆》，争取国家古籍保护中心支持，申报古籍保护专项基金，经专家评审获得立项。

2022年3月，双柏县文化馆积极配合，将待修复的《丧葬经》《彝族九方图》《天地起源传说·皇帝故事》《丧葬查姆故事》《祭祀驱邪经》5册130叶彝文古籍送到云南省图书馆，云南珍贵彝文史诗《查姆》修复项目正式启动。彝文古籍受使用和存放环境所限，多见水渍、油渍、烟熏痕迹，纸质发脆、变形，书芯过度磨损，大量烟尘颗粒物附着书叶之上。为提高修复工作的科学性、准确性，此次修复争取了云南省档案馆的全力支持，利用他们购置的多种修复设备，先对待修复古籍进行消毒、除尘、测酸、测厚、测定纤维等科学检测，然后针对每册书存在的问题制定具有针对性的修复方案，再就修复方案的可行性，专门邀请杜伟生、潘美娣、杨利群等修复专家进行论证，根据专家意见对修复方案修改完善，论证通过后才进行实际操作。在修复过程中，项目组进行了全程图像、影像记录，并形成详细的结项报告。修复工作完成后，再次邀请修复专家召开评审会，对修复成果进行评估讨论。与会专家对5册书整体修复效果给予充分肯定，特别表扬易洇染所修《彝族九方图》一册，修复质量好，还原程度高。

2022年7月，"第十三期全国少数民族古籍修复技术培训班"在云南省图书馆举行。来自云南、四川、甘肃、内蒙古、贵州、广西、西藏、宁夏等8个省的50名学员再次对22册539叶彝文古籍《查姆》进行抢救性修复。

两次针对彝文珍贵古籍《查姆》的修复工作，在国家古籍保护中心、云南省古籍保护中心、社会力量的共同参与下，抢救修复了濒临损毁的珍贵彝文古籍，丰富了少数民族古籍修复技法，为后续开展《查姆》其他部分的修复奠定坚实基础，也为图书馆古籍工作者协同民族学、历史学、文献学等专业学者进行《查姆》整体研究提供了文字实录。《查姆》这部彝族经典史诗的成功修复，对赓续中华文脉、弘扬民族精神、增强国家文化软实力、建设社会主义文化强国具有重要意义。

计思诚　钟楚宇
云南省图书馆（云南省古籍保护中心）

普查之路
——西藏自治区古籍普查、保护十五年成果记

　　西藏自治区作为历史悠久的藏文化起源和发展地，收藏着卷帙浩繁的藏文古籍文献。不同于其他地方的是，这些年代久远、内容丰富的藏文古籍广泛分布在西藏自治区122.84万平方公里的上千座寺院、拉康和民间私人手中；山高路远，待普查单位分布之广和数量之多，在全国范围内绝无仅有。西藏自治区党委、政府历来高度重视西藏的文化保护和传承工作，早在2009年，自治区文化厅（现文化和旅游厅）就设立了"西藏自治区古籍保护工作领导小组办公室"，与全国同步开展古籍普查的前期准备和调研工作。面对海量的普查任务，为做好全区古籍普查、保护工作，自治区文化厅果断在原古籍办公室基础上成立了"西藏自治区古籍保护中心"。

　　十五年来，西藏自治区古籍保护中心本着"边普查，边保护"原则，走遍了我区74个县区的上千家古籍收藏单位和私人收藏户，普查了上万函古籍文献，并出版了目录和图录；普查的同时对发现的破损古籍开始了系统性修复和珍贵古籍的数字化再利用；对区内众多条件堪忧的古籍收藏单位实施了古籍存藏条件改善项目，并在全区范围开展古籍普查编目、修复、数字化的针对性培训，以及《国家珍贵古籍名录》和"全国重点古籍保护单位"的申报工作等。

一、全面开展古籍普查工作，力争摸清古籍家底

在我国境内，藏文古籍藏量巨大，仅次于汉文古籍。西藏自治区是国内藏文古籍藏量最丰富的地区，萨迦寺的经书墙、布达拉宫的《甘珠尔经》蔚为壮观，但全区的古籍总藏量并无确数，偶有媒体刊物提及，也是大致推测，缺乏有效论证。因此，唯有全面普查，才能获得更可靠的数据。随着西藏自治区古籍保护中心的成立，我区在2011年全面开展古籍普查工作，从西部阿里地区开始，再到羌北那曲，从藏南边境到毗邻城郊，由远及近，区古籍保护中心力争不落下每一家古籍收藏单位的每一函古籍，逐个登记在册。截至2021年，已基本完成阿里地区、那曲市、山南市、拉萨市、昌都市、林芝市和日喀则市部分县的1160多家古籍收藏单位和私人收藏户的普查，共完成1.8万余函（10万余册）古籍文献的著录登记和8.9万余拍书影的拍摄记录，基本完成了全区六地一市面上古籍普查任务。下一步，区古籍保护中心在常态化开展查漏补缺的同时，致力推进西藏自治区古籍藏量较大单位的普查工作。

西藏自治区的古籍除广泛收藏在各地市的大小寺院和拉康以外，还有相当数量收藏在以布达拉宫、罗布林卡、区博物馆和区档案馆为代表的"全国古籍重点保护单位"中。截至目前，区古籍保护中心已完成自治区档案局（区档案馆）古籍普查工作，布达拉宫、罗布林卡古籍普查也分别于2018年9月、12月启动，目前正在有序开展中。2022年起，自治区古籍保护中心还积极推进了拉萨市哲蚌寺、日喀则市萨迦寺、白居寺等单位的普查工作，力争在"十四五"后期初步完成全区古籍普查摸底，得出全区藏文古籍存量的较确切数据。

二、稳步开展珍贵古籍申报工作，提升古籍文献价值

藏文古籍作为中华优秀传统文化中的重要组成部分，承载着

藏族文化核心思想的同时，记载着历史上与周边各民族在政治、经济、文化等多方面的交流、交往，是阐述中华民族多元一体格局演变进程的重要参考。西藏自治区古籍保护中心在开展全区普查的同时，选择版本、内容具有一定研究价值和突出特点的古籍文献，积极申报《国家珍贵古籍名录》。截至2021年，全区已有305函古籍入选第一至六批《国家珍贵古籍名录》，其中第一批6函、第二批16函、第三批12函、第四批124函、第五批133函、第六批14函。这305函珍贵古籍广泛分布全区六地一市的古籍收藏单位和公共文化单位，年代最早涉及公元9—10世纪的写本，内容基本涵盖藏学大小五明和史学、民俗等众多领域。

另外，我区还向原文化部（现文化和旅游部）申报了6家"全国古籍重点保护单位"。其中西藏博物馆、布达拉宫管理处、西藏档案局（馆）、罗布林卡管理处成功入选，明确了西藏自治区作为全国藏文古籍收藏大省的地位。下一步，区古籍保护中心将在继续申报《国家珍贵古籍名录》的同时，努力将西藏自治区图书馆、拉萨市哲蚌寺、日喀则市萨迦寺等古籍收藏单位申报为"全国古籍重点保护单位"。

三、及时出版普查目录，做好普查成果共享

在完成某一地区的普查工作后，自治区古籍保护中心即将文献数据以目录形式编纂出版，让更多人了解掌握该地区古籍文献的存量、分布状况、版本内容，方便下一步研究利用。目前，自治区古籍保护中心在完成阿里地区和那曲地区的普查任务后，相继出版了《西藏那曲地区藏文古籍目录》《西藏那曲地区珍贵古籍图录》《西藏阿里地区藏文古籍目录》《西藏阿里地区珍贵古籍图录》《雪域宝典：西藏自治区入选第一、二、三批国家珍贵古籍名录图录》《西藏自治区第四批珍贵古籍名录图录》《西藏自

治区图书馆藏文古籍总目·文集篇》等集体作品。古籍保护中心工作人员在开展普查工作之余，也撰写了不少个人研究专著，如《藏文古籍概论》、《历代藏文古籍写本尾跋题记解读》（二册）、《藏文古籍目录概要》、《藏族历代学者生卒年代谱表》、《直贡噶举古籍文献丛书藏汉对照目录》，形成藏文古籍普查保护系列丛书，满足读者对藏文古籍阅览利用研究需求。除此之外，《西藏山南市古籍普查目录／图录》《西藏拉萨市古籍普查目录／图录》《西藏日喀则市古籍普查目录／图录》等普查成果也在加紧整理、编纂中。可以说，西藏古籍保护工作在"边普查，边保护"基础上还做到了"边共享"，大大拓展了古籍保护的内涵和外延。

四、潜心修复破损文献，做好古籍原生性保护

区古籍保护中心在普查过程中发现众多古籍收藏单位的古籍文献由于存藏条件等历史原因，导致存在不同程度破损，随着普查的深入，被发现的破损古籍数量更是令人心惊。2015年，在国家古籍保护中心的支持下，国内首个藏文古籍修复中心"西藏自治区藏文古籍修复中心"在区图书馆挂牌成立，国家古籍保护中心相继配发了价值50余万元的修复设备，确保修复工作顺利开展。随后，在国家图书馆和云南省图书馆等专业修复中心接受培训实践的两位藏族女性修复师，积极投入到大量藏文古籍修复工作当中。2014年，在拉萨市墨竹工卡县芒热寺古籍普查中发现的248叶破损古籍，被放置在区藏文古籍修复中心案头。在国内知名修复专家的精心指导下，两位修复人员不懈努力，如期完成任务，并将修好的古籍顺利交回芒热寺，得到该寺僧众一致认可。此后，更多修复任务接踵而至，包括山南市隆子县白嘎寺出土古籍修复、那曲市巴青县布拉寺国家珍贵古籍《苯教甘珠尔》修复，以及区图书馆馆藏善本古籍修复等。在不间断的修复实践和

各级主管部门的高度重视下，西藏藏文古籍修复日益成熟。截至2021年，各级各类破损古籍修复量已达上千叶，为进一步做好传统古籍文献的原生、再生性保护，给予有力保障。

西藏自治区古籍修复中心在开展全区珍贵古籍修复的同时，还不定期开办全区古籍修复培训班，集结我区藏量较大的古籍收藏单位（寺院）和地市、县一级文化、文物部门相关工作人员，邀请国内著名修复专家莅临指导，使藏文古籍修复理念和技艺在基层一线传播壮大，让更多社会力量参与到古籍保护事业中来。

五、不断尝试文献数字化，实现古籍再生性利用

古籍数字化是古籍再生性保护的趋势，也是改变当前藏文古籍"重藏轻用"现象的有效举措。在着力做好全区古籍普查、保护的同时，区古籍保护中心着眼未来，紧随习近平总书记让"书写在古籍里的文字都活起来"重要讲话精神，积极申请专项资金开展藏文古籍数字化尝试。2018年，在文化和旅游部"全国文化信息资源共享发展中心"的资助下，"西藏自治区图书馆馆藏古籍数字化"项目启动，区古籍保护中心作为项目执行方的一员，联合数字化制作公司率先将自治区图书馆的165函（24126叶，5.94TB）藏文善本古籍进行数字化加工制作，并在2020年"世界读书日"当天，将数字资源上传至西藏自治区图书馆官网。此举引起了国内外各路媒体的广泛关注，新华社、凤凰网等媒体相继报道。以《西藏首批云共享珍贵古籍文献今日上线》为标题的报道更出现在中华人民共和国中央人民政府国务院网站主页上，引发国内外读者的海量浏览和高度评价。在不损坏古籍原件的基础上实现古籍原貌展示和文档内容下载收藏，有助于解决古籍"保护与利用"矛盾。为延续特色数字资源服务读者的理念，2021年，自治区图书馆又将233函（15000余叶）馆藏善本古籍

进行数字化。如今该数字资源在区图书馆内网上的浏览利用率很高，古籍文献服务社会的功用得到有力实践。2022年区文旅厅再次划拨108万元专款，用于扩充该数字资源。在国内藏文古籍数字化进程中，我区率先迈出坚实一步。

六、积极申请专项资金，改善古籍存藏条件

受经费不足的因素限制，很多古籍收藏单位软硬件条件简陋，导致珍贵古籍破损流失。鉴于此类现象，国家古籍保护中心建议各地方财政下拨专项资金，用于改善古籍收藏单位存藏条件。受特殊地理环境和落后经济条件制约，西藏自治区的古籍收藏单位除部分规模较大的寺院以外，存藏条件普遍较差，有些收藏单位甚至不具备基本安全存放条件。针对这一严峻现象，区古籍保护中心自2013年起向西藏自治区财政厅积极申请专项资金，用于改善古籍库房设备。截至2021年，区财政已投入213万，帮助阿里地区、日喀则市、昌都市、山南市共17家基层、边境沿线条件简陋的拉康、寺庙改善古籍存藏条件，延长古籍寿命。那些已成为"全国古籍重点保护单位"的机构，安保条件和日常管理也得到逐步加强，所藏古籍得到分级分类的有效保护。

2013年，山南市达拉岗布寺出土的古籍雕版得到抢救性整理、补刻与重印；2014年，隆子县仲嘎曲德寺国家珍贵古籍"吐蕃御经"的存藏条件得到有效改善；日喀则市吉隆县中尼边境线汝村玛尼拉康早期珍贵写本获得及时保护；2016年，昌都市查杰玛大殿400余袋出土古籍得到抢救性整理保护。这些重要古籍保护案例的顺利实施，均得益于古籍收藏单位的条件改善，也受到当地群众、僧侣广泛认可。

七、合理完善各项保护机制，常态化开展古籍征购工作

西藏自治区古籍保护中心自2011年正式挂牌成立以来，在各级主管部门的正确领导下，各项保护工作有序推进，藏文古籍保护、整理、研究等相关标准日渐完善，在做好全区古籍普查、保护工作的同时，还积极开展古籍保护宣传，推广古籍修复、数字化等传统原生性和现代化再生性结合的保护措施。2013年，区古籍保护中心为完善古籍保护机制，加大社会力量参与古籍保护事业，将位于拉萨市色拉寺的"色昭古籍整理室"纳入业务管理序列。该申请得到自治区古籍保护领导小组和文旅厅的批准，使区内较有影响的民间古籍整理机构参与到我区古籍保护事业中来。同年还组织成立了由全区29位各领域古籍文献专家组成的"西藏自治区藏文古籍专家委员会"，负责我区古籍保护标准审议、政策制定与执行监督，进一步完善西藏古籍保护工作机制。

在加大社会力量参与古籍保护工作方面，中国古籍保护协会也大力支持西藏古籍普查工作，自2018年以来，每年暑期组织在校藏族大学生和硕博研究生赴区内各普查点协助区古籍保护中心开展"中华古籍普查文化志愿行动"，让社会精英力量参与传统文化保护中来。

2022年，西藏自治区古籍保护中心先后在区内藏文古籍藏量较大的哲蚌寺、萨迦寺、扎什伦布寺和大昭寺挂牌成立古籍分馆，与我区重要古籍收藏单位建立一站式业务沟通平台，为普查工作全面推进奠定基础。

西藏自治区作为古籍收藏大省，所藏古籍分布广泛、藏量不清，在未开展古籍普查工作之前，多数人古籍保护意识薄弱，常有珍贵古籍倒卖流失的现象发生。为充分做好保护工作，西藏自治区图书馆（区古籍保护中心）十余年来积极申请资金，从私人藏家和文物古玩市场征购各类古籍207函。最具代表性，如2012

年自治区文旅厅下拨专项资金60万，及时征购青海省玉树州地震后某私人收藏户待售的187函古籍，既丰富了西藏自治区图书馆馆藏，也为广大读者研究阅览藏文古籍提供一手文献资源。

在十余年坚持不懈地普查、保护、宣传下，全区古籍收藏现状和民间保护意识发生根本性转变，除个别收藏单位外，多数珍贵古籍已基本完成建档，临时性出土古籍的抢救性保护也得以及时开展，遗失、倒卖古籍现象不再轻易发生。

八、结语

在党和国家的高度重视和关怀下，藏区传统文化得到充分保护，公共文化服务体系日渐完善，藏文古籍整理硕果累累。自"中华古籍保护计划"实施以来，国家和自治区先后投入1031.72万元古籍普查经费（其中国家下拨317.02万元，自治区投入714.7万元），专项用于全区古籍普查、修复、库房改善、人才队伍建设、普查成果出版、古籍数字化、民间珍贵古籍征购等方方面面，保障自治区古籍保护工作顺利开展。

在庆祝西藏和平解放70周年之际，中央代表团赠送给西藏的众多贺礼中，有一套《中华大典·藏文卷》，即是近年来藏文古籍保护整理的成果之一。此书被选定并作为贵重礼品赠予西藏自治区各寺院和佛学院，充分体现党中央对西藏传统文化保护传承的明确态度。

西藏自治区的古籍普查还未完成，在漫漫普查路上，我们将牢记使命，继续砥砺前行。

才洛

西藏自治区图书馆

（西藏自治区古籍保护中心）

初心如磐　善作善成
——陕西省古籍保护工作十五年回顾

2007年1月，国务院办公厅印发《关于进一步加强古籍保护工作的意见》，新中国历史上首次由中央政府主持开展的国家级重大文化工程——"中华古籍保护计划"正式启动。自"中华古籍保护计划"实施以来，全国古籍保护工作体系逐步形成，并取得显著成绩。

陕西底蕴厚重，拥有源远流长的历史文化、光辉灿烂的革命文化、雄奇壮美的山河文化、醇厚丰富的民间文化。全省现存历代纸本文献、碑刻文献、金文文献等，类型多样，数量庞大。这些都是陕西文化事业建设、文化产业发展的动力源泉，在延续历史文脉、增强文化自信方面产生积极影响。

陕西省古籍保护中心成立于2008年10月，挂牌在陕西省图书馆，负责陕西全省古籍保护及相关工作。自"中华古籍保护计划"实施以来，陕西省古籍保护中心统筹协调全省古籍普查登记、存藏环境建设、整理开发、数字化等项工作，探索出一条古籍数字化与整理开发相结合之路，在再生性保护古籍文物方面做出积极贡献。

一、奋勇争先，当好古籍普查"领头雁"

2007年8月，陕西省图书馆作为文化部（现文化和旅游部）

指定的全国59家古籍普查试点单位之一，在全国率先开展古籍普查登记工作。2013年，陕西省图书馆完成馆藏全部古籍的基本项著录，彻底摸清了家底，并推动全省古籍工作全面展开。2014年，文化部授予陕西省图书馆"全国古籍保护工作先进单位"称号。截至2019年底，全省73家古籍存藏单位古籍普查册数突破100万册，计有10万余条数据提交省古籍保护中心。截至目前，陕西省古籍保护中心已审核数据6万余条，陆续出版了《陕西省图书馆古籍普查登记目录》《陕西师范大学图书馆古籍普查登记目录》《陕西省二十二家公共图书馆古籍普查登记目录》《陕西省三原县图书馆古籍普查登记目录》，完成《陕西省十六家公共图书馆古籍普查登记目录》《陕西省十二家大专院校图书馆古籍普查登记目录》数据审核并提交出版社。

二、开拓创新，成就古籍保护"推进器"

《国家珍贵古籍名录》及"全国古籍重点保护单位"的申报评审是对古籍进行分级管理、有效提升古籍存藏环境的重要举措。经陕西省古籍保护中心组织审核推荐，全省共13家单位161部古籍入选前六批《国家珍贵古籍名录》。陕西省图书馆、西北大学图书馆、陕西师范大学图书馆、西安博物院、西安碑林博物馆5家单位入选"全国古籍重点保护单位"。

在国家开展《国家珍贵古籍名录》申报评选的同时，各省也相继组织开展了省级珍贵古籍名录申报评选。2013年8月，陕西省人民政府公布第一批《陕西省珍贵古籍名录》，有22家单位409部古籍入选。2015年9月，公布第二批《陕西省珍贵古籍名录》，有26家单位279部古籍入选。《陕西省珍贵古籍名录》公布后，省古籍保护中心两次编辑出版了相关图录。

古籍数字化和影印出版是古籍再生性保护的两种重要手段，

代表着古籍整理未来方向。目前，陕西省图书馆已完成360余部20余万拍陕西古代方志，以及本省入选《国家珍贵古籍名录》古籍的扫描加工工作，形成建立陕西省旧方志影像数据库的基础。

十五年来，陕西省图书馆不断挖掘馆藏珍贵资源，服务大众，助力学术研究，陆续影印出版了《陕西省图书馆藏稀见方志丛刊》《精镌古今丽赋》，高仿复制了《名贤书札》《观无量寿佛经》等古籍，在有效保护原件的同时，使一批珍贵文献得以化身千百，嘉惠学林。

三、妙手匠心，培养古籍修复"主力军"

古籍修复是一种原生性古籍保护措施。陕西省图书馆古籍修复工作发端于20世纪60年代，经过多年发展积累，取得突出成绩，修复力量不断壮大。

2005年，陕西省图书馆成立古籍修复组，隶属于历史文献部。2009年经历扩编后，专职古籍修复人员从3人增至7人，人才梯队合理。伴随着"中华古籍保护计划"发展历程，陕西省图书馆古籍修复保护工作也在持续稳步开展。十多年来，我们已完成馆藏《岐山县乡土志》《骈雅训纂》《华岳志》《荆川文集》《李氏家谱》《字学大全》《精编古今丽赋》《遗山诗集》等数百部珍贵古籍超过10万叶的修复任务。在修复工作常态化开展同时，还有重大项目不断突破。自2012年起，古籍修复组根据馆藏碑帖拓片存藏状况和后期保存的科学规范性，按照修补、展平、衬纸、卷轴、装盒的流程，对馆藏碑帖拓片进系统修复保护，累计修复碑帖拓片8千余张。

"国家级古籍修复技艺传习中心陕西传习所"于2015年10月16日在陕西省图书馆揭牌成立，由古籍修复技艺传承人、天津图书馆修复专家万群担任导师。陕西传习所成立以来，积极对全省珍贵、濒危古籍进行抢救性修复保护，同时邀请国内知名古籍修复专家来省馆开班授课，为陕西打造一支年轻的古籍修复人才队伍。

修复保护陕西省图书馆馆藏一级善本《古今图书集成》，是陕西传习所成立后的一项重要工作。馆藏清雍正铜活字版《古今图书集成》被誉为陕西省图书馆的镇馆之宝，入选第一批《国家珍贵古籍名录》。馆藏《古今图书集成》共4652册，其中320册破损严重，需要重点修复。陕西传习所在导师万群研究馆员的悉心指导下，于2015年10月启动《古今图书集成》修复保护项目，项目受到国家古籍保护中心的高度关注和支持。截至2020年11月底，陕西传习所累计完成7.3万叶《古今图书集成》的修复工作。

2018年始，陕西省图书馆修复团队发挥自身技术力量、整合现有资源，主动了解可移动文物修复领域行业规范，学习文物修复方案制定标准要求，积极筹备申请可移动文物修复资质。2019年6月，陕西省图书馆通过省文物局组织的专家评审，成功获批可移动文物修复资质，具体业务范围包括：书法绘画、古籍善本、碑帖拓片、文件、宣传品、档案文书类可移动文物修复。自此，陕西省图书馆依托陕西传习所，积极与我省古籍保护单位开展项目合作，实现互助共享。

2020年，陕西省图书馆承担西安碑林博物馆三部珍贵古籍的修复工作，让残损古籍"重获新生"。西安碑林博物馆馆藏的《陈书》《厚乡录》《潭南遗老王先生文集》三部珍贵古籍共18册1105叶，均入选《国家珍贵古籍名录》。修复前存在虫蛀、撕裂、酸化、缺损、污渍、书衣护叶缺失等严重破损情况，需要进行全面修复。2020年9月，项目正式启动。三部珍贵古籍经历文献交接、数据统计、书页纸张检测、甄选修复用纸等前期工作，及染纸染线、喷水压平、书叶清洗、湿补修复、酸碱度处理、装订成册等几十道病害修复工序后，逐渐还原出古籍面貌，如获新生。

四、走近读者，掌握古籍宣传推广"金钥匙"

2013年10月30日，"第一批陕西省珍贵古籍名录发布仪式暨古籍保护成果展"在陕西省图书馆展览厅举行，向全社会回顾介绍陕西省古籍保护工作取得的阶段性成果，展出了收入第一批《陕西省古籍名录》73部珍贵古籍。

"丝绸之路西北地区珍贵典籍展"于2014年5月在陕西省图书馆举办。"丝绸之路西北地区珍贵典籍展"是"纪念延安文艺座谈会讲话暨丝绸之路"文化周系列活动之一，也是西北五省区文化战略与合作的重要组成部分。这次展览内容分为两方面：一是以展板文配图形式介绍丝绸之路，共设计大幅宣传展板77块，以文字介绍为主，插配重要图片，直观再现往昔丝绸之路盛况，突显古都西安作为丝绸之路起点的壮丽辉煌；二是以丝绸之路为契机，汇聚展出西北五省区珍贵古籍，特别是收入《国家珍贵古籍名录》的珍贵古籍。这是展览的最大亮点。在西北五省历史上，甚至在全国范围内，数省联办如此大规模的珍贵文献展，都是不多见的。

2015年6月，"我与中华古籍"摄影大赛优秀摄影作品巡展在陕西省图书馆成功开展。本次展览除展出各地古籍工作者、图书馆工作者及关心古籍发展各界人士的优秀摄影作品外，还安排了文化知识公益讲座、与古籍相关的图片展览，以及《中华再造善本》实物展览等内容，让观众近距离感受善本古籍魅力。

2018年9月28日，"传承传统技艺　感知文化魅力——传拓与雕版印刷体验活动"在陕西省图书馆一楼扇形大厅举办。为期十天的活动吸引了大批体验者，其中参与传拓制作180余人次、雕版印刷9000余人次，宣传效果显著。

2019年8月，陕西省图书举办主题为"亲近典籍珍品　浸染楮墨芸香——兰台晒书卷，陕图欢迎你"的晒书活动。这次晒书活动晒出近百种陕图馆藏珍品，多件藏品自2014年以来首次展出，包括两大镇馆之宝：宋元刻本《碛砂藏》、清雍正铜活字版《古今图书集成》，以及宋刻本《西山先生真文忠公读书记甲集》、元刻本《南史》、元刻本《汉书》、明嘉靖秦藩刻本《史记》、明嘉靖刻本《渼陂续集》等。此外，陕西省图书馆还晒出"陕西古籍保护工作十二年"历程，通过系列图文板块，展示自2007年"中华古籍保护计划"实施以来陕西古籍保护工作所取得的成果。

"中华古籍保护计划"已实施了十五年。十五年筚路蓝缕，在国家的大力推动下，古籍保护工作取得令人瞩目的成就。从国家古籍保护中心到各省、市古籍保护中心的纷纷成立，古籍保护工作机构日趋完善，古籍保护事业已形成了一套成熟有序的工作机制。

未来，我们将继续坚持"传承文明，服务社会"之初心，踔厉奋发、笃行不怠，把陕西省古籍保护好、利用好、传承好，赓续前行、奋楫争先，推动我省古籍保护工作行稳致远。

陕西省图书馆（陕西省古籍保护中心）

甘肃省古籍普查文化志愿服务行动

2019年起，甘肃省参与了由中国古籍保护协会发起、各省级古籍保护中心组织实施的"中华古籍普查文化志愿服务行动"，连续三年在省内开展志愿服务活动，招募高校大学生文化志愿者和社会人士，在有需求的古籍存藏单位进行古籍普查工作。目前，全省已有16家古籍存藏单位接受过志愿服务援助，完成7026部79083册古籍的普查登记工作。

一、主要做法

1. 根据甘肃省古籍保护中心前期实地调研情况，制定当年古籍普查文化志愿服务行动工作计划，形成可行性报告。与中国古籍保护协会积极沟通，争取公益资助。在甘肃省图书馆领导的协调支持下，落实志愿者项目配套经费——甘肃省连续三年为普查志愿者活动投入经费共33万元。

2. 面向全国各高校及社会各界发布"甘肃省古籍普查文化志愿服务行动招募公告"，根据年度工作计划，招募具备汉语言文学、历史学等专业学历学位，或具有较高古典文献、中国古代史造诣，或曾从事古籍文献校勘整理工作的志愿者。对志愿者进行筛选培训，为其整体讲解古籍装帧形式、版本鉴别方法、全国古籍普查登记平台著录规则等知识，便于普查工作有效开展。

3.根据本年度古籍普查文化志愿服务行动工作计划，制定服务路线，因时因地制宜，力求做到事半功倍。

4.古籍普查文化志愿者由甘肃省古籍保护中心专业技术人员带队，在普查单位展开现场培训，细致了解平台著录规范和注意事项，书影拍摄要点。带队工作人员随时通过平台系统抽查志愿者文献著录情况，进行数据审校与问题解答，提高数据质量。

二、工作亮点

1.准备工作充分，做好处置突发情况的预案。古籍普查文化志愿服务行动大多在暑假期间举行，志愿者、图书馆业务骨干、受援单位工作人员，都要经受高温酷暑考验，付出艰辛劳动。有鉴于此，省古籍保护中心常将各种困难想在前头，提前着手，做好筹备工作。如积极调研基层单位需求、预估普查工作量、招募录用志愿者、选派专家领队、开展志愿者培训、募集经费、安排普查场地设备、精心准备志愿服务工作中可能涉及的服装、药品、劳保用品。在疫情防控常态化情况下，随时调整工作方案，保证预定普查计划顺利完成。

2.得到中国古籍保护协会大力支持。凡参加该项目的志愿者，即自动成为"中国古籍保护协会文化志愿者联合会"会员，并注册登记为"中国文化志愿者"。活动结束后，中国古籍保护协会为志愿者颁发"古籍保护文化志愿服务证书"，作为其参与社会实践活动的证明。

3.志愿者专业水准高、文化使命感强。志愿者除高校大学生、研究生外，还包括大、中学教师、图书馆系统业务骨干等等，具有较强的专业水准和学习能力。每次志愿服务出发前，省古籍保护中心都要集中组织培训、举行启动仪式，使志愿者在掌握古籍普查基本技能的同时，了解开展全国古籍普查工作的重要意义，树立古籍保护意识，增强文化自信。

4．志愿服务受到业界信任，"意外之喜"层出不穷。三年间，越来越多的古籍存藏单位主动参与到志愿服务中来，申请普查援助。报名单位数量由2019年的3家，增加到2021年的8家。普查过程中，志愿者多次发掘出此前湮没无闻的珍贵善本，甚至海内孤本，对甘肃文献传承与学术研究具有重要价值。

5．加大宣传力度，为志愿服务留影留形。在历次志愿服务的总结会上，省古籍保护中心为每位志愿者提供发表志愿感言机会，并通过VCR形式进行录制，为古籍普查工作保留珍贵的一手资料。与此同时，依托互联网、移动通信网、报纸等多媒体平台，对志愿者工作进行深度报道，向社会公众宣传古籍保护意义与志愿服务精神。

三、活动成效

1．推进甘肃省古籍普查工作进程。三年来，来自二十所院校的百余名志愿者，在十六家受援单位，整理编目古籍近八万册，有效解决基层单位古籍普查人才、经费不足问题，提高普查工作的质量与效率。

2．培养古籍保护后备人才。古籍普查与志愿者所学专业对口，使高校学生得到珍贵的社会实践机会。许多志愿者虽就读于文史专业，但在学习过程中难以接近古籍，现在能亲手触摸翻检，将一册册古籍整理编目、除尘上架，他们感到既兴奋，又亲切，很快将书本所学运用到古籍普查业务实践当中，开阔了视野、增长了才干。普查过程中，学子们忘我工作，无私付出，彰显了志愿服务倡导的奉献、友爱、互助、进步精神，响应了时代召唤。

保护好珍贵古籍，使之流传永久，是全国各古籍收藏单位义不容辞的责任。"中华古籍保护计划"以"保护"为纲，提举古籍采编、典藏、服务、保护等工作之目，带动图书馆古籍工作和馆际合作开展。随着古籍普查文化志愿服务不断拓展，古籍保护理念必将进一步为社会各界所接受，必将引导更多有识之士加入中华古籍保护行列，形成传承发展优秀传统文化人人有责的生动局面。

李辉　徐双定

甘肃省图书馆（甘肃省古籍保护中心）

薪火相传共逐梦　妙手图新创辉煌
——甘肃省古籍修复工作成果回顾

　　甘肃地处丝绸古道黄土高原，历史跨越八千余年，是中华民族和华夏文明的重要发祥地之一，被誉为"河岳根源、羲轩桑梓"。悠久的历史文化传承，决定了这一地区古代书写与印刷文化遗存的丰富多样和独具异彩。据统计，全省共有古籍收藏单位约60家，古籍总藏量约140万册，包括汉文文献110余万册，少数民族文献30余万册。另有独具特色的简牍文献约6万枚，时间从战国至西夏，跨越9个历史时期；敦煌文献约700件，涵盖汉文、吐蕃文、回鹘文、吐火罗文、西夏文、粟特文各文种；地域文献更是内容庞杂，形态多样，包括大量地方志、地方先贤著述等等。

　　2007年，全国范围的"中华古籍保护计划"启动，作为古丝绸之路上的文化大省，甘肃省也掀开了古籍保护的新篇章，其中成果最显著的是古籍修复。自2015年"国家级古籍修复技艺传习中心甘肃传习所"成立之日起，甘肃省图书馆、甘肃省古籍保护中心在人员培训、工作机制建立、宣传推广等多方面予以支持，古籍修复工作稳步有效推进。2019年获得甘肃省文物局颁发的"可移动文物修复资质证书"，2021年完成甘肃省博物馆古籍文献修复项目。两项成绩的取得，使传习所工作迈上新台阶。

一、以师带徒，代代相承

甘肃传习所一直致力于全省古籍文献修复和修复人才培训工作。修复中心现有修复人员10人，分为老、中、青三代，文化层次较高。其中研究生学历1人、本科学历4人、大专学历3人、中专学历2人。拥有副高以上职称2人，十年以上修复经验专业的技术人员3人。导师师有宽先生从事古籍修复近60年时间，至今仍坚持为晚生后辈传授技艺。

1942年出生的师有宽先生被甘肃省古籍保护中心同仁们称为"一宝"，他曾以一己之力承担起甘肃省图书馆的古籍修复工作。师先生有一段刻骨铭心的师生缘：他是"国手"张士达先生的得意门生。1961年，师先生参加了文化部（现文化和旅游部）举办的"全国第一期装修古旧线装图书技术人员训练班"。在训练班学习期间，从一般破损古籍到严重破损古籍，从普本到善本，还有对修复技艺有极高要求的"金镶玉"改装，他都进行过系统学习，还曾参与《永乐大典》《赵城金藏》等国宝级文物的抢救工作，大大开阔了视野，修复技艺迅速提高。培训期间，师先生有幸接触过很多业界名家，比如修复领域著名的"三肖"（肖顺华、肖振棠、肖振邦），版本学家赵万里、冀淑英、李致忠等，对他一生的修复事业产生深远影响。2015年6月，"国家级古籍修复技艺传习中心甘肃传习所"在甘肃省图书馆挂牌成立，聘请师有宽先生担任传习所导师。为将60年修复路上练就的"十八般武艺"代代传承下去，师先生首批收徒十名，开始了耳提面命的师带徒教学。

现任"国家级古籍修复技艺传习中心甘肃传习所"助理导师、甘肃省古籍保护中心古籍修复科科长的何谋忠，在这次拜师活动之后，成为师有宽先生的入室弟子。他对古籍修复有着独特感悟和深入思考，同时兼具管理能力。修复中心成立后，在师先生和何谋忠的带领下，历时四年完成了馆藏清末民初手抄剧本修复项目，抢救性修复明清时期手抄剧本394种487册，共1.4万余页。这些剧本题材广泛，绝大部分是甘肃独有的孤本，囊括甘肃早期曲子戏、皮影戏、高山戏、秦腔等多个剧种，文化价值很高。但剧本所用纸张多是劣质的麻纸、粉连纸、毛边纸和土纸，规格不一，加之酸化、絮化、霉变、虫蛀、烟熏、脆裂、水湿粘连等问题，修复难度前所未有之大。何谋忠与同事边试验边操作，从清洗油污，到解决粘连问题，逐步摸索出一套修复办法，并取得成功。修复完成后，经整理影印出版的《西北稀见戏曲抄本丛刊》，获得全国优秀古籍图书奖。

2021年11月，何谋忠获得甘肃省科教文卫工会委员会授予的"优秀工匠人才"称号。2022年4月，甘肃省人社厅、财政厅联合印发《关于公布甘肃省2021年省级高技能人才培训基地和省级技能大师工作室项目建设单位名单的通知》（甘人社通〔2022〕150号），甘肃省图书馆申报的"何谋忠技能大师工作室（古籍修复师）"成功获批建立。

2022年5月，央视新闻走进甘肃省古籍保护中心，探访"何谋忠技能大师工作室"，向大家展示古籍修复的基本过程。据央视新闻网统计，本次直播时长近1个小时，观看人数达56万人次。央视频、百度、哔哩哔哩、优酷、抖音、今日头条等媒体平台也纷纷推送，成为当日的热门直播。

二、不忘初心，传播技艺

2014年，甘肃省图书馆被评为"国家古籍保护中心人才培训基地"，迄今已承办5期全国古籍修复技艺培训班（含初级班、提高班和研修班），举办3期全省古籍修复技术培训班。2022年2月，甘肃省图书馆、甘肃省古籍保护中心、甘肃省图文化创意有限公司共同举办"第三期甘肃省古籍修复技术培训及理论研讨会"，共有来自全省高校图书馆、公共图书馆以及博物馆系统的34名专业技术人员参加。此次活动的举办，对加强甘肃省古籍修复人才队伍建设，提升修复人员技能素质和专业水平，促进甘肃省古籍保护工作，推动非物质文化遗产传承等方面都有积极影响。甘肃传习所在组织培训的同时，还逐步改善设施条件，积累教学经验，努力建设完善古籍保护教育实践体系。

2017年9月，为了进一步加强本省古籍保护人才队伍建设，拓展古籍修复技艺传习所业务范围，省古籍保护中心在天水市图书馆设立第一家基层传习点，成为甘肃传习所面向基层需求，逐步建立古籍保护技艺传习网络的开端。

2019年5月，在"第二期甘肃省古籍修复技术培训班"结业典礼上，举行了甘肃省古籍修复技艺传习所设立第二批七家基层传习点的授牌仪式。兰州大学图书馆、西北师范大学图书馆、甘肃省博物馆、麦积山石窟艺术研究所、陇西县图书馆、兰州资源环境职业技术学院、兰州职业技术学院7家古籍收藏单位在列。可见无论公共图书馆，还是文博、教育系统的古籍保护单位，均对古籍修复人才培养具有迫切需求，全省上下形成齐心协力推进古籍保护事业、大力弘扬中华优秀传统文化的责任意识和担当精神。

为实现人才创新发展，甘肃省图书馆与兰州资源环境职业技术大学签订合作办学协议，旨在解决古籍修复人才短缺问题，努力为甘肃省培养一批兼具理论知识与修复技能的复合型应用人才。2021年12月，"兰州资源环境职业技术大学古籍修复专业学生实习基地""国家级古籍修复技艺传习中心甘肃传习所人才培养基地"揭牌暨合作办学签约仪式分别在甘肃省图书馆、兰州资源环境职业技术大学举行。此次合作是甘肃省图书馆实施人才创新发展的新尝试，此举将充分发挥高等职业院校服务社会功能，对拓展职业院校学科建设具有积极意义。

三、入选"非遗"，体验美好

2019年，由甘肃省图书馆（甘肃省古籍保护中心）申报的"古籍修复技艺"，被批准列入第四批"甘肃省非物质文化遗产代表性项目名录"，并获得40万元专项经费支持，主要用于省传习所及8家传习点购置修复设备、举办古籍修复技艺培训班、外出参观交流学习等事项。

为宣传展示古籍修复技艺，甘肃省古籍保护中心多次举办地方文化及非遗技艺体验活动，如参加全省"文化和自然遗产日"主场展示、开展古籍修复技艺进校园活动、走近《四库全书》等系列宣传活动，增强公众古籍保护意识。活动内容包括雕版印刷、传拓体验、线装书制作、金石拓印等等。《四库全书》之"文溯阁宝"、1947年兰州城区揽胜图、兰州水车、中山桥、敦煌飞天等本省标志性文物、建筑式样，都成为宣传活动的重要元素，体现大美甘肃的人文风采。

四、制定标准，逐步规范

在不断改善修复条件、扩大人员规模的同时，甘肃传习所制定了一系列古籍修复管理规章，并不断修订完善，包括《古籍修复工作间管理制度》《古籍修复工作人员工作职责》《修复古籍规章制度》等等；又按期制定年度修复工作计划，按照计划分配工作额度，调控修复进度，验收修复成果；建立古籍修复档案，并配备专人负责检查保管，根据《古籍修复技术规范与质量要求》制定验收标准。

在今后的工作中，甘肃传习所将深入贯彻落实《关于推进新时代古籍工作的意见》相关精神，积极整合全省古籍修复人才资源，形成团队合力，为古籍修复事业培养技术骨干和后备人才，助力古籍修复技艺传承与发展；继续在开展全省古籍修复技术培训、技能攻关、技术创新、技艺传承、研学交流等方面发挥引领作用，推出成果，跨界协作，逐步完善修复中心各项职能，服务于全省乃至西北地区的古籍保护事业。

甘肃省图书馆（甘肃省古籍保护中心）

奋进高原　初心不变
——青海省图书馆十五年古籍保护成果印记

　　青海地处祖国西部，是一个多民族省份。各民族团结友爱，共同创造了灿烂悠久的河湟文化。古籍作为记录青海各民族文明成果的重要载体，受到各级政府的高度重视。青海古籍存量约30万册，少数民族古籍约3万种，分布在全省各地区。

一、建立青海省古籍保护工作机制

　　2007年国务院办公厅印发《关于进一步加强古籍保护工作的意见》，青海根据文化部（现文化和旅游部）和国家古籍保护中心的统一部署，成立了省古籍保护中心。

　　中心成立后，加强与古籍保护联席会议各成员单位，特别是与省民委古籍办的沟通协调，认真研究青海省少数民族古籍普查和保护工作；利用全省图书馆年会和图书馆学会理事会，向全省各级图书馆通报我省古籍保护工作情况，与公共图书馆、高校图书馆、科研单位图书馆、文博单位、各地古籍办、民语办建立了完善的古籍保护信息沟通渠道；规范古籍保护工作的咨询、论证、评审和专业指导，成立青海省古籍专家评审委员会，并制定《青海省古籍保护工作专家委员会章程》。

二、以普查为契机，推进全省古籍保护工作

自2007年起，青海省古籍保护工作在国家古籍保护中心、省文化和旅游厅的正确指导下，坚持依法保护和科学保护相结合，不断加大工作力度，取得明显进步。

1. 全面开展青海省古籍普查登记工作。制发了《青海省古籍存藏情况摸底调查表》《收藏单位古籍保存环境调查表》和《收藏单位基本情况调查表》。通过普查，各地共登记古籍15200部28万册，其中善本1085部19000余册。目前，全省已有13家单位完成古籍普查登记，其中《青海省图书馆古籍普查登记目录》于2014年出版。

2. 自2007年起，我省组织了六次《全国珍贵古籍名录》和"全国古籍重点保护单位"的申报工作。目前已有青海省图书馆等九家单位和个人保存的67部汉文、藏文、阿拉伯文古籍入选《国家珍贵古籍名录》，4种珍本在"国家珍贵古籍特展"上展出。青海省图书馆入选"全国古籍重点保护单位"。

3. 目前，青海省图书馆已完成18部29248拍国家珍贵古籍和10部4258拍普通古籍的扫描加工工作，古籍影像数字化进度加快。

三、让"书写在古籍里的文字都活起来"

2015年，青海省古籍保护中心入选《国家珍贵古籍名录》的30部古籍，被送往陕西省图书馆参加"丝绸之路西北地区珍贵典籍展"。展览以丝绸之路为主题，采取联展形式，汇聚西北五省区珍贵古籍，展出藏品的数量之多、规格之高，在西北地区尚属首次。

2015年6月13日，"我与中华古籍"摄影大赛优秀摄影作品巡展在青海省图书馆开幕。此后在西宁市、海北州、海南州、贵德

县、黄南州、海东市等地巡回展出。

　　2016年12月，受国家古籍保护中心、青海省文化和新闻出版厅委托，青海省图书馆举办"册府千华——青海省入选《国家珍贵古籍名录》暨青海省图书馆馆藏精品字画展"。展览规划为四部分：第一部分为《国家珍贵古籍名录》展区，展出青海省国家珍贵古籍30部，其他善本古籍120部；第二部分为馆藏精品字画和地方名士字画展区，展出馆藏历代名家及青海本土名家书画作品55轴；第三部分为碑帖拓片、地方文献特藏展区；第四部分为循化《古兰经》、玉树《大藏经》、塔尔寺藏经楼及青海省古籍保护成果展区。该展览是青海省历史上规模最大的古籍书画展。展览期间，大众亲身体验的"古籍雕版刷印活动"受到热烈欢迎，参与者达一万人次，宣传效果十分显著。

四、人才培训

　　我省注重古籍保护人才培养工作，制订规划，多渠道、分层次培养古籍保护专业技术人才，特别是少数民族古籍翻译、整理、出版、研究人才。

　　坚持人才的"走出去"培养方针，鼓励支持本省古籍保护工作者到全国各地参加在职培训、业务交流，积极开展国际与地区间古籍保护沟通合作。

　　2009年6月23日—7月3日，国家古籍保护中心和青海省古籍保护中心在青海省图书馆联合举办第"七期全国古籍普查培训班"。来自青海、宁夏公共图书馆、高校与文博系统有关单位的45名学员参加了此次培训。国家古籍保护中心对办好这期培训班十分重视，针对青海、宁夏等西部地区的普查任务、人员素质、实际工作需要和面临问题，邀请了具有丰富教学经验的老师前来授课。他们中间既有长期工作在教学科研岗位上的文献学者，也有从事古籍保护实践工作的国家级业务专家，每位老师都在课前做好充分准备，在讲授中贯穿实例，生动形象，确保学员充分理解掌握。在两周的培训过程中，学员们系统学习了文献学基本知识、明清版本鉴定知识，古籍再生性保护知识、书影制作知识，掌握了汉文古籍普查平台登记操作系统，专业素质和业务能力得到迅速提高，为青海、宁夏两省古籍普查工作的全面开展打下基础。

"中华古籍保护计划"已实施了十五年。十五年来，青海省籍保护工作取得了有目共睹的成就，事业发展蒸蒸日上。今后，我们将继续担负古籍保护使命，砥砺前行，为这项事业做出更大贡献。

青海省图书馆（青海省古籍保护中心）

不忘初心　砥砺前行

——宁夏古籍保护工作十五年回顾

宁夏回族自治区作为多民族聚居地区，历来是多元文化交流融合、和谐发展的典范，自古以来创造了丰富多彩的文化资源，是铸牢中华民族共同体意识的重要组成部分。

2007年，国务院办公厅印发《关于进一步加强古籍保护工作的意见》（国办发〔2007〕6号）并正式启动"中华古籍保护计划"。在自治区党委、人民政府和自治区文化厅（现文化和旅游厅）的高度重视下，2007年，经文化厅批准，"宁夏古籍普查与保护工程领导小组"正式成立。2009年5月26日，经自治区人民政府批准，宁夏回族自治区古籍保护中心在自治区图书馆挂牌成立（宁编办发〔2009〕66号）。自成立以来，自治区古籍保护中心就承担着全区古籍保护工作的统筹推进及业务指导工作。十五年来，在普查登记、整理出版、人才培养、宣传推广等方面，开展一系列工作，取得长足发展。

一、遍访群籍——古籍普查登记

普查登记是"中华古籍保护计划"的首要任务，是全面了解全国古籍存藏情况，建立古籍总台账，开展全国古籍保护的基础性工作。自治区古籍保护中心自成立以来，积极履行职能，深入全区各级各类图书馆、文博院所等单位开展古籍普查登记工作，将古籍的题名、卷数、著者、版本等信息，逐一核查，并录入"全国古籍普查登记平台"。已知宁夏地区现存古籍7125部90237册，分藏21家单位，普查工作完成后，全区古籍数量、分布、存藏现状、破损等情况基本摸排一清。

二、塞上蕴珍——古籍普查登记成果

"全国古籍重点保护单位"和《国家珍贵古籍名录》是由国务院批准公布的国家级重点古籍收藏机构和我国现存珍贵古籍目录，是推动古籍分级保护、促进优秀传统文化传承发展的重要举措。2010年6月，宁夏回族自治区图书馆被评为"全国古籍重点保护单位"。在古籍普查基础上，自治区古籍保护中心先后六次甄选全区珍贵古籍，上报国家古籍保护中心。经评选，西夏文佛经《吉祥遍至口和本续》等12种古籍入选《国家珍贵古籍名录》。这些珍贵古籍展现了宁夏独特的历史、民族与地域文化魅力，具有深远的历史意义与现实价值。

三、苦心孤诣——古籍整理出版成果

党的十九大报告提出："深入挖掘中华优秀传统文化蕴含的思想观念、人文精神、道德规范，结合时代要求继承创新，让中华文化展现出永久魅力和时代风采。"为积极响应党和国家号召，弘扬中华优秀传统文化，展现宁夏文化的独特魅力，宁夏大学、宁夏社会科学院、宁夏回族自治区图书馆、宁夏文物考古研究所等收藏和科研单位纷纷开展古籍整理工作，陆续推出《宁夏回族自治区珍贵古籍名录图录》《朔方文库》《宁夏珍稀方志丛刊》《宁夏旧方志集成》《宁夏回族自治区图书馆古籍普查登记目录》《宁夏回族自治区二十家收藏单位古籍普查登记目录》等出版成果，为学术研究、读者服务、传承利用提供了极大便利。

四、厚积薄发——古籍人才培养

为加强古籍保护人才培养，宁夏回族自治区古籍保护中心积极探索多种形式，培养古籍保护人才。一是积极选派古籍保护骨干人员参加国家古籍保护中心举办的培训班，先后派出100余人次赶赴全国各地，接收古籍普查、编目、修复、数字化等项培训，提高业务水平；二是邀请各地专家到宁夏来，先后举办"第十九期全国古籍普查培训班""宁夏回族自治区古籍保护工作管理人员培训班""第四期《中华古籍总目·分省卷》编纂研修班"；三是积极组织本区古籍人员收看业内线上培训课程，如"图书馆古籍鉴定研修班""古籍库房建设与管理研修班"等等。通过多种形式的理论培训和操作实践，全区各系统古籍保护工作者的专业素养均有大幅度提高。

五、渐臻佳境——古籍存藏条件改善

在自治区古籍保护中心的专业指导和各存藏单位的共同努力下，区内古籍保存环境得到不断改善。自治区图书馆建设了标准化古籍书库，配有恒温恒湿系统、空气净化装置及臭氧消毒机、火灾自动报警系统、自动灭火系统和自动防盗报警系统，馆藏古籍全部采取密集排架方式存藏，配备了专用展柜和樟木书柜。宁夏大学图书馆也采购樟木书柜放置古籍，并对书库采取了防火、防盗、防虫、防尘、防潮等专门保护措施；自治区博物馆、文物考古研究所等文博单位对古籍实行分库管理，将珍贵古籍存放在文物库房。一些单位虽然古籍藏量较少，但仍然予以重视，采取基本的保护防范措施，确保古籍存藏安全。

六、多措并举——古籍保护宣传推广

为响应国家让"书写在古籍里的文字都活起来"号召，近年来，自治区古籍保护中心通过展览、讲座、中华传统修复技艺读者体验，和馆长、专家晒国宝等形式，积极宣传古籍保护理念，推动中华优秀传统文化创造性转化、创新性发展。中心先后举办"册府千华——宁夏回族自治区珍贵古籍特展暨庆祝宁夏回族自治区图书馆成立60周年"系列活动；"古籍保护 你我同行——古籍修复技艺进校园"读者体验活动；馆长、专家微视频晒国家珍贵古籍活动；"世界读书日"之"中国传统印刷技艺"线上直播线下读者体验活动等。多措并举，使得古籍保护成果能为更多人共享。

七、砥砺奋进——古籍工作任重道远

十五年来，自治区古籍保护中心始终不忘初心，砥砺前行，积极发挥全区古籍保护业务指导职能，与全区科研、文博、高校等系统的古籍收藏单位建立良好业务关系，形成较强凝聚力与影响力。经过十五年努力，宁夏回族自治区基本建成了一个基础夯实、科学有效、稳步推进的古籍保护体系，为古籍保护工作进一步开展打下良好基础。

党的十八大以来，以习近平同志为核心的党中央站在实现中华民族伟大复兴的战略高度，对传承和弘扬中华优秀传统文化作出一系列重大决策部署，古籍事业迎来新的发展机遇。做好古籍保护工作，把祖国宝贵的文化遗产保护好、传承好、发展好，对赓续中华文脉、弘扬民族精神、增强国家文化软实力、建设社会主义文化强国具有重要意义。2022年4月，中共中央办公厅、国务院办公厅印发了《关于推进新时代古籍工作的意见》，该"意见"的出台，将进一步激发宁夏回族自治区古籍事业发展活力，让承载着中华文脉的古籍在新时代焕发勃勃生机。

宁夏回族自治区图书馆
（宁夏回族自治区古籍保护中心）

风雨兼程　砥砺前行

——新疆古籍保护工作十五年回顾

习近平总书记指出："文化是一个国家、一个民族的灵魂。文化兴则国运兴，文化强民族强。"古籍是中华优秀传统文化的重要载体，是坚定文化自信的重要源泉。自2008年9月新疆维吾尔自治区古籍保护中心（以下简称"新疆古籍保护中心"）成立以来，紧紧遵循和围绕国家古籍保护中心的工作部署及自治区人民政府的大力支持、自治区文旅厅的直接领导，积极组织全省古籍收藏单位科学、规范、有序地开展普查、修复、人才队伍建设、宣传推广等各项古籍保护工作。

一、大力推进古籍普查，真正变"藏"为"用"

古籍普查工作启动之前，古籍大多被混藏于其他非古籍文献中，或被散乱无序地束之于高阁。经过深入调研，新疆古籍保护中心在对本区范围内古籍文献数量、文种分类进行充分预估基础上，制定了《新疆维吾尔自治区古籍普查方案》和《新疆维吾尔自治区古籍保护计划》，并于2010年4月8日，组织召开"全疆公共图书馆馆长暨全疆古籍工作座谈会"，正式启动新疆古籍普查工作。随后，为将古籍保护工作落到实处，新疆古籍保护中心陆续组织成立以15个地州为单位的新疆古籍保护分中心（分中心设在各地州图书馆）。2011年4月，"新疆古籍保护工作厅际成员单位联席会"召开，成立"自治区古籍保护工作领导小组"，理顺沟通渠道，极大推进新疆古籍保护形成合力。此后，新疆古籍保护中心有计划、分步骤地开展古籍普查、登记，协调全区公共图书馆、博物馆、教育、科研、文物等系统，全面开展古籍普查工作。

2012年5月，在基本完成新疆维吾尔自治区图书馆（以下简称"新疆图书馆"）古籍普查的基础上，新疆古籍保护中心积极协调召开全疆古籍普查工作座谈会，邀请新疆地区主要古籍收藏单位共商推进古籍普查的可行方案。随后组织古籍普查突击组分赴新疆大学图书馆、中国科学院新疆分院文献信息中心、新疆社会科学院图书馆等几家古籍藏量较大的单位开展普查登记工作。逐步完成对35万册汉文古籍及民国文献的普查及数据审校，顺利将13481条179769册数据提交国家古籍保护中心。2017年，在中国古籍保护协会的支持和帮助下，积极组织开展"中华古籍普查文化志愿服务行动"，由新疆图书馆书记带队、新疆图书馆馆员作为中坚力量，开展南疆三个地州7家单位的少数民族语言文字古籍普查工作，共计完成普查数据2500余条。至此，新疆古籍普查工作取得阶段性成果。经过这次大范围的普查，不仅摸清了各收藏单位的家底，还促使许多单位设立了专门的古籍特藏室，并开始注意到善本的版本价值和文献价值，为新疆古籍保护打下坚实的基础。

在国家古籍保护中心的大力支持与帮助下，《新疆维吾尔自治区图书馆古籍普查登记目录》与《新疆大学图书馆等五家收藏单位古籍普查登记目录》由国家图书馆出版社出版。2018年，在中国古籍保护协会理事会会议上，新疆古籍保护中心荣获"2017年度古籍普查工作先进单位"称号。古籍普查初步完成后，新疆古籍保护中心与新疆区域内各个古籍收藏单位分工合作，逐步启动《中华古籍总目·新疆卷》编撰工作，积极为进一步变"藏"为"用"打好基础。

二、以《国家珍贵古籍名录》和"全国古籍重点保护单位"申报评审为基础，扎实推进全省古籍保护工作

在古籍普查的基础上，新疆古籍保护中心积极组织新疆地区古籍收藏单位申报第一至六批《国家珍贵古籍名录》及"全国古籍重点保护单位"。经过共同努力，新疆地区先后有13家古籍收藏单位共106部古籍入选《国家珍贵古籍名录》；新疆图书馆与新疆维吾尔自治区古籍整理出版领导小组办公室分别于2009年和2016年入选第二批和第五批"全国古籍重点保护单位"。2015年6月1日，新疆古籍保护中心积极组织、协调入选《国家珍贵古籍名录》的12家单位102部古籍完成书影拍摄，开始组织撰写书志，筹备编撰《新疆珍贵古籍图录》。在国家古籍保护中心的关怀下，2016年《新疆珍贵古籍图录》由中华书局出版。

新疆古籍保护中心重视对标"全国古籍重点保护单位"在古籍保护环境、古籍库房基本设备等方面的要求，扎实推进古籍存藏条件的改善。在新疆图书馆二期改扩建项目设计阶段，积极与基建办沟通，不断细化古籍保护各个区域的设计要求。2019年，新疆图书馆二期改扩建项目完成后，新疆古籍保护中心已基本具备古籍修复室、古籍书库、古籍阅览室等完整而功能齐全的工作环境。同时，新疆古籍保护中心还积极督导新疆大学图书馆以及昌吉州图书馆、吐鲁番地区图书馆等古籍收藏单位改造库房，改善古籍存藏条件，不断推进古籍保护规范化、科学化、标准化管理。

三、强化培训，积极推动专业人才队伍建设

人才是做好古籍保护工作的基础，新疆古籍保护中心自成立之初，就积极探索古籍专业人才培养模式，一方面依托国家古籍

保护中心举办的各类培训班，另一方面积极在本地区举办专业技能培训，将人才队伍建设视为重中之重。

2009年以来，新疆古籍保护中心先后组织及承办古籍普查、数字化、修复等项目培训，培训人次达2000余人，分别有："第一期新疆维吾尔自治区古籍普查培训班""第八期全国古籍普查培训班""乌鲁木齐古籍普查工作动员暨古籍普查培训班""昌吉州地区古籍普查培训班""第二十九期全国古籍普查培训班""第十一期全国古籍普查管理人员培训（新疆班）""第二期古籍数字化培训班""第二期少数民族古籍修复技术培训班""第二期全国古籍保护技术培训班暨新疆古籍保护技术培训班""古籍保护工作研修班""新疆维吾尔自治区民族宗教委员会古籍办古籍修复技艺培训"等，培训学员覆盖全疆公共图书馆、文博、科研、高校等系统的80余个收藏单位，逐步帮助古籍收藏单位培养出一批吃苦耐劳、专业素质过硬的业务骨干，有力推进了新疆古籍保护工作。

四、搭建学习交流平台，加强古籍修复中心建设

新疆古籍修复中心于2014年10月揭牌成立。修复中心成立后，不断加大经费投入力度，2014年至今，共投入经费66万元用于古籍修复人才培训、修复设备及修复材料购置。2019年新疆图书馆二期改扩建项目正式完工，新疆古籍修复中心作为新疆图书馆二期改扩建重要工程，按照国家级古籍修复实验室的标准建成并投入使用。现有古籍修复室面积74平方米，并配有古籍修复材料室54平方米及古籍修复档案室32平方米。修复设备有多功能修复台、纸浆补书机、晾纸架、压书机、裁纸机，以及修复少数民族文字古籍及西文装帧古籍的起脊架、整理架等设备，并配有纸张纤维检测仪、测酸仪等实验器材。

自2018年起，新疆古籍修复中心定期检查古籍存藏状况，对破损严重的古籍进行科学、规范的抢救性修复，并积极搭建新疆古籍修复学习交流平台，做好本区古籍收藏单位的修复培训工作，有力推进新疆地区古籍修复工作的科学化、系统化开展。在拓宽古籍修复人才培养模式上，修复中心采取"请进来、走出去"方式，一方面依托国家图书馆、中山大学图书馆等国家级古籍修复技艺传习中心及附设传习所的专家，积极培养古籍保护人才，如于2010至2012年派出一名工作人员到国家图书馆学习古籍修复技术；2015至2016年分别选派工作人员赴中山大学图书馆学习古籍修复技术。另一方面先后派出9人次参加国家古籍保护中心组织的古籍保护与修复培训班，帮助新疆本地古籍修复工作者开阔眼界、扩展能力，逐步培养了一批高素质古籍修复人才。

五、开展古籍整理，尝试推进古籍资源转化利用

新疆古籍保护中心积极开展文献整理研究探索，相继编撰《新疆维吾尔自治区图书馆地方文献书志》《新疆维吾尔自治区图书馆民文古籍提要》，并为华东师范大学出版"紫金文库"提供《羃庐诗草续编》底本，积极为新疆历史研究贡献古籍资源。

2020年，根据古籍修复工作实际需求，新疆古籍保护中心积极申请自治区文化和旅游厅委托课题《桑皮纸的新时代运用》（项目号：20WLT2010）。该项目将"新疆桑皮纸"置于造纸史中进行考察研究，从"纸—造纸法—造纸技艺下移民间—纯桑皮造纸法兴起—造纸技艺在民间保存"的脉络出发，正本溯源，进一步厘清了"新疆桑皮纸"特点。项目组前往新疆和田墨玉县调研，向当地文化馆和国家级新疆桑皮纸传承人介绍了不同历史时期地方志等史料中有关桑皮纸的记载，在与内地桑皮纸的对比中

勾勒出新疆桑皮纸"浇纸法"在造纸史上的重要地位和独特价值，并在手工桑皮纸质量控制等方面提供宝贵建议。该报告被收入新疆维吾尔自治区文化和旅游厅出版的《2020年新疆文化和旅游调研课题成果汇编》，为非物质文化遗产推广交流提供可靠依据，具有较高的学术和社会价值。

为进一步挖掘利用历史典籍，全面掌握新疆地区现存古籍和民国出版物收藏情况，新疆古籍保护中心计划重点组织编撰《新疆地区古籍联合目录》和《新疆地区民国书刊联合目录》两大基础书目，为社会各界研究新疆历史提供扎实文献基础，提升新疆地区古籍与民国文献保障水平，为"文化润疆"找到有力抓手。

六、加强古籍宣传，让传统文化活在当下

2010年8月至10月，"新疆历史文献暨古籍保护成果展"在新疆举办，展品文献内容之丰富、语种之众多、时间跨度之长，在新疆文献展览史上首屈一指，极大推动了新疆古籍保护工作的繁荣发展。以此为契机，新疆古籍保护中心陆续策划并组织"馆藏珍贵历史文献展""丝路华彩　册府流韵——新疆图书馆特藏文献展""光辉历程——建党百年红色文献展"，并从国家图书馆积极引入"从《诗经》到《红楼梦》——那些年我们读过的经典"特藏文献展、"甲骨文记忆"等展览，进一步激发了古籍事业发展活力。此外，新疆古籍保护中心还积极协调新疆地区珍贵古籍亮相国家古籍保护中心主办的"国家珍贵古籍特展""西域遗珍——新疆历史文献暨古籍保护成果展""中华医药典籍展"，以及由五省区图书馆承办的"丝绸之路西北地区珍贵典籍展"等展览。通过展览引导各族群众树立正确的中华民族历史观，铸牢中华民族共同体意识，积极培育新疆社会稳定和长治久安的精神根脉。

　　为了配合线下展览，自2020年起，新疆古籍保护中心还在微信公众号、微博平台陆续推出"古籍微书院"及"文献赏析"专栏，前者普及古籍装帧、版本知识、中华传统节日节气等，后者通过馆长推荐、专家推荐等方式向大众介绍《新疆图志》《续修乌苏县志》等涉及新疆历史沿革、地域特色、风土人情的文献，以史为证，生动展示新疆自古就是伟大祖国不可分割一部分的历史事实。此外"文献赏析"专栏还通过古籍善本书影、成语典故、藏书印介绍鉴赏，引导读者走进古籍世界，增强社会公众对中华优秀传统文化的认同，扎实推进"文化润疆"工作。

　　此外，新疆古籍保护中心还走进新疆大学文学院、乌鲁木齐市第64小学、乌鲁木齐97.4交通广播等机构、栏目，通过开展"传统文化进校园——走进乌鲁木齐市第64小学"、"古籍保护与装帧——走进新疆大学"、"书籍装帧艺术手工坊"、"二月二龙抬头"访谈、"慎终怀远清明日"、"端午华彩·装帧流韵"讲座，以及"甲骨文展览"小讲解员培训、"甲骨文字雕版印刷体验"等读者活动，进一步展现中华优秀传统文化的影响力、感召力，引导公众在润物无声中感受其博大精深，牢固树立文化自信。

　　习近平总书记在党的二十大报告中对"推进文化自信自强，铸就社会主义文化新辉煌"进行了全面阐述，为新时代社会特色主义文化强国建设规划了蓝图、指明了方向、提供了遵循。新疆古籍保护中心将牢记总书记对于古籍工作的重要指示精神，做好新时代古籍工作，为更好地传承中华优秀传统文化、建设社会主义文化强国做出更大贡献。

新疆维吾尔自治区图书馆

（新疆维吾尔自治区古籍保护中心）

基层公共图书馆

太原市图书馆古籍保护成果案例

古籍，是中华优秀传统文化的重要载体，是中华文明绵延数千年、一脉相承的历史见证。山西，是中华文明的发祥地之一，历史悠久，文化深厚。三晋大地有着丰富的古籍资源和厚重的三晋文明。金元时期，平阳路曾是北方地区的书籍出版与印刷中心，促使山西刻书业繁荣发展。时至今日，并州大地仍有众多珍本、善本，得到完好保存。

2007年"中华古籍保护计划"开始实施，受到社会各界广泛关注。太原地区以此为契机，依托太原市图书馆成立太原市古籍保护中心，以"保护古籍，传承文明，服务社会"为宗旨，为本地区制定古籍保护方案，培训古籍保护人员，积极开展古籍普查和申报珍贵古籍名录工作，在古籍普查、古籍修复、书库建设以及人才培养等方面均取得重要成果。

2010年6月，太原市图书馆被文化部（现文化和旅游部）授予"全国古籍重点保护单位"称号；2013年10月，编辑出版《太原市图书馆珍贵古籍名录图录》；2013年11月，编辑出版《太原市图书馆古籍书目》。截至目前，太原市图书馆共有25部古籍分别入选《国家珍贵古籍名录》和《山西省珍贵古籍名录》，其中《唐书二百二十五卷》《对类二十卷》和《稼轩长短句十二卷》3部入选《国家珍贵古籍名录》；《霜红龛拾遗不分卷》《莲洋集选十二卷》等22部入选《山西省珍贵古籍名录》（第一批4部，第二批8部，第三批10部）。

一、摸清家底，完成古籍普查

早在"中华古籍保护计划"开展之前，2005年，太原市图书馆就对本馆古籍藏书进行了全面清点、核对和整理，并开展古籍数据库建设工作，将相关数据全部录入数据库。2007年，"中华古籍保护计划"全面铺开，太原市图书馆在山西省古籍保护中心领导下，紧张有序进入工作实施状态。

太原市图书馆对馆藏古籍文献信息严格按照国家标准进行核对，开展全面细致的普查登记和申报工作，对古籍数量、版本状况、破损状况进行统计鉴别，并积极配合国家古籍保护中心完成馆藏古籍普查数据的平台导入工作。

为使馆藏古籍数据库信息更加准确、完善，太原市图书馆还完成了古籍回溯建库工作，详细著录了题名、作者、存缺卷次、尺寸、版框等版本信息，共计完成古籍回溯建库10579种，古籍条码号录入76819册。在此基础上，对所有数据进行二次校对，进一步夯实太原市图书馆的古籍普查保护工作成果。

二、整理研究，古籍影印出版

古籍数字化是古籍保护工作的重要组成部分，代表着古籍工作的未来方向。在馆领导的高度重视和大力支持下，2020年11月，太原市图书馆全面启动古籍数字化工作，并迅速加快步伐。

太原市图书馆积极调研全国各大图书馆古籍数字化工作，借鉴学习先进经验，确定数字化展示平台，未来将逐步建立馆藏古籍数字资源库和古籍综合信息数据管理平台，扩大古籍数字资源开放，实现全文检索，促进资源共享，提高文献利用率，让读者不需要接触古籍原本就能阅读古籍，了解古籍中的知识。与此同时，利用现代科技手段和数字化平台，对古籍内容进行再生产，通过知识图谱的方式对古籍内容进行发掘，让古籍融入人们的生活，推动古籍实现传承性保护。

自2013年起，太原市图书馆就积极整理研究古籍文献，目前已编辑出版《太原市图书馆珍贵古籍名录图录》《太原市图书馆古籍书目》，再版影印了入选《国家珍贵古籍名录》的《唐书》及入选《山西省珍贵古籍名录》的《三晋诗选》，为研究太原历史文化提供更多宝贵资料。

2019年，依托丰富馆藏文献资源，太原市图书馆精心挑选并复制了珍贵民国印本——清代傅山的《霜红龛墨宝》。为使读者更好理解每件书法作品的创作始末与递藏关系，太原市图书馆对其创作背景及鉴藏人、题识、印鉴均做出考识，并对书中的学者题识择要选录，编印出版《霜红龛墨宝考释》，以鉴读者。

2021年，为迎接建党100周年，中国图书馆学会在太原市组织召开"2021年图书馆红色空间与红色专藏论坛"，太原市图书馆积极筹备、讨论策划，挑选出馆藏早期代表性红色文献，结合版本信息撰写提要，开发制作红色文献明信片16种，作为文创礼品免费发放，受到与会人员一致好评。

三、宣传推广，展现古籍魅力

"中华古籍保护计划"实施以来，太原市图书馆积极开展一系列趣味性活动、专题性展览和矩阵型线上栏目，让优质古籍内容和传统文化知识触及更多读者，重新激活文脉精华，赋予其崭新的时代价值。

（一）活动：开展趣味性活动，让古籍活起来

多年来，太原市图书馆在古籍保护对外宣传上做了大量工

作，在节假日、世界读书日、全民读书月期间以开展系列主题活动，推广古籍保护成果。如开展古籍线装书制作、活字印刷体验、古籍有奖知识问答；举办"中华古籍保护计划"成果宣传展、"我与中华古籍"摄影大赛优秀摄影作品巡展等活动，受到读者一致好评。在新馆开放后，太原市图书馆还创新推出"中华造纸术""观四库抄经典""临摹抄写《永乐大典》经典篇章"等体验活动。

活动内容丰富多彩，形式活泼多样，广大读者积极参与，动手动脑，表现出对中华优秀传统文化的浓烈兴趣，认可度很高。系列活动的开展让更多人感受传统文化魅力，关注古籍保护事业，使太原古籍保护工作成果深入人心。

（二）展览：全方位展现珍藏，沉浸式学习

在新馆开放后，太原市图书馆每年都积极举办专题展览，揭示馆藏。2017年策划"册府千华　蕴籍晋阳——古籍珍品展"；2018年策划"无奈与抗争——百年间中国文献保护忆旧展"；2019年策划"乱世文心一脉存　千载传承有奇珍——略谈金元时期平水刻书古籍展""山河表里留文脉　学养千秋泽后昆——太原市图书馆珍藏清代山西著作精品展""傅山《霜红龛墨宝》集萃展""清乾隆《御制棉花图》选展""风华——太原市图书馆70年馆藏文献特展"；2020年推出"珠还合浦　历劫重光——《永乐大典》的回归和再造"巡展；2021年特别策划推出红色展览"印记——太原市图书馆馆藏红色历史文献展"。

展览凸显馆藏古籍文献特色，增强城市古籍文化氛围，起到了保护古籍、传承文化的重要作用。其中，"册府千华　蕴籍晋阳——古籍珍品展"汇聚百余件珍藏，涵盖唐、宋、元、明、清等多个历史时期，具有较高的观赏价值和学术研究价值。展览通过图片介绍与实物展陈，全方位、多角度呈现古籍风采，普及中国书籍发展的历史知识和晋阳文化特色、成就，让读者从典籍文

明角度感受三晋历史文化的无穷魅力，从而激发"继绝存真、传本扬学"的历史使命感。

（三）栏目：发挥新媒体优势，文图声融合

太原市图书馆利用馆藏文献资源，以图、文、声并茂的形式，给读者讲述古籍故事，挖掘历史亮点，普及文化知识，将相关古籍及历史知识融汇其间，达到展示馆藏文献，古为今用、寓教于乐的目的。开设了"带你看古籍中那些美图""纸上谈'并'晒馆藏""三晋学人""揭秘古籍技艺"等一系列专题栏目。

栏目以馆藏文献类型特点分类，分别讲述其文化价值及时代背景，并以馆藏相关文献举例说明。在推文撰写方面，以馆藏文献为线索搭建框架，撰写人物生平、创作背景、版本价值和递藏源流。推文图文并茂，以图为主，加以文字引导，内容浅显易懂，形式活泼多样。

过去十五年，太原市图书馆古籍保护和传承成就显著，各项规章制度建立健全，精细化规范管理全面推行。今后，太原古籍保护人将继续传承弘扬中华优秀传统文化，为增强全社会古籍保护意识，讲好中国故事做出更大贡献。

太原市图书馆

临汾市图书馆古籍保护成果案例

临汾市图书馆坐落于汾河之畔，总建筑面积约28770平方米，设有成人阅读区、少年儿童阅读区、地方文献阅览区、特藏文献阅览区、自修区、《赵城金藏》特展馆、数字体验区等27个主要功能区，是一座集传统服务、特色服务、数字化服务、智慧化服务于一体的综合性现代化公共图书馆，也是临汾市重要的文化名片和地标性建筑。

习近平总书记指出："要系统梳理传统文化资源，让收藏在禁宫里的文物、陈列在广阔大地上的遗产、书写在古籍里的文字都活起来。"古籍是传承中华文明的重要载体，为保护好、传承好、弘扬好中华优秀传统文化，推动全市古籍保护传承工作迈上新台阶，根据国家、省、市对古籍保护工作的要求，临汾市图书馆积极组织全市古籍存藏单位，开展古籍普查登记、存藏环境建设、整理开发、数字化、阅读推广等一系列工作，取得良好社会效益。

一是全市古籍普查工作。临汾市图书馆对临汾17个县（市、区）图书馆进行古籍普查，经统计，全市共有古籍及民国文献2616种13995册，其中入选《国家珍贵古籍名录》古籍8种。截至2022年，临汾市图书馆通过征集、捐赠、搜购等方式，获取古籍及民国文献共26种140册，其中明代文献4种57册，清代文献13种61册，民国文献9种22册，进一步丰富了馆藏。二是改善古籍保护条件，建设恒温恒湿特藏书库，尽最大可能改善保护条件。三是建立严格的库房管理制度和巡查制度，并成立特色文献采选小组委员会，制定《临汾市图书馆特色文献征集方案》，并发布《临汾市图书馆古籍、拓片和红色文献征集公告》。四是积极推进馆藏古籍数字化，已完成《泾野先生五经说》《针灸大成》等古籍的数字化工作，并在临汾网站、微信公众号平台为读者提供便捷的古籍使用服务。

鉴于临汾市图书馆与国宝《赵城金藏》存在历史渊源，临汾市图书馆还围绕这部珍贵典籍，开展了一系列再生性和传承性保护工作，包括启动《赵城金藏》复制工程、设立《赵城金藏》特展馆等，促进《赵城金藏》的保护与利用。

一、启动《赵城金藏》复制工程

《赵城金藏》是金代雕刻于山西的佛教大藏经。1933年因发现于山西临汾赵城县（后并入洪洞县）广胜寺，故名《赵城金藏》。该藏是中国历史上第一部雕版大藏经——《开宝藏》的覆刻本，是现存国内外唯一一部比较完整的金代大藏经，因此被学界誉为"天壤间的孤本秘笈"。《赵城金藏》与敦煌遗书、《永乐大典》、《四库全书》一起被誉为国家图书馆"四大专藏"。作为《赵城金藏》的故乡，让国宝"回家"，成为临汾市委、市政府和广大人民的迫切愿望。

2016年，临汾市组织人员先后10余次赴京了解《赵城金藏》的传承、修复、保存情况，洽谈复制工程有关事宜。临汾市政府与国家图书馆双方就传承文化遗产、合作实施"平阳记忆"工程等达成合作意向，形成了战略合作框架协议，正式启动《赵城金藏》复制工程。该工程运用现代科技结合传统工艺，对国家图书馆藏《赵城金藏》进行1：1原貌复制，通过政府组织、民间助力的方式，每卷复制3件，1件回归广胜寺，1件入藏临汾市图书馆，1件回赠出资单位或个人。整个工程历时5年，2020年全部完成，500卷《赵城金藏》现藏于临汾市图书馆藏经阁中。

二、打造《赵城金藏》宣传平台与阵地

《赵城金藏》曾是临汾的骄傲，从发起到雕版，从请印到保藏，从发现到抢运，从修复到复制……800年间上演了一幕幕惊心动魄、感人肺腑的历史剧。为展示临汾市委、市政府弘扬中华优秀传统文化、实施"平阳记忆"文化工程的重大成果，弥补临汾人民无法亲眼见证珍贵古籍的遗憾，临汾市图书馆在总体布置之初，于图书馆四楼划分独立区域，以古朴的棕色为整体色调，通过文字、图片、视频、沙盘图、实物展示等形式，运用多媒体液晶拼接屏、全息投影等新技术手段，专门制作了六集《赵城金藏》纪录片，在特展馆进行循环播放，多角度、全方位展示《赵城金藏》的前世今生，使临汾人民近距离接触《赵城金藏》，了解《赵城金藏》，感受《赵城金藏》的永恒魅力。

三、挖掘《赵城金藏》时代价值，做好《赵城金藏》普及与传播

临汾市图书馆围绕《赵城金藏》开展文化创意产品开发；举办各种书画创作、展览、讲座等阅读推广活动；2020年开馆之际举办了《〈赵城金藏〉全国美术书法作品展》，所展作品均是向全国各地的书画艺术家征稿而得；2020年12月15日，"《赵城金藏》最新发现经卷暨唐宋重要佛教典籍特展"在临汾市图书馆举行，开启了一场为期两天的"省亲"之旅，展出的19米孤本"长卷"。该长卷内容是《赵城金藏》中的《妙法莲华经文句卷八》，

为"冥"字头，蒙元原纸，燕尾收尾，品相完好。展览在临汾各界引发热烈反响，直接参与部署抢救《赵城金藏》的主要人物史健之子李万里为展览做了题为"《赵城金藏》山西抢救始末"的专题讲座；在2021年建党百年之际，临汾市图书馆结合党史学习教育，开设"党史讲堂"，参观特展馆，感受抗战时期英勇的八路军和三晋儿女共同抢救《赵城金藏》的壮举，重温红色记忆，探源中华文明，增强文化自信。自《赵城金藏》特展馆开馆以来，凭借其通俗易懂的文字、精美生动的图片、娓娓动听的讲述以及新颖别致的画面，引得读者纷纷驻足观看，全年共接待团队参观百余场次，接待读者万余人次。

古籍保护与传播任重而道远。临汾市图书馆定将抓住机遇，继续努力，不断挖掘古籍的时代价值，促进古籍的有效利用，持续推进古籍数字化，做好古籍普及传播，真正让"书写在古籍里的文字都活起来"，化身千百，服务社会，让广大民众和学界分享古籍保护成果，为历史文化的传承发展做出公共图书馆应有的贡献。

临汾市图书馆

观文明瑰宝　览文献大成
——以巴彦淖尔市"天禄遗珍"古籍展为例

中华典籍浩瀚如海，蕴含着中华民族的历史记忆、思想智慧和知识体系，是中华传统文化的重要组成部分。随着巴彦淖尔地区社会文化发展持续加速，文化保护设施和人才队伍建设不断发展，如何利用现有资源更好地保护古籍，成为巴彦淖尔市文化发展的重要课题之一。

一、古籍保护工作进展

2017年5月中旬，来自国家图书馆、故宫博物院、中国第一历史档案馆、内蒙古图书馆、内蒙古河套文化博物院的五位专家学者共同对巴彦淖尔市图书馆馆藏古籍善本进行了严谨权威的评估鉴定。鉴定组一致认为，巴彦淖尔市图书馆所藏古籍价值极高，其中清内府刻本和满文古籍的文献、文物价值尤为突出，有许多珍贵善本，甚至海内孤本。这次鉴定，为巴彦淖尔市未来一段时间内的古籍保护工作提出了更新、更高要求，可以看作近年古籍保护工作的重要开端。

2020年6月，巴彦淖尔市图书馆入选第六批"全国古籍重点保护单位"，馆藏《养生类纂》入选第三批《国家珍贵古籍名录》，《御制避暑山庄三十六景诗图》、满文《十二字头》入选第六批《国家珍贵古籍名录》。2018年4月，巴彦淖尔市图书馆整理出版了《晚清廉吏阎敬铭手札》；2019年10月，整理出版《御制避暑山庄三十六景诗图》；同年11月，整理出版《养生类纂》，受到国内学界广泛关注。经过多年不懈努力，一直束之高阁的珍贵古籍正以多种方式呈现在公众面前，成为巴彦淖尔市公共文化资源的重要组成部分。

为加强对中华优秀传统文化的挖掘阐发，巴彦淖尔市结合古籍资源，衍生出文创体验厅，使体验者通过动手操作，认识造纸术、雕版印刷术、活字印刷术、书籍装帧制作、阴山岩刻等传统技艺。此外，巴彦淖尔市图书馆还组建了古籍宣传文创产品团队，通过广泛学习调研，与较成熟的文创产品开发组织合作，开发具有巴彦淖尔特色的文创产品，促进本地区文化、旅游和其他相关事业、产业共同发展。

二、"天禄遗珍"古籍展

为贯彻落实习近平总书记"让收藏在博物馆里的文物、陈列在广阔大地上的遗产、书写在古籍里的文字都活起来"重要讲话精神，向中华人民共和国成立70周年献礼，2019年12月5日，由内蒙古自治区文化和旅游厅、巴彦淖尔市人民政府主办，巴彦淖尔市文化旅游广电局承办的"天禄遗珍"古籍展正式开展。展览设稽古观文、梨枣缥缃、琅函环列、嬿嬛储秘四个主题展厅，共展出包括明刻本、稿本、抄本、清内府刻本、手札等在内的珍贵古籍善本文献100余册（卷套），通过精炼深刻的图文内容、珍贵罕见的古籍善本，为观众献上一场精神文化盛宴。

在"天禄遗珍"古籍展中，很大一部分展品曾是清代皇室的御用读物，明确的旧藏地点包括昭仁殿、景阳宫、寿安宫等十处。清内府刻书以镌印精美著称于世，巴彦淖尔市图书馆展出这批古籍的精良程度更在一般内府颁赐本之上，装帧华美、用料上乘、写刻考究、雍容华贵，一派皇家气象。其中康熙内府铜版印刷的《避暑山庄三十六景诗图》是大陆仅存的两部，堪属国宝；《泰西新史揽要》是康有为戊戌上书经进本，书首有康有为亲笔自序；《养生类纂二十二卷》是明成化十年刻本，具有重要的历史价值和版本价值；《文介公家书四卷》《庚子事变手札》是研究清末历史的重要史料；满文《十二字头》则是顺治朝满文刻本，为国内外所罕见。

"天禄遗珍"古籍展自开展至今，受到来自国家、自治区、全市各级领导、专家学者及广大市民的广泛赞誉和一致好评，对提升巴彦淖尔市文化软实力和地区影响力具有重要意义。

三、成效与反响

保护、传承、开发、利用好古籍文献，是历史赋予我们的重要责任使命。古籍展厅和文创体验展馆的建设，可以帮助广大群众更加深入全面地了解古籍，为到馆群众提供看得见、听得懂、摸得着的传统文化体验，实实在在的文创产品成果，为提升人民群众对巴彦淖尔市建设的理解、认同和支持，提高巴彦淖尔市知名度和美誉度提供助力。在文化与旅游共同建设发展的情势下，古籍展厅及文创展馆的建设、运行和完善，也成为本地旅游工作新亮点。

四、经验与启示

一个成功的展览应该能让观众愿意看、看得到、看得懂，我们在展览策划与实施上注重换位思考，将策展人置于观众的视角，致力于将学术语言用大众化形式表达呈现，力争挖掘每一部典籍在编纂、抄刻、流传、收藏过程中产生的生动故事，揭示其与当今所在时代政治、经济、文化、社会发展的密切关系，通过图文并茂的展板，构建人与典籍对话的平台，做到让"书写在古籍里的文字都活起来"。

　　精雕细琢，贴合主题的展陈环境是一个展览成功的关键，优秀的设计可以迅速拉近观众与典籍间的距离，获得与先贤对话的穿越感。以"天禄遗珍"古籍善本展设计为例：展览以北京故宫历史文化为背景，安排展览主线、宏观结构、设计语言。时间跨度从顺治年间直至清末，突出有清一代帝王文化修养的同时，呈现清代内府刻书整体面貌。

　　古籍是中华优秀传统文化的重要载体，记载着中华民族祖先创造形成的睿智思想、文学艺术、科学技术，和传统美德。当代人面临的许多生命问题、心灵问题、人生问题，甚至历史、文化观问题，都可以通过阅读古籍问计先贤，采撷其中的智慧精华。作为文化工作者，我们要坚持对古籍的传承发展，挖掘利用其永久的精神价值，让国人真正成为优秀传统文化的受益者。

贺莎　郭妙如

巴彦淖尔市图书馆古籍特藏部

吉林市图书馆古籍保护工作纪实

自2007年"中华古籍保护计划"启动，历经十五年，吉林市图书馆古籍工作者根据国家古籍保护中心和吉林省古籍保护中心的工作计划，从本馆实际出发，在古籍普查、珍贵古籍申报、古籍书库改造、古籍数字化、古籍制度完善等方面进行了一些探索，取得了一些成果，对做好古籍保护发挥了重要作用。

一、认真开展古籍普查

吉林市图书馆古籍普查工作是响应"中华古籍保护计划"实施的基础性工作，目的是为全面掌握本馆的古籍基本情况，建立古籍总台账。

2009年1月，吉林市图书馆按照吉林省古籍保护中心布置的工作重点，开始普查的前期准备。2009年1月至2011年10月，对全馆古籍文献近12万册件进行逐册、逐件清点，清点的同时完成了原书与书目卡片主要信息核对、《古籍普查破损登记表》填写、古籍文献与民国期间线装书的藏量统计、函套书签题写、缺失排架卡补写等工作。在清点过程中，古籍保护工作组全体人员克服时间长、工作量大、残本信息不全、灰尘多、工作繁琐等种种困难，对古籍书库做全面细致梳理，为数据录入"全国古籍普查登记平台"做好充分准备。

随后几年中，随着普查工作的不断推进，先后录入古籍信息数据共计6715条。在吉林省古籍保护中心的大力支持下，完成馆藏古籍线装书目录整理校对工作，创建馆藏古籍详细分类目录，并于2019年6月出版《吉林市图书馆古籍普查登记目录》。

2008年起，吉林市图书馆积极参与国家、本省两级"珍贵古籍名录"申报工作，其中17种馆藏古籍入选《国家珍贵古籍名录》，23种入选《吉林省珍贵古籍名录》；参加珍贵古籍申报，对完备古籍档案、确保古籍安全，提升古籍保护意识具有重要意义。

二、进行古籍书库改造

吉林市图书馆一直重视古籍文献的基础性保护。在经费紧张的情况下，积极筹措资金，按照国家颁发的《图书馆古籍特藏书库基本要求》全面升级古籍书库。2016年起，先后在古籍书库安装了恒温恒湿大功率空调，书库集成吊顶、专用书库照明等设备设施。每年定期对自动气体灭火系统、监控设备进行维护。

经过改造，本馆古籍书库已基本符合国家标准，为古籍存藏提供有力的环境保障。

三、积极开展古籍数字化

自2016年起，吉林市图书馆每年申请专项资金用于古籍数字化，先从入选《国家珍贵古籍名录》古籍开始，之后进行特色馆藏数字化，如满文古籍、地方志、善本中医药典籍、善本唐宋诗词等。数字化工作完成后，吉林市图书馆还开发了与之相对应的专题数据库。

2018年，吉林市图书馆参加全国"数字图书馆推广工程——中央补助地方公共数字文化建设专项资金"项目，现已完成馆藏碑帖40200叶的数字化工作，并建立了"吉林市图书馆馆藏碑帖拓片数据库"。

2021年11月，吉林市图书馆申请专项资金200万元，启动馆藏明代古籍约40.2万叶的全文数字化加工工作。此项目还有后续资金跟进，用于馆藏明清古籍全文数字化。

古籍数字化是古籍保护的重要抓手。为避免资金浪费，吉林市图书馆利用已出版的各类古籍书目，及"中国国家数字图书馆""中华经典古籍库""籍合网"等互联网资源，进行大量查重准备，择精选优、逐叶核校的同时，避免同版本古籍重复扫描。截至目前，吉林市图书馆已完成全文数字化古籍约24.1万叶。

四、全面推动古籍保护各项工作

第一，完善规章制度。吉林市图书馆先后制定了《古籍书库管理制度》《古籍文献阅览制度》《古籍文献出入库规则》等相关规章，使古籍保护有章可循。

第二，对破损古籍进行保护性修复。近年来，主要修复了《太上玄灵北斗本命延生真经》《太上三元赐福赦罪解厄灾延生保命妙经》《太上洞玄灵宝无量度人品妙经》3部明代道教经书，又整理古籍残本232册，制作函套136个。

第三，对善本进行仿真复制。在数字化基础上，本馆对《御制劝善要言》《伊尔根觉罗氏家谱》《吏治辑要》等8种满文善本进行高仿复制，其中7种提供给吉林市满族博物馆，作为该馆对外展览使用。

第四，协助媒体进行地方文化宣传推广。2019年以来，协助吉林市电视台拍摄《龙潭山》《北山》两部纪录片，为摄制组提供古籍等地方文献计300余册，进行背景资料支持。

第五，加强馆员业务培训。先后组织员工参加国家级、省级古籍保护培训课程，如"图书馆古籍整理与提要编纂高级研修班""古籍与文创""古籍保护与库房管理研修班"等等，使之增长了知识、开阔了眼界，提高了业务水平。

　　古籍保护事业任重道远，吉林市图书馆将始终不忘整理保护馆藏古籍初心，执着坚守工作岗位，继续为传承弘扬中华优秀传统文化发光发热。

吉林市图书馆

赣州市图书馆古籍保护成果案例

一、基本情况

赣州市图书馆自1926年11月建馆，馆内古籍存续至今，收藏有普通形制古籍共17500册，其中善本3179册。2009年，赣州市图书馆参与珍贵古籍申报工作，馆藏1部古籍入选《国家珍贵古籍名录》；2012年，馆藏20部古籍入选《江西省珍贵古籍名录》。经过数代馆员的忘我付出与辛勤建设，赣州市图书馆在古籍保护工作上取得显著成绩，被评为"全国古籍重点保护单位"、第一批"江西省古籍重点保护单位"及"江西省古籍保护先进单位"。

二、古籍保护工作成效

赣州市图书馆始终坚持"保护为主、抢救第一、合理利用、加强管理"的总方针，在江西省图书馆和江西省古籍保护中心的关心指导下，按照《"十三五"时期全国古籍保护工作规划》要求，结合本馆古籍保护工作实际，有序推进各项工作，积极开展古籍管理保护、资源利用、宣传推广、人才培养等工作，加大古籍保护宣传力度，提升古籍保护水平，拓展社会参与的广度和深度，进一步提升古籍传承文明、服务社会的能力。

（一）深化古籍保护认识，提高古籍保护工作力度。赣州市图书馆持续深入贯彻落实习近平总书记关于传承和弘扬中华优秀传统文化的重要论述，以理论指导工作实践，不断深化对古籍保护工作重要意义的认识。积极争取资金用于古籍管理保护，加强对古籍库房的日常巡查，确保库房恒温恒湿、防火防盗，规范古籍查阅程序。2021年，以新馆建设为契机，赣州市图书馆申请建立古籍修复室，改善古籍保管条件，争取到市委宣传部资金40万元，增加樟木箱20个。此外，向国家新闻出版署和国家古籍保护中心申请"赣州市图书馆古籍数字化项目"支持经费，谋划馆藏古籍数字化建设。

（二）**古籍整理出版成果丰硕**。整理、影印和出版古籍是古籍再生性保护中十分重要且有效的手段。2017至2022年间，赣州市图书馆影印出版了入选《国家珍贵古籍名录》的《楚辞二卷》以及馆藏地方珍贵古籍《赣州府志》《赣石录》《郁孤台法贴》《王阳明赣南诗文石刻拓片集》《赣州市图书馆馆藏碑帖丛书》等10部文献，充分发挥馆藏古籍学术价值，古为今用、化藏为用，激活古籍和传统文化在广大读者中的生命力。古籍整理成果的出版，使公共图书馆进入更多公众的视野，提升了图书馆的社会影响力，使广大民众能够更好地利用古籍。

（三）**丰富宣传方式，拓宽推广渠道**。2021年疫情期间，赣州市图书馆积极响应国家图书馆（国家古籍保护中心）号召，联合举办"珠还合浦　历劫重光——《永乐大典》的回归与再造"线上展览；2019至2020年，开展"中华传统晒书活动"并举办晒谱节；2019至2021年，持续开展家谱知识讲座、家谱评选等活动，弘扬优秀传统文化，推进优良家风传承、丰富馆藏家谱收藏。此外，赣州市图书馆还策划并持续开展"名师带你读名著"品牌阅读推广活动，近两年共举办200余场次，组织孩子们阅读馆藏地方珍贵古籍影印本《赣州府志》《赣石录》《王阳明赣南诗文石刻拓片集》，让他们从古书中感受书香，了解赣州历史，增加对故土的热爱。

（四）**开展古籍修复工作。**赣州市图书馆在馆内三楼设立古籍修复室，占地面积约100平方米，修复设施齐全，具有基本的修复条件。2020年11月，赣州市图书馆邀请专业修复人员来馆与工作人员共同修复馆藏破损度较轻的古籍，采取修旧如旧、最小干预和可逆性原则。目前，清光绪《通鉴纪事本末四十二卷》、清《［同治］安远县志十卷首一卷》已修复完毕，是赣州市图书馆古籍修复工作的一大进展。

（五）**提升古籍保护理论水平。**赣州市图书馆认真承办由国家图书馆、中国图书馆学会主办的"革命文献与民国时期文献保护计划"专题培训班，获得国家图书馆老师及培训人员一致表扬；加强全市专业人才队伍建设，组织全市古籍保护系统学习"图书馆古籍鉴定研修班""古书版本鉴定专题培训""传统文化经典解读专题研修班"等国家古籍保护中心组织的线上公开学习课程，要求本馆古籍从业人员每天坚持读一段古书，全面提升全市古籍保护工作水平。

（六）**加强古籍日常化管理，把日常管理作为古籍保护工作的基本功。**库房由两人专职负责管理钥匙，开门必须由两人同时开。馆员坚持每日巡库，及时关注库房温湿度变化，查看门窗等设施是否有安全隐患，检查库内是否有漏水等现象，以排除火、水灾隐患。不定期抽查古籍及其装具、书柜是否有虫霉等现象。根据实际天气情况，开展古籍晾晒、除卵、除尘，营造良好的保存环境。积极改善古籍库房保管条件，将原来在顶楼五层的库房搬迁至三层，并配置常温空调，自动灭火器等相关设备，做到恒温保存，规范古籍书库建设，改善古籍保存条件。

（七）**协调促进全市古籍保护工作提升。**积极推进全市古籍普查工作，帮助各县馆及部分单位开展古籍保护及利用工作，及时传达并落实国家、省古籍保护中心的各项工作。

赣州市图书馆将根据中共中央办公厅、国务院办公厅印发的《关于推进新时代古籍工作的意见》，结合馆内实际，制定加强古籍保护工作措施，把宝贵的文化遗产保护好、传承好、发展好，持续加大赣州市图书馆古籍分级分类保护力度，正确处理古籍保护与利用关系，努力让"书写在古籍里的文字都活起来"。

赣州市图书馆

萍乡市图书馆古籍保护成果案例

萍乡市图书馆藏有古籍50680册，藏量居江西全省区市图书馆首位。馆藏古籍中，有善本9千余册，入选《中国古籍善本书目》25部，明嘉靖十六年（1537）汪克俭等刻《宋四子抄释》入选第三批《国家珍贵古籍名录》，35部古籍入选第一批《江西省珍贵古籍名录》。另存有海内孤本清初抄本《天隐和尚语录》，三百幅清末工笔重彩画《西游记》亦属国内罕见。2009年，萍乡市图书馆被国务院批准为"全国古籍重点保护单位"；2012年被评为"江西省古籍重点保护单位"；2014年荣获文化部（现文化和旅游部）授予的"全国古籍保护工作先进单位"称号。

一、开创古籍保护工作新局面

近年来，在市委、市政府高度重视下，萍乡市图书馆新馆建设投资3亿元，按照市委、市政府提出的"打造千年工程、文化地标和人民群众的精神高地"的建设要求，经过两年多的建设和三个月的搬迁整理，2020年8月19日，萍乡市图书馆新馆正式开放。目前，已成为江西省一流的智慧型图书馆。根据原文化部制定的《图书馆古籍特藏书库基本要求》（WHT24-2006），萍乡市图书馆在新馆古籍保护区域安装了独立的新风系统及防盗、消防安保设备，置换新的樟木书柜。老馆古籍区域原为260平方米，现为

900平方米，古籍存藏环境得到极大的改善。

2018年，《江西省萍乡地区古籍普查登记目录》由国家图书馆出版社正式出版，成为江西省首批出版古籍普查登记目录的公共图书馆之一。萍乡市图书馆通过古籍普查逐步完善古籍分级保护制度，加强珍贵古籍的保护。此外，萍乡市图书馆还积极投入"三区"人才计划项目，以满足受援莲花县图书馆的实际需求为出发点，围绕古籍保护与传承等方面的工作，分层次安排培训内容；积极参与文化工作服务，支持边远地区和基层一线专项工作，对基层管理工作人员进行古籍保护业务指导。通过网站、公众号、展览、讲座等形式对古籍保护进行宣传，普及古籍知识，传播优秀传统文化。《关于在全市宣传思想文化系统开展藏品清理核查工作的通知》（萍宣字〔2018〕28号）文件下发后，萍乡市图书馆按照市委宣传部对此次清理核查的安排，严格遵照"制定方案、清点核查、整改提高、总结报告"几个工作步骤，对馆藏藏品进行清理核查，目前已上报数据50680册，民国线装书17587册，平装书9513册，域外印制书39册，可移动文物58件。

萍乡市图书馆积极探索让馆藏古籍"活起来"的路径和方法，发掘馆藏珍本古籍进行影印出版，既有利于将流传稀少的古籍化身千百，解决古籍保护和利用矛盾，又有利于优秀传统文化的传播。2008年，萍乡市图书馆与北京三希堂图文设计有限公司共同发掘影印了馆藏《西游记》画册，在江西省开创了影印珍贵古籍的先例。在2018年"第一届江西省文化创意大赛"中，《西游记》画册荣获"文化融合创意奖"。2020年，"古籍里的萍乡"阅读推广案例被授予全省创新案例荣誉称号，"古籍里的萍乡"通过编写地方文献藏品故事、人物介绍，配以藏品，让藏品故事可视可赏，富有感染力和生命力，起到以图片说历史、以古籍讲故事的生动展示效果。

二、帮助基层图书馆完成普查任务

古籍普查是"中华古籍保护计划"的重要内容，是古籍保护的基础性工作，是古籍抢救、保护与利用的前提，是确保国家历史文化遗产安全的重要措施。萍乡市图书馆古籍工作人员在完成本馆古籍普查任务后，针对基层古籍管理人员匮乏，无力承担普查工作的现状，帮助基层图书馆进行普查编目登记工作。普查期间，经过仔细整理，清点核查，规范著录，先后帮助莲花县图书馆、芦溪县图书馆、萍乡中学图书馆、萍乡市档案馆、萍乡博物馆、安源区宝积寺完成古籍普查任务，在全市古籍工作中充分发挥带头作用。普查结果显示，全市7家单位存藏古籍共计4720部52808册。

三、积极参与"中华古籍普查文化志愿服务行动·江西行"活动

古籍是古人几千年来的智慧结晶，整理和保护古籍是一种文化传承事业。"中华古籍普查文化志愿服务行动·江西行"活动由中国古籍保护协会组织发起，江西省古籍保护中心承办。在萍乡市图书馆领导的大力支持下，从事古籍工作的一名同志成为此次活动的志愿者，随同这支专业队伍先后到宜春中学、袁州区档案馆、鄱阳县图书馆、都昌县图书馆、上饶信州区图书馆、上饶博物馆、上饶市师范学院图书馆、吉安县图书馆进行古籍普查编目工作。随着志愿服务的开展，大批珍贵古籍得以面世，重新焕发光彩。通过活动，各地受援单位摸清了家底，工作人员通过手把手传授，教学相长，工作能力和专业水平也得到进一步提升。"中华古籍普查文化志愿服务行动"不仅是一项集公益志愿服务、后备人才培养、推动古籍保护工作深入开展的多方共赢项目，更

是一项功在当下、利在千秋的创新性工作，对弘扬中华优秀传统文化具有深远意义。

四、充分发挥馆藏优势，为地方政府提供文化服务

萍乡市图书馆古籍藏量丰富，地方文献收藏有鲜明的地域特色，内容涉及户籍制度、族谱研究、教育机构研究、民俗、煤矿史料等等。民国线装书《昭萍志略》为木活字印本，涵盖了萍乡过往的历史、地理、政治、经济、文化、社会、军事等各个方面，堪称萍乡地方志中一部承前启后的集大成之作，成为研究萍乡历史文化的重要文献。为发挥好《昭萍志略》"资治、存史、教化"的功能，2016年，市委、市政府决定对其整理再版，并列为萍乡市的一项文化工程重点项目，由萍乡市图书馆提供民国线装本《昭萍志略》及多种版本萍乡县志进行校对；为纪念萍乡煤矿建矿120周年，汉冶萍公司成立110周年，萍乡市图书馆为会议筹备提供了《筹办萍乡铁路公牍》《萍矿节略》《创设萍乡矿局官钱号大概章程》等相关资料。萍乡市图书馆利用馆藏特色古籍和地方文献为政府部门提供智力支持，是公共图书馆文化阵地作用的重要体现，也是延伸服务功能，提升服务水平的有利契机。

五、注重古籍再生性保护

本着"保护为主、抢救第一、合理利用、加强管理"的古籍保护方针，近年来，萍乡市图书馆在做好古籍原生性保护的同时，更加注重古籍的再生性保护，并以多种形式发掘古籍利用价值，使其更好地服务读者。2019年，萍乡市图书馆启动馆藏古籍数字化工作，选取古籍中的方志、族谱、名人资料进行扫描，完成约7万叶古籍的图像文件处理、元数据描述揭示等工作。

2020年，萍乡市图书馆创建了"清代、民国时期族谱数字数据库""萍乡历史名人著作资源库""萍乡古籍方志资源库"，并于新馆开放时对外发布，提供免费全文阅览，极大发挥了馆藏资源价值，实现资源共享。

六、小结

萍乡市历来高度重视古籍保护工作，在各级政府、各有关部门和全社会的共同努力下，取得了显著成绩。新时代蕴含新机遇，萍乡市图书馆将根据中共中央办公厅、国务院办公厅印发的《关于推进新时代古籍工作的意见》，在市政府、地方财经政策支持下，继续完善古籍保护工作体系，加强古籍的抢救保护、整理研究和出版利用，促进古籍事业繁荣发展，进一步推动萍乡优秀传统文化创造性转化和创新性发展，打造"最美转型城市"，建设文化萍乡。

萍乡市图书馆

古籍奇遇记

——记青岛模式"古籍寄存"

一、青岛市图书馆古籍工作概况

青岛市图书馆在全国古籍普查工作之初，即积极申请成立相关管理机构，加挂"青岛市古籍保护中心"牌子，着手本地区古籍普查工作，十余年来，古籍保护成绩显著。

2007年8月，在全国古籍保护试点工作会议上，青岛市图书馆成为全国古籍保护工作试点单位。2008年入选第一批"全国古籍重点保护单位"，2009年入选第一批"山东省古籍重点保护单位"。馆内设有专门的古籍特藏标准书库，书库面积550平方米，库内采用钢结构书柜，内贴樟木板，配装古籍函套，配备独立的恒温恒湿设备，严格执行《古籍书库管理规定》，切实做好古籍的保护与管理。

经过十年普查，青岛市图书馆摸清馆藏，建立起古籍文献数据库。馆藏古籍共计143163册，实行分类存藏，其中善本187部2732册。目前已完成古籍6175部84363册的定级工作，约占本馆古籍总藏量的77%。馆藏古籍中入选《国家珍贵古籍名录》的有6部，入选《山东省珍贵古籍名录》的有160部。

青岛市图书馆在古籍保护工作方面采取多项举措，着重加强对古籍的再生性保护工作，主要包括30部馆藏珍贵古籍数字化，《古诗源》《春秋取义测》古籍影印出版，《青岛市图书馆古籍书目》《青岛市图书馆藏山东文献珍本图录》《青岛市图书馆藏珍贵古籍叙录》等多部古籍整理研究工作。

青岛市图书馆古籍推广工作有声有色，借助世界读书日、青岛市古籍保护宣传月、世界文化和遗产日、博物馆日等特色节日，开展以"传承经典"和"传承非遗"为主题的多种活动，有"听讲座、阅古籍、观珍品"，参加画像砖、文字砖传拓，古代藏书章有奖认读及铜艺非遗现场体验活动等。青岛市图书馆还积极举办、参加各种展览活动，如"珠还合浦　历劫重光——《永乐大典》的回归和再造全国巡展""灿若星辰——东亚文都城市图书馆联合文献海报展"等。

此外，青岛市图书馆自2020年以来，致力于探索古籍活化方式。自创专栏《楮墨芸香》，从馆藏古籍文献入手，传播古籍知识和传统文化，目前共计推送文章24篇。2021年与青岛市纪委合作，拍摄"古籍里的清廉"系列微视频，荣获"2021年青岛市社会主义核心价值观主题微电影创作征集展示评选活动"二等奖。2022年"古籍里的清廉·胶东名臣录"微课堂也已成功上线。

青岛市图书馆十余年来依托扎实的古籍普查基础，着力推进古籍数字化和文献开发，多元开展古籍推广，多方探索古籍活化形式，传承文明，服务社会，圆满完成"中华古籍保护计划"多项任务，其中，最为突出的工作亮点是全国首创的古籍寄存青岛模式。

二、《古籍奇遇记》——古籍寄存青岛模式

（一）何为古籍寄存青岛模式？按照国家古籍保护中心的统一部署，青岛市图书馆对全市古籍保存保护情况进行摸底。在普查中发现，有些个人或单位收藏了数量可观的古籍，其中不乏善本。由于种种原因，保存这些古籍的环境和条件十分不理想，致

使这些古籍老化、破损加快。古籍是不可再生资源，如何使保存条件不达标的古籍受到更好保护，成为青岛地区古籍保护迫在眉睫的问题。

为更好推进古籍保护工作开展，切实把全市古籍保护好，青岛市图书馆在本馆古籍存藏条件全部达到国家标准的前提下，率先推出古籍寄存模式。针对个别单位或个人收藏家古籍保存条件差、古籍保存方法不当等情况，创新性地提出了"古籍寄存"方式，即青岛市图书馆与寄存方签订寄存协议，寄存方自愿寄存，图书馆免费代为保管，而保持古籍所有权不变。青岛市图书馆对寄存古籍实行分级管理，为部分古籍免费制作函套，为善本制作书盒，并邀请寄存方参加古籍培训、展览和交流活动。作为一种古籍保护创新模式，这一举措在当时引起了全国古籍普查督导小组的重视，被称为"青岛寄存模式"。

（二）青岛市图书馆古籍寄存条件及推行情况。青岛市图书馆古籍书库是符合国家标准的恒温恒湿书库，温度常年恒定在16℃～22℃，相对湿度保持在45%～60%，配备专门的消防和安全监控系统。古籍书橱都内贴樟木板以防虫防蛀。现配备工作人员5人，其中3人为历史系、中文系研究生及以上学历，古籍影印出版及学术成果丰硕。2007年8月3日，在全国古籍保护试点工作会议上，青岛市图书馆与国家图书馆等57家单位正式成为全国古籍保护工作试点单位。因为在古籍保护方面表现突出，青岛市图书馆于2008年4月入选第一批"全国古籍重点保护单位"。

由于很多岛城古籍收藏爱好者家中保存条件有限，加之青岛的海洋性气候条件潮湿多雾，非常不利于古籍保存。古籍寄存服务一经推出，即引起不少古籍收藏单位和私人藏书家关注。截至2021年5月，图书馆共接收寄存古籍52种476册。这些寄存古籍经编号、排序后，整齐完好地保存在恒温恒湿、防虫防蛀的古籍书库内，青岛市图书馆还免费为寄存古籍制作无酸函套，加强保护力度。

（三）青岛市图书馆古籍寄存推广意义：1.古籍寄存服务为岛城不具备古籍保存条件的单位和个人提供了便利，节约建造成本，实现古籍书库的资源共享，也让古籍书库物尽其用，古籍得归其所。2.青岛市图书馆对寄存古籍进行开发利用，深入挖掘并释放寄存古籍文献的应用潜力，实现古籍的社会价值。3.青岛市图书馆邀请寄存方参加古籍培训、展览和交流活动等，可以提高古籍所有方的古籍保护意识和文献研究能力，加强公私藏界互动，促进全社会古籍保护的良性可持续发展。古籍寄存对于普及古籍保护知识、培育古籍保护意识、增强市民对保护和传承中华优秀传统文化的责任意识具有重要意义。

（四）青岛市图书馆古籍寄存中的典型事例。毛常顺老人是一位古籍收藏爱好者，也是2007年青岛市图书馆推行"古籍寄存"服务后，首批来寄存的市民之一。2007年，毛常顺老人将其爱逾珍宝的120册古籍寄存在了青岛市图书馆。2020年6月，毛常顺老人又一次来到青岛市图书馆历史文献部，一是将十三年前寄存在青岛市图书馆的120册古籍转移到子女名下，二是另外再寄存几部古籍。毛先生的儿子虽然是这些藏书的继承人，但他认为自己更像是一个传递者。对于古籍今后的归宿，他表示有多种选择，可能会继续传承给家族里的小辈，也可能会捐献给古籍公藏单位。青岛市图书馆作为古籍的代保管机构，定期检查古籍保存状况，对其精心保护。寄存古籍得到妥善安置，图书馆服务也得到了毛老父子的高度认可。毛先生表示，如果这些古籍未来捐赠给国家，青岛市图书馆将是他首选的古籍捐赠单位。

（五）青岛市图书馆古籍寄存的社会效益。2021年5月1日，青岛市副长赵豪志在莅临青岛市图书馆督导检查工作时，对"古籍寄存服务"十分关注，并指示要进一步加强工作宣传。2021年"世界文化和遗产日"当天，青岛电视台QTV都市文化视频号推出《古籍奇遇记》，并于当晚《都市文化》栏目中推出姊妹篇

《如果古籍会说话》，以一本古籍自述前世今生的角度，讲述了寄存古籍的奇幻之旅，旨在宣传推广青岛市图书馆的古籍寄存服务。

由于政策重视，宣传到位，青岛市图书馆古籍寄存服务引发了良好社会效益，收到近十年来最大宗的古籍捐赠。

2021年11月，岛城古籍收藏者胡兆森先生向青岛市图书馆捐赠古籍《二十四史》（前六部），共计11种243册。胡兆森先生是青岛中山路老字号"新盛泰"创始人胡秀章的直系后代，他捐赠的这套线装石印《二十四史》刊刻于清光绪十年（1884）。他将这部古籍捐赠给图书馆，希望自己珍爱的好书在图书馆得到最专业、完善的保护，能够流传于世。

三、结语

青岛市图书馆"古籍寄存"服务历经十五载，从吸纳不具备古籍收藏条件的区市图书馆藏书，到古籍收藏爱好者主动联系参与，再到毛常顺老人将寄存古籍所有权进行变更、增加寄存古籍数量，这项举措实质性推动了青岛地区的古籍保护工作。先栽梧桐树，再引凤凰来。不论是公共图书馆的"公藏"古籍，还是古籍爱好者的"私藏"珍本，古籍寄存服务都为它们提供一个专业可靠的家。而正因为有了这棵"梧桐树"，才引来胡兆森先生捐赠的《二十四史》。

纸寿千年，书乡何处？如何延续古籍生命，让古籍得归其所，青岛市图书馆开创的"古籍寄存"服务为古籍保护事业提供了一个新思路。国家兴，典籍幸。"古籍寄存"也将注入新的生机活力，通过数字化和文献研究开发，让深藏的私家古籍藏以致用，在图书馆古籍工作者的专业帮助下，焕发新的生命力。

滨州市古籍保护成果案例

自"中华古籍保护计划"启动以来，滨州市图书馆（滨州市古籍保护中心）在各有关部门的大力支持下，积极开展各项古籍保护工作，从工作机制建立、古籍普查、人才培养等方面稳步有序推进，取得一定成果。

一、健全古籍保护工作机制

为顺利推动全市古籍保护工作，滨州市图书馆积极牵头组织相关单位交流工作经验，每年召开全市古籍保护工作会议，听取各市、县、区图书馆古籍保护工作开展情况汇报，落实国家古籍保护中心及山东省古籍保护中心下发文件要求，安排新一年工作重点，着重做好古籍保护宣传推广及开发利用。为加强领导，确保古籍保护工作有序开展，滨州市图书馆成立古籍保护工作领导小组，配备专职人员具体负责古籍抢救保护，并配合山东省古籍保护中心完成各项任务。

二、积极推进古籍普查鉴定与原生性保护

滨州市图书馆古籍保护工作开展较晚，对馆藏古籍的成书时间、版本类型，是否为珍贵善本并无全面了解。为摸清家底，

2018年7月，滨州市图书馆派专人将馆藏全部古籍交送山东省古籍保护中心，请省中心专家对这批古籍进行版本鉴定。

在省古籍保护中心的帮助下，滨州市6家古籍收藏单位现已全部完成普查工作。其中滨州市图书馆藏有古籍66部422册，邹平市图书馆553部3047册，惠民县图书馆358部1523册，滨城区图书馆315部1139册，阳信县图书馆192部1014册，博兴县图书馆4部30册。

滨州市图书馆古籍藏量较少，早年保护条件欠佳，曾长期将古籍封存于纸箱内。随着古籍保护工作的开展，滨州市图书馆辟出专门房屋用作古籍书库，按尺寸为所有古籍订制函套，并放置樟木块用于防潮、防霉、防虫。因古籍保护条件得到明显改善，滨州市图书馆多次获得"山东省古籍保护工作先进单位"荣誉称号。

三、培养专业人才，加强宣传推广

为更加深入细致推进古籍业务，滨州市图书馆认真学习国家、省两级古籍保护中心下发的各项文件规章，充分认识到提升古籍保护工作者业务素质的重要性，遂多次派员参加山东省古籍保护工作会议暨古籍保护培训班。2021年底，又组织全市各区县图书馆工作人员集中参加国家古籍保护中心举办的"古籍库房建设与管理研修班""古籍数字化建设研修班"等线上培训课程，取得良好效果。

随着古籍保护工作的不断加强，滨州市图书馆把对馆藏古籍的宣传作为传承民族精神、保护文化遗产的重点任务。从2020年起，响应国家古籍保护中心号召，采用线上线下相结合方式，开展中华传统晒书活动，向公众展出馆藏古籍，丰富市民文化生活，推动中华优秀传统文化传承发展。

枣庄市图书馆古籍保护亮点总结

自"中华古籍保护计划"开展以来，枣庄市图书馆认真贯彻落实国家关于加强古籍保护工作相关会议和文件精神，按照国家古籍保护中心和山东省古籍保护中心相关部署，扎实推进，多措并举，在古籍普查、原生性保护、开发利用、人才培养等方面稳步有序开展工作，取得阶段性成果。

一、古籍普查

一是完成枣庄市古籍普查工作。枣庄市图书馆共有古籍220部2144册，滕州市图书馆共有古籍9部48册。在山东省内率先出版《枣庄市图书馆古籍普查登记目录档》《滕州市图书馆古籍普查登记目录档》（绿皮书）。二是完成《全国古籍普查登记目录》中枣庄市古籍数据的审校工作。枣庄市图书馆严格按照《全国古籍普查登记目录》出版要求，对枣庄市各古籍收藏单位上报数据的题名卷数、著者、版本年代、数据格式、繁简字转换等逐一进行核实、修改，并以市为单位率先将数据报至山东省古籍保护中心。三是完成《枣庄市古籍普查登记工作报告》撰写工作。四是积极申报《国家珍贵古籍名录》及《山东省珍贵古籍名录》。经山东省人民政府批准，枣庄市图书馆共有30部446册古籍入选《山东省珍贵古籍名录》。

二、古籍保护

（一）**改善古籍存藏条件**。枣庄市图书馆积极改善古籍书库的消防系统，安装了柜式七氟丙烷气体灭火系统。该系统是集气体灭火、自动控制及火灾探测等功能于一体的现代化智能型自动灭火装置，能自动探测、监视火情，一旦发生火灾，则自动发出信号、喷出气体，进行灭火。该系统对古籍无污染损坏，使古籍消防更添保障。

（二）**更新制作古籍函套**。枣庄市图书馆投入资金3万元为馆藏全部古籍更换新函套。枣庄市图书馆邀请专业人士测量古籍，重新装置新的六面函套近1000个，并将替换下来的旧函套整理归档、悉心保存。

三、古籍利用

（一）**完成馆藏20万叶古籍的数字化工作**。为方便读者检索和利用古籍文献，枣庄市图书馆积极申报"齐鲁优秀传统文化传承创新工程重点项目"，对馆藏古籍资源进行数字化，共数字化入选《山东省珍贵古籍名录》的古籍和普通古籍116部1174册200680叶。通过开展古籍数字化工作，使古籍化身千百，永久传承。

（二）**参与国家图书馆古籍数字资源联合发布**。2018年，枣庄市图书馆在本馆网站对外发布古籍数字资源，并向国家古籍保护中心积极报送枣庄市图书馆古籍数字化目录，达到国家图书馆在线发布要求。2019年，枣庄市图书馆成为山东地区唯一受邀参加国家图书馆古籍数字资源联合在线发布的地市级图书馆。

（三）**举办古籍宣传推广活动**。枣庄市图书馆举办"书香盈岁月，新桃换旧符"楹联文化展，"迎新春、送祝福、写春联"活动，"中华古籍进校园"系列活动；举办"中华传统晒书活动"，其中包括"楮墨传香　盛世遗珍——枣庄市图书馆馆藏精品古籍展""枣庄市图书馆馆藏珍品古籍线上专题展"等，展览采用线上和线下两种形式，线上在枣庄市图书馆微信公众号上向读者推送，线下则采用写真展板形式进行展览，每幅展板展示一部珍贵古籍，每次展示古籍30部左右。

（四）开展古籍查阅服务。枣庄市图书馆向相关研究人员提供《峄县志》《滕县志》《山东运河备览》等古籍资料供其查阅，每年提供古籍查阅服务约100余人次。

四、人才培养

一是积极派员参加国家古籍保护中心及山东省古籍保护中心举办的各类培训班，提高古籍保护工作人员专业技能。枣庄市图书馆参加了"第十二期《全国古籍普查登记目录》审校人员培训班""第二期全国古籍编目合作进修班""古籍数字化建设研修班""古籍库房建设与管理研修班"等系列培训，通过培训，推动古籍保护工作人员进一步提升专业技能。

二是面向全市古籍保护从业人员组织开展"首届齐鲁典籍与山左先贤征文"活动，进一步提高枣庄市古籍保护工作者的古籍整理研究能力与学术水平。

在上级党组织及业务主管部门的关心、支持下，枣庄市图书馆连续13年被评为"山东省古籍保护工作先进单位"。虽然取得了不少成绩，但仍存在许多不足。在今后的工作中，枣庄市图书馆将以中共中央办公厅、国务院办公厅印发《关于推进新时代古籍工作的意见》为契机，坚持普查保护、整理出版和开发利用相结合思路，不断推进古籍工作科学化、规范化，力争取得更大成绩。

枣庄市图书馆

耕耘十五载　硕果展芳华

——泰州市图书馆古籍保护工作十五年回顾

　　2022年是泰州市图书馆百年华诞。一百年前的春天，为启迪民智，泰州一群有识之士以发展社会教育为己任，拉开了百年泰图（时称泰县图书馆）的历史帷幕。1922年《泰县图书馆简章》第一章"总则"第二条规定"本馆为保存国粹、研究国学而设，与普通图书馆略别"，可见泰图成立之初偏重于国学，因此藏书以古籍为主。开馆伊始，接收前泰州中学国学书籍1463册，另选购经史子集一部分充实庋藏，再加上地方人士捐赠、寄存的书籍，泰图古籍收藏初具雏形。百年来，泰图以旧藏为基础，经过20世纪50年代接收戈氏望岳楼2万余册藏书、有关部门移交调拨以及乡贤捐赠，形成了今天的古籍收藏规模。泰州市图书馆馆藏线装典籍5.9万册，以明清精刻本和地方文献（含泰州学派、太谷学派文献）为特色。

　　2007年"中华古籍保护计划"开展以来，我馆积极响应国家和江苏省古籍保护中心号召，成立本馆古籍保护工作小组，馆长任组长，设古籍保护专职人员2人，负责日常的古籍保护工作具体事宜，由此开启了本馆的古籍保护之路。

一、努力改善古籍存藏条件，完善古籍保护工作制度

　　泰州市图书馆2012年搬迁至位于市文化中心的新馆，新馆三

楼设有独立的古籍书库，用于收藏古籍、民国线装图书，并设置库中库用于存放善本古籍。古籍书库总面积370平方米，配有樟木垫板书橱、恒温恒湿精密空调、空气净化器，装有气体灭火装置、烟雾报警器等安保设备。十年间，泰图积极争取经费支持，逐步完善古籍书库建设，改善古籍存藏条件：加装消防自动报警系统、闭路电视监控系统；购买纯天然中草药包，加强防虫防蛀效果；更换LED灯具，降低紫外线对古籍的伤害；配备除湿机，加强对书库湿度的控制。除了硬件方面的建设，泰州市图书馆也逐步完善古籍保护工作制度，先后制定了《古籍书库管理制度》《特藏部历史文献查阅制度》《特藏部工作人员岗位职责》等规章制度，古籍书库实行双人双锁，古籍分类分级存藏，从古籍出入库、读者阅览登记及库房安全等方面全面强化古籍工作安全。

二、重视人才培养，积极参加培训

古籍保护人才是古籍保护工作持续发展的基础。为了克服本馆古籍保护工作人员缺乏的困难，实现人尽其用，我馆2位专职人员积极参加国家、江苏省古籍保护中心举办的各类培训班，努力提升自身业务水平，2007年以来，共参加古籍保护、修复、普查登记、库房建设、数字化建设等各类线上线下培训班数十次，对泰图古籍工作起到了非常重要的推动作用。本馆古籍保护工作人员先后获"全国古籍保护工作先进个人""江苏省古籍保护工作先进个人"称号。

三、稳步推进普查工作，出版古籍普查登记目录

泰州市图书馆古籍目录整理工作由来已久。版本目录学家陆铨（1899—1962）长期供职于本馆，他将馆藏古籍按经、史、

子、集、丛书、乡土著述六大类进行整理，奠定了本馆古籍整理工作的基础。"中华古籍保护计划"开展以来，我馆将沿用几十年的手工目录转换成电子书目。2014年，在江苏省古籍保护中心的指导下，启动了本馆古籍普查工作。由于人手不足，普查目录从2014至2017年历时四年才得以提交给省古籍保护中心审核。四年里，本馆两位古籍普查人员身兼数职、不辞辛劳投入整理普查工作中。普查分两个阶段：2014年至2016年7月，首先完成本馆近4千余条普查数据六大项的著录；2016年8月至2017年7月，为了通过这次普查彻底摸清家底，两位普查员在从未整理、残损脏破、杂乱无章的文献中，共清理出古籍约7000册，增加普查数据约2千条。2022年5月《江苏省泰州市图书馆古籍普查登记目录》由国家图书馆出版社正式出版，共收录本馆普查数据5986条38501册。此目录是泰图自创建以来，最完备、最严谨的古籍登记信息。

在完成本馆古籍普查工作的基础上，2017年我馆积极配合省中心参与对泰兴市图书馆古籍普查登记工作的协助指导，帮助泰兴馆摸清古籍家底，顺利完成了泰兴市图书馆的古籍普查工作。

四、积极申报名录，加大珍贵古籍保护力度

在古籍整理普查基础上，我馆积极参与国家和省珍贵古籍名录的申报工作，建立古籍分级保护制度。首批《国家珍贵古籍名录》收录本馆馆藏善本8部，分别为《节孝先生文集三十卷语录一卷事实一卷》《汉书一百卷》（卷一至五、二十八至三十配清抄本）《元史二百一十卷》（存十六卷）《集古印谱六卷》《淮南鸿烈解二十一卷》《佩文韵府一百六卷》《全唐诗九百卷》《列朝诗集八十一卷》。截至2022年底，我馆共入选《国家珍贵古籍名录》15部337册，入选《江苏省珍贵古籍名录》65部629册。2009年

我馆被评为第一批"江苏省古籍重点保护单位",经过古籍存藏条件的不断改善,2016年我馆被评为第五批"全国古籍重点保护单位"。

五、加快古籍数字化建设,促进古籍数字资源开放共享

古籍数字化是古籍再生性保护的重要方式。泰图以读者需求较多的地方文献为主,自建数据库服务平台"泰州历史文献特色库",内容分历代志书、泰州文史、地方学派、馆藏珍籍、档案图片六大类,有效扩展了服务的时间和空间。平台创意始于2015年,2016年正式开始建设。由于我馆经费紧张,除平台由专业公司搭建外,其余如底本扫描、图像格式转换、上传发布等工作均由本馆工作人员承担,走出一条符合本馆实际的古籍数字化建设之路。2017年6月数据库正式对读者发布,2018年9月参加国家古籍保护中心联合14家单位的在线发布活动。经过五年多的建设完善,截至目前,已完成古籍数字化115000余拍,对外发布424部古籍55000余幅书影。读者通过泰州市图书馆网站可以进行文献的远程查阅,为读者研究泰州地方文化提供便利。

六、多种形式加大古籍保护宣传推广

为了更好地提高社会大众古籍保护意识,泰州市图书馆不断加大社会宣传力度,通过文字、图片、实物等进一步拉近古籍与公众的距离。2008年,本馆四部善本古籍参加国家图书馆举办的国家珍贵古籍特展。2012年新馆迁址,适逢建馆九十周年,举办"九十年回眸——建馆90周年馆史展",精选部分善本面向公众展示。"养在深闺人未识"的古籍善本近距离与读者面对面,深受广大读者好评。2018年,策划"泰州市古籍保护工作十年成

果展"，向读者展示十年来泰州地区古籍保护工作。结合馆藏古籍策划"泰图家谱展""泰州历史文化名人展"等线上展览。近年来，我馆进一步扩大宣传面，积极筹办各种展览。2021年9月，联合市博物馆、美术馆举办"文苑藏珍——三馆馆藏书画精品展"，我馆展出反映地方文化的仲振奎手书诗笺、《修泰州考棚记》拓本等，向公众展示了本馆古籍以外其他形制的珍品。2021年10月，制作"芸台书香——泰州市图书馆藏戈氏望岳楼珍籍展"，参与国家古籍保护中心的中华晒书活动。2022年7月，举办"泰州市图书馆百年馆史暨馆藏珍品展"。此次展览最大的特色在于"书版合璧"，展出刷印《陋轩诗》《[道光]泰州志》的三块雕版。

此外，我馆还结合馆藏开发文化创意产品。一套四枚《四库全书》系列书签免费发放给读者，让《四库全书》走入寻常百姓家；结合馆藏明刻本《集古印谱》，开发出紫檀木插屏"百印图"，参加"第八届中国博物馆及相关产品与技术博览会""江苏博物馆文创联展"及"泰州市第二届吉祥文化创意大赛"。

2021年，我馆参加江苏省图书馆学会和江苏省古籍保护中心举办的"《四库全书》推荐官——主题视频图片征集活动"，荣获视频组一等奖。

七、加强交流合作，为地方文化研究提供支撑

泰州市图书馆作为泰州地区历史文献的主要收藏单位，积极与其他机构单位或个人合作，为地方文化研究添砖加瓦。2013年，市委宣传部启动《泰州文献》编纂出版工作，共收录地方文献416部，我馆积极配合，提供近三分之一底本的扫描影像，为文化泰州建设贡献自己的力量。其他诸如《储罐诗文集》《泰州竹枝词》《泰州老地图集》《常惺法师集》《泰州历代书画名录》

等地方文化研究书籍的出版同样离不开我馆的文献支持。

2022年4月，中共中央办公厅、国务院办公厅印发《关于推进新时代古籍工作的意见》，为古籍工作的开展指明了方向。泰州市图书馆将在做好接待读者查阅古籍文献工作的基础上，积极推动泰州市古籍保护中心的建立，统筹协调全市古籍保护工作。同时加强我馆古籍修复能力，加快古籍人才培养；继续推进古籍数字化，完善泰州历史文献特色库，争取早日实现馆藏历史地方文献的全部开放共享；继续精心选题，开展古籍专题展览展示，通过各种形式加大古籍宣传推广；提升古籍整理研究水平，加强古籍深度整理，推进我馆古籍出版工作。未来，我们将以古籍工作者的使命感和责任感，迈向泰州市图书馆古籍事业新征程。

张劲

泰州市图书馆

山东省潍坊市古籍保护成果案例

古籍是中华文明绵延数千载的历史见证，是人类文明的瑰宝。做好古籍工作，把祖国宝贵的文化遗产保护好、传承好、发展好，对赓续中华文脉、弘扬民族精神、增强国家文化软实力、建设社会主义文化强国具有重要意义。"中华古籍保护计划"开展以来，潍坊市充分认识推进新时代古籍工作的重要意义，认真贯彻各级政府关于古籍普查与保护的精神，将"普查、修复、培训、展示、研究、利用"六位一体的古籍保护模式做细做实，完善古籍工作体系，提升古籍工作质量，加快古籍资源转化利用，推动全市古籍保护传承水平提高。

一、强化古籍工作保障体系，深入开展古籍普查

2008年，潍坊市原文化局（现文化和旅游局）发布《关于在全市开展古籍普查工作的通知》（潍文字〔2008〕78号），制定《潍坊市古籍普查工作方案》，建立由潍坊市原文化局牵头，市发展和改革委、财政局、教育局、科技局、民委、新闻出版局、宗教局等部门组成古籍普查工作部门联席会议，成立古籍普查工作专家委员会，加强统筹指导，全市古籍普查工作正式启动。潍坊市图书馆突出模范引领作用，倾心帮助、协调解决全市各古籍收藏单位在普查编目中的实际困难。各县、市、区图书馆发挥地域

带头作用，各博物馆充分利用可移动文物普查成果，全市22家古籍收藏单位精诚协作，古籍人员发挥不怕苦不怕累精神，加强基础信息采集，完善书目数据，编纂古籍普查登记目录，摸清了古籍资源和保存状况，圆满完成了全市古籍普查任务。

二、加强存藏基础设施建设，古籍保管条件普遍提高

潍坊市、县两级财政加大对古籍保护的支持力度，将古籍工作相关经费纳入年度预算。各馆统筹利用现有资金渠道，完善投入机制，加强古籍存藏基础设施建设。一是为古籍建新家。潍坊市7家单位搬迁新馆、启用现代化古籍书库。二是为古籍盖新房。潍坊市9家单位购置了古籍书橱。三是为古籍添新装。潍坊市7家单位定制了古籍函套或珍贵古籍囊匣。四是为古籍焕新生。潍坊市6家单位对馆藏珍贵古籍进行影印再造。通过上述措施，全市古籍保管利用条件得到普遍改善。

三、加强古籍人才培养，提高古籍保护水平

潍坊市古籍收藏丰富，保存分散，为提高古籍工作人员业务水平，潍坊市大力开展人才培训工作。一是组织全市106名古籍工作者先后25次外出参加国家、省、市举办的各级各类古籍培训班。二是举办7期全市古籍保护培训班，邀请著名版本目录专家、长江学者特聘教授、博士生导师、山东大学杜泽逊先生等专家前来授课，培训全市古籍工作者323名。三是疫情期间，组织全市82人先后3次参加国家古籍保护中心举办的在线研修班。古籍培训对于推进古籍普查进度，提高全市古籍保护、修复、名录申报、编辑出版水平起到重要推动作用。

四、建成四级珍贵古籍保护体系，加大珍贵古籍保护力度

潍坊市组织各古籍单位参加了各级珍贵古籍名录和古籍重点保护单位的评选，青州市博物馆藏明万历二十六年《赵秉忠殿试卷》入选首批《国家珍贵古籍名录》。截至2022年，全市2部古籍入选《国家珍贵古籍名录》，378部古籍入选第一至四批《山东省珍贵古籍名录》，514部古籍入选第一批《潍坊市珍贵古籍名录》，66部古籍入选《寿光市珍贵古籍名录》，全市初步形成国家、省、市、县四级珍贵古籍保护体系。潍坊市图书馆藏稿本《潍县金石志　潍县金石遗文录》入选"中华古籍保护计划"山东省古籍普查十大新发现。7家单位入选"山东省古籍重点保护单位"，10家单位入选"潍坊市古籍重点保护单位"。通过开展古籍重点保护单位复核工作，对入选古籍和单位进行动态管理。

五、修复破损古籍，给古籍换新颜

潍坊市引入修复导师辅导机制，提升各单位古籍修复能力。潍坊市图书馆古籍修复室被评为第一批"山东省省级古籍修复站点"，举办"古籍保护　你我同行——古籍线装书装订体验活动"，来自驻潍院校大学生、中小学生、图书馆读者十余人参加。潍城区陈介祺故居陈列馆、青州市博物馆等单位加强濒危古籍修复，通过购买服务，委托专业修复机构对馆藏珍贵古籍实施抢救性修复。潍坊市博物馆也对馆藏珍贵拓片进行修复。

六、整合编辑出版，促进古籍开发利用

潍坊市整合古籍普查数据，开展古籍研究。《潍坊古籍书目》《潍坊市珍贵古籍名录图录》《青州古籍名录》《寿光市珍贵

古籍名录图录》《安丘市博物馆馆藏古籍目录》《潍坊市图书馆等二十二家收藏单位古籍普查登记目录》等著作相继出版。青州市图书馆组织文史研究专家开展了馆藏古籍点校，迄今已出版古籍点校图书11种。孙敬明等主编的《陈介祺研究》，对传统金石学，特别是清代金石碑帖研究具有重要推进。日前，收录全市22家单位4756部33852册古籍的《潍坊市图书馆等二十二家收藏单位古籍普查登记目录》由国家图书馆出版社出版，成为潍坊市各收藏单位如数家珍的"明白账"和传统文化研究者、爱好者的"寻宝图"。

七、统筹藏用关系，加快古籍资源转化利用

潍坊市将古籍工作融入全市发展大局，深入挖掘古籍时代价值，弘扬其中蕴含的优秀传统文化，助力潍坊创建"东亚文化之都"。各级各类古籍存藏机构统筹好古籍文物与文献属性，在确保古籍安全的提前下，提升古籍资源开放共享水平，激发古籍保护活力，促进古籍有效利用。

八、建古籍数据库，促进古籍资源汇聚共享

潍坊市推进古籍数字化工程，3家单位建立了古籍数据库。潍坊市图书馆开发建设"潍坊市地方志全文数据库"，收集潍坊各县、市所藏明、清、民国方志资料862卷21844叶，通过自主研发的图书馆特色数字资源发布平台进行发布，解决了基层图书馆特色资源建设的技术瓶颈。"潍坊市图书馆特色古籍数据库"收录潍坊各县、市文化名人和地域特色古籍461部2873册160890叶，内容包括地志杂记、潍坊名贤、地方名宦、海疆海防、游寓方伎、族谱仕录、陈介祺等专题。此外，青州、诸城等图书馆也建

立了古籍数据库。古籍数据库通过官网、微信公众号等平台对公众免费开放，实现了古籍数字化资源的汇聚共享，对于落实全省文物保护工作会议精神、促进古籍开发利用具有重要意义。

九、举办古籍展览，普及古籍保护意识

为展示古籍普查保护成果，普及古籍保护意识，潍坊市图书馆先后举办了"潍坊珍贵古籍书影展""杨家埠木版年画精品系列展""《资治通鉴》手稿（卷轴装）赏析展""书香盈岁月　新桃换旧符——迎新春潍坊楹联展""珠还合浦　历劫重光——《永乐大典》的回归和再造"线上巡展、"潍坊金石名家刻书展"等各类古籍展览19次，接待观众129800人次。古籍展览致力于弘扬中华优秀传统文化，宣传国家古籍普查与保护政策，普及古籍保护知识，受到读者广泛好评。

十、借力多种媒体，加强古籍宣传推介

潍坊市通过电视、报纸、融媒体、学习强国平台、网站、公众号等多种媒体，加强古籍宣传推介，扩大古籍保护社会影响。潍坊市图书馆与潍坊电视台"传承"栏目合作，录制了《传承——潍图藏珍　岁月书香》节目，郑晓光馆长介绍古籍的来龙去脉，倾情诉说古籍对人格养成与学术研究的重要意义。节目融画面、解说、配乐于一体，扩大了古籍保护社会影响。为丰富疫情期间居家市民的文化需求，录制了"古籍线装书装订"节目，古籍部主任王彭兰演示古籍线装书装订过程。以上节目在潍坊电视台1套"传承"栏目播出后，引发了市民热切关注。潍坊市图书馆与"学习强国"潍坊学习平台合作，摄制系列小视频，开设"鸢都古籍合集"栏目，发布各馆珍贵古籍300余部，引发持续

的社会反响。此外，潍坊市图书馆还通过《潍坊日报》《潍坊晚报》、潍坊电视台、高新融媒体、文旅中国等媒体，宣传潍坊市古籍普查与保护成就，营造全社会重视、保护、利用古籍的良好氛围。

　　古籍保护，任重道远。潍坊古籍工作者将踏实奋进，砥砺前行，携手开创全市古籍保护新局面。

潍坊市图书馆

"文献里的烟台"与烟台文化整理

近年来，传统文化日益受到全社会广泛关注。2017年1月，中共中央办公厅、国务院办公厅印发《关于实施中华优秀传统文化传承发展工程的意见》，将这一社会热点提高到国家重大工程层面。作为整日与中国传统文化重要载体——古典文献打交道的公共图书馆古籍工作者，传承弘扬中华优秀传统文化的责任尤为重大。

自2013年起，烟台图书馆在《烟台晚报》开设"文献里的烟台"专栏，同时运营"文献里的烟台"公众号，用讲故事的形式，将烟台乡邦文化的整理研究向大众推介。这一举措与烟台市古籍普查工作相辅相成，为烟台古籍保护利用打开了新局面。

"文献里的烟台"栏目由《烟台晚报》主办，烟台图书馆协办。该栏目依托烟台图书馆丰富的馆藏文献资源和专业的古籍整理人才，对烟台乡邦古籍、民国出版物进行充分挖掘，从烟台历史上的名人大事入手，择其题材新颖、故事性强者，进行深入解读，篇幅约在两三千字。该栏目每一两周刊发一次，截至2022年5月，已刊发文章110余篇，近20万字。因具备翔实珍稀的史料素材、求实严谨的治史态度、通俗易懂的行文风格，该栏目现已成为《烟台晚报》备受读者欢迎的重要人文品牌。

"文献里的烟台"一改图书馆古籍鉴定、版本目录学研究的学术路径，结合新时代弘扬中华优秀传统文化的新要求，通过与主流纸媒《烟台晚报》合作，建立专栏，探索图书馆专精业务大众化、市场化的可行性，努力让"书写在古籍里的文字都活起来"。烟台图书馆通过整理加工古籍、民国文献中的烟台元素，用故事性语言表达撰写，实现多渠道、多媒介、立体化知识传播，用群众喜闻乐见的形式普及古籍内容，讲好烟台故事，弘扬优秀传统文化。

2021年12月，该专栏结集成书，取名《文献里的烟台故事》，作为烟台文旅宣传推介图书及烟台市全民阅读推广图书出版发行，成为烟台古籍保护与利用的重要成果。

烟台图书馆

郑州图书馆古籍保护工作成果

一、郑州图书馆概况

郑州图书馆成立于1953年，是国家一级图书馆。历经郑州市大同路、南阳路馆舍，现馆舍位于郑州市郑东新区客文一街10号。新馆2009年6月动工兴建，2013年8月面向社会公众开放，总建筑面积7.2万余平方米，是一座集文献典藏、信息交流、学术研究、文化创意、教育培训、文化休闲等功能于一体的综合性现代化文化场馆。

郑州图书馆馆藏各类文献总量300多万册件，设置有综合图书借阅区、报刊阅览区、多语言阅览室、无障碍阅览室、少儿阅览室、多媒体阅览区、古籍及地方文献阅览区、学术会议区、教育培训区等多个功能区，可满足读者多种阅读需求。每年举办天中讲坛、世界读书日、启源故事会、公共文化服务进基层、阅读推广等丰富多彩的读者活动300余场，年均接待读者360余万人次。

多年来，郑州图书馆始终坚守初心、不断创新服务机制、提高服务效能；加强细节管理，于细微处彰显人性化服务理念；顺应时代发展，大力开展智能化数字图书馆建设；提高品牌意识，促进阅读推广形式多元化；注重"内功"修炼，不断巩固基础业务，推进馆藏资源"活跃化"；积极探索公共文化服务新模式，助力"十五分钟阅读生态圈"建设。因时而进、因势而新，在新时代发展浪潮中焕发出新的光彩，为公共文化服务体系建设与中华优秀传统文化传承发展不断贡献力量。

二、郑州图书馆古籍保护工作成果

郑州图书馆自建馆以来，在政府的大力支持下，经过几代图书馆人的悉心搜访，以及社会各界的鼎力相助，目前已收藏古籍文献5万余册，其中善本古籍4000余册，以郑州地区方志、明清小说为特色馆藏。2010年6月，郑州图书馆被国务院批准为"全国古籍重点保护单位"；2011年12月，被河南省政府批准为"河南省古籍重点保护单位"。20世纪八九十年代，在国家组织编纂的《中国古籍善本书目》中，郑州图书馆有64部古籍被收录。自"中华古籍保护计划"实施以来，郑州图书馆有17部古籍入选《国家珍贵古籍名录》，53部古籍入选《河南省珍贵古籍名录》。

（一）保存条件

郑州图书馆2010年成为"全国古籍重点保护单位"时，馆址在郑州市金水区南阳路6号。2013年，郑州图书馆搬迁至新馆址郑东新区客文一街10号，正在使用的古籍书库为新建库房，独立设置，使用面积365平方米，温湿度控制、安全消防、科学监测与书盒书柜等设施设备达到《图书馆古籍书库基本要求》（GB／T 30227-2013），完全满足古籍文献存藏条件。

（二）保护机构与人员配置

郑州图书馆于2008年即成立由馆长担任组长的古籍保护工作领导小组，对于本馆的古籍保护与研究利用等工作进行统筹规划并指导实施。

郑州图书馆古籍部现有8名工作人员，分别从事古籍编目与审校、书库与阅览室管理、读者咨询、古籍数字化、古籍修复、古籍整理与研究等业务工作。8名工作人员均为相关专业毕业，其中5人具有硕士研究生学历。良好的人员配置为本馆古籍保护工作提供了可靠的人力资源保障。

（三）相关制度与保护计划

郑州图书馆制定有《郑州图书馆古籍阅览制度》《郑州图书馆古籍书库管理制度》《郑州图书馆古籍分级存藏制度》《郑州图书馆古籍工作人员职责》，对于读者阅览、书库管理、安全消防、环境卫生以及工作人员职责等都有明确规定，并严格执行。

郑州图书馆在不同时期都制定有《郑州图书馆古籍保护工作计划》，在古籍保护工作机制、开展区域间交流合作、古籍普查、古籍编目、古籍再生性保护、人才队伍建设等方面均有详细规划。

（四）普查、定级与分级存藏

郑州图书馆积极参与全国古籍普查，目前已完成全部馆藏古籍数据的著录工作，并按照《古籍定级标准》（WH/T 20-2006）给每部古籍进行定级。《郑州图书馆古籍普查登记目录》于2017年3月由国家图书馆出版社出版。

郑州图书馆严格按照《馆藏古籍分级存藏制度》，将古籍书库划分为普通古籍区、善本古籍区和珍本古籍区三个区域，每个区域按照经、史、子、集、丛分类，每部古籍按照索书号排序。普通古籍装入函套，善本古籍、珍本古籍装入樟木书盒。

（五）著录与编目

郑州图书馆自建馆以来就本着揭示馆藏、服务读者的理念，以整理文献、编制目录为首要任务，先后编纂《郑州市图书馆古籍目录》（1956）、《郑州市图书馆馆藏线装古籍书目》（1991）、《河南省郑州图书馆等十一家收藏单位古籍普查登记目录》（2017）等。上述目录在古籍文献阅读推广、传统文化创新发展等方面发挥了积极作用。

郑州图书馆还编纂有《郑州图书馆古籍善本图录》（2021），共收录馆藏古籍善本343部4272册。按雕版或抄写年代统计：元本2部102册；明本89部1341册；清本245部2650册；民国本5部149册。另有朝鲜刻本1部24册；和刻本1部6册。按版本类型统计：稿本4部153册；抄本20部232册；活字本2部85册；刻本302部3592册；套印本15部210册。郑州图书馆馆藏古籍善本通过该《图录》得到完整揭示。

（六）再生性保护

郑州图书馆从20世纪80年代开始一直致力于古籍整理与研究工作，至今已整理出版方志类、文集类与小说类古籍文献45种。这些成果全部为本馆研究人员校点，其中10余种是以本馆藏本为底本进行整理的。

郑州图书馆坚持将古籍数字化作为古籍再生性保护的重要内容，积极探索创新，建设有"古籍服务系统""馆藏古籍数据库"两个平台，分别为读者提供馆内阅览与线上数字化阅览服务。

郑州图书馆馆藏明万历刻本《氾乘》等数部稀见方志均已影印出版，收入《河南历代方志集成》。截至目前，郑州图书馆在古籍再生性保护工作方面取得显著成效。

（七）公共服务与阅读推广

郑州图书馆注重通过多种方式开展古籍文献传承与阅读推广工作，利用古籍文献做好公共文化服务。2019至2021年，郑州图书馆连续三年被河南省文化和旅游厅表彰为"古籍保护传承与展示活动先进单位"，服务内容包括：向社会公众提供古籍查询、阅览、复制以及课题咨询服务，并通过"馆藏古籍数据库""古籍服务系统"两个数字资源平台，向社会公众共享馆藏古籍目录、入选《国家珍贵古籍名录》古籍介绍、入选《河南省珍贵古籍名录》古籍介绍、馆藏善本古籍介绍以及数字化古籍文献资源。

此外，郑州图书馆还建设有"古籍E览""甲骨文世界""八斗高才生""中原文化·状元郎""册府楹联""中原贡院时空""四大发明""册府书札"等智能互动体验系统，读者可以通过互动体验方式，领略博大精深的中华优秀传统文化。郑州图书馆举办"书香古韵中华古籍之美"等展览，邀请专家举办古籍文献知识讲座，利用郑州图书馆微信平台长期推送"郑州图书馆古籍珍善本品鉴"栏目等，受到读者好评。

（八）经费保障

郑州图书馆每年在古籍保护工作方面都有良好的经费保障。近四年来，先后投入经费150余万元，用于善本古籍数字化、馆藏古籍数据库建设、古籍书库与研究室改造、古籍知识人机互动平台搭建、古籍文献数据库采购、影印古籍文献采购等等。

三、郑州图书馆古籍保护工作展望

三坟五典，文脉文理蕴含其中；琅嬛珍宝，文风文貌蕴藏其里。认真做好古籍的保护整理与文化传承工作，其意义是毋庸赘言的。多年来，在上级的大力支持下，郑州图书馆在古籍保护制度建设、基础设施建设、整理与研究、数字化与阅读推广等方面都取得了良好成效。今后，郑州图书馆将秉持初心、锐意进取，不断增强做好古籍保护工作的责任感和使命感，加大古籍保护宣传力度，提高全社会古籍保护意识，为进一步传承弘扬中华优秀传统文化做出新的贡献。

郑州图书馆

开封市古籍保护成果案例推介

八朝古都开封，历史悠久，人文昌盛，文化积淀深厚，古代文献典籍遗存丰富。开封市图书馆自1956年成立至今，一直致力于古籍的搜藏、整理、保护工作，通过征集、置换、采购等方式不断完善馆藏，古籍藏量达5万余册。2010年，开封市图书馆挂牌成立开封市古籍保护中心，肩负起全市范围内古籍普查和保护工作。2011年，开封市图书馆入选"河南省重点古籍保护单位"；2016年，入选"全国古籍重点保护单位"。

古籍保护是一项功在当代、利在千秋的伟大事业，但具体到工作业务，不论是古籍普查信息录入，还是古籍修复、宣传推广等，又是平凡繁琐甚至是枯燥乏味的。但就是在这样平凡的岗位上，开封市图书馆一代代古籍工作者始终本着细微之处见风范、毫厘之优定乾坤的原则，怀着对馆藏古籍的深厚感情、对古籍保护工作的高度责任心，以及面对困难执着不屈、不懈奋斗的精神，着手于古籍的一书一叶一字，凝心聚力，认真谱写开封市古籍保护事业新篇章。

一、以愚公移山之精神啃古籍普查之"硬骨"——为每一部馆藏古籍建立"身份信息"

开封市古籍保护中心承担着全市范围内的古籍普查工作，这是一项极具挑战性的艰巨任务。

在普查工作开始后的很长一段时间内，开封市古籍保护中心只有两名专职工作人员，长达五年的普查周期内，根据本馆工作安排，古籍保护中心工作人员来来往往，但最多也不超过四人。此外，从事古籍普查的工作人员均非相关专业人才，馆内专业书籍也是少之又少。另外，由于经费有限，开封市图书馆能够用来进行古籍普查的电脑、照相机、扫描仪等工具也捉襟见肘，古籍普查工作困难重重。

面对错综繁杂的普查信息，千头万绪的录入系统，开封市古籍保护中的普查员们没有退缩，他们一边向河南省古籍保护中心同仁学习，提高自身专业知识，一边在实际操作中积累经验，逐渐摸索。人员不够，就通过团结协作，明确分工，发挥出现有人员的最大工作效率。值得一提的是，参与普查的工作人员在做好馆内古籍普查信息录入工作的同时，还积极为各区县图书馆开展培训，在全市范围内形成合力。馆领导也高度重视辅助工具、设备仪器短缺问题，不断补充古籍业务用书，主动向上级反映情况、申请经费，使古籍普查工作不断完善。

在工作人员和馆领导的多方努力下，开封市图书馆历时五年时间，以愚公移山的精神啃下了古籍普查这块"硬骨头"。将馆藏5万余册古籍的普查数据全部上传至"全国古籍普查登记平台"，为每部古籍建立起了完善的"身份信息"。2017年，国家图书馆出版社出版了《河南省开封市图书馆古籍普查登记目录》，开封市图书馆古籍普查工作走在全省前列。

二、以评促建，一点一滴优化古籍存藏条件

据开封市图书馆馆长马慧萍回忆，在2010年成立古籍保护中心之初，由于经费不足，馆内并没有很好的保护手段，存放古籍

的文献楼建筑破旧，各种电线老化，为了消防安全，只能做断电处理，为避免古籍落上灰尘，连窗户都要封闭起来。工作人员只能把最珍贵的古籍放在十几组防尘、防虫的樟木柜子里面。

正是在这种情况下，马馆长四处奔走，呼吁社会各界高度重视图书馆古籍保护工作。2011年，在开封市文化广电和旅游局的指导和帮助下，开封市图书馆积极向市财政申请专项资金，用于改善古籍书库硬件条件，将书库线路重新铺设，并重新粉刷墙面，做防潮处理。2011年11月，开封市图书馆被河南省人民政府评为"河南省古籍重点保护单位"，这大大增强了开封市图书馆申报"全国古籍重点保护单位"的信心。

对照"全国古籍重点保护单位"要求，开封市图书馆决定以评促建，积极改善古籍书库硬件条件，先后购置并安装了柜式空调、除湿机、温湿度仪表、红外报警监控系统、水灾自动报警器、自动灭火温感器以及气体自动灭火等设施；更换防火门窗和防紫外线窗帘；增加古籍普查所需电脑、扫描仪、打印机、摄像机、照相机等专业设备；先后购置90组樟木书柜和4000个古籍函套，将古籍保护装具更换一新。2016年，开封市图书馆迎来由国务院颁发的"全国古籍重点保护单位"标牌。

这一重大荣誉的获得为开封图书馆人干事创业提供了信心与动力，2018年，开封市图书馆借助新馆建设契机，又建立了更高标准的现代化古籍保护场所，占地面积1200平方米，由独立的古籍书库、古籍阅览室、古籍展厅、古籍修复室和工作室组成。5万余册古籍迁入设施完备、安全无虞的现代化古籍书库，古籍保存条件得到全面改善。

荣誉不是最终目的，古籍存藏条件一点一滴的改变反映出开封市古籍保护中心及社会各界古籍保护意识的不断增强。这为进一步挖掘古籍文化内涵，弘扬其承载的中华优秀传统文化奠定了良好的基础。

三、多管齐下，助力古籍活化传承，多点开花结硕果

中华古籍浩如烟海，蕴藏着博大精深的中华文化。作为有着深厚历史文化积淀的文明古城，开封市对保护、发掘、弘扬中华优秀传统文化格外重视，古籍保护中心在日常工作中多管齐下，使古籍活化传承呈现多点开花、硕果累累的繁荣景象。

（一）持续推进馆藏珍贵古籍数字化

开封市古籍保护中心目前已对馆藏22部入选《国家珍贵古籍名录》及《河南省珍贵古籍名录》的古籍进行数字化加工，建成特色鲜明的"开封市图书馆古籍数字化资源库"，并在官网、微信公众号开辟古籍珍品专栏，利用数字技术为读者提供阅览服务，多渠道展现古籍魅力。

（二）文创产品开发迈向新高度

开封市图书馆自2014年起开始探索文创产品开发，通过不断挖掘馆藏资源，于2019年正式开展文创产品制作。截至2021年，共开发出3个系列46种67个样式的文创产品。

文创产品开发从无到有，再到硕果累累，得益于开封市图书馆对馆藏古籍资源的深度挖掘。例如利用明隆庆钤印本《集古印谱》中的精美古印章，开发了"集古印谱"木柄自动晴雨伞；利用馆藏入选《国家珍贵古籍名录》的12部古籍，制作开封市图书馆《国家珍贵古籍名录》系列明信片；利用馆藏知名古籍封面，创作了包括《东京梦华录》《如梦录》等古籍封皮书灯等等。这些文创产品先后走进"两宋论坛"、第十七届中国（深圳）国际文化产业博览交易会、山河共国风·河南卫视中国节日系列节目（上海）推介会暨高峰论坛等展览，使更多人成为古籍文化的使用者与传播者，为古籍传承保护带来积极影响。

（三）开展形式多样的古籍宣传推广活动

近五年来，开封市古籍保护中心充分利用新闻媒体作用，多

途径、多形式推广馆藏古籍，营造全社会共同关注和支持古籍保护事业的良好氛围。

1. 打造"两宋古籍展"市级品牌。作为河南、浙江合力举办"两宋论坛"的重要组成部分，"两宋古籍展"通过深入发掘古籍文献，以丰富多彩的形式，展现两宋时期历史风貌，让众多宋文化爱好者近距离欣赏两宋名都开封、杭州的风土人情。

2. 坚持举办古籍专题展。2016年举办"唐宋文风——中国收藏文化（开封）论坛第四届古籍精品展"，2018年举办"馆藏珍贵古籍展"，2019年举办"开封市图书馆、祥符区图书馆珍贵史志古籍展"，2020年举办"奔腾不息　守望文明——黄河文化珍贵典籍展"，2021年举办"志载千华——开封市第八届珍贵古籍展"，通过展览形式，让"古籍里的文字都活起来"。

3. 利用学习强国、抖音、微信视频号、微博等自媒体加强宣传。于2020年开展"开封市图书馆古籍善本大寻宝"直播活动，分享古籍保护工作的故事。2021年开封市古籍保护中心甄选13部馆藏珍贵古籍，拍摄宣传视频，在学习强国平台发布，介绍古籍善本内容及版本信息，供公众学习鉴赏。

经过多年努力，开封市古籍保护工作已取得一定成绩。在此基础上，广大图书馆人将始终坚持不忘初心的职业本色，在平凡的工作岗位上坚持不懈，持之以恒，让古籍保护事业在这片古老的热土上发扬光大。

开封市图书馆

洛阳市图书馆古籍保护工作回顾

洛阳是华夏文明的重要发祥地，有十三朝古都之称，在中国藏书史上有着突出地位，东周守藏室、东汉兰台等古代藏书机构，都对传统典籍收藏保护起到过重要作用。今天的洛阳仍是文献之邦，市图书馆现存古籍53006册，其中善本262种4026册。自2007年"中华古籍保护计划"实施以来，洛阳市图书馆充分发挥市古籍保护中心职能，系统开展古籍普查与保护工作，在机制运行、人才培养、普查申报、开发利用、数字化、普及宣传等方面做了大量工作，取得积极成果。

一、建立健全古籍保护工作机制

为加强全市古籍保护工作，洛阳市建立了由市文广旅局、发展和改革委、财政局、教育局、科技局、民委、文物局、卫生局等8个局委组成的古籍保护局际联席会议制度，成立了洛阳市古籍保护中心（设在洛阳市图书馆）和古籍专家委员会，并制定了工作章程。2007年以来，先后举办4次全市古籍保护工作会议、古籍保护工作局际联席会议和古籍保护工作专家委员会会议，及时通报全市古籍保护工作情况，对相关工作进行部署，并积极开展对收藏单位古籍普查的业务指导，编发《洛阳市古籍保护工作简报》8期，推动全市古籍工作持续、有序开展。

二、开展全市古籍普查保护工作

（一）古籍普查工作取得阶段性成果

自2010年起，在洛阳市文广旅局领导下，洛阳市古籍保护中心协调全市公共图书馆、高校图书馆、科研图书馆、博物馆和新闻出版、宗教机构图书馆等古籍收藏单位，共同推进全市古籍保护工作。全市共有3部古籍先后入选《国家珍贵古籍名录》，21部古籍入选《河南省珍贵古籍名录》，洛阳市图书馆入选"全国古籍重点保护单位"，洛阳市图书馆、洛阳师范学院图书馆、洛阳市文物考古研究院列入"河南省古籍重点保护单位"。普查过程中，多部珍稀善本从故纸堆中重见天日，如洛阳市图书馆所藏元大德九年建康路儒学刻明清递修本《唐书》（入选《国家珍贵古籍名录》）、洛阳师范学院图书馆所藏清乾隆十一年程鉴刻本《望溪集》（入选《河南省珍贵古籍名录》），洛阳市文物考古研究院收藏明正德九年司礼监刻本《少微通鉴节要》（入选《国家珍贵古籍名录》）。此外，清嘉庆十八年稿本《朱氏族谱》收录绘制多位理学家的墓葬地理图、祠堂构建图、碑文墓志；著名金石学者、拓片收藏家郭玉堂所遗手稿涉及古代洛阳重要石刻出土的时间地点，这些新发现古籍都具有较高文献、史料价值，将为学术研究提供宝贵资料。

洛阳市古籍保护中心按照国家要求，组织全市收藏单位在"全国古籍普查登记平台"开展著录工作，共上传数据7126条。2018年1月，国家图书馆出版社出版《河南省洛阳市图书馆等九家收藏单位古籍普查登记目录》，形成洛阳古籍普查工作的阶段性成果，为下一步《中华古籍总目·河南卷》的编纂奠定基础。

（二）收藏单位古籍保管条件极大改善

洛阳市图书馆借2019年搬迁新馆之机，积极改善古籍存藏条件，不但将书库面积增加至400平方米，还设置了先进的火灾自动报警及灭火装置、红外防盗系统、空调系统和中央监控系统，古籍全部使用樟木书柜收藏。洛阳市文物考古研究院对古籍书库进行调整升级，配置了樟木书柜、空调、监控系统等。新安县图书馆、洛阳师范学院图书馆、栾川县图书馆均制作了古籍函套，其他图书馆也不同程度改善了古籍保管条件。经过持续努力，全市古籍保护硬件设施得到全面提升。

（三）实行古籍寄存保管制度

由于县区图书馆古籍存藏条件及人员水平有限，古籍往往得不到妥善管理。洛阳市图书馆本着自愿原则，出台了古籍寄存保管制度。保管条件相对较弱的单位可将馆藏古籍放到洛阳市图书馆寄存，有随时取用和索还的权利。2018年，汝阳县图书馆新馆尚未建成之前，就曾将590多册古籍放在洛阳市图书馆代为保管，这一做法得到河南省古籍保护中心的充分肯定。

三、注重能力提升，持续加强古籍保护队伍建设

人才缺口是古籍保护工作的瓶颈之一，洛阳也不例外。洛阳市图书馆多次选派本馆及其他相关单位工作人员参加国家古籍保护中心举办的古籍普查、修复、鉴定与保护培训班，并先后5次举办洛阳地区古籍普查和普查管理人员培训班，全市15家古籍收藏单位的100余人次参加了培训，为建立一支古籍保护工作专业队伍奠定基础。

四、加快数字化传播与推广，建立馆藏珍贵古籍全文数据库

为加强馆藏珍贵古籍文献资源的保护与利用，提高古籍数字资源服务水平，洛阳市图书馆于2017年启动了珍贵古籍资源数

字化项目，建立了"洛阳市图书馆珍贵古籍全文数据库"。目前共建设完成古籍数字化126部1192册近17万拍，读者登录洛阳市图书馆官网"馆藏珍贵古籍数据库"栏目，便可免费阅览全文数字影像，快速、便捷地了解洛阳市图书馆的古籍存藏情况。2020年，洛阳市图书馆作为河南省唯一一家受邀单位，参加了国家图书馆举办的古籍数字资源联合发布会。古籍数字资源在线发布与共建共享，开创了洛阳市图书馆古籍服务新模式，传播中华优秀传统文化更加便利高效。

五、强化宣传报道，不断提升全民古籍保护意识

自古籍普查工作开展以来，洛阳市图书馆就十分注重古籍知识与保护成果的社会化宣传，积极向公众普及和介绍中华优秀传统文化，经常性举办古籍书库参观、馆藏珍贵古籍展览等活动，又开设四库文献专藏室，在古籍阅览室开架陈列《中华再造善本》，让广大读者能够亲身接触、了解、阅读和利用古籍，从而热爱古籍。《洛阳日报》、《洛阳晚报》、《东方今报》、洛阳电视台等地方媒体多次对洛阳市图书馆的古籍保护工作进行宣传报道。通过广泛宣传，一批民间古籍收藏者陆续与洛阳市图书馆联系，把自家收藏的古籍送到洛阳市古籍保护中心进行登记鉴定，民间古籍收藏者的保护意识也逐渐提高。洛阳市市民高世正看到报纸刊登的古籍普查消息后，将家里珍藏的清乾隆刻本《阳宅大成》一书共计10册无偿捐赠给洛阳市图书馆。另外，洛阳市图书馆还通过官方公众号开设馆藏品鉴、古籍知识小讲堂、古籍线上展览等栏目，在疫情防控期间，完成了"馆藏珍贵古籍展""古籍装帧之美""中国古籍之最"等线上展览。同时在《洛阳晚报》"洛图有约"专栏向社会公众推介馆藏《唐书》《宋邵康节伊川击壤集》《西清古鉴》《陶渊明集》等十余部古籍，通过多种形式，

拉近古籍与公众距离，让古籍里的文字真正"活起来"。

六、弘扬中华优秀传统文化，开展多种形式宣传推广活动

为深入贯彻落实习近平总书记系列重要讲话精神，进一步继承和弘扬中华优秀传统文化，洛阳市图书馆先后开展一系列中华优秀传统文化推广工作。

1. 积极开展"中华传统晒书活动"共计40余场。2020年8月，参加河南省图书馆（河南省古籍保护中心）在嵩山少林寺碑廊举办的"传习经典　融古慧今——中华传统晒书活动"，洛阳市图书馆参展的清董其昌《秣陵旅舍送会稽章生诗帖》、民国六年第一次精拓本《伊阙魏刻百品》，以及《琅华馆帖》等拓片，均称珍品，深受观众喜爱。此外，洛阳市图书馆还举办《永乐大典》文献展暨临摹抄写活动、"珠还合浦　历劫重光——《永乐大典》的回归和再造"线上展览等。

2. 举办以古籍知识、古典诗词、历史文化知识为主的大型学术公益讲座50余场，主讲嘉宾均为洛阳地区知名学者、高校教授、行业专家等，活动场场爆满，受到了广大读者的一致好评，总接待量达到2000余人次，在全市乃至全省都有较高知名度。

3. 先后举办"古典诗词吟诵""明代服饰文化与礼仪""《春江花月夜》诗词音乐赏析""萦绕书香　共度元夕"沉浸式互动体验活动20余场，取得良好社会效果。

4. 2018年举办首届书香洛阳"牡丹杯"经典诵读大赛，共发动市民5万余人参赛，报送诵读作品199个，评选出一、二、三等奖，由洛阳电视台举办获奖节目汇报演出和颁奖典礼，为全市人民上演了一场流光溢彩的古典诗词文化盛宴。

悠悠十五载的古籍保护历程，有力推动了洛阳市古籍保护事业发展。因工作成绩突出，2015年洛阳市图书馆被文化部评为

"全国古籍保护工作先进单位"。2017至2021年连续5年被河南省文化和旅游厅评为"古籍保护与展示活动先进单位"。

古籍是中华文化的根脉，保护古籍、传承文明是一项艰巨而浩大的文化工程。洛阳市的古籍保护工作虽然取得了一些成绩，但与国家对古籍保护工作的要求还有很大差距，实际工作中还存在不少问题和困难，如专业人才和技术设备还很匮乏；古籍修复工作还没起步等；如何促进资源共享、活化利用；如何实现古籍的创新性转化；如何基于本馆馆藏，传承和弘扬中华优秀传统文化，这些都是今后我们必须思考解决的重大命题。

保护好、利用好古籍是我们的使命和责任，我们将以更加负责的态度，努力工作，担当作为，全面推动洛阳市古籍保护工作向更深层次迈进，为弘扬优秀中华传统文化做出新的更大贡献。

张丽鹏

洛阳市图书馆

深化古籍保护　守护历史记忆
——唐河县图书馆多措并举
让古籍活起来、传下去

　　唐河县位于河南省西南部，南阳盆地东南，自古有"南襄隘口""夏路通途"之美誉，总面积2512平方公里，人口148万。这里历史悠久，文化底蕴深厚，历史遗迹较多，馆藏古籍达11000余册，其中有6种20册入选《国家珍贵古籍名录》，其他各类古籍300种1800余册，2011年入选"河南省古籍重点保护单位"，历年来被河南省文化和旅游厅授予"古籍保护传承与展示活动先进单位"。唐河县古籍保护工作先后被新华社、《河南日报》等媒体报道。唐河县图书馆在唐河县历届县委县政府的关心支持下，一代代图书馆员努力传承历史赋予的使命责任，加大古籍的保护力度，充分利用数字化技术，展示古籍的深厚魅力，让古籍活起来，使古籍插上时代的翅膀。

一、多措并举，加大古籍专业人员的培训力度

　　唐河县图书馆馆藏古籍较多，有不少珍本，地方文献与禁毁书也较多，使用价值较大。这些馆藏古籍由于历史上保护手段的落后，有不同程度的损伤，出现鼠咬、虫蛀、水浸、氧化、酸化、霉变等现象，这为古籍保护增加了难度。

　　作为一个基层县级馆，最缺的是专业人才，解决人才问题是解决古籍修复保护的重中之重。为此，唐河县图书馆采取"走出

去，请进来"的办法解决人才问题。一是邀请省市专家采取以会代训方式，开展在职人员培训学习。考虑现有人员的年龄、知识结构、馆藏古籍修复需求等现状，制定有针对性的培训计划，一个阶段过后进行知识测试，强化培训效果。二是选派人员参加上级组织的专业技术培训。在国家图书馆古籍馆修复组组长胡泊的建议下，唐河县图书馆派专人前往国家图书馆进行为期半年的系统性学习。学习期间有幸参加国家非物质文化遗产保护专项资金支持、国家图书馆主办的"古籍修复技艺传习专项研修班"。馆员学业修成回到图书馆后，以老带新，逐步解决馆内专业人才短缺问题。

二、匠心"医治"，让古籍在残卷中"复活"

唐河县图书馆在搬迁整理古籍过程中，发现馆藏古籍多数受损严重，急需抢救性修复。由于缺乏专业古籍修复人员，图书馆积极与河南省古籍保护中心取得联系，寻求专业帮助。又经河南省古籍保护中心办公室主任谢煜同志上下沟通，邀请国家图书馆专家组赴唐河现场指导，对古籍破损情况进行慎重评估。

2020年10月，唐河县图书馆将馆藏国家珍贵古籍《大明正德乙亥重刊改并五音类聚四声篇十五卷》一函四册送至国家古籍保护中心，在国家图书馆修复组组长胡泊的主持下召开专家论证会，确定修复方案，并着手进行修复。

唐河县图书馆也及时建立古籍修复室，为馆内修复工作奠定坚实基础。目前，已整理修复馆藏碑帖22种，珍贵古籍6种22册，其中包含国家珍贵古籍《西湖游览志》七册、《新编经史正音切韵指南一卷》一册、《新编篇韵贯珠集八卷附直指玉钥匙门法》一册、《大明正德丙子重刊改并五音集韵十五卷》一册。

三、古籍数字化，改变"重藏轻用"现状

为提升服务能力，传承优秀传统文化，2019年，唐河县图书馆启动了特色馆藏古籍数字化项目，建设本馆的馆藏古籍文献数据库平台。截至目前，唐河县图书馆发布的古籍数字资源共计354册，其中方志类117册，文集类196册，医学类17册，拓片24册，内容丰富，质量上乘，涵盖诸多特色馆藏，其中包括国家珍贵古籍《西湖游览志》《新编经史正音切韵指南》及清康熙二十三年江南通志局刻本《江南通志》、《唐颜真卿多宝塔碑》拓片、《唐李邕云麾将军碑》拓片等。在此基础上，数据库还将陆续发布其他善本、碑帖拓片的数字资源，供广大读者查阅使用。唐河县图书馆连续两年参加由国家古籍保护中心主办的"古籍数字资源在线联合发布会"，平台链接被收入"中国古籍保护网"，方便读者集中阅览。

对古籍文献进行数字化开发，既便于古籍文献利用，又实现了对珍贵古籍的有效保护，改变"重藏轻用"现状。除远程线上服务外，唐河县图书馆还在馆内利用多媒体触摸大屏向读者提供古籍数字资源检索、咨询和阅览服务。目前，馆藏古籍文献数据库平台读者浏览量达到25万余人次。

古籍保护任重道远，不是一时之事，需要一代代文化工作者将这项事业持续推进下去。作为收藏单位，唐河县图书馆将在今后的古籍保护工作中不断努力，为传承中华文化贡献自己的力量。

唐河县图书馆

湖北省基层古籍工作者的力量
——记谷城县图书馆馆长施贵竹

自2007年"中华古籍保护计划"开展以来，湖北省各地、市、州、县积极开展古籍保护工作，取得了诸多成就，许多基层古籍收藏单位和个人贡献了力量，涌现出一批先进人物，谷城县图书馆馆长施贵竹便是这些基层古籍工作者的典型代表。

施贵竹，1994年任谷城县图书馆馆长、支部书记至今，守护谷城县图书馆古籍近30年。在他任上，谷城县图书馆古籍保护工作取得了实质进展，在古籍藏量、馆舍建设、存藏条件、制度完善、普查整理、古籍修复等方面都有长足进步。

一、收购、征集古籍

谷城县图书馆成立于1978年，在施贵竹上任之前藏有古籍10000余册。施贵竹又陆续从废纸回收站、旧书摊、私人藏家等处收购、征集，使馆藏古籍增加3000多册，民国文献也有所收获。由此，谷城县图书馆古籍藏量达到5300余部13000余册，其中善本达1100余册。

二、政策支持力度不断加大

2007年，国务院办公厅印发《关于进一步加强古籍保护工作的意见》，湖北省人民政府办公厅下发《湖北省人民政府办公厅关于进一步加强古籍保护工作的意见》。在此背景下，施贵竹主动向县文化局报告，请领导重视古籍工作。2007年，谷城县政府发布《谷城县人民政府办公室关于加强全县古籍保护工作的通知》，成为湖北省各县首例。同时，从2010年起，谷城县每年落实古籍保护专项经费3万元，古籍保护工作机制得以建立，古籍保护工作持续发展。

三、改善藏古籍存藏条件

施贵竹刚担任馆长时，正值谷城县图书馆新馆建设，然而建设资金非常困难，新馆处于停工待建状态。施贵竹四处奔走，多方筹措，通过多种途径促成新馆竣工。他深知古籍的重要性，将古籍工作作为全馆重点，设置专门书库存放，并安排专人管理，又从有限的运行经费中拨出一部分作为古籍专用经费，购置古籍书柜，安装监控设备、消防设备和空调，确保古籍安全。

四、系统整理馆藏古籍

2007年"中华古籍保护计划"开展以来，施贵竹积极联系湖北省古籍保护中心，派专人参加湖北省古籍保护中心举办的古籍普查培训班，安排两名员工开展本馆古籍普查登记工作，对之前一直堆放在书库内的馆藏古籍进行系统整理，将古籍数据和民国线装书数据逐条录入"全国古籍普查登记平台"，同时按经、史、子、集、丛五部分类，有序摆放在古籍书柜中。同时，他还积极申报第一批"湖北省古籍重点保护单位"，2013年，谷城县图书馆成功入选"湖北省古籍重点保护单位"。2008年，施贵竹发现馆藏古籍中有一部写本《金刚经》十分珍贵，当年12月，湖北省古籍保护中心专家赴谷城县图书馆调研，施贵竹便请他们鉴定此书。经鉴定，此部泥金写本《金刚经》年代应在明正德年间，较为稀见，有较高的文物和艺术价值，根据《古籍定级标准》可列入一级丙等古籍。施贵竹将此书积极申报《国家珍贵古籍名录》，2020年，谷城县图书馆藏明正德六年（1511）泥金写本《金刚般若波罗蜜经》入选第六批《国家珍贵古籍名录》。

五、开展古籍修复工作

为更好保护馆藏古籍，施贵竹准备对馆藏古籍，尤其是珍贵古籍进行修复，他多次联系湖北省图书馆（湖北省古籍保护中心）、国家级古籍修复技艺传习中心附设湖北传习所指导谷城县图书馆古籍修复工作。2021年12月11日，在湖北省图书馆副馆长王涛等同志陪同下，国家级古籍修复技艺传习中心附设湖北传习所导师、国家图书馆古籍馆文献修复组张平研究馆员，上海图书馆历史文献中心文献保护修复部张品芳研究馆员赴谷城县图书馆进行专题调研，考察指导古籍保护工作。在谷城县图书馆，调研组对馆舍条件、古籍存藏情况、日常管理措施进行深入了解，对明代泥金写经《金刚般若波罗蜜经》的保护工作进行具体指导，并准备帮助谷城县图书馆开展古籍修复项目。

柳巍
湖北省图书馆

科技护宝　数字活宝　文创兴宝
——衡阳市图书馆标准化古籍保护记

衡阳市图书馆历来重视古旧文献的征集与保护，在百年传承中积累了数万册古旧文献。衡阳市图书馆于2010年开始全面启动"中华古籍保护计划"相关工作，对馆藏古籍全面普查、逐一登记，核实古籍1669种22895册，其中善本3082册；另有民国线装书758种28390册。馆藏古籍中，船山著作等地方文献最具特色，《禹贡三江考》《直音篇》等12种古籍被收入《中国古籍善本书目》，明代河南陈宣刻本《二程全书六十五卷》、明代万历刻本《朱翼十二卷》入选国务院公布的《国家珍贵古籍名录》。

衡阳市图书馆新馆于2022年4月正式开放，总投资6亿多元，总建筑面积2.59万平方米，地上三层，地下一层，集学习阅读、信息交流、文化休闲等功能于一体，设计藏书100万册、阅览座席1200个。新馆的建成，标志着百年衡图事业迎来新的发展机遇，古籍保护能力显著增强，古籍开发利用水平显著提升。

一、科技护宝，成系统保障古籍安全

衡阳市图书馆新馆在设计阶段就充分考虑标准化古籍库房建设，要求代建单位严格按照《图书馆建筑设计规范》（［Ｇ］38−2015）、《图书馆古籍书库基本要求》（GB/T 30227−2013）进行专项设计。在功能分区、温湿度、空气质量、光照条件等保存环境和装具、消防、安防等设施设备上做出具体要求，充分利用科技手段系统性地对存藏古籍进行保护。目前，图书馆古籍、民国文献两个特藏书库已完全实现标准化建设，所有古旧文献均放置于专门的樟木书柜中，内置"灵香草"等除虫草药；库内配有新风过滤系统、恒温恒湿精密空调、气体灭火系统、视频监控系统、红外联动报警系统、机械、密码、指纹一体化专业防盗门、甲级防火门等设施。古籍特藏书库选派业务能力强、政治素质硬的专人负责管理，建立健全"物防＋人防＋技防"的"三防"保障体系，全要素织密古籍保护的"安全网"，可为不具备古籍存藏条件和无能力保护馆藏古籍的本地区图书馆提供寄存服务。

二、数字活宝，多途径展现古籍风采

衡阳市图书馆认真贯彻落实习近平总书记关于传承弘扬中华优秀传统文化及保护古籍文物的重要论述，特别是给国家图书馆老专家回信的具体指示，高度重视地方特色古籍数字化建设，采取线上线下相结合的方式，加强古籍多媒体、多渠道、多终端传播。在"红网"开辟专栏，以H5页面形式展示馆藏古籍；积极争取国家古籍数字化工程专项经费，完成"古旧船山文献数字化建设"等共计69种237册30578叶地方特色古旧文献数字化加工任务；建立船山文献资源库和船山文化学术交流平台，通过电子阅览室、电子阅读机、官方网站专题资源库、移动数字阅读端等多种方式呈现，为全球船山文化研究者及广大读者提供内容丰富、方便快捷的古旧船山文献查阅服务。

新馆建成后，衡阳市图书馆加大古籍数字化建设力度，投入100余万元建成古籍修复室、古籍数字化加工室，完成古籍数字化软硬件一体化采购项目，主要包括服务器及客户端、智能触控一体机、手自动两用翻页免拆扫描仪、数码相机、可调节型除尘机、温湿度防潮柜、全套古籍修复工具等硬件设备，及古籍文字识别、发布、检索等软件系统，具备自主开展古籍数字化能力。

三、文创兴宝，全方位发掘古籍价值

近年来，衡阳市图书馆积极参与国家图书馆主办的"册府千华——湖南省藏国家珍贵古籍特展"等展览展示活动，组织开展"衡阳市古籍保护宣传展览"，开发出一系列具有地方特色的古籍文创产品，古籍活化利用和宣传推广成果显著；独立组织影印出版乾隆《清泉县志》；联合湖南省图书馆影印出版拓本《衡阳八景》礼品书，并在衡阳人文馆设计专题展示栏；为衡阳市出版发行《［万历］衡州府志》影印校注本提供数据支持；设计制作馆藏古籍元素的书签、钥匙扣、折扇作为文创礼品，深受读者欢迎。

古籍是珍贵的历史文化遗产，是不可再生的文化资源。衡阳市图书馆坚持"保护为主、抢救第一、合理利用、加强管理"的工作方针，守正创新，奋发有为，开展标准化古籍保护工作，为中华民族珍贵文献典籍永泽后世做出重要贡献。

罗马

衡阳市图书馆

书写 感悟 传承

——柳州市图书馆"书诵经典 翰墨飘香"古籍抄写活动实践

古籍承载着中华民族的历史记忆，记录着中华文明的发展脉络。柳州市图书馆贯彻落实习近平总书记关于让"书写在古籍里的文字都活起来"指示精神和国家《"十四五"规划纲要》中提出的"传承弘扬中华优秀传统文化，加强文物古籍保护、研究、利用"重要决策部署，以活化古籍为立足点，以书写、诵读、感悟古籍经典的形式，开展"书诵经典 翰墨飘香"古籍抄写活动。

自2020年9月起，柳州市图书馆先后走进广西科技大学、驻柳某部队、柳州城市职业学院、柳州工学院、柳州高中和紫荆花书院、阅甫书屋等单位，开展活动共18场，1000余名大中学师生、部队官兵、社会公众参加其中，《柳州日报》等市属新闻媒体给予关注报道。参与者在挥毫感受古籍魅力、了解古籍知识，对古籍产生浓厚兴趣，中华优秀传统文化在浓浓墨香中传播开来。

一、以书帖为媒，让沉睡的古籍"活起来"

古籍具有文物和文献资料双重属性，为保护古籍，避免随意翻阅使用造成不可逆的损毁破坏，很多古籍文献早已退出流通阅览环节，又因为古籍使用繁体字书写，存在一字多义、古今异义等情况，对于普通读者而言，高阁深藏的古籍就像看不到、摸不着、读不懂的"死书"，阅读推广难度很大。

柳州市图书馆从大众古籍阅读需求入手，以弘扬优秀传统文化经典、传承地方文脉、开展廉政教育等主题为着眼点，甄选我国古籍珍本和馆藏古籍中的经典名篇，如《诗经·周南》《曾文正公家训》、柳宗元廉政寓言《蝜蝂传》和被称为柳州山水最佳导游词的《柳州山水近治可游者记》等，制作成与原文原版一致、可供读者临摹抄写的古籍字帖，让读者得以鉴赏和阅读到"原汁原味"的珍贵古籍，并采用抄写、诵读等大众喜闻乐见、易于接受的形式，拉近古籍与读者距离。

活动过程中，图书馆古籍工作者逐一对古籍的版本信息、历史价值、流转情况和字帖内容进行介绍赏析，带领活动参与者抄写诵读古籍字帖，帮助他们扫除阅读障碍，让大家在生动活泼的形式中感受传统文化无穷智慧，激发读者亲近古籍的兴趣，争做传统文化的传承者和传播者。

二、扬柳侯思想，将地方文化"传下去"

"睹乔木而思故乡，考文献而爱旧邦"，"历史文化是城市的灵魂"。柳宗元是最能代表柳州文化形象的乡邦先贤。柳宗元在柳州任刺史四年，将柳州从蛮荒之地建设成百姓乐居、文教兴盛之城。千百年来，柳宗元治柳、惠柳的事迹一直在柳州传颂，其思想文化已融入柳州的城市血脉。柳州市图书馆在活动中着重以柳宗元在柳事迹及其思想为切入点，深入挖掘其廉政寓言《蝜蝂传》所蕴含的慎独慎微、淡泊知止思想内涵，引导读者学习柳宗元诗文事迹。通过发掘地方文献这座"富矿"，在传承柳州历史文脉的同时，激发市民热爱家乡、崇尚先贤的文化自信和自觉。

三、助党建创新，让廉政之风"吹起来"

习近平总书记指出，"研究我国反腐倡廉历史，了解我国古代廉政文化，考察我国历史上反腐倡廉的成败得失可以给人以深刻启迪，有利于我们运用历史智慧推进反腐倡廉建设"。而柳宗元"廉洁自持""吏为民役"的廉政思想、曾国藩"勤俭传家"的家风家训正是我国优秀传统文化中的宝贵遗产，对新时期的党建工作具有重要启示。在与广西科技大学党委宣传部、柳州城市职业学院、驻柳某部队、柳州高中党支部的主题党日专场活动中，柳州市图书馆创新性地将党建与学习柳宗元廉政文化、弘扬优秀家风家训文化进行有机结合，让学校师生和部队官兵在古籍抄写中深刻体会先贤的廉政为民、清白传家思想，从优秀传统文化中汲取精神营养，树立起思想观念的防火墙，形成"党建＋廉政＋传统文化"三位融合的学习模式，有效推进党风廉政建设。

活动参与者结合各自工作学习，畅谈分享思想感悟，在古籍字帖上书写参加活动的所思、所想、所得，如"让廉洁自律成为一种习惯，勿以恶小而为之，真正做到慎初、慎独、慎微""经典启智，古籍培根，书法润心""家教家风的世代积累，嘉言懿行的代际沉淀，总能让后辈在迷茫时坚定，在困顿时坚强，在追梦中坚持""我辈青年更当不断汲取中华优秀传统文化的精神财富，助力中华民族伟大复兴"等等。

2022年，"加强文物古籍保护利用"首次被写入《政府工作报告》，引发广泛关注。随着古籍保护工作进入新时代，柳州市图书馆也将继续探索活化古籍的最佳途径，持续开展"书诵经典翰墨飘香"古籍抄写活动，把古籍从藏书阁中解放出来，加强公众参与，实现全民共享。

柳州市图书馆

重庆北碚图书馆古籍保护工作成果概述

自"中华古籍保护计划"实施以来，在坚持中国特色社会主义文化发展道路下，为促进古籍事业发展，为实现中华民族伟大复兴提供精神力量，北碚图书馆持续开展古籍保护与研究工作，立足资源特色加强古籍抢救保护、整理研究和出版利用。

一、经过卷帙浩繁的古籍整理基础工作，北碚图书馆古籍部普查登记馆藏古籍文献4983种10094册，建立起古籍分类分级保护体系，所藏二、三级文物字画54件，民国文献17.9万册。

二、北碚图书馆不断完善机制、加强保障，古籍保护有机制、有行动、有名录、有机构、有活动，成效显著。针对古籍保护工作的难点，北碚图书馆从人力、财力、技术力量等方面强化措施，成立了北碚区古籍保护中心，配备专技人员7名。在项目上实行"申报一批、实施一批、储备一批"，逐年申请区级、市级、国家级专项保护经费，用于古籍数字化、古籍修复等项目，始终把古籍保护落实到位。

三、北碚图书馆持续拓展途径、推动宣传，将古籍保护、整理和利用等工作统筹在一起，通过影印、点校、数字化等形式，实现珍贵古籍的再生性保护，以面向读者，加大社会参与力度。北碚图书馆整理出版了《重庆市北碚图书馆等八家收藏单位古籍普查登记目录》《北碚图书馆馆藏宋拓圣教序》《北碚图书馆藏方志珍本丛刊》等图书5种111册，完成了429种4059册古籍方志数字化转换，建立"北碚图书馆历史文献数据库"，并纳入全国联合发布平台实现免登录在线阅览。目前，北碚图书馆在线发布古籍方志202种1178册16万叶。同时，北碚图书馆还开发了"石庵杯""方氏墨谱笔记本"等馆藏文创系列产品，开展"碚图书话"馆藏珍品赏析直播、国家珍贵古籍特展等宣传推广活动，打造了兼具知识性、专业性、趣味性的古籍推广项目，将古籍推广与数字化时代联动，进一步推动古籍普及与传播。

在深入推进中华优秀传统文化创造性转化、创新性发展的过程中，北碚图书馆取得了较为显著的成绩：2009年，入选第二批"全国古籍重点保护单位"；2010年，入选"重庆市古籍重点保护单位"；2012年，获"重庆市古籍普查先进单位"。此外，23种6874册古籍文献入选《国家珍贵古籍名录》。数字化是解决古籍保护存放与利用矛盾的根本技术手段之一，随着古籍工作推动力度越来越大，古籍事业迎来了新时代的发展机遇，北碚图书馆抓住契机，健全再生性保护和古籍公共服务机制，坚持普查收集保护、整理出版和开发利用相结合的新路子，不断推进古籍工作的科学化、规范化，让典籍文献中的文字"活"起来。

王珑
北碚图书馆

其他系统古籍保护单位

中国社会科学院古籍工作十五年回顾

2007年"中华古籍保护计划"实施以来的十五年，中国社会科学院图书馆（以下简称"社科院图书馆"）古籍工作锐意进取，在古籍存藏设施升级改造、古籍保护制度建设、古籍清理核实、古籍开发利用、古籍修复保护等方面取得显著成效。

一、社科院图书馆古籍典藏现状

中国社会科学院共有18家古籍收藏单位，全院藏有古籍11万种100余万册。社科院图书馆在全院古籍工作中发挥重要协调作用。

社科院图书馆成立于1957年，1977年以学术资料研究室为基础组建中国社会科学院情报研究所。1994年起组建中国社会科学院图书馆，而古籍资源主要由部分研究所藏书及捐赠构成。其中著名历史学家顾颉刚先生和原中法大学校长李麟玉先生的赠书，为中国社会科学院研究中国历史、政治思想史和政治制度史提供了宝贵文献资料。

社科院图书馆作为哲学社会科学专业图书馆，是国内重要的古籍收藏机构，2008年被评选为"全国古籍重点保护单位"。此外，文学研究所、历史研究所也先后被国务院确定为"全国古籍重点保护单位"。全院有多种珍贵古籍入选《国家珍贵古籍名录》。

二、改善古籍存藏条件

中国社会科学院高度重视古籍保护工作，多年来不断加强古籍存藏基础设施建设，改善古籍保存条件，确保古籍资源安全。

2017年是习近平总书记在哲学社会科学工作座谈会上的讲话（即"5·17"讲话）发表一周年，同时也是中国社会科学院建院40周年，以此为契机，社科院图书馆按照国家标准《图书馆古籍书库基本要求》（GB/T 30227-2013）对图书馆进行升级改造，建立古籍收藏中心，总面积达500多平方米，不仅满足古籍存藏，同时兼具古籍展示功能。

古籍收藏中心的建设符合古籍书库基本要求，从古籍保护、风险防范、安全管理等角度进行系统设计。中心设置了80余组樟木柜及400列密集架区域，均拥有独立通道。同时，书库设置有温湿度监测仪器，注重安防与消防，设置自动报警系统、库内多处设置视频监控装置，配备火灾报警系统和灭火系统。

2019年新成立的中国历史研究院，其图书与档案馆整合了原古代史研究所、近代史研究所、考古研究所、边疆研究所的古籍，新的馆舍为古籍保护提供了良好的存藏环境。

三、完善古籍保护制度

中国社会科学院长期坚持保护和建设古籍文献资源的传统，致力于推进古籍各项工作。2014年编制《中国社会科学院古籍管理规定》，从书库、阅览、修复、出版、函套标准化、数字资源建设、责任追究等方面对古籍工作进行了规范和指导。2016年出台《中国社会科学院可移动文物暂行规定》，为贯彻落实习近平总书记关于加强文物保护利用和文化遗产保护传承的重要讲话精神，进一步做好古籍保护工作，推动全院古籍数字化建设奠定良好基础。

社科院图书馆在古籍工作中不断丰富完善古籍保护制度，至2020年形成系列古籍工作相关规定，围绕书库管理、工作职责、展览接待、数字化建设、数据库运作及加工车间管理等方面出台了细则，加强制度建设，提升管理能力。目前，全院18家古籍收藏单位均制定了各具切合各自实际的古籍管理规章制度。

四、完成古籍清理核实工作

社科院图书馆自2007年以来，多次参加国家古籍保护中心举办的古籍普查培训班，为本馆古籍普查奠定了坚实的基础。

2009始，由社科院图书馆牵头开展全院第一轮古籍普查工作，为后期大规模古籍普查和数字化工作打下坚实的基础。

2017年，社科院图书馆再次牵头开展古籍清理核实工作，全院18家古籍收藏单位共同参与实施。经过清理核实，全院古籍11万余种100多万册（含民国线装书）。其中收藏古籍数量较大的单位，古代史研究所藏古籍2.47万种；文学研究所藏古籍1.86万种；近代史研究所藏古籍1.6万种；院图书馆藏古籍1.3万种。

在古籍清理核实的基础上，陆续出版中国社会科学院古籍清理核实成果目录《中国社会科学院藏古籍目录》18卷，翔实揭示全院古籍存藏情况。同时，创建"中国社会科学院古籍档案库"，每一种古籍均匹配图像资料，形成完整的电子资产档案。经过本轮清理核实，对全院古籍收藏数量和分布情况有了准确统计，为进一步开展古籍保护工作提供了数据支撑。

五、推进古籍数字化

党的十八大以来，习近平总书记大力传承弘扬中华优秀传统文化、赋予中华优秀传统文化时代内涵，将中华优秀传统文化提升到崭新阶段，有力凝聚了民族精神。新时代造就新气象，网络信息技术快速发展，为古籍保护和开发赋予新的使命、创造便利的条件。

2012年，中国社会科学院古籍整理保护暨数字化工作启动，院图书馆落实牵头组织责任，全院古籍收藏单位协同工作，经过三年努力，完成全院古籍初步整理。

古籍善本数据库作为2014年启动的"海量数据库建设工程（一期）"的子项目，是实现全院古籍数字化加工、存储、利用从而实现古籍资源整合、共享的发布和应用平台。

2016年12月30日，由中国社会科学院牵头承建的国家哲学社会科学文献中心正式上线，主要开设有资讯、资源、专题、服务四个栏目，其中资源包括中文学术期刊、外文图书、古籍等。古籍影像面向全社会公益开放，开启中国社会科学院古籍数字化先河，在古籍保护、古籍开发利用领域迈向新征程。

此后，经过2017年、2020年至2022年的积极建设，社科院图书馆完成古籍数字化2000多种160余万拍。2016年底国家哲学社会科学文献中心（www.ncpssd.org）上线以来，持续快速发展，系统功能不断完善，社科院图书馆将古籍数字化成果第一时间上传至国家哲学社会科学文献中心，以此为平台将好的文化产品推向全社会，为学术研究提供利器，成为增进学术互动交流、传承优秀传统文化的重要窗口。

2021年，经济研究所在国家古籍数字化工程专项经费资助下，启动"经济研究所藏清代钞档影像数据库（题本库一期）"建设，内容涉及清代题本的中央财政、地方财政、财政支出等史料，专题数据库建设极大地方便了学术研究。历史院也积极申报财政部专项资金，获批古籍实验室建设项目，得到了古籍修复与数字化开发经费。

六、加快古籍传播出版

社科院图书馆古籍收藏中心的古籍展厅共有大型展柜1个，立式展柜2个，壁挂展柜6个，面积100多平方米。2017年，中国社会科学院成立40周年，社科院图书馆在古籍收藏中心展示了清刻程甲本《红楼梦》、明刻本《王建诗集》、清绘本《太平乐图》及清写本《尼桑萨满》、傣文贝叶经《释迦摩尼成佛记》、唐写本《藏文写经》等25种极具特色的古籍。历史院则有200余种珍贵古籍在中国考古博物馆展出。

《关于推进新时代古籍工作的意见》提出，要"加大古籍宣传推广力度，多渠道、多媒介、立体化做好古籍大众化传播"。社科院图书馆以"国家哲学社会科学文献中心"公众号为平台，图文并茂地介绍了《燕京岁时记》《宾退录》《经史证类大观本草》等多部古籍，同时提供了相关链接以共享影像资源。

加强古籍整理研究，是古籍开发利用的重要途径。如经济研究所，充分利用馆藏优势，深入挖掘专业文献资源，整理出版《中国社会科学院经济研究所藏近代经济史料》初编、续编等，为学术研究提供极大便利。文学所也有一定数量的珍善本典籍，在《古本戏曲丛刊》《汉魏六朝集部珍本丛刊》等出版项目中得到影印，获得学界好评。历史所与中国历史文化传播中心联合拍摄10集《遇见典藏》视频节目，更好地展示、推介特色馆藏古籍。

七、古籍修复保护探索之路

按照古籍破损定级标准，中国社会科学院结合实际对现有古籍进行全方位的定损。社科院图书馆大部分古籍经过岁月侵蚀，由于损坏、虫蛀、水湿等历史原因，往往破败不堪，有些严重影响古籍寿命，个别成为书砖几近消亡，加强古籍修复保护迫在眉睫。

2007年以来，社科院图书馆多次派员参加国家古籍保护中心举办的古籍修复培训班。2017年，社科院图书馆建立古籍修复室，聘请多位修复师完成了150余种1200余册古籍的修复任务。此次修复工作，从人员队伍、硬件设备到方案设计，都经过精心筹划，确保古籍修复任务安全、顺利推进。同时，修复成果得到国家古籍保护中心专家组认可，为此后的古籍修复保护工作奠定了基础。

2020年以来，社科院图书馆探索古籍修复之路上，创建了文献修复组，配备了古籍修复基础设备材料、引进了专业修复人才。同时，利用网络培训资源、购置学习材料，陆续开展古籍专业知识、古籍修复技能的业务学习，为下一步做好古籍保护工作做好准备。

八、推进古籍工作的设想

近年来，古籍保护工作从理论到实践不断深入。关于古籍原生性保护、再生性保护、传承性保护的探索研究逐渐增多。结合社科院图书馆自身情况，应从古籍开发、古籍整理和人才建设方面着手，逐步探索古籍保护的方法和途径。

《"十三五"时期全国古籍保护工作规划》提出"鼓励和支持各古籍收藏单位加快古籍数字化步伐，借助互联网、大数据、云服务等高新技术，率先对馆藏特色文献和珍贵古籍进行数字化"，社科院图书馆在古籍数字领域深入探索，应以保护为目标，协同全院18家古籍收藏单位联合开发古籍。目前，社科院图书馆积累了较为成熟的古籍数字化加工经验，从加工流程和标准，到人员和安保要求及硬件设备、周期预算、质保运维都有详尽方案，保证了古籍的安全、数字化成果的质量。全院古籍工作在院图书馆牵头下，统一工作平台，由条件成熟的单位发挥引领作用，带动条件不成熟的单位推进古籍数字化工作。

加强整理古籍，跟进学科服务计划。2021年，社科院图书馆开展"学科支持计划"，将现有文献资源服务进行优化组合，结合不同学科实施"菜单式"服务，规划新服务、探索新模式，成立学术服务中心、建设学术交流空间。古籍工作理应积极融入此项计划，贴近学科，嵌入科研，为哲学社会科学研究提供优质服务。

保护古籍，加强人才队伍建设。古籍工作涉及古籍安全、管理、保护、整理、开发等多项内容，需要专业性强、综合素质高的人才队伍。古籍收藏单位可以结合工作实际，面向高校、社会招聘古籍保护、修复专业人才，为此项工作注入新鲜活力。同时，创造机会通过馆校、馆企、馆馆合作，让"先进"带"后进"，加强业务沟通交流，营造团结协作的氛围，将古籍保护工作做细做实。以本次古籍清理核实为契机，规划业务学习、技能学习，聘请老专家发挥"带徒传艺"作用，既要培养人又要留住人，打破古籍修复保护"后继无人"的局面。

"十四五"时期，古籍工作迈进新时代，深入学习贯彻习近平总书记关于传承弘扬中华优秀传统文化的重要论述，贯彻落实好《关于推进新时代古籍工作的意见》，增强做好古籍保护工作的责任感和使命感。社科院图书馆将继续发挥引领作用，调动全院古籍收藏单位科学谋划，坚持创造性转化、创新性发展，真正让"书写在古籍里的文字都活起来"，增强中华典籍文献的生命力和影响力，创造中华文化新辉煌。

杨华　王建国

中国社会科学院图书馆

踔厉奋发　笃行不怠

——清华大学图书馆古籍修复发展

清华大学图书馆历来重视馆藏古籍修复和古籍知识的普及传播，近年来更是积极落实习近平总书记关于弘扬中华优秀传统文化的指示精神，挖掘中华优秀传统文化，展现中华文化的魅力和时代风采，讲好新时代的中国非遗故事，探讨新时代非遗文化的传承利用和创新路径，着力推进古籍修复中心的建设。

2022年，清华大学图书馆迎来110年的华诞。从成立时的3间平房，2000册藏书的小图书室，发展到现在三期建筑和7个分馆，总藏书量566万册件以及拥有大量数字资源的现代大学图书馆系统。在这些丰富浩瀚的馆藏中，珍藏有古籍28000余种230000余册，拓片12000余件，西文善本400余种近2000册，民国文献约100000册件。其中被《中国古籍善本书目》收录了1885种、孤本425种；收入《清华大学图书馆藏善本书目》者4623种，5086部。这些馆藏文理兼优，四部咸备，在海内外有一定的影响。此外图书馆还收藏有一大批弥足珍贵的少数民族典籍及文物。2008年经国务院批准，清华大学图书馆入选首批"全国古籍重点保护单位"。

一、文献修复室的发展

伴随着图书馆的发展，馆藏珍贵文献随着历史岁月出现了酸化、老化、断裂、缺损等各种不同程度的破损。图书馆从建馆之初就非常重视对于文献的修复与保护。清华学校装订业务始于1916年，1949年后图书馆装订室改进业务，主要负责清华大学图书馆及各个分馆的报刊合订和破损图书的修复工作。1986年，整个装订室包括组长和职员、学徒工在内共10人左右，每年都会承接大量的书籍装订与修复工作，清华大学的修复装订事业也逐渐开展起来。

1987年，我馆古籍组王若召曾邀请国家图书馆的专家来清华指导修复古籍，派遣曹俊英、徐秀云在清华大学主楼学习相关的技艺。三年后，两位年轻的老师学有所成，自此装订室开始承接古籍修复的相关业务。这是图书馆古籍修复事业的起步。此后直至2021年退休，曹俊英老师一直从事古籍修复工作。2000年6月清华大学图书馆刘蔷老师、曹俊英老师联合国家图书馆、北京大学图书馆、天津图书馆、中国书店等馆，用传统工艺展开了对"焚余书"的修复工作。这批"焚余书"由于其坎坷的经历，几乎涵盖了所有种类的破损状况，修复的难度很大。经过所有参加单位的通力合作和艰苦努力，全部修复工作于2001年4月底结束，校庆期间图书馆举办专展，在全校师生和海内外校友中产生一定反响，收到了很好效果。以此为契机，也提升了清华图书馆古籍修复人员的修复水平，带动了日常修复业务的飞速发展。

清华大学图书馆的文献修复装订业务目前在李文正馆的地下一层、逸夫馆四层408和五层512房间共三处开展，由于老馆正在重新加固装修中，目前的装订室只做临时之用，按照规划在老馆维修装修后统一在老馆原文印室设置文献修复中心。新的文献修复中心将建成检测、实验、修复、展览活动为一体的，具有高水平、专业化、规范化的研究型单位。

二、修复人才培养

为了古籍修复持续发展，清华大学图书馆很重视修复人才的培养。2016至2021年期间，先后派遣齐静赴国家图书馆培训班学习古籍修复技艺，贾鑫、李雪两位学习地契修复技艺；魏成光学习西文古籍修复技艺，并聘请专业的古籍修复人才任修复组的组长；目前清华大学图书馆修复组共有6人，主要技术人员从事文献装帧修复工作三十五年以上1人，从事古籍修复工作十五年以上1人，从事古籍修复工作五年以上3人，西文修复工作一年1人。年龄分布合理，基本形成文献装帧修复人才梯队。

古籍修复是一项涉及多个学科领域的专业性工作，对于从事修复的工作人员来说，不仅自身要具备较好的动手能力，还要有丰富的知识储备。文献修复组积极参加国家古籍保护中心、中国古籍保护协会、中国图书馆学会等机构组织的专项业务培训课程，如"图书馆古籍鉴定研修班""古籍库房建设与管理研修班""中西文古籍的装帧与修复专题"等线上培训。此外还以技术交流的方式邀请修复保护方面的专家在馆内组织培训。通过培训学习，不仅提高了我馆修复人员修复的专业技能，还促进相关学科的理论知识学习，更好地推动后续工作的顺利展开。

三、修复工作硬件建设

在注重修复人才培养的同时，图书馆也加大了对修复室工具、材料和检测设备等硬件的投入，配置了各种中西文修复与检测的工具和设备，用于各类书籍的修复装订，以及纸张样本的检测与实验。截至2022年8月，先后购买了古籍修复实木修复台、古籍修复透台、书画裱糊墙等古籍修复家具；不锈钢染纸色架、古籍修复压平机等籍古籍修复设备11种；纤维检测仪、白度测定仪、微电脑撕裂度测定仪、卧式电脑拉力仪柔软度测定仪、卤素水分测定仪等物理检测设备28种。修复纸库的建设在积极筹备，目前已存有100余种手工纸，还在不断丰富品种购置中。

四、教学科研嵌入课程和修复推广

除了积极开展古籍修复研究工作外，文献修复组还开展了古籍修复技艺的教学科研嵌入式课程和修复技艺的展示体验活动，提高保护传承水平，加大对古籍修复这一非物质文化遗产传播普及力度。先后参与接待了历史系本科生及研究生两批次20余人的"文书中的历史"嵌入课程；《图书馆概论》嵌入式实践课的4批次200余人。合办修复推广系列活动：与校学生会合办了"书籍修复与装订手艺传承"活动；与清华附中合办了"一本书的前世今生"古籍修复装帧和西文修复装帧体验活动等一系列宣传推广活动。这些活动主要是以文献修复前后、古籍和西文装帧、修复工具、材料、修复技艺的展示为主并通过学生的动手实践来增强体验感和趣味性。

通过修复技艺主题推广活动，增进了学生对于古籍和西文的修复、装帧的了解，丰富了学生们的校园生活，推广普及了优秀传统文化，展现传统文化魅力，使古籍保护理念进一步深入人心。

在清华大学图书馆"十四五"规划中明确将建设国内高校具有影响力的中西文文献修复中心作为修复工作的发展目标。随着对西文古籍的保护与修复工作的展开以及日渐增多的地契文书的入藏，修复工作更是任重道远。今后我们将继续坚持初心，踔厉奋发、笃行不息，在继承传统修复技艺的基础上，注意吸收现代科学，更加完善古籍的科学性原生性保护；积极响应让"书写在古籍里的文字都活起来"的号召，肩负起传承和弘扬中华优秀传统文化的使命和责任。

清华大学图书馆

薪火相传存文脉　推陈出新活古籍

——中国人民大学图书馆古籍事业发展谈

2022年4月25日，习近平总书记来到中国人民大学考察调研，并到中国人民大学图书馆考察馆藏红色文献、古籍集中展示，察看现代化检索平台和复印报刊资料等数字化学术资源，听取学校加强文献古籍保护利用，促进理论研究成果转化应用等情况介绍。习近平总书记强调："要运用现代科技手段加强古籍典藏的保护修复和综合利用，深入挖掘古籍蕴含的哲学思想、人文精神、价值理念、道德规范，推动中华优秀传统文化创造性转化、创新性发展。"总书记考察中国人民大学时的重要讲话精神，为我们进一步推进古籍整理与保护工作，提供了根本遵循和行动指南。

一、古籍资源概况

中国人民大学图书馆是2013年国务院批准公布的第四批全国古籍重点保护单位之一。人大馆收藏古籍30余万册，其中善本3300余部，3.8万余册；碑帖拓片4000余张。29种241册古籍，被收入《国家珍贵古籍名录》。馆藏古籍无论是数量还是质量在全国高校图书馆均位居前列。

中国人民大学（以下简称"人大"）是一所以人文社会科学为主的综合性研究型全国重点大学，是中国共产党创办的第一所新型正规大学。人大前身始于1937年诞生于抗日战争烽火中的陕北公学。从1937年至1949年，经历了陕北公学（1937—1939）、华北联合大学（1939—1948）、北方大学（1946—1948）、华北大学（1948—1950）四个阶段。早在战火纷飞的年代，图书馆就非常重视抢救和收集古籍，经常派遣工作人员深入战区、敌后区去收集包括古籍在内的图书，取得很大成绩。人大馆继承了华北联合大学、北方大学和华北大学图书馆的古籍旧藏。这些古籍历经革命烽火，辗转千里，见证了人大馆为赓续文脉所付出的艰辛。以旧藏为基础，人大馆集腋成裘，经20世纪五六十年代采购、有关部门移交和调拨、捐赠而形成现有规模。

中国人民大学图书馆古籍藏量30余万册，上起南宋，下迄辛亥革命，明清秘籍，琳琅满目，书香致远。善本（乾隆以前）计2800余种，3300余部，凡38000余册。善本中宋元刻本11部，明刻本约占总数的1/3，稿本、抄本150余部；经部270种，史部672种，子部477种，集部1308种，丛书部145种。

中国人民大学图书馆古籍的收藏特色主要为地方志和家谱。地方志收藏丰富，大有一统志、州府志，小到县镇、村志，共计5441部。家谱收藏精良，共130姓380部，其中国内独有家谱150余种。此外还有专题收藏，如朝阳大学藏书、刘半农藏书和张星烺赠书等。

二、古籍整理工作

古籍整理是连接历史与现实的桥梁，作为"存亡继绝"的工作，中国人民大学图书馆以目录整理为古籍整理的基础工作，开启了长期的整理。1978年人大馆复馆后，开始进行馆藏古籍整理工作。20世纪90年代后期，随着计算机和互联网广泛应用，人大图书馆开始建设网络古籍目录。2001年，人大馆参加了CALIS（中国高等教育文献保障系统）古籍联合目录数据库建设工程，实现了与28家海内外高校图书馆的古籍目录资源共享。

为更好地摸清家底，在国家古籍保护中心的指导下，2016年人大馆启动古籍普查工作。普查工作历时六年，于2022年完成。普查数据3.5万余条，合32万余册，摸清了馆藏线装图书的家底（另有零散古籍约8万册还在整理中）。通过普查工作，人大馆建设了一套完整的、高质量的古籍目录。

三、古籍保护修复

2011年，中国人民大学图书馆新馆启用，古籍的存藏条件得到了改善。古籍书库配备了恒温恒湿系统、自动灭火系统及报警系统等保护系统。根据古籍安全保护需要，制定和完善了一系列保障古籍安全的规章制度，并严格执行。

为进一步推进古籍保护工作，2021年2月，中国人民大学图书馆建设了古籍修复室，修复室面积60平方米，设有专职修复人员2名。自修复室建设以来，开展了古籍修复、文献学辅助教学、学生活动等工作，集文献保护修复、技艺传承、培训教学多种功能为一体。

四、古籍利用和展览宣传

（一）古籍利用

为了更好地保护和利用古籍资源，服务相关学科的教学与研究，2021年中国人民大学图书馆建设并发布了"中国人民大学古籍知识平台"。该平台是集资源、服务、展览、管理于一体的综合性平台。首先，平台整合了中国人民大学图书馆不同类型及载体的古籍特藏资源目录，包括线装古籍、民国图书、民国期刊、民国报纸、红色文献和新印古籍等，实现了多类型资源的统一检索。其次，平台提供了本馆数字化资源、图书馆购买的古籍特藏类数据库资源列表，方便读者使用。第三，平台集成了读者服务功能。古籍知识平台面向全校师生乃至全国的人文社科研究人员，在资源整合的基础上提供图书预约阅览、在线阅读电子全文、互动反馈、在线展览等多种服务。

古籍数字化是再生性保护的重要方式，也是实现古籍创新性利用的基础。近年来，中国人民大学图书馆陆续开展古籍数字化工作，目前已完成850余种数字化古籍。人大馆古籍数字化实施按需原则，主要以横向项目为依托开展古籍数字化。例如与空军指挥学院合作项目、《朝阳法学》项目、为《广州大典》提供底本的形式而产生了一些古籍数字化资源。此外，还有因影印出版而产生的古籍数字化。古籍数字化工作保护了古籍，还让古籍化身千万，方便了读者使用。

（二）古籍展览宣传

2022年4月，中国人民大学图书馆举办"中国人民大学图书馆特色资源展"，展览分为"红色文献""古籍珍本""数字资源"三个主题。其中"古籍珍本"主题由"册府千华""西域文书""和刻本和朝鲜本""方志与族谱"四个展柜组成。4月25日，习近平总书记来到中国人民大学图书馆时考察了本次展览。总书记对中国人民大学馆藏红色文献的保护和数字化利用、对古籍的保护修复和综合利用提出了期望和要求。习近平总书记的视察重要讲话精神鼓舞了中国人民大学教职工，也为古籍事业的发展提供了指引和动力。

为了让大众更好地了解和接受古籍，感受中华传统文化的魅力，中国人民大学图书馆每年四月宣传月都举办古籍相关的宣传活动。2021年4月举办的"古籍装订体验活动"让读者体验手工装订，进一步激发了读者对古籍的兴趣。2021年11月，在中国人民大学图书馆微信公众号设立"古籍寻芳""巧手芸编"栏目，分别发布古籍书志、古籍修复等相关知识。

五、古籍研究与出版

中国人民大学图书馆不仅承担古籍保护和管理的重任，同时还是"中国人民大学古籍整理研究所"的挂牌单位。古籍部和古籍整理研究所一套人马，两块牌子，积极开展古籍整理研究和出版工作，深度挖掘古籍的历史价值和学术价值。目前，古籍整理研究所目前共10人，其中博士3名、硕士3名、本科生5名；正高1名、副高4名。

中国人民大学图书馆陆续整理、点校及释译了《夵史选注》（1994）、《历代茶经酒经论选译》（1998）、《柳弧》（2002）和《明万历本养正图解注评》（2010）；影印出版了《明崇祯本楚辞》（2011）、《中国人民大学图书馆藏稀见方志丛刊》（2011）和《中国人民大学图书馆馆藏古籍珍本丛刊》（2011）；编辑出版了《中国人民大学图书馆地方志目录》（1987）、《中国人民大学图书馆古籍善本书目》（1991）、《善本碑帖品目》（1992）。

经过近三十年的古籍整理，中国人民大学图书馆又陆续发现了可入善古籍600余种。人大馆决定对善本目录进行了增订，2021年12月，《中国人民大学图书馆古籍善本书目（增订本）》由国家图书馆出版社出版。随着普查工作完成，普查目录也在整理之中，《中国人民大学图书馆古籍普查登记目录》由国家图书馆出版社出版。

六、古籍事业展望

未来，中国人民大学图书馆将开拓进取，在古籍资源建设、古籍数字化、古籍修复保护、古籍研究和出版等方面继续努力。

学术乃天下之公器，中国人民大学图书馆将承前启后，上下求索，落实习近平总书记关于加强古籍典藏保护与利用的精神，把古籍工作融入中国人民大学的发展大局，开启古籍事业的新征程。

朱小梅　王丽丽
中国人民大学图书馆

"十三五"时期中央民族大学
图书馆古籍保护工作概述

中央民族大学图书馆（以下简称"民大馆"）始建于1951年，经过几代图书馆人的努力，已经建设成为古籍文献典藏量居全国高校图书馆前列，少数民族文字图书种类居全国高校图书馆之首的综合性大学图书馆，不仅文献数量多，而且形成了自身鲜明的特色和优势。民大馆是"全国古籍重点保护单位"和中国古籍保护协会理事会员单位，目前已有16部古籍入选《国家珍贵古籍名录》。

民大馆典藏的古籍不仅数量较多，而且不乏珍本、善本。如何对这些古籍进行妥善保护、开发和利用，不仅是一种历史的责任，更是一项功在当代，利在千秋的善举。"十三五"期间，民大馆坚持"保护为主、抢救第一、合理利用、加强管理"的工作方针，不断提升古籍保护水平，取得了一定的成绩，也留下了许多经验和教训，值得认真总结和思考。

一、馆藏古籍概况

民大馆藏古籍22万余册，善本近3000种，包括宋本1部，元本9种，明本400余种，朝鲜刻本20余种，和刻本40余种。此外，馆藏还包括大量的地方志、史志、民族志、年谱、家谱、传记等文献。馆藏古籍文献不仅数量多，且有自身的特色和优势。

一是民族古籍比重高，文种多。据统计，民大馆藏汉文古籍30139种，含民族学科图书10131种，占汉文古籍的三分之一；馆藏民族文字古籍20余文种，其中藏文古籍843种，满文古籍220种，蒙、傣、纳西等文字古籍37种，还包括西夏、回鹘、突厥、女真等9种古文字的拓片1153种，其中的多种民族文字合璧文献更是珍贵，如满蒙汉藏《四体清文鉴》等。

二是古籍方志收藏特色突出。馆藏线装地方志书3000余种，约占全国该类古籍文献总量的1/3，其中大部分为边疆少数民族地区方志，如广西、云南、新疆、内蒙古、台湾等；有的为稀世珍本，为民大馆所仅有，如稿本《新疆四道志》等。

二、古籍保护主要措施及成效

（一）古籍保护规章制度不断完善

健全的制度是古籍保护工作的重要保障，是实施科学有效保护的坚实基础。为了加强管理，保障古籍保护工作顺利进行，图书馆修订了相关古籍保护制度，完善了《古籍特藏部管理条例》《古籍特藏部安全管理办法》《古籍阅览室规则》《古籍书库管理制度》等；新制定了《中央民族大学图书馆古籍特藏展参观须知》《中央民族大学图书馆古籍文献复制规定》《中央民族大学图书馆藏品征集工作办法》等。在细化和完善制度的基础上，建立了古籍保护的日常工作机制，提高了古籍保护工作的依据及质量。

（二）古籍保管条件进一步改善

良好的保管环境可以延缓古籍老化的速度，减少虫害等对古籍的损害，是古籍保护的基础性条件。民大馆一直重视古籍书库的建设，设法改善古籍保管条件，达到了《图书馆古籍书库基本要求》（GB/T 30227-2013）所规定的条件。

"十三五"期间，民大馆利用学校专项古籍保护经费，进一步提升了古籍保存的条件，如更换书库恒温恒湿机组，实现了24小时安全运行；为书库更换了防紫外线窗帘；为散放的残本古籍制作了新盒套，逐步更换原有破损较为严重的盒套；对民大馆藏书画进行装裱，装入专门的楠木匣子，等等。这些措施进一步提高了古籍保管的环境，为古籍保护工作奠定了坚实的基础。

（三）人才培养机制得到加强

人才是做好古籍保护工作的关键。民大馆向来重视古籍保护人才的引进及培养，对工作人员的知识层次、专业和知识背景均有严格要求，现有工作人员均为与古籍相关专业毕业的研究生高学历人才。新入职人员，需要经过严格的岗前培训，再指定一至两名老馆员进行三至六个月的业务指导，经考核合格后方能独立工作。民大馆也非常重视工作人员专业技能的提高，多次派出工作人员参加培训、参观、交流等活动。"十三五"期间，古籍特藏部工作人员先后参加了国家古籍保护中心及各级机构举办的"古籍保护技术研究与应用""古籍数字化理论与实践""碑帖编目与鉴定""古籍编目高级研修班"等学习培训班，均获合格证书，成为馆内古籍保护工作的骨干力量。多次派出古籍特藏部工作人员赴贵州、广西、云南等民族古籍收藏机构进行调研和交流。此外，还不定期组织古籍特藏部工作人员参观国家图书馆、首都图书馆、中国民族图书馆、北京印刷学院等举办的相关展览。通过这些措施，进一步提高了工作人员的专业能力，开阔了视野，提升了古籍保护工作的高度。

（四）古籍普查进展加快

古籍普查工作是古籍保护的基础性工作，是古籍抢救、保护与利用工作的重要环节，其主要目的就是要摸清家底。"十三五"期间，民大馆克服人员不足，无普查专岗工作人员等困难，通过培养学生助理馆员，参与"中华古籍普查文化志愿服务行动"等方式，积极推进馆藏古籍普查登记工作。截至目前，共完成约五分之四馆藏古籍图书的普查工作，其中符合登记要求的有7606部78072册。值得一提的是，为了保证普查质量，方便初步登记后的审校等工作，每部符合登记要求的古籍均拍摄和上传了书影。全部古籍普查初始登记工作2023年上半年全部完成，家底基本摸清。

（五）古籍再生性保护工作迈上新台阶

古籍的再生性保护是利用现代科技手段对古籍进行再加工，通过影印出版、缩微和数字化等形式，实现了古籍形式和内容的转移和再揭示，既保存了古籍原本，又可将原本信息完整呈现给读者，可使古籍化身千百，永久传承。通过载体转移，即使原件毁灭了，其记载的内容仍可以保存下来，供读者阅览。

"十三五"期间，中央民族大学图书馆加快了古籍整理的步伐，先后出版《中国历代方志土司资料辑录》（38册，学苑出版社，2016年6月）、《中国边疆民族地区自然环境资料丛刊（广西卷）》（13册，学苑出版社，2018年5月）等文献资料；基本完成《中央民族大学图书馆古籍善本书目》《中央民族大学图书馆古籍珍本图录》等编辑整理工作；积极策划《中央民族大学图书馆藏古籍珍本丛刊》《中央民族大学图书馆藏少数民族文字珍稀古籍》等古籍整理项目。

古籍数字化方面也有较大进展。2016年，图书馆利用专项经费完成500多种近10万叶古籍扫描；2018年又通过"中央高校改善基本办学条件专项"扫描了近365种50万叶古籍图书，极大提升了数字化建设水平。在此基础上，2019年建成"中央民族大学古籍资源库"，将数字化成果进行线上发布，师生可免费在线阅读，大大提高了古籍文献的使用效率。此外，民大馆也积极筹集资金，对已有古籍数据库进行升级，购置了《中国数字方志库》全文版等数据库。

（六）古籍利用亮点突出

"十三五"期间，为了切实发挥古籍传承和弘扬中华优秀传统文化的重要作用，真正让"书写在古籍里的文字活都起来"，发挥古籍的文化价值和社会服务功能，中央民族大学图书馆加快了古籍利用和社会服务工作的步伐。

2018年，以"册府千华——中央民族大学图书馆藏少数民族珍本古籍、图册展"为题申报并顺利入选文化部海外中国文化中心项目库，积极助力国家推进中华优秀文化"走出去"战略。

2019年9月，民大馆举办了"民族记忆珍贵典藏"古籍特藏展，为中华人民共和国成立70周年献礼，并作为学校"不忘初心、牢记使命"主题教育实践的学习和实践基地。本展览力图通过展示馆藏36部代表性珍本古籍，挖掘和弘扬其中蕴含的民族团结进步思想内涵，不断巩固各族人民对伟大祖国、中华民族和中华文化的认同，促进各民族像石榴籽一样紧紧抱在一起，共同团结奋斗，共同繁荣发展，在铸牢中华民族共同体意识与构建人类命运共同体的伟大事业中做出积极贡献。展览受到师生及社会各界关注，央广网、搜狐网、《中国民族报》、中国古籍保护网等均进行了相关报道，反响热烈。展览对社会开放，参观者既有校内师生，也有校外团队和外国学者。截至目前，共接待了近300批次国内外团队的参观，如多米尼加圣多明各自治大学前校长富兰克林先生等海外团队、海淀区紫竹院街道民族宗教干部等团队。

此外，近年来民大馆联合中国民族图书馆等单位联合举办了"中国民族典籍文化展""五四运动百年报刊文献展""民大名师学术成果展""《红楼梦》版本文献展"等展览，并举办碑帖拓印体验、诵读经典等活动，有力推动了优秀传统文化的传承和发展。

（七）古籍宣传成效明显

随着"中华古籍保护计划"的深入开展，社会公众对古籍的兴趣越来越浓厚，对了解相关知识的愿望也更加强烈。因此，大力做好古籍宣传工作，不仅是古籍保护事业发展的重要助推剂，也是复兴传统文化，打造文化特色品牌的重要手段和桥梁。古籍宣传工作的好坏，是古籍保护事业能否吸引更多大众参与其中的重要因素，与古籍工作的成效有直接关联。

"十三五"期间，中央民族大学图书馆抓住馆藏古籍资源特色及优势，以保护整理民族古籍为出发点，以弘扬民族传统文化为目的，积极搭建各种平台，拓宽渠道和宣传范围，丰富宣传形式和宣传内容，取得了明显的成效。首先，在"中央民族大学图书馆"微信公众号设置古籍宣传专栏，每周定期通过图文或者小视频的方式推送古籍相关内容或单部馆藏珍稀古籍；其次，联络学校和社会相关媒体平台，不定期发布古籍工作动态及亮点，扩大宣传范围；最后，积极拓展交流渠道，扩大对外交流，如在中国古籍保护协会宣传资料"行业之声·会员风采"栏目发布古籍资源内容等。通过多渠道多形式的宣传，提高了师生及公众的古籍保护意识，加深了对古籍知识的了解，也使图书馆的古籍保护工作被更多人关注，树立了良好的形象。

三、下一个五年规划加强民大馆古籍保护工作的几点设想

（一）注重人才培养和引进，解决人员梯队问题

在目前尚有较多空余编制的前提下，民大馆应通过多种渠道积极向学校申请引进古籍保护相关人才，直至满足核定的岗位编制数量。同时在现有工作人员的岗位安排上适当向古籍保护工作倾斜，在全馆范围内遴选学历层次较高，专业背景与古籍保护相关的工作人员补充至古籍特藏部，并进行严格的培养，通过"传帮带"等方式提高工作技能，直至胜任岗位工作。

（二）多渠道筹措经费，提供有力的财力保障

除学校保护专项经费外，应积极申请学校、民委、国家等各层次项目，为数字化、征集采访等工作的持续开展提供充足的资

金保障。

（三）集中精力做好精品项目

在现有人员相对紧缺的情形下，应优先集中精力做好一至两项质量高、影响大的古籍整理项目，为进一步开展工作奠定基础，积累口碑，打造品牌。

（四）加强数字化工作，实现资源共享

通过多种渠道争取经费，加快特色古籍的数字化工作，并在条件允许的情况下逐步为读者提供保护成果的数字化阅览服务，使古籍得到更广泛的利用。积极利用古籍保护成果，努力实现资源的共建共享。利用自身文献特色和优势，联合其他少数民族文字古籍典藏较多的单位实施民族古籍文献数字化保护与共享项目，建立民族文献古籍数字化及共享系统，实现民族古籍文献的资源整合。此外，积极参与"学苑汲古——高校古文献资源库"和"中华古籍资源库"等数据库建设，充分实现资源的共享，提高古籍的使用效率。

四、结语

回顾"十三五"期间的古籍保护工作，虽然取得了一些成绩，但背后也存在着诸多不足和问题，如缺乏长远规划，没有制定和出台古籍保护工作的中长期规划，使得古籍保护工作缺乏具体的目标和要求，具有一定的随机性；人才缺乏，团队年龄结构不合理，面临断层危险；古籍资源建设长期停滞不前；经费短缺，大型项目无法持续进行；工作机制仍不够完善，等等。下一个五年规划期间，为了保障古籍保护事业的良性发展，亟须转变思想，探索古籍保护工作新机制，在人才培养、再生性保护等方面加大工作力度。

古籍保护是一项系统性强，长期而复杂的工作，不仅需要从

业者具有深厚的知识积累和甘于奉献的精神，而且需要各级领导部门在人力、物力和财力上的大力支持和政策倾斜，更需要社会各界形成共同保护的意识，积极参与到古籍保护事业当中来。

中央民族大学图书馆

新起点　新征程

——首都师范大学图书馆"全国古籍重点保护单位"申报纪实

2020年11月2日，国务院在中国政府网发布《国务院关于第六批国家珍贵古籍名录和第六批全国古籍重点保护单位名单的批复》，批准同意文化和旅游部确定的第六批《国家珍贵古籍名录》（752部）和第六批《全国古籍重点保护单位名单》（23个）。首都师范大学图书馆（以下简称"首师大图书馆"）成功获批第六批"全国古籍重点保护单位"，同时有2部古籍入选第六批《国家珍贵古籍名录》。此次成功获批"全国古籍重点保护单位"，标志着首师大图书馆古籍工作迈上新台阶。

一、申报背景

2007年，国务院办公厅印发《关于进一步加强古籍保护工作的意见》（国办发〔2007〕6号），提出在"十一五"期间大力实施"中华古籍保护计划"。该计划的主要内容之一是命名"全国古籍重点保护单位"，完成一批古籍书库的标准化建设，改善古籍的存藏环境。在文化部指导和国家古籍保护中心组织下，2008至2016年前后有五批总计180个单位获批"全国古籍重点保护单位"，其中高校图书馆有53个，如北京师范大学图书馆、华东师范大学图书馆等。首师大图书馆积极推动"中华古籍保护计划"落地，于2011年启动馆藏古籍普查工作，2016年完成前期古籍普查平台登记任务；并分批次积极申报《国家珍贵古籍名录》，截至2016年，总计有4个批次17部古籍入选。但"全国古籍重点保护单位"申报工作却相对滞后。

二、调研考察

2016年，首师大图书馆有计划地推动"全国古籍重点保护单位"申报工作。当年，主管副馆长带队集中调研考察了三家京津冀地区"全国古籍重点保护单位"，分别是天津师范大学图书馆、河北师范大学图书馆和国家图书馆。次年，又调研考察了首都图书馆。调研考察的内容主要包括：古籍工作概况、古籍书库条件、古籍收藏情况、申报"全国古籍重点保护单位"需要准备的材料、专家组现场考察需要做的准备工作、古籍修复室筹建过程及人员组成情况等。通过调研考察，找差距、补短板，计划重点在书库的标准化建设、管理制度的建设和完善等方面精准发力。

三、书库的标准化建设

首师大图书馆古籍书库于2003年建馆时投入使用，分善本书库和普通古籍书库两间，建库之初配置了气体灭火设施、恒温恒湿空调机组、火灾自动报警系统及库房监控报警系统、楼宇门禁等。首师大图书馆2012年对书库防火区进行了升级；2014年对善本书库进行了装修改造；2015年因原有空调机组设备老化，制冷功能损坏，更换了恒温恒湿空调机组。

2016至2017年，首师大图书馆在原有书库条件的基础上，参照《图书馆古籍书库基本要求》（GB/T 30227-2013）各项标准，对书库各项设施、设备进行了一系列改造和完善：1.安装水浸报警系统，该系统由水漏探测器10台、温湿度探测器4台、总线报警主机1台组成，并且与首师大图书馆报警系统组成联网监控，实现首师大图书馆本地和监控中心的实时监控功能。2.对普通古籍书库进行装修改造，不仅更换书库的旧地板，而且将库内书架改成移动密集架，以增加书架的密封性。同年，将两个书库的门更换成甲级双锁四防门。3.在书库添置7台空气洁净屏，滤除空气中的灰尘和二氧化硫、二氧化氮、总挥发性有机化合物等有害气体。4.书库的灯全部更换成LED灯管，窗帘全部更换成防紫外线窗帘，以减轻紫外线对古籍的危害。5.为恒温恒湿空调系统添置软化水系统，以防止水管道积留水垢、堵塞等。经过上述一系列对古籍书库的改造和完善，至2018年申报"全国古籍重点保护单位"时，首师大图书馆古籍书库已完成标准化建设。

四、管理制度的建设和完善

为建立古籍保护长效机制，2017至2018年，首师大图书馆集中修订和起草了古籍管理与保护方面的制度四项，包括《古籍书库突发事件应急预案》《古旧文献阅览规则》《古籍工作人员工作细则》《古籍管理细则》。其中，《古籍管理细则》又包括多个子项：古籍书库安全保卫细则、人员出入古籍书库细则、古籍出入古籍书库细则、古籍书库管理细则等，确立了四项基本工作原则：1."双人双锁"管理原则，凡进入古籍书库须由专职工作人员两人及以上。2.人员出入库登记原则，所有入库人员均由本人在"古籍书库入库登记表"上签名登记。3.古籍出入库登记原则，需要出库的古籍需由工作人员办理出库登记手续、入库注销手续。4.定期清点古籍原则，国家珍贵古籍、善本古籍等需定期清点。古籍管理制度的建设和完善，规范了古籍工作业务流程，为后续古籍保护和管理工作提供了制度保障。

五、善本书目鉴定

首师大图书馆所藏1912年以前的古籍约5200余部6.9万余册，虽在古籍总藏量上不符合"全国古籍重点保护单位"申报评选要求，但所藏古籍善本比较丰富。为如实核定图书馆所藏古籍善本，2018年5月，图书馆邀请国家图书馆李致忠研究馆员、中国科学院图书馆罗琳研究馆员、故宫博物院翁连溪研究馆员对《首都师范大学图书馆古籍善本书目》（2018年首都师范大学图书馆编印本）进行鉴定；向三位专家快递了书目印本；并邀请三位专家结合书目印本到图书馆现场鉴定。鉴定现场专家建议将档案性质的款目、未成书的款目、不够善本标准的款目删去，并得出一致结论：图书馆实际达到善本标准的古籍约770部1万册。此次鉴定从整体上肯定了首师大图书馆所藏古籍善本的数量与价值，明确了首师大图书馆符合"全国古籍重点保护单位"申报评选条件（古籍善本数量在3000册件以上）。

六、国家古籍保护中心专家组现场考察

2018年5月，国家古籍保护中心发布《关于申报第六批〈国家珍贵古籍名录〉和"全国古籍重点保护单位"的通知》。5月底首师大图书馆将申报材料经北京市古籍保护中心提交至国家古籍保护中心。7月下旬国家古籍保护中心专家组来到首师大图书馆，成员包括国家图书馆常务副馆长、国家古籍保护中心副主任张志清研究馆员，中央档案馆晁健研究员、北京市古籍保护中心主任刘乃英研究馆员。专家组考察会由首师大图书馆馆长石长地主持，副馆长屈南作首师大图书馆申请"全国古籍重点保护单位"的工作汇报。会上，专家组就古籍修复人才的培养、古籍保护学科建设等问题与首师大图书馆进行交流。会后，专家组在石长地

馆长、屈南副馆长及相关工作人员陪同下，考察了古旧文献阅览室、恒温恒湿空调机组、二氧化碳气瓶间、善本书库、普通古籍书库，充分肯定了首师大图书馆古籍保护工作的成绩。

七、新起点　新征程

2018年申报工作完成后，首师大图书馆古籍工作又有了新进展，2019年首师大图书馆新设立了古籍部，2022年更名古籍特藏部；2020年古籍普查标志性成果《首都师范大学图书馆古籍普查登记目录》正式出版；2022年创新性完成馆藏近900件碑帖拓片编目工作，并初步筹建古籍修复室，馆内古籍修复工作初见曙光；近几年首师大图书馆与国家古籍保护中心、北京市古籍保护中心紧密配合，先后主办或承办"古籍修复技艺进校园""制作一本线装书""珍本品鉴""古籍元素创意大赛""《永乐大典》的回归和再造"等丰富多彩、形式多样的特色展览和文化活动。

2021年底，由文化和旅游部颁发的"全国古籍重点保护单位"标牌下发到首师大图书馆，这个牌子不仅承载着荣誉，更是沉甸甸的责任。古籍保护任重而道远，首师大图书馆古籍工作由此开启新起点。首师大图书馆将深入贯彻落实中共中央办公厅、国务院办公厅《关于推进新时代古籍工作的意见》和习近平总书记考察中国人民大学时的重要讲话精神，将"全国古籍重点保护单位"建设与学校"十四五"规划及"攀登计划"高度融合，朝着以下五个发展方向踏上新征程：一是常态化保持古籍书库各项保护标准；二是积极开展古籍特藏资源整理与建设；三是稳妥推进古籍修复和数字化工作；四是整合古籍类文献资源，打造文史学习中心；五是立足特色馆藏，弘扬中华优秀传统文化。

首都师范大学图书馆

故宫博物院图书馆古籍保护工作十五年回顾

故宫博物院图书馆（以下简称"故宫图书馆"）为博物馆下属专业图书馆，藏书以流传有绪的清宫旧藏为主，收藏特色鲜明。其基本职能是立足于故宫博物院职工，服务于科研人员。多年来，故宫图书馆一直非常重视对古籍的保护工作，建立了完整的古籍保护组织工作机制，工作人员职责清晰、分工明确。自2018年起，故宫图书馆特设古籍保护组，并将古籍数字化和古籍修复工作合并统筹管理，进一步加强了古籍保护工作，近十五年来取得了较好的成绩。

一、荣膺首批"全国古籍重点保护单位"称号

自2007年1月国务院办公厅印发《关于进一步加强古籍保护工作的意见》实施"中华古籍保护计划"以来，故宫图书馆在古籍文献存藏环境建设、数字化建设、整理出版、展览展示、古籍修复等多方面做了很多工作并取得一定的成绩。

2000年故宫图书馆古籍善本全部入藏地库保管，彻底改善了古籍保管环境，地下书库温湿度、防火、防潮、防虫、防盗等方面都达到古籍保护规定的要求。为防患于未然，2008年出台了《故宫博物院图书馆在陈在阅古籍善本安全周检实施细则》《故宫博物院图书馆古籍保护应急预案》，切实加强了安全措施。故宫

博物院于2008年以37万册古籍善本、23万镌刻书版的收藏量荣膺"全国古籍重点保护单位"称号。截至2015年，故宫图书馆共申报《国家珍贵古籍名录》五批，入选146种。

二、稳步推进古籍数字化

近些年，故宫图书馆对珍稀古籍启动实施数字化保护计划，目的是长期保存原书不再提用阅览。故宫博物院每年拨专款用于数字化建设，以招投标方式向全社会公开招引有资质、有技术、有丰富开发经验的数字科技企业来承担图书馆古籍数字化工作，通过公平、公开、公正的竞争，使各种资源得到最优配置。按照科学的古籍数字化操作流程和技术标准，建立一整套包括影像数据采集、加工、保存、发布的运作体系。故宫图书馆古籍数字化工作已有近十年历史，截至2022年7月底，共计扫描古籍6500余部20000余册；扫描清宫旧藏老照片18000余张；舆图及样式雷建筑图档2300余张。

三、建设高质量有特色的专题数据库

古籍数字化重在版本遴选、古籍编目、信息著录等方面的严格把关，以确保古籍数字化的学术质量。故宫图书馆古籍数字化选书首先依据《中国古籍善本书目》规定的"三性""九条"标准，并结合馆藏特色制定具体实施标准，优先将具有较高文物价值、学术价值和艺术价值的善本古籍进行数字化。作为对内开放型图书馆，为紧跟时代步伐链接社会古籍文献资源，故宫图书馆正有计划有组织地发掘整理馆藏古籍文献，做好各种类型数据库的建设。目前古籍全文数据库已建成并通过故宫博物院数字资源网络平台发布，可提供电子阅览。同时以定位故宫博物院数字网络平台为原则，分阶段逐步建设古籍数字化各类型数据库，严格按《中国文献编目规则》和《新版中国机读目录格式使用手册》等相关标准做古籍编目，切实做到古籍文献数据库建设的科学化、规范化、标准化，确保各项数据的严密性、准确性。截止到2022年7月底，故宫图书馆已建立全文数据库8个，如《故宫博物院藏稀见方志丛刊》《武英殿聚珍版书》《清宫陈设档》《故宫物品点查报告》《天禄琳琅》等数据库已在故宫博物院信息化工作平台上运行，获得院内研究人员及读者的广泛好评。

四、古籍修复传承有序成果显著

故宫图书馆古籍修复工作始于20世纪40年代，自1947年起聘请北京琉璃厂优秀古籍修复师开展古籍修复工作，他们高超的修复技艺代代相传。直至今日，专职古籍修复人员一直保证有2至3人。长期以来，故宫图书馆一直有计划且从不间断地稳步开展善本古籍的修复工作。以《古籍修复技术规范与质量标准》修复原则，根据古籍文献的破损状况分轻、重、缓、急进行选择性重点修复，并配有相应的修复实施方案、技术标准、修复规则和质量要求。抢救性修复则强调"抢救为主，治病为辅"，集中力量先解决古籍老化、酸化、絮化的问题。保护性修复则强调"整旧如旧"，不随意添加、更换和改变古籍的原始面貌。故宫图书馆将古籍中出现的虫蛀、霉烂、纸张老化、脱线及函套破损等问题作为古籍修复年度规划进行统计，并对已经或濒临损毁的古籍做抢救性修复或复原。在多年实践和经验积累的基础上，使用植物染料浸染或刷染修复材料（丝织品书衣、书签、装订丝线或纸张），取得良好的修复效果。

自2007至2022年，故宫图书馆已完成院藏《嘉兴藏》《浑源州志》《潞城县志》《借根方算法六卷》《韶护九成》《诗总闻》

《春秋释例》《东都事略》等117册珍贵古籍的修复任务。此外，还完成了11个展览65册展览用书的修复；为故宫博物院内外复制展览用书28种60册；为扫描古籍文献在扫描前进行保护性修复272册；修复西文和平装书共23册。

五、古籍出版喜结硕果

古籍影印出版是保护利用古籍的最佳选择方式，也是整理古籍服务社会之根本目的。出版古籍在改革开放的今天有着特别重要的意义。十五年来故宫图书馆与故宫出版社合作，在进行专题性研究的基础上做了多项古籍整理出版。如：《武英殿聚珍版书》《故宫博物院藏稀见方志丛刊》《故宫藏品大系·善本卷》《〈四库全书〉撤出本汇编》《故宫博物院藏清宫南府升平署戏本》《帝王教材系列丛书》《故宫博物院帝王与臣工写经系列》《故宫博物院藏清宫陈设档案》《故宫博物院藏乾隆年编华夷译语》等。所有这些出版古籍的版本遴选与鉴定都体现了相关古籍专题研究的成果结晶。

故宫古籍出版不仅规模宏大，而且内容严校精审，印装质量高。其中《故宫博物院藏清宫南府升平署戏本》，全书囊括全部11000多册戏本，原大影印出版共计450册，是近些年全国古籍影印出版的最大项目，获得国家古籍整理出版专项经费资助，它是故宫图书馆几代同仁多年倾心整理、版本鉴定、详细编目的工作成果。正是这一系列古籍图书的影印出版，标志着故宫图书馆的古籍出版已步入了规模化、系统化、专业化的行列。

六、典籍大展让收藏在禁宫里的典籍"活起来"

故宫图书馆兼具博物馆与图书馆的职能，近些年在完成古籍图书清理以及整理编目的同时，相继在故宫博物院内外举办多个综合性及专题性古籍文献展览，向社会展示其丰富而富有宫廷特色的馆藏，使更多人了解故宫珍藏的这一份历史文化遗产，使故宫博物院真正将典籍收藏、保护、研究，与展示、服务、公共教育融化为一体。自2005年以来图书馆在故宫博物院内外举办的展览有：

1. 盛世文治——清宫典籍文化展；

2. 赴澳门艺术博物馆"永乐文渊——清代宫廷典籍文化艺术特展"；

3. 尽善尽美——殿本精华展；

4. 同文之盛——清宫藏民族语文辞书展；

5. 天禄珍藏——清宫内府本三百年；

6. 书中万象——清宫殿版画展（网上展览）；

7. 心清闻妙香——清宫写经展；

8. 图文天下——故宫藏舆图文献展；

9. 汇流澂鉴——文渊阁原状陈列；

10. 光影百年——故宫藏老照片特展；

另外，现代多媒体，如故宫官网、微博、微信等媒体平台也为故宫图书馆典籍提供了广阔的宣传途径。

故宫图书馆古籍保护工作十五年是短暂的，但却是重要的十五年。未来故宫图书馆将总结经验，强化科学管理，巩固已取得的成果，争取在不远的将来再上一个新台阶。

李士娟

故宫博物院图书馆古籍保护组

奋发有为

——民族文化宫图书馆（中国民族图书馆）
用心用情推进新时代民族古籍工作高质量发展

惟殷先人，有册有典。中华典籍文献世代相传，是中华优秀传统文化的重要载体，承载了各民族共同缔造中华民族命运共同体的历史进程，展示了各民族的深度交往和文化的高度融合，是铸牢中华民族共同体意识的宝贵精神财富。

民族文化宫图书馆（中国民族图书馆）是全国古籍重点保护单位，现收藏有古籍近20万册件。一直以来，民族文化宫图书馆为保护好、宣传好、研究好馆藏珍贵古籍不遗余力。

一、重任在肩——像爱惜自己的生命一样保护好珍贵古籍

2010年以来，民族文化宫图书馆利用"全国古籍普查登记平台"对馆藏古籍进行普查登记，经过近7年的努力，2016年《中国民族图书馆古籍普查登记目录》出版发行，对馆藏民国以前的汉文线装古籍普查完成。目前，古籍普查工作仍在不断的推进和细化，陆续对民国时期汉文线装、旧平装古籍、藏文古籍进行普查登记，以及其他文种古籍的整理和登记。通过古籍的整理登记及普查工作，发现了大量珍贵古籍，自2008年起，积极申报《国家珍贵古籍名录》，目前已有92部古籍入选第一至六批《国家珍贵古籍名录》，为保护和发现珍贵古籍起到重要作用。

为进一步规范古籍管理工作，图书馆制定了《古籍工作管

理规定（试行）》《民族文化宫图书古籍书库管理规定》《民族文化宫图书馆馆藏出馆展览暂行办法》等规定，详细规范了读者服务、古籍管理、书库管理等方面的工作，让古籍管理有据可依、有规可循，管理更合理、更严谨、更规范。

为改善古籍的保护环境，建立了专门的古籍特藏书库，依托民族文化宫大修改造，配备了一系列现代化防护系统，已基本达到了恒温恒湿、防火、防水、防尘、防光的保护条件，保护环境达到国家标准。同时已为95%以上的馆藏古籍文献配备特制装具，有函套、书盒、夹板、包布、樟木书箱等。

为更好地保护古籍，开展基础的抢救性修复。一件件古籍的保存，是一代代图书馆人的坚守；一册册古籍的珍藏，是一代代图书馆人的传承。民族文化宫图书馆克服场地不足等诸多困难，积极开展抢救性修复工作。近期，组织人员对馆藏9件亟待修复的古籍拓片进行了基础抢修，用实际行动延长了珍贵古籍寿命。

为有效提升古籍保护力度，民族文化宫图书馆馆藏多部古籍再造或影印出版，这对古籍原本的保护及推广都起到了重要的作用。由民族文化宫图书馆整理，文物出版社印刷厂用珂罗版彩色复制的梵文《妙法莲华经》贝叶写本出版发行。1984年3月20日，时任中华人民共和国主席李先念出访尼泊尔，把这部装帧豪华而庄重的稀世贝叶写本影印本作为国礼，赠给比兰德拉国王，促进了中尼两国的文化交流。同时该书被美国、英国、日本、德国、印度、外蒙古等国家收藏。之后图书馆对馆藏金汁写本《丹珠尔》《菩提叶百八阿罗汉金经全部书画册》《奉使图》《百苗图》《夏玛·曲扎益西全集》等十余种珍贵古籍，上百函册进行了复制。2012到2014年民族文化宫图书馆5部古籍入选"中华再造善本工程"，包括水文《逢井》、蒙古文《蒙古文法诠释苍天如意珠》《察哈尔格西洛桑楚臣传略》、察合台文《伊玛目艾山与伊玛目玉赛音传》《铁匠书》等。自2015年以后，民族文化宫图书馆满汉合璧《西厢记》、藏文《医典心要汇集》、蒙古文《莲花生大师传》、藏蒙合璧《明海》均被收录至《北京地区少数民族古籍珍本丛书》，由北京市少数民族古籍整理规划出版小组陆续出版发行。

二、古为今用——让收藏在图书馆的古籍"活起来"

习近平总书记多次强调，要让"书写在古籍里的文字都活起来"。民族文化宫图书馆坚持古籍"藏"与"用"并举，在保证古籍有效保护的前提下，立足馆藏，举办展览，宣传弘扬优秀民族文化。近年来举办多场文献专题展览。

近年策划了"铸牢中华民族共同体意识"系列展，民族文化宫图书馆以此为契机，积极筹办"铸牢中华民族共同体意识系列展览第四场专题展览：册府撷珍——民族文化宫馆藏古籍精品展"。

展品以民族文化宫图书馆收藏的古籍为主，按照习近平总书记在全国民族团结进步表彰大会上的讲话中强调的"四个共同"，将展览专题分为辽阔疆域成一统、悠久历史谱同心、灿烂文化续根脉、伟大精神耀中华四个单元。深入挖掘古籍中各民族先民胼手胝足、披荆斩棘共同开发祖国锦绣河山的历程；深入挖掘古籍中饱含的中华民族多元一体格局，各民族交往交流交融的历史；深入挖掘古籍中各民族对中华文化做出的重要贡献；深入挖掘古籍中饱含自古以来就流淌在中华民族血脉之中的爱国主义伟大的民族精神。

展览选取的展品非常有特色，除展示汉文古籍外，同时展示多文种合璧古籍、各民族文字古籍等，不同古籍从不同角度反映"四个共同"。选择展品时紧扣展览主题，把每一部古籍中能体现"四个共同"的语句找出来，并以此为基础，拓展挖掘其背后的故事，以历史故事的形式呈现给观众，以期与观众获得共鸣，以点带面，给观众传递铸牢中华民族共同体意识理念。

通过展览让深藏高阁的古籍展示在观众面前，让传世的典籍闪耀出民族团结和爱国主义精神的光芒。

三、围绕主线——旗帜鲜明地做好古籍研究

谨本详始读经典、旗帜鲜明搞研究。围绕铸牢中华民族共同体意识主线，促进党建和业务双促进，走出去、请进来，开展研学交流、业务研讨，拓宽业务思路和研究广度。

做好古籍研究是古籍保护和宣传的横向延伸与深入发散，民族文化宫图书馆立足馆藏，从数量庞大、内容丰富的古籍中多角度地表达中华民族多元一体的栨局，共同推进着统一的多民族国家的发展。多年来，民族文化宫图书馆承担近60项国家级、省部级科研项目，科研成果颇丰，获批"十四五"时期国家重点图书出版项目，国家社科基金项目以"优秀"等次结项，建成"藏文古籍藏版目录查询网"，出版多郜学术著作和发表多篇学术论文。

近年来民族文化宫图书馆紧紧围绕"铸牢中华民族共同体意识"开展项目研究，积极申请国家民委项目"铸牢中华民族共同体意识视域下的各民族经济交往研究"，撰写《和衷共济谱华章——历史上各民族经济交往典型事例研究》研究文集；承担"国家民委铸牢中华民族共同体意识古籍整理出版书系"第一批试点项目，将出版发行《民族文化宫图书馆（中国民族图书馆）藏多文种合璧民族古籍总目提要》；承担北京市民委"北京市民族古籍研究出版项目"并将出版学术著作《以民族古籍诠释铸牢中华民族共同体意识》。

中共中央办公厅、国务院办公厅印发的《关于推进新时代古籍工作的意见》指明了今后民族古籍的工作方向。民族文化宫

图书馆将继续以习近平新时代中国特色社会主义思想为指导，贯彻落实《意见》要求，将继续立足馆藏、结合实际，做好贯彻落实，发挥古籍工作主阵地作用，在古籍保护、宣传、研究方面下功夫，为铸牢中华民族共同体意识发挥重要作用，推动民族古籍事业高质量发展。

高彩云　曹娇林

民族文化宫图书馆（中国民族图书馆）

为古籍再生性保护贡献力量

——国家图书馆出版社十五年古籍保护出版侧记

2007年1月，《国务院办公厅关于进一步加强古籍保护工作的意见》（国办发〔2007〕6号）发布，新中国历史上首次由政府主持开展的国家级古籍保护工程——"中华古籍保护计划"正式启动。同年5月，国家古籍保护中心在国家图书馆挂牌成立。作为图书馆行业出版社和古籍专业社，十五年来，在"中华古籍保护计划"持续开展下，国家图书馆出版社一路伴随，共同成长。现将该计划重点出版成果梳理如下：

一、古籍保护标准规范、案例、教材

2007年1月，受文化部（现文化和旅游部）委托，国家图书馆组织起草《古籍普查规范》《古籍特藏破损定级标准》等5个中国古籍保护相关标准规范，由国家图书馆出版社出版发行，使得中国的古籍保护工作有章可循。古籍普查与修复工作逐步开展起来后，陆续出版《浙江省古籍普查手册》《浙江省古籍普查报告》，以及《古籍修复案例述评》《古籍保护原理与方法》《中国古籍修复纸谱》《古籍保护与修复技术基础知识》等一系列实际操作层面的出版物，对于古籍保护的科技进步和人才培养起到了一定的推动作用。下一步还将出版《古籍保护工作》《古籍数字化工作手册》等古籍保护系列教材。

二、珍贵古籍名录图录、展览图录

2008—2020年，国务院陆续公布六批《国家珍贵古籍名录》，收录古籍13026部。配合该项工作，国家图书馆（国家古籍保护中心）组织编纂《国家珍贵古籍名录图录》，目前已出版第一至五批，成书38册；组织编纂《国家珍贵古籍题跋丛刊》，成书18册。各省级保护中心以及各地收藏机构亦纷纷行动起来，国家图书馆出版社主要承担了天津地区、湖北省、辽宁省、贵州省、河北省、西藏自治区、宁夏回族自治区等地，以及浙江图书馆、暨南大学图书馆、孔子博物馆、首都图书馆、徐州市图书馆等收藏机构珍贵古籍名录图录的出版工作。

为进一步传播普及典籍文化，国家古籍保护中心多次举办"国家珍贵古籍特展""册府千华"等大型专题展览、巡展等，编纂出版《国家珍贵古籍特展图录》《珍贵古籍雕版特展图录》《民间珍贵典籍收藏展图录》《中华传统文化典籍保护传承大展图录》等数十种。

三、全国古籍普查登记目录

2012年8月，国家图书馆出版社有幸成为"《全国古籍普查登记目录》编纂出版项目"承担单位。当年9月，成立古籍普查目录编辑室，专门负责《全国古籍普查登记目录》编辑出版工作。"中华古籍保护计划"开展至今，全国古籍资源分布和保存状况已基本摸清，全国古籍普查完成270余万部，约3000万册件。截至2022年6月，548家收藏单位的137万余条古籍普查目录正式出版，累计成书129种201册，争取"十四五"期间完成全部出版工作。同时，配合浙江省民国时期传统装帧图书普查工作的开展，出版了《浙江图书馆民国时期传统装帧书籍普查登记目录》等15

种20册。

四、海外中华古籍调查暨数字化合作项目

2013年6月，国家图书馆组织召开"海外（北美地区）中华古籍保护工作研讨会"，来自美国国会图书馆、哈佛大学哈佛燕京图书馆等12家图书馆的代表参加，重点讨论了《北美中文善本古籍联合目录》的编纂方案与工作机制。2015年，国家古籍保护中心在"中华古籍保护计划"框架下正式开展"海外中华古籍调查暨数字化合作项目"，调查海外中华古籍存藏情况，并将相关目录学著作以"海外中华古籍书志书目丛刊"形式加以出版。国家图书馆出版社主要承担了《美国哈佛大学哈佛燕京图书馆藏善本方志书志》《普林斯顿大学图书馆藏中文善本书目》《美国芝加哥大学图书馆中文古籍善本书志》《英国国家图书馆藏中文古籍目录》等10种，目前正在推进的还有山东大学杜泽逊教授团队组织编纂的《日本藏中国古籍总目》，以及复旦大学吴格教授团队组织编纂的《韩国藏中国古籍总目》等。

在该合作项目的推进下，海外残存《永乐大典》的数字化及复制回归也取得了较大进展，截至2021年，美国、英国、德国、日本等海外5个国家13个收藏机构所藏69册《永乐大典》已完成仿真复制出版，欧洲地区已完成全部出版；与哈佛燕京图书馆合作，出版《哈佛燕京图书馆藏齐如山小说戏曲汇刊》《哈佛燕京图书馆藏二齐旧藏珍稀文献丛刊》等文献丛刊8种329册，收录珍贵古籍560种；《〈三国志演义〉古版汇集》陆续将藏于西班牙、日本、英国、美国等地的《三国演义》珍贵版本分集出版，已推出5种15册；日本永青文库36部4175册汉籍无偿捐赠国家图书馆后，推出《御制圆明园诗》等4种10册。下一步，按照《永乐大典》出版计划，将努力协调各方力量，积极推进海内外残存《永

乐大典》的全部仿真影印出版。

五、重大出版工程与标志性传世文献影印

珍稀文献的披露与整理影印是国家图书馆出版社长期坚持的重点专业出版方向之一。"中华古籍保护计划"实施以来，在国家图书馆（国家古籍保护中心）的支持下，国家图书馆出版社承担《中华再造善本（续编）》《原国立北平图书馆甲库善本丛书》《国家图书馆藏敦煌遗书》《国家图书馆藏样式雷图档》《古本戏曲丛刊》等"中华古籍保护计划"出版成果近1200种，成书12000余册，收录珍贵古籍近1万种。

"中华再造善本工程"是在国务院领导下，由原文化部和财政部共同组织实施的大规模保护、复制珍稀善本特藏、传播中华优秀传统文化的中华古籍文献保护和建设工程。工程组建了规划指导委员会和编纂出版委员会，由国家图书馆（国家古籍保护中心）具体承办。《中华再造善本（续编）》2008年9月启动，至2014年9月完成出版明清时期善本古籍及少数民族文字古籍554种942函4266册（另3轴11册叶）。一期及续编配送至110所全国重点高等院校，全国32家省级以上公共图书馆接受《中华再造善本（一期）》颁赠，基本实现"继绝存真、传本扬学"的目标。

《原国立北平图书馆甲库善本丛书》是2010年度国家出版基金项目，由国家图书馆组织编纂。该项目利用美国国会图书馆20世纪40年代拍摄的国立北平图书馆（现国家图书馆）甲库善本缩微胶卷，影印出版抗战时期被迫南迁，后运美存台（现暂存台北故宫博物院）的2600种宋元明珍稀古籍及部分现藏于国家图书馆的原甲库善本20种，存台、存馆合璧者1种，共计2621种古籍，成书1000册。

《国家图书馆藏敦煌遗书》是"十五"国家重点图书出版规

划项目，国家古籍整理出版资助项目，由国家图书馆编纂。2005年启动，历时8年，收录国家图书馆藏全部16000余件敦煌文献，成书146册。《国家图书馆藏样式雷图档》是"十五"国家重点图书出版规划项目，2011—2020年国家古籍整理出版规划项目，国家古籍整理出版资助项目，由国家图书馆编纂。2016年以来陆续整理出版圆明园、颐和园、清西陵、定东陵等9卷90函，收录国家图书馆藏样式雷图档4500余件。《古本戏曲丛刊（六、七、八、十集）》是2011—2020年国家古籍整理出版规划项目，国家古籍整理出版资助项目，由中国社会科学院文学研究所编。2016—2020年，出版61函670册，收录珍贵古籍420种，历时六十余载，由郑振铎先生在20世纪50年代发起的新中国最大戏曲文献整理工程《古本戏曲丛刊》圆满收官。

下一步，按照中共中央办公厅、国务院办公厅《关于推进新时代古籍工作的意见》，在"梳理挖掘古典医籍精华"方面，将会同国家古籍保护中心、国家中医药管理局等，切实做好《中华医藏》这一项多行业、多民族共同承担的全面揭示中医药发展源流的重大基础性学术工程。在"加强传世文献系统性整理出版"方面，推动"十四五"国家重点图书出版规划项目《国家图书馆藏敦煌遗书（彩印版）》与《中华再造善本（三编）》顺利实施。

六、传统文化经典普及

2012年底，为进一步扩大《国家珍贵古籍名录》入选典籍的宣传，国家图书馆启动了"中国珍贵典籍史话丛书"项目，用通俗的语言讲述典籍在编纂、流传、收藏过程中发生的故事，为公众提供普及读物，鼓励大众阅读经典。至2019年，累计出版《敦煌遗珍》《〈永乐大典〉史话》等29种。

2016年，在国家古籍保护中心策划下，由山东大学教授杜泽逊先生审定选目的《国学基本典籍丛刊》系列图书启动出版工作，因其内容经典、底本珍稀、印制精良、定价低廉，被读者誉为平民版再造善本，得到广大古籍爱好者和研究者的喜爱和称赞。国家古籍保护中心先后向北京大学、南开大学、天津师范大学等多所高校和研究机构师生赠书，产生了较好的社会效益。截至2022年6月，该系列累计出版97种，656册，2022年底将完成全部出版任务。

2017年，由中宣部支持指导，文化部委托国家图书馆组织实施的《中华传统文化百部经典》项目确定由国家图书馆出版社和科学出版社承担出版工作。2月，国家图书馆出版社成立《中华传统文化百部经典》编辑室，9月推出《论语》《诗经》《老子》《周易》《孙子兵法》等首批10种。该项目由中央文史馆馆长袁行霈先生担任编纂委员会主任委员，是"十三五"国家重点图书出版规划项目，国家社会科学基金重大委托项目。该套书着眼中华优秀传统文化的创造性转化、创新性发展，从浩如烟海的传统文化典籍中精选100部具有代表性的经典著述，由国内权威学者采取大众化品读导读的方式，萃取精华，赋予新意，深入浅出地进行解读，推动传统经典普及传播，更好地服务当代、面向未来。截至2022年6月，该系列图书出版七批60种。五年来，中国图书馆学会依托行业优势和组织优势，开展了专题研讨会、讲座、展览、研学游、知识竞赛等形式丰富的《百部经典》及中华传统文化宣传推广活动，覆盖了全国31个省份，公共图书馆、高校图书馆、科研院所图书馆、中央国家机关图书馆、一些图书馆、党校图书馆等各个系统图书馆都积极参与其中，取得了良好效果。

2023年启动"十四五"国家重点图书出版规划项目《国家珍贵古籍丛刊》的出版工作，从国务院公布的六批《国家珍贵古籍名录》计13026部典籍中，选取版本价值和学术研究价值最高的善本100种，打造一套具有时代品质的全彩普及版珍贵古籍丛书，为传统文化典籍内容与形式双重的传播做出切实贡献。

七、古籍数据库

2012年开始，在国家图书馆指导下，国家图书馆出版社依托既有优势领域，逐步探索数字出版发展路径。2012—2017年，建设完成"中华再造善本数据库（一、二期）"，以《中华再造善本》中收录的珍稀古籍为来源，增加检索、版本对照、印章识别、大图浏览等功能，收录1312种古籍，共计44万筒子叶；2014年，研发"中国古籍影印丛书查询系统"，为中国古籍影印丛书提供子目查询，收录1949—2018年中国范围（含港澳台）出版的丛书900余种，子目9万余条；与北京大学数据分析研究中心合作建设"中国历史人物传记资源库"，收录中国古籍中人物传记资源信息，每个人物收录小传等，同时可以浏览古籍中对人物的记述，并逐年更新，收录人物约40万人，收录古籍7799种。

目前正在建设的有国家古籍数字化工程专项经费资助项目"《永乐大典》高清影像数据库（第一辑）"（与北京大学——字节跳动数字人文开放实验室合作建设）、"古籍印谱知识与印章识别系统"，以及国家文化大数据体系项目"中国传统文化图典深度标引与素材库建设"等，争取在体系化、知识化、智慧化上做出新的融合出版探索。

十五年来，在"中华古籍保护计划"的引领下，在国家图书馆（国家古籍保护中心）及出版主管部门的帮助扶持下，国家图书馆出版社的古籍整理出版板块日益丰富立体和多元化，涵盖古籍原生性与再生性保护、古籍整理与研究、古籍普查、古籍海外调查与回归、古籍展览展示、古籍经典普及、古籍数字化、古籍人才培养等方方面面。近年来，古籍目录、图录等工具书的出版渐成规模，颇具影响；传统文化经典普及图书在品种和质量上都有较大幅度提升；承担国家重点出版规划及资助项目明显增多，整体实力显著增强。

"中华古籍保护计划"成果等一系列重点项目的实施，为国家图书馆出版社培养了一大批古籍整理编辑出版人才，积累了多项国家级荣誉。《第一批国家珍贵古籍名录图录》荣获第三届中华优秀出版物图书奖；《中华传统文化百部经典》系列出版成果荣获第五届中国出版政府奖图书奖、第七届中华优秀出版物图书奖；《古本戏曲丛刊（六、七、八集）》荣获第五届中国出版政府奖图书提名奖；《国家图书馆藏样式雷图档·圆明园卷初编》荣获第七届中华优秀出版物图书提名奖。

以上部分成果还有幸被国家领导人选作礼品赠送，如香港大学百年校庆典礼期间，向香港大学赠送一套《中华再造善本》；澳门回归十五周年之际，向澳门大学赠送《永乐大典》（全164册）、《北京大学图书馆藏稀见方志丛刊》（全330册）；庆祝香港回归祖国25周年大会暨香港特别行政区第六届政府就职典礼期间，向西九文化区戏曲中心赠送传统戏曲作品结集《古本戏曲丛刊》（一至十集）。

成绩属于过去，未来更需奋进，期望与"中华古籍保护计划"携手同行，再创辉煌，为中华传统文化的传承与发展贡献新的力量。

王欢

国家图书馆出版社

让中华文脉焕发新活力
——古籍保护在吉大

自"中华古籍保护计划"启动以来，全体古籍工作者在以习近平同志为核心的党中央坚强领导下，以一个又一个鲜活的保护实例，展现了古籍保护工作者的奋进精神，保护了古籍，传承了文明，服务了社会。吉林大学图书馆（以下简称"吉大图书馆"）在没有专项经费的情况下，探寻出一条符合馆情的古籍保护之路，在馆藏古籍原生性保护方面取得了很好成绩。这是吉大图书馆古籍部全体业务人员齐心协力勇于担当的体现，是建立健全各项规章制度和细化规范管理下的结果。

一、古籍原生性保护取得成就的必要因素

原生性保护主要分为两个方面：一方面是指文献本身的保护，即着重保护文献的原本；另一方面是指文献的外部库藏环境。前一个方面主要是利用古籍修复技术等方法来增加文献的自然寿命。后一个方面主要是通过采取各项措施来改善文献的库藏环境，从而降低文献被损坏的程度。吉大图书馆藏古籍由于年代久远再加上保存条件所限，存世的古籍很多都受到了损坏。

古籍修复技术可以让一大批"养在深闺人未识"的古籍得以一展风采，从"死"的文字变成了"活"的知识。修复的技艺是一种传承，自吉大图书馆古籍部设立之初，就开始培养修复人才，初

465

时为个人拜师学艺，师傅带徒弟，口口相传，2007年"中华古籍保护计划"实施后，开始了系统化大规模的培训修复人才。吉大图书馆古籍修复力量一直延续至今，三位修复师经过全国古籍修复技术培训班、全国古籍修复技术与工作管理研修班、全国古籍修复技术培训提高班、全国碑帖拓片修复技术培训班等十余人次的不断学习培训提高，已经成为吉林省内知名的修复师，受邀到吉林省图书馆进行修复技艺的授课展示。

修复工作离不开必要的硬件条件，在国家古籍保护中心大力支持下，除尘修复工作台、拷贝修复工作台、超声乳化修复仪均已备齐。吉大图书馆内部也十分重视古籍修复工作，在没有专项古籍修复经费的情况下，支持采购了电动切纸机、压书机，裱画台、木墙、修复用纸若干，修复工具若干，裱画用锦绫若干。

二、全力推进对现有馆藏破损古籍的科学修复

由于人员编制所限，多年来吉大图书馆一直是传帮带的修复工作的运作模式，自2009年以来，经过系统培训学习，我们的修复工作开始逐步走向规范化，建立起有自己特色的修复管理机制，建立修复档案、制定细化出入库规章制度等。目前，吉大图书馆的古籍修复工作已迈上了新台阶，并取得了很好的成绩，全面落实对馆藏各种类型古文献的修复工作。自2009年至今，共修复馆藏破损古籍5万余叶，其中轻度破损约占30%，中、重度破损各约占50%。2014年起，我们的修复师开始接待校内外的裱画业务，近30余幅。2021年吉林省方志馆向吉大图书馆求助，对其2部线装古籍《汪氏宗谱》《王氏族谱》进行抢救性修复。2部古籍共28册，2500余叶，吉大图书馆三位修复师进行分解书籍、清洗书叶、除酸、修补和复原，把满是虫蛀、水渍的破损严重的古籍文献，做到修旧如旧，延长了书的寿命。他们还对拓片进行日常

的修复工作，截至目前，修复人员能熟练使用去污清洗、局部修补、拼接碎片、整张装裱等技术手段修复馆藏文献。为了更好地研究传拓技艺，吉大图书馆选择馆藏特色内容刻制碑文，从制作工具开始，对拓片的类别和传拓的方式研究练习，更好地利用现代技术进行传拓技艺的展示。

三、依托传统媒体和新媒体平台，建立古籍保护宣传阵地

4月23日世界读书日，吉大图书馆都会举办不同主题的古籍展示范活动，如"楮墨芸香　文化传承""锦囊玉轴　国粹著华——揭秘传统手工书画装裱技艺""纸墨留香　黑白艺术——体验中国传拓技艺""书香古韵　艺在指尖——体验古书装订过程""2019书香古韵　妙手匠心——传统古籍修复技术展示与体验"等，展示古代书籍修复工艺流程、装书装订、碑帖传拓技术、书画手工装裱技术等技艺。让广大师生参与体验实践，获得一致好评。2019年世界读书日，吉大图书馆得到了校内电视台、新华社、长春日报、城市晚报和东亚经贸等多家媒体采访，扩大了知名度。今年与吉林大学国际交流处合作拍摄宣传片"古籍修复""线装书制作""碑帖传拓""中国古籍的装帧艺术"，在4月20日"国际中文日"播放，网络观看、转发人数较为可观；5月18日"国际博物馆日"新华社播出系列连载"留藏文明的'匠人力量'：装帧艺术""留藏文明的'匠人力量'：碑帖传拓""留藏文明的'匠人力量'：古籍修复"。"吉林大学图书馆"微信公众号累计刊发图文消息近30条，关注人数近2万余人，受到校内读者广泛好评。

四、以"银校合作"为依托，推进古籍修复工作，加强古籍原生性保护

习近平总书记在中国人民大学考察调研时强调："要运用现代

科技手段加强古籍典藏的保护修复和综合利用，深入挖掘古籍蕴含的哲学思想、人文精神、价值理念、道德规范，推动中华优秀传统文化创造性转化、创新性发展。"推动古籍的保护传承，不仅可以保存历史记忆、赓续中华文脉，更能让古之精华为今所用，为新时代文化建设注入新元素、开拓新境界。

吉林大学图书馆拥有40万册古籍，根据《"十三五"时期全国古籍保护工作规划》制定的古籍修复目标，吉林大学分别于2018年和2020年同工商银行、交通银行进行"银校合作"计划，针对古籍给予技术设备支持，提供1台大型扫描仪和2台大型宣纸打印机，进行仿真线装书的制作，保护原本的同时，更利于读者阅读。不但加强古籍保护科学化水平，更加强古籍原生性保护。

五、古籍修复未来工作的设想

吉林大学应充分发挥图书馆古籍资源丰富的优势，突出学校综合学科优势和文化优势，加强古籍抢救保护、整理研究和出版利用工作，促进古籍事业发展；要加强吉大图书馆古籍资源利用，依托资源开发和数字化建设，对资源内涵进行深度挖掘，最大化地提升古籍特藏资源的利用价值；要加强中华优秀传统文化的挖掘工作，推动建立"中华文化典籍传承与创新中心"，支撑学校各个相关学科的科研工作，形成跨学科融合、跨专业融合的创新平台，促进吉林大学更好地在中华典籍文献整理、中国历史文化研究、古籍文献研究等方面开展多层次、多领域的探索，激发古籍事业发展活力，最大限度地促进文献典籍的传播和利用。

吉林大学图书馆

传奇的诞生
——东北师范大学图书馆"毛抄"
《周贺诗集》的发现

它，是一部有故事的书。

300多年前，它降临世间，是当时的"抄"之骄子，被珍惜、被收藏，记载了读书人摩挲的手温，记录着藏书者睿智的目光。后来，它辗转飘摇，被误做平常之辈蛰伏书库。最后，它得遇伯乐，重放光芒……二十年间，它的命运转变"翻天覆地"。

它，就是"毛抄"《周贺诗集》。

东北师范大学图书馆（以下简称"东北师大图书馆"）藏《周贺诗集》，清初毛氏汲古阁影宋抄本，一函一册，线装，蓝布封皮。版框高17.9厘米，广13.1厘米。开本高26.6厘米，广18.3厘米。每半叶十行，行十八字，白口，单鱼尾，左右双边。卷端钤朱印15枚，卷末钤朱印4枚。全册共收各体诗七十七首。用纸薄而透明，为明末清初影抄书常用纸。

由卷末页影写牌记"临安府棚北睦亲坊南陈宅书籍铺印"可知，此影抄所据底本为宋临安府陈宅书籍铺刻本，为此书最早版本，现藏于国家图书馆，已入选第一批《国家珍贵古籍名录》，并著录于《中国版刻图录》，收入《中华再造善本》。

《周贺诗集》的发现，是东北师大图书馆古籍工作的一个传奇，这个传奇，始于一次美丽的"邂逅"。

二十年前，时任东北师范大学图书馆特藏部主任刘奉文在翻检馆藏时，发现了一部让他倍感疑惑的古籍：《周贺诗集》。标识纸上写着"民国年刻白口本"，卡片目录中亦记录为"民国年刻白口本"。可是，这部古籍钤印数量高达14个，这是一个让人吃惊的数字。经对比考证，印记并非后人伪造。钤印中，"西河季子之印"为毛晋之子毛扆所属；"季振宜印""沧苇"为清初藏书家季振宜所有；"积学斋徐乃昌藏"，为晚清民国时期的藏书家徐乃昌常用印；"延古堂李氏珍藏"为近代天津藏书家李士铭用印；"天津刘氏研理楼藏""静远堂主""刘明阳"等为民国藏书家刘明阳所钤……依藏书印大致可知，清初到清末民初，此本经过泰兴季氏、南陵徐氏、天津延古堂李氏、天津研理楼刘氏等藏书大家递藏，最后入藏本馆。

一部民国刻本何以藏印累累，鼎鼎名家接力收藏？一部民国刻本为何钤有清初藏书家的藏书印？一部民国刻本却素雅质朴，结构舒朗，简洁之美完全不是民国刻本的通常气质……刘主任以他敏锐的专业嗅觉捕捉到了这部古籍不同寻常。仔细观察与品究后，发现这部《周贺诗集》竟然不是刻本，而是实实在在的手抄本！在详尽考察众多古籍善本书目、史料后，终于在徐乃昌《积学斋藏书记》中发现了这部书的记录："汲古阁影宋抄本。每半页十行，行十八字。末有'临安府棚北睦亲坊南陈宅书籍铺印'一行。是书与《李丞相诗集》同一人抄，亦季沧苇所藏。《沧苇书目》有抄唐人诗集，未知即此书否。"徐氏所著录者与东北师大图书馆所藏本一一吻合，且所藏本中又钤徐氏常用印，这部《周贺诗集》即徐氏所藏本无疑，这就是大名鼎鼎的"毛抄"，东北师大图书馆发现"毛抄"一部！

"毛抄"就是明末清初著名藏书家毛氏汲古阁"影抄本"的简称，由毛氏汲古阁第一代主人毛晋所创，由毛晋后人继承。影抄是指用薄而细洁透明的白纸覆在原本之上，选善手以佳墨按照原本样式，一丝不苟地将文字乃至版框、栏线、鱼尾、刻工、虫蛀缺笔等影描下来，力求保持古籍原本面目的抄写方法，效果与刊本几乎无差。明末毛氏汲古阁影宋、元抄本纸墨与抄工品质均属上乘，为明末清初影抄本的代表之作，有"下真迹一等"的美誉。可以说，毛氏运用影抄技术制作出的"毛抄"让珍稀古籍走进了更多人的视野。

2007年，国家启动"中华古籍保护计划"，《周贺诗集》成为《国家珍贵古籍名录》申报对象。2009年7月开始，东师大图书馆申报《周贺诗集》进入《国家珍贵古籍名录》。经历了连续两次未能进入国家珍贵古籍名录的好事多磨的遗憾后，幸运降临，2016年3月，《周贺诗集》成功入选第五批《国家珍贵古籍名录》，编号11856。能够入选《国家珍贵古籍名录》，是一部中文古籍目前能够获得的最高荣誉，《周贺诗集》由"民国年刻白口本"恢复了"清初毛氏汲古阁影宋抄本"的身份，被尘封的光芒重新闪耀，声名逐渐远播：

2016年6月，《周贺诗集》被选中，由东北师大图书馆专人护送至京，参加了由文化部（现文化和旅游部）、国家文物局联合主办，国家图书馆承办的"民族记忆　精神家园——国家珍贵古籍特展"，接受来自国内外参观者的品鉴，并著录于特展图录《从典籍中汲取智慧》中。进特展，入图录，《周贺诗集》获得了一部中文古籍能够取得的最高礼遇，这也是东北师大图书馆古籍工作中一个举足轻重的阶段性成果。

2016年7月，"中国古籍保护网"发表了时任东北师范大学图书馆特藏部主任刘奉文的文章《发现'毛抄'——〈周贺诗集〉十年来的命运变迁》。文章记述了"毛抄"的发现与入选《国家珍贵古籍名录》的来龙去脉，表达了对国家启动"中华古籍保护计划"，古籍和古籍保护工作双双迎来春天的喜悦，表达了对国家富强、文化繁荣的信心与欢欣，《周贺诗集》的发现传奇开始在全国流传。

2016年8月，国家古籍保护中心在官网发布了"第五批《国家珍贵古籍名录》影宋、元抄本赏析"的文章，将第五批《国家珍贵古籍名录》中收录的毛氏、酿华草堂、述古堂及其他影宋、元抄本集中加以赏析介绍，《周贺诗集》位列其中，并介绍："清初毛氏汲古阁影宋抄本，东北师范大学图书馆藏，名录编号11856，此书现存最早之本为南宋临安府陈宅书籍铺刻本，现藏国家图书馆。此本乃毛氏汲古阁据陈本影抄，曾经积学斋徐乃昌、延古堂李氏、研理楼刘氏递藏"。有了线上专题"国宣"，《周贺诗集》的声名传播得更远，它的影响进一步扩大。

2017年6月，东北师范大学党委宣传部专门组织人员精心拍摄了专题纪录片——《文蕴东师·典藏——发现毛抄》，并于2018年1月在东北师范大学网站上发布。片中翔实地记录了《周贺诗集》被发现的传奇经历，介绍了它此前尚未被完全认知的版本学价值，生动直观地追溯了"毛抄"的前世今生。从此，《周贺诗集》成功"出圈"，它的名字与故事开始走出古籍这个专业领域。广大师生、读者也更关注和了解馆藏古籍，可谓一举多得。

2018年12月，由国家图书馆（国家古籍保护中心）、吉林省文化和旅游厅联合主办，在吉林省图书馆举办的"册府千华——吉林省珍贵古籍特展"开幕，这是1949年以来吉林省展出规模最大、规格最高、展品最精的一次古籍展览，《周贺诗集》是东北师大图书馆参展的16部珍贵古籍之一。此次展览历时八个月，《周贺诗集》借着参展的东风，走出高校，跨出专业，走进了社会大众的视野。吉林省乃至东北地区的社会观众与它有了近距离相识和相知的机缘，充分领略了它的风采和魅力。

现在"毛抄"《周贺诗集》已经出现在"东北师范大学图书馆宣传册"上，它已经成为东北师大图书馆三十多万册线装书的代表之一，是东北师大图书馆一张闪亮的名片。

微微泛黄的书叶，漆黑如昔的墨色，高低错落的朱印，圆润端秀的字体，就连书叶中的点点霉斑在经过岁月加持之后，都具备了"书卷气"，"毛抄"《周贺诗集》美得和谐，韵味十足。300多年来，《周贺诗集》宠辱不惊，终得荣入国录、深入人心的欢喜结局。是中曲折，蕴含着中华文明历经磨难而绵延发展的精神密码。

以刘奉文主任为代表的一代"60后"古籍工作者，怀着对古籍事业的挚爱，埋头研究，孜孜讲耘，解除了叠加在古籍上的重重封印，创造了诸如"毛抄"《周贺诗集》的发现传奇。作为特藏工作的"后来人"，我们这些当今的古籍工作者不仅有幸见证了传奇的诞生，还获得了书写传奇的本领，更有幸继承一笔无比宝贵的精神财富——创造传奇的勇气和信心！

"毛抄"《周贺诗集》的发现是一个传奇，已经载入东北师大图书馆古籍工作的史册，新的传奇会由"后来人"接棒书写。东北师大图书馆古籍工作者当信心满满，按照新时代对古籍工作的要求，从中华传统典籍中汲取历旦智慧，讲好中国故事，让蕴含在典籍中的文化基因为今所用，让古籍走出书库，重新焕发活力和光彩。

递藏传奇，永无止境。

王文佳

东北师范大学图书馆

长春中医药大学图书馆古籍
保护的经验做法和成绩

2022年4月11日，中共中央办公厅、国务院办公厅印发《关于推进新时代古籍工作的意见》（以下简称"《意见》"）。《意见》体现了党和国家对传承弘扬中华优秀传统文化的一贯重视，提出了新时代下古籍工作的重点任务和要求，对于提升古籍工作质量，加快古籍资源转化利用，促进古籍事业发展具有重要指导意义。

现就长春中医药大学图书馆近年来在古籍保护、整理研究、推进古籍数字化、古籍知识普及与传播方面所做的尝试与探索作以梳理和总结。

长春中医药大学图书馆始建于1958年，在学校几代领导的支持与关怀下，经过图书馆人的拼搏奋斗，历经四次搬迁建设，其规模不断壮大、功能不断完善，逐步发展成为建筑面积3万平方米，功能齐全、设备先进，集开放式、多功能、综合性于一体的现代化图书馆。

作为中医药院校的古籍工作部门，长春中医药大学图书馆始终秉持"继往圣之绝学"的工作理念，在中医药古籍的保护、整理与研究、数字化、传播与普及等方面不断进行探索与实践。在使用功能上分为古籍阅览室、标准化古籍书库及专业的古籍修复室，占地面积1290方米，独立的书库配备有先进的恒温恒湿空调，全樟木书柜，防紫外线灯，保障了古籍良好的空间存藏环境。长春中医药大学图书馆古籍部现有成员6人，其中博士1人，硕士5人；图书馆学1人，中医药专业3人，哲学史专业2人，平均年龄38岁，人员结构合理，专业特色鲜明，是一支朝气蓬勃的古籍保护与研究型的人才队伍。

2015年长春中医药大学图书馆被吉林省文化厅（现文化和旅游厅）授予"吉林省古籍保护工作先进单位"称号，由吉林省人民政府颁发"吉林省古籍重点保护单位"；2018年成立吉林省中医药管理局中医药古籍整理研究室；2020年"走进古籍　遇见中医"阅读推广品牌活动作为长春省内唯一一家单位，获得了中国图书馆学会"阅读推广示范项目'。

一、走进古籍，细数典藏

长春中医药大学图书馆古籍部珍藏古籍3万余册，近3千种，以明清时期的医学著作为主，同时兼具有东北地域特色的民族医药文献。这些书多由长春中医药大学图书馆老馆长王者悦先生四下江南购得，还有一部分由吉林省著名医家孙纯一捐赠。

早在20世纪七八十年代，长春中医药大学图书馆组织编写了《吉林省中医药古籍联合目录》，系统地载录了当时吉林省中医药古籍的存储数量和馆藏地等情况。十五年前，针对读者查询需要我们引进汇文检索系统，将全部古籍信息著录汇文平台，经过数据著录、完善、审核，终于实现了馆藏古籍书目从纸质检索到电子检索的转变。"十三五"以来，全国范围内开展了古籍资源分布和保存状况的调查工作。近年来，中医药古籍的流转与存亡也发生了很多变化，在崔为馆长的带领下，长春中医药大学图书馆开展了吉林省中医药古籍目录的重新调查与完善工作，目前正在进行数据的最终审核。

二、学术挖掘，其力不竭

近些年，古籍整理与研究工作在长春中医药大学图书馆领导的带领下，取得了重大进展，成功获立国家级、省级项目10余项，获得项目经费支持及国医大师王烈老先生捐赠累计600万元。其中，涉及古籍数字化、古籍修复、古籍提要撰写，古籍资源配置等相关工作，对保护和传承古籍意义重大。

古籍整理与研究方面，编撰出版了《中医历代名家学术研究丛书陈修园》、国家中医药管理局民族医药文献整理丛书《格致稿校勘注释》《针灸经验方校勘注释》等朝鲜族医药古籍；参与编写《道医集成》《〈本草图经〉研究》《〈苏沈良方〉研究》；国家中医药管理局中医药古籍特色和技术传承专项《王九峰医案》的整理即将出版。在"梳理挖掘古典医籍精华"方面，崔为馆长主持并带领团队共同获立了《中华医藏》难经类经典著作及其注释研究、医籍调研、复制和内容提要编撰部分的整理项目，这将是规模最大、最系统的中医药古籍集大成式整理工作，将为古籍传承转化和中医药创新发展作出贡献。

三、"活起来""传下去"，利千秋

新时代下"数字人文"工作正如火如荼。在馆藏文献的保护、开发与使用方面，古籍部紧跟"互联网"大数据时代的步伐，注入古籍保护与传承方式以新思维，让传统古籍"活起来"，让数字化古籍"传下去"。近三年共获国家中医药管理局中央财政专项资金300万元，以申报项目的形式对馆藏传世稀少的刻本、抄本和孤本古籍进行数字化，并逐步辐射全部馆藏。重点建设了"吉林省中医药古籍特藏文献数字图书馆"，持续发布古籍及特藏数字资源，实现在线阅览，极大地满足了读者对古籍资源的利用需求，旨在利千秋。

下一步长春中医药大学图书馆将做好示范性古籍数字产品及文创产品开发，努力在体系化、知识化、智慧化、个性化上做出新的探索。

四、古籍修复，再现课堂

在整个"十三五"期间，古籍修复工作写进长春中医药大学图书馆工作计划并取得了重大进展。依托读书文化节与校园开放日等大型公开活动，长春中医药大学图书馆古籍部2016年创办了"走进古籍，遇见中医"系列文化活动，并携手学校教学部门首次尝试开展古籍知识宣讲。2017年、2018年相继又开展了古籍修复技艺进校园、雕版印刷、古书籍装订制作、篆刻钤印、名师引领诵抄中医经典古籍等教学实践活动，得到社媒的关注和报道。2019年首次对长春中医药大学第一批中医学专业"5+3"学生增开古籍实践课，学生们通过从宣纸的量裁、版框印刷、从纸捻制作到齐栏，从毛装到上书皮缝线的学习和动手操作，制作完成了标准的线装书。随后，大家在自己装订的书上抄写了《医学三字经》，属于自己的独一无二的手抄本就此诞生了。古籍修复体验课，让学生对中医古籍的认识有了质的飞跃，对其形成、传承及内涵有了深刻解读，增强大学生的文化自信，弘扬中华优秀传统文化。

在全国古籍修复技艺传承热潮的大氛围下，长春中医药大学图书馆申请建立古籍修复保护基地，获批国家中医药管理局150万元资金支持的"吉林省中医药古籍保护项目"和"珍贵中医药古籍修复、扫描项目"，在古籍专业扫描、古籍修复用纸纤维分析、古籍修复传拓、缝制传统古书籍等工作方面取得了重大突破，完成了古籍修复设备、工具、材料的系统配置工作，并多次组织古籍修复人员进行专业培训学习，从根本上改变了古籍修复的基础环境和技术方法，为开展古籍修复打造了一支技艺过硬的人才培养队伍。

增设古籍知识普及与传播新渠道。长春中医药大学图书馆通过"长中图书馆"微信公众号、"三余书舍"微信群，为读者提供古籍文献知识的相关服务。每周定期撰写并推出古籍小知识、古籍书目文献等古籍相关内容，丰富了师生了解古籍的途径。

在全国范围内，首次策划并开展了诵经典抄原文"中医古籍经典诵抄接力赛"活动，已累计完成了《黄帝内经百人手抄本》《伤寒论》《瘟疫论》《金匮要略》《医学衷中参西录》等中医古籍的抄写，师生接力，口诵手抄，以最原始的方式，理解了经典古籍的深刻内涵，遇见了中医的精髓。这项活动既锻炼了大家阅读古籍的能力，又加深了对繁体字的认识。2022年我们做了诵抄接力线上季，广大师生积极参与，有家庭组团参加，有寝室邀约报名，极大地丰富了同学们的网课生活。

草长莺飞，春风拂柳。《关于推进新时代古籍工作的意见》是新时代古籍工作的纲领性文件，明确了新时代古籍工作的重要定位，为做好新时代古籍工作提供了指引和遵循，相信在《意见》的推动下，"古籍事业迎来新的发展机遇"。我们已经走在古籍的春天里，愿努力做好中医药古籍的保护、整理与研究等工作，为新时代下的古籍工作开花结果，做出应有的贡献。

长春中医药大学图书馆

勤耕不懈十五载　保护硕果在今朝

——黑龙江大学古籍保护工作回顾

　　古籍保护工作开展十五年来，黑龙江大学图书馆在国家古籍保护中心和黑龙江省古籍保护中心的带领下，开展了一系列古籍保护利用工作，取得了重要成果。多年来，历任馆领导都十分重视，几代馆员接力传承，各尽其职，从初期陈玉芳老师整理卡片，赵志刚、刘澍老师做数字编目，到王铮老师、李满花老师和刘澍老师一起做普查著录、申报"全国古籍重点保护单位"、申报《国家珍贵古籍名录》，再到冀亚娇、郝明、赖琼玉老师接续普查数据著录、全面开展普查，此外，还有徐春燕、马自秀、何茂霞、袁文秀、牛丽霞、张凤云等一起参与学习实践等。一代代古籍工作者本着对古籍的热爱，潜心钻研，虚心请教，逐渐完善了古籍普查著录。

　　黑龙江大学图书馆作为"全国古籍重点保护单位"，存藏各类古籍10余万册，善本近700种。学校图书馆存藏古籍主要是1958年黑龙江大学更名时期购买，根据郑振铎日记记载，1958年8月31日，"下午四时，到中国书店找书。见黑龙江大学及吉林师范学院的人，购大批的古书，连方志也要，甚是怪事！"曾经的"怪事"，成就了今日的特色收藏。馆藏涵盖了哲学、政治、经济、历史、地理、法律、语言文字、教育、自然科学及应用等众多学科门类，以地方志、多色套印本古籍、和刻汉籍为特色收藏。入选《国家珍贵古籍名录》14部，是省内主要的古籍存藏单位，为黑龙江省古籍研究提供了重要的资料支持。

在国家古籍保护中心和黑龙江省古籍保护中心的指导下，黑龙江大学十分重视馆藏古籍的存藏和保护，始终坚持科学保护合理利用。

一、古籍保护和利用

（一）库房环境管理科学规范

古籍库房保护科学规范，设施齐全。黑龙江大学图书馆古籍书库条件不断改善。在申报"全国古籍重点保护单位"的准备过程中，极大地改善馆藏条件，达到了国家对古籍库房的建设维护要求。防火、防盗、防虫、避光、温湿度调节、监控等存藏条件达标，相应设施健全。防火方面：图书馆安装有气体灭火装置，紧急预警设施等，消防设施齐全；防盗方面：装有防盗门，保险柜，室内外多角度视频监控设施；防虫方面：配备冰箱冷柜，除虫药草，樟木隔板书柜，有效防虫；避光方面：书库装有遮光窗帘，新馆库房有专门的保护照明灯；温湿度方面：安装了智能温湿度监控系统，方便实时监测温湿度变化，下载数据，为提高古籍库房管理提供了更加科学的技术支持。

（二）库房管理制度完善

按照古籍保护、使用的不同要求，馆藏普通古籍和善本古籍分别存藏、区别管理，古籍书库由专人负责管理，库房实行入库登记检查、定期巡查、出库归还核验，古籍日常安全管理、应急响应制度、读者阅览规程等制度。

（三）加大投入，持续改善库房环境

多年来，黑龙江大学累计投入40多万元修缮古籍库房。积极开展对外联络，2022年图书馆获得了"江苏省无锡市必创测控有限公司"捐赠的智能温湿度监控系统，方便实时监测温湿度变

化，加强了古籍库房环境的科学管理。

在做好古籍保护工作基础上，黑龙江大学图书馆古籍部为本校及省内外各界相关领域读者提供阅览服务。为了保护古籍，工作人员和读者阅览过程中严格遵守相应制度和规范。

二、古籍普查登记及数字化

黑龙江大学图书馆从21世纪初开始以卡片著录信息为基础，建立了本馆古籍书目数字化信息检索系统，为古籍普查奠定了基础。从2010年开始参与全国古籍普查数据著录上报工作，2013年完成了基础六项数据著录工作，并参与全省此项工作成果联合出版项目，2019年开始进行第二阶段的13项普查数据著录工作，著录书目数据3000余种。截至2022年上半年，黑龙江大学累计投入32万元进行古籍书影和部分图书数字化工作，完成了古籍书目数字化、"国家版本图书馆征集古籍11种"全文影像数字化，完善古籍普查平台书目信息，有序推进馆藏珍贵古籍等特色资源数字化，不断加强古籍保护和利用。

三、古籍开发利用

（一）加强古籍资源整理

黑龙江大学图书馆出版了《古籍线装书目录》《古籍丛书子目索引》两部检索书目，共有14种珍贵古籍入选《国家珍贵古籍名录》，入选古籍已经出版并与读者见面。伴随古籍普查工作一期基础数据著录工作的完成，黑龙江大学图书馆参与联合出版黑龙江省古籍书目数据目录。这些成果凝聚着几代图书馆人的心血和汗水，为古籍爱好者和研究者提供了检索的工具。

（二）强化古籍研究，推进学科信息素养课程建设

黑龙江大学图书馆古籍部馆员参与学校信息素养课程开发和授课。面向本科及硕士研究生开设文献检索、专业信息检索和《四库全书》系列课程，累计约200学时，其中中国古代史、考古学、图书馆学、文献学等专业检索课已开设多年，图书馆馆员走进学生课堂讲授古籍知识，学生走进古籍阅览室进行检索实践，古籍研究与利用成效显著。

四、古籍保护机构、人员配置及经费保障

黑龙江大学图书馆设有古籍与特藏部，配备工作人员6人，具体负责古籍的日常保护和开发利用，积极为本校及省内外专家、读者提供阅览服务。黑龙江大学为古籍保护工作提供一定的经费支持，能够保障基础性维护及再生性保护工作。

五、古籍宣传推广

做好古籍普及，累计万余人次参与古籍认知大众化传播。每年世界读书日，黑龙江大学图书馆持续开展馆藏古籍阅读活动与展览，2019年参与"册府千华"珍贵古籍展览；接待中小学生、校外研究人员和机构参观图书馆，给学生讲述《四库全书》里的唐诗，介绍古籍，引领大家走近古籍，了解传统文化的博大精深，积极弘扬中华优秀传统文化。

六、加强人才培养，强化古籍工作保障

黑龙江大学图书馆积极组织馆员参加国家古籍保护中心、黑龙江省古籍保护中心组织的线下线上培训学习，先后参与了古籍

修复培训学习、古籍数字化工作培训、传统文化宣传推广培训、古籍普查著录工作培训、古籍库房管理线上课培训等，通过培训和学习提升馆员从事古籍保护工作的能力和水平。

黑龙江大学图书馆作为"全国古籍重点保护单位"，要紧紧抓住用好古籍事业发展的新机遇，深入贯彻落实习近平总书记关于古籍工作的重要讲话精神，提高政治站位，坚定文化自信，努力发挥古籍资源的实用价值、时代价值和审美与艺术价值，促进古籍从束之高阁走到民众之间，把馆藏古籍保护好、传承好、利用好。

黑龙江大学图书馆

让"书写在古籍里的文字都活起来"

——山东博物馆古籍保护工作纪实

中华古籍浩如烟海，在千百年的流传中，成为中华民族历史记忆、思想智慧和知识体系的一种载体。对珍贵古籍的保护、修复和活化利用，关乎中华文脉的延续和传承。作为第二批"全国古籍重点保护单位"、第一批"山东省古籍重点保护单位"，山东博物馆从对国家和历史负责的高度，充分认识古籍保护的重要性，形成"保护为主、抢救第一、合理利用、加强管理"的方针。自2007年"中华古籍保护计划"启动以来，山东博物馆不断改进存藏条件，完善管理办法，确保珍贵古籍的实体安全；加大古籍保护力度，有计划地对破损珍贵古籍进行修复；加强对珍贵古籍的诠释和解读，深入挖掘文化内涵，促进古籍保护成果的创造性转化、创新性发展。在各级部门和山东博物馆古籍保护工作者的共同努力下，古籍保护工作进展顺利，古籍普查、《国家珍贵古籍名录》和"全国古籍重点保护单位"的申报评审、古籍修复、整理出版、典籍数字化、人才培养、展览展示等各项工作有序推进，古籍保护工作机制初步形成，古籍保护工作步入崭新的阶段。

一、普查摸底，全面梳理文献资源

2007年山东博物馆正式实施"中华古籍保护计划"，开始了标准化书库的建设。古籍工作人员对现存善本库的古旧图书品种、数量进行认真普查摸底、著录造册。2014—2016年，山东博物馆全面实施第一次可移动文物普查，古籍普查工作人员在原有古籍账目的基础上，对馆藏传统古籍、甲骨、竹简、碑帖等10万余件文物进行了全面清点、整理、定级、登记、信息采集。截至目前，按照古籍普查的要求，山东博物馆藏古籍库的所有古籍都已编目，配有四部分类卡片、书名卡片以及按版本时代排列的分类账，并按照新颁布的《古籍定级标准》进行定级，使现存的每一种古籍都有户口和身份证。这些工作使山东博物馆对古旧图书的保存状态进行全面了解，进一步摸清了家底。山东博物馆古籍组的工作获得省文旅厅高度评价，多部传统古籍、甲骨、竹简入选《国家珍贵古籍名录》，普查经验和先进事迹作为山东省优秀案例被《中国文化报》等媒体宣传报道，多名同志获"山东省第一次全国可移动文物普查先进个人"称号。

二、改善环境，建设标准化书库

山东博物馆不断改进存藏条件，完善管理办法，确保珍贵古籍的实体安全。2010年11月山东博物馆新馆正式运营，善本库、普本库、碑帖库、竹简库四大标准化库房正式启用，总共占地500平方米，库房建筑安全、坚固、适用，藏品保存环境良好。

山东博物馆新馆建筑严格按照中华人民共和国原建设部（现住房和城乡建设部）和原文化部（现文化和旅游部）批准的《关于博物馆建筑设计规范》以及文物系统博物馆风险等级和安全防护级别的规定设计建造，防火、防水、抗震等均符合设计规范，不仅有安全、坚固、适用的库房建筑和保管设备，更配备了恒温恒湿机组、新风和排风系统以及温湿度记录仪、除湿机等完善、齐全的温湿度控制设施，使山东博物馆四大古籍库温度和相对湿度变化波动处在最小范围。此外，库房使用了先进的防尘书柜、书橱以及密集架设备，配备硅胶干燥剂、吸尘器等防腐蚀、防霉变、防虫、防尘设施来控制文物存放的微环境，保持古籍等文物存放的理想状态。

山东博物馆藏善本古籍除保管珍藏外，还具备陈列展览的功用。在举办展览时，同样注意对善本古籍的保护工作：1.展览橱柜、橱窗的设计做到防火、防尘、防虫、防盗；展柜内的光线采用光纤等冷光源，避免强光直射的损害；2.控制展览期限，定期更换展览古籍；3.展柜内配置温湿度检测仪和警报器，实时监测温湿度变化，工作人员定期检查展品状态，对于纸张起皱、干裂等情况实时汇报并抢救；4.在古籍善本借阅、鉴赏过程中，严格按照规章执行各项流程，合理控制出库时间，以免古籍出库时间过长脱离正常保存环境而造成损害。

二、建章立制，加强人才培养

（一）立完善的管理体制，健全各项规章制度

山东博物馆依据《中华人民共和国文物保护法》《文物保护法实施条例》等法律法规，制定并进一步完善了各项库房管理制度：《山东博物馆文物保管部工作人员职责》《山东博物馆文物库房入库须知》《文物库房楼安全管理暂行规定》《山东博物馆文物保管部藏品安全管理制度》《山东博物馆文物参观、鉴赏须知》《山东博物馆古籍善本借阅制度》等，并严格贯彻执行，为各项古籍工作安全和有序展开提供有力保证。

（二）加强人才队伍建设，加快古籍修复人才培养和交流

人才是做好古籍整理与保护工作的保障。近年来山东博物馆加强了古籍工作人员队伍的建设，培养了一支高素质的人才队伍，以文献学研究生为中心成立了古籍管理小组从事古籍库房管

理和古籍普查，以文物保护部纸张修复人员和竹简保护人员为主成立古籍保护小组，对竹简进行保护、对古籍进行修复。这批人员除掌握必要的文史知识、文献学知识及相关工具书的使用外，还熟练掌握计算机和网络技术，尤其是古籍电子文献资源的使用，以便进行资源的检索与咨询。

工作人员定期参加国家文物局、国家图书馆、山东省古籍保护中心举办的古籍普查、保护、整理学习班、纸张修复及文物保护学习班以及"博物馆图文典籍保护利用及人才成长计划"等各项培训计划，极大地提高了工作能力和业务水平，形成了一支年轻富有朝气、能打硬仗、技术性较强的队伍。

工作人员加强对古籍的整理与研究，先后主持或承担国家社科基金重大项目《山东博物馆珍藏甲骨文的整理与研究》、"2011协同创新"平台项目《银雀山汉简保护整理与研究》以及山东省艺术科学重点课题《山东博物馆藏王献唐题跋集释》《清代孔氏家族文献整理与研究》《山东博物馆馆藏墨迹分析与保护》等科研项目。受邀参加第一届、第二届全国甲骨文整理与研究学术研讨会，中国博物馆协会"文物普查数据的管理与利用""图文典籍与金石拓片"等学术研讨会，并在国家级核心期刊以及国家级省级重要期刊发表学术论文30余篇，通过梳理山左先贤典籍，发掘山东优秀传统文化资源，阐发中华文化精髓，进一步增强使中华优秀传统文化的凝聚力、影响力、创造力。

三、保护经典，让"老树发新芽"

《隋书·经籍志》云："夫经籍也者，机神之妙旨，圣哲之能事，所以经天地，纬阴阳，正纪纲，弘道德，显仁足以利物，藏用足以独善，学之者将殖焉，不学者将落焉。"在古籍普查摸清家底的基础上，山东博物馆"在保护中求利用，在利用中求保护"，进一步加大珍贵古籍的原生性保护力度，有计划地对破损珍贵古籍进行修复，减缓古籍的衰老程度，延长善本古籍的使用寿命，同时加强典籍数字化以及古籍整理出版工作，促进古籍的长期保存和利用，有效解决古籍保护与利用的矛盾。

（一）建立古籍修复室

根据馆藏典籍现状，山东博物馆制定了合理的古籍修复规划，同时在国家古籍保护中心的帮助下建立了古籍修复室，该修复室配备了古籍除尘工作台、超声乳化仪、字画拷贝工作台等设施，配备修复人员5名。根据古籍修复规划，目前已开展纸张修复、函套制作等修复工作。

（二）典籍数字化

山东博物馆配备多台电脑、扫描仪、照相机及拍摄架等设备，为本馆的古籍数字化工作提供了有力的硬件、技术保证。古籍工作人员用高像素数码相机和扫描仪对善本古籍进行全文数字化扫描，目前已对1207册善本做了书影扫描，极大地减少了对善本原书的磨损。除善本外，甲骨、竹简以及碑帖的文物信息也都已录入馆藏文物信息管理系统、国家文物局藏品管理系统，并已完成影像采集，实现了数字化管理，更加便于工作人员及读者进行古籍资料的目录检索及藏品信息检索，为以后充分利用数据资源发挥数据资源价值和作用作好准备。

（三）古籍整理复制出版

山东博物馆重视对可利用性强的善本进行复制出版。目前山东博物馆有7种古籍入选"中华再造善本工程"；1000余册山东先贤遗著稿本、钞本、稀见刻本入选山东省政府特批重大文化工程《山东文献集成》，这些兼具文物价值和学术研究价值的古籍善本的影印出版，抢救性地保存了具有重要历史价值的罕传文献、乡邦文献，有效地解决了"藏"与"用"之间的矛盾。

四、弘扬经典，让馆藏古籍"活"起来

优秀传统文化典籍，作为连接历史与现实的桥梁，不仅是前人留给我们的宝贵精神财富，还是我们实现中华民族伟大复兴中国梦的智慧源泉。习近平总书记指出："中华文化延续着我们国家和民族的精神血脉，既需要薪火相传、代代守护，也需要与时俱进、推陈出新。"山东博物馆深刻践行"让文物活起来"理念，积极将古籍研究成果转化利用，为促进中华优秀传统文化创造性转化贡献智慧和力量。工作人员埋首"故纸堆"，一方面深入挖掘馆藏《论语》等儒家典籍智慧，先后承担"山东名人馆——王献唐纪念馆""中国智慧之源——四书五经展""衣冠大成——明代服饰文化展""馆藏全形拓专题展"以及香港教育学院"再遇孔子——寻找中华文化伦理基因"、孔教学院"孔子儒家文化展"、赴台"大哉孔子——圣像·圣迹图展"等数十项原创性展览，使中华优秀典籍中蕴含的历史智慧能够更好地服务当代，服务社会；另一方面作为甲骨、竹简文物的重要收藏机构，山东博物馆珍藏的多件甲骨、《孙子兵法》《孙膑兵法》竹简等入选《国家珍贵古籍名录》，工作人员依托近年学术研究成果，策划了"书于竹帛——中国简帛文化大展""片刻千载——甲骨文化展"，在全面展示最新研究成果的同时，又以通俗易懂的图文说明和丰富有趣的展陈互动，使甲骨、简帛这些珍贵的出土文献资料真正活起来，走进寻常百姓的视野。展览获得各界一致好评，多次被央视等媒体宣传报道，成为未来甲骨、简帛文化研究与展示工作努力方向的一次有益尝试，在中国甲骨、简帛文化研究的发展道路上具有里程碑式的意义。

"让收藏在博物馆里的文物、陈列在广阔大地上的遗产、书写在古籍里的文字都活起来，让中华文明同世界各国人民创造的丰富多彩的文明一道，为人类提供正确的精神指引和强大的精

神动力。"这是习近平总书记的殷殷嘱托。睹乔木而思故家，考文献而爱旧邦。深厚的典籍文献积累，已经成为中华民族文化自信的牢固基础。妥善保管古籍、拯救濒危善本古籍，加强善本古籍的保护工作，弘扬中华民族的国粹精华，是我们博物馆、图书馆工作者义不容辞的责任。山东博物馆会继往开来，进一步保护好、传承好、利用好中华典籍，为保护中华民族的精神遗产，为推动社会主义文化大发展大繁荣，实现中华民族文化复兴作出应有的贡献。

山东博物馆

守正创新　面向未来

——山东大学古籍保护十五年

山东大学图书馆的前身是始建于1901年的山东大学堂藏书楼，是我国最早的近代新型图书馆之一，至今已走过120多年的历程，丰富的特藏文献资源是其历史悠长、饱经沧桑的具体见证。

2007年"中华古籍保护计划"实施以来，山东大学图书馆高度重视古籍保护工作，在国家古籍保护中心、山东省古籍保护中心的悉心指导和校领导及相关职能部门的大力支持下，全面贯彻"保护为主、抢救第一、合理利用、加强管理"的工作方针，严格古籍管理制度，科学制定古籍保护规划，扎实推进书库建设、古籍普查、名录评审、保护修复、整理研究、数字化、宣传推广、人才培养等各项工作，古籍保护、管理和合理利用工作相辅相成，持续发力，不断取得成绩与进步。

一、重视书库建设，为古籍保护奠定扎实基础

山东大学图书馆特藏文献研究所负责特藏文献资源的收藏保护工作，于2010年9月搬入设施齐全的新馆——蒋震图书馆，共设有专用古籍书库3个、民国文献书库2个、影印古籍书库1个，总面积2100多平方米；特藏阅览室1个，面积110平方米，阅览座位32个。古籍书库内恒温恒湿，监视监控、防火防水防盗等设施齐全，保存环境良好。

491

自山东大学图书馆获批"全国古籍重点保护单位"后，图书馆围绕古籍保护工作制定了《特藏文献安全管理制度》《特藏书库管理办法》《特藏文献阅览管理办法》《古籍修复工作管理规定》《古籍数字化管理办法》等一系列管理制度，工作过程中严格执行书库交接制度和出入库制度，定期开展库房巡查，认真做好恒温恒湿空调等设备的日常维护。

二、通过回溯建库、古籍普查，摸清古籍家底

山东大学图书馆共收藏特藏文献40多万册件，其中古籍、民国线装书4.3万余种31万余册件，包含宋元明刻本、清稿抄本、精刻本、法帖、拓片、书画、信札、唱本及书目古籍等珍贵特藏1.1万余种3.7万余册件。

为做好古籍普查工作，图书馆于2009至2010年间完成了全部古籍、解放前图书报刊、馆藏书目文献、《四库》系列图书数据的回溯建库工作，整理形成了涵盖古籍所有著录项的MARC数据，为后期开展古籍普查奠定了坚实基础。2011至2016年，对汇文编目系统中"辨识不出、著录不详"等问题进行了集中修改。2017至2019年，古籍普查进入集中攻坚阶段，图书馆多次召开专题会议，就古籍普查方法、人员、时间、空间、设备、安全等问题进行研究，制定了严密的普查方案。至今，图书馆已圆满完成古籍普查登记工作，通过前后四次古籍普查数据审校，整理上报古籍普查登记数据1.6万余种17万余册。

三、发掘古籍珍品，积极参与珍贵古籍名录申报工作

图书馆注重发掘古籍珍品，积极参加国家和山东省珍贵古籍名录评审工作，对古籍实行分级保护，精准管理。首批《国家珍

贵古籍名录》收录山东大学图书馆稿本《方望溪先生文稿》1部、第二批《国家珍贵古籍名录》收录元宗文书院刻明修本《五代史记七十四卷》等48部、第三批《国家珍贵古籍名录》收录明正德四年孙玺刻本《古乐府十卷》等19部、第四批《国家珍贵古籍名录》收录稿本《运河图说》等15部、第五批《国家珍贵古籍名录》收录清内府抄本《幸鲁宝翰九卷》等4部。

迄今为止，山东大学图书馆共有87部古籍入选《国家珍贵古籍名录》，1154部古籍入选《山东省珍贵古籍名录》。《方望溪先生文稿》《明舆图》《集千家注批点杜工部诗文集》等5部古籍参加了国家珍贵古籍特展。元大德九年（1305）建康路儒学刻明成化、弘治、嘉靖南京国子监递修本《唐书》入围2021年"中华古籍保护计划·山东省古籍普查十大新发现"。

四、加大古籍修复投入，推进原生性保护

山东大学图书馆自迁入新馆后，加大了对古籍修复人员的培养力度并陆续配置了修复设备和工具。2007年以来，先后有3名专业人员参与古籍修复工作。2020年下半年，投入30余万元建立起独立的古籍修复室，增置了古籍修复多功能工作台、纸张酸碱度测定仪、纸张测厚仪等设备，同时引进了古籍修复专业硕士1名，增强了修复人员力量。积极参加国家古籍保护中心、中国古籍保护协会、山东省古籍保护中心的业务培训，古籍修复技艺得到明显提高。

古籍修复室的建设较好地推动了古籍保护整体工作，修复师在古籍修复、特藏文献保存状况调查、数字化工作中的保护修复、传统技艺推广等方面均做出了有益的尝试和贡献。2021年完成精修古籍800余叶，说唱文献300余册。

五、加强整理出版，促进古籍合理开发利用

2007年，经图书馆数代古籍保护工作者20余年的精心整理的《山东大学图书馆古籍善本书目》完成出版，其中收录了历年入藏宋元明旧刊本，批校题跋本，稿本，抄本，清代精刻本，日本、朝鲜本等善本2000余种。

在古籍普查成果和《山东大学图书馆古籍善本书目》的基础上，图书馆不断加强对古籍整理的规划和深度挖掘力度。制定《山东大学图书馆藏稀见文献整理出版规划（2021—2030）》，以专题整理的方式深度挖掘馆藏资源。2021年10月，与国家图书馆出版社签署《特藏文献合作出版框架协议》，古籍整理工作迈入有序推进的新阶段。11月，与国家图书馆出版社合作出版了"山东大学图书馆藏稀见文献系列"首个成果《山东大学图书馆藏稀见书目书志丛刊》。该丛刊精心挑选67种书目书志类文献进行整理，以稿抄本为主，兼收部分刻本、石印本、铅印本、油印本等，集成三十册，入选2021年度国家古籍整理出版专项资助计划。

六、有序推进古籍数字化，加强古籍再生性保护

古籍数字化是古籍再生性保护的重要手段，在保护的同时还有利于古籍的阅读使用和宣传推广。2011年，山东大学图书馆作为CADAL共建馆，向CADAL平台提供古籍书影18万余叶，现代图书书影83万余页的资源共建共享；作为CALIS山东省中心，向CALIS平台提供古籍编目数据1.5万余条，书影3千余叶。山东大学图书馆还向《山东文献集成》《子海》《十三经注疏》《广州大典》等重大科研项目提供了大批稀见古籍底本。

为使古籍数字化成果被更多师生读者了解使用，2019年起，山东大学图书馆着力研发集合多种数字资源（古籍、民国书刊

等），具备数字资源的全文浏览、多功能检索、在线鉴赏等功能的数字人文平台，打造具有全文影像、特色专题、服务师生教学科研的自建平台。"山东大学特藏数字化平台"历经2年时间，于2021年4月在校园网内上线运行。截至目前，新增发布了340种428册数字化古籍特藏文献，共计7.8万余张书影，完成校史文献、山东地方文献、书目书志三个专题的数字化整理，实现了题名、责任者、版本项、目录内容的检索。

七、创建典籍文化推广品牌，初显成效

近年来，山东大学图书馆推出"楮墨芸香·古韵犹存"传统文化阅读推广品牌，开展多元化、立体化的阅读活动，弘扬优秀传递传统文化精神。立足于文化品牌，图书馆陆续推出了专家讲座、教学服务、典籍文化展览、传统技艺体验、古籍知识普及、文创设计等众多活动。

"楮墨芸香·古韵犹存"系列活动形式立体、多样，创新"内涵引领＋文化沉浸"传统文化阅读推广模式，注重以读者评估为导向，从多维度、多空间进行传统文化的宣传推广，让大学生在古籍特藏文献中分享到楮墨芳香、悠悠古韵，增强了校园文化的育人功能，得到校内外师生的好评，活动多次被山东大学、中国新闻网、中国古籍保护协会公众号等转载报道。

八、重视人才建设，不断壮大古籍保护人才队伍

近年来，山东大学图书馆为适应新时代古籍保护的要求，加强了古典文献学、计算机、古籍修复等多学科背景硕博士的引进。特藏文献研究所现有古籍保护工作人员10人，其中副研究馆员4人，馆员5人，助理馆员1人；博士2人，硕士6人，本科2人，

设古籍整理、古籍编目、古籍修复、数字化、读者服务等岗位。古籍保护工作人员先后参加了古籍普查、古籍和碑帖编目、古籍修复、古籍整理等多项业务培训，并多次前往北京大学、南京大学、复旦大学、中山大学等兄弟馆进行调研学习参观，业务整体水平显著提升。团队成员爱岗敬业，热爱古籍保护事业，因工作成绩突出，2017年被学校批准为"教工先锋号"首批创建单位。

展望未来，任重道远，山东大学图书馆愿继续负重前行，为古籍保护事业做出新的贡献！

山东大学图书馆

守先待后　笃行致远

——武汉大学图书馆古籍保护工作十五年总结

　　古籍是中华优秀传统文化的重要载体，习近平总书记指出："中华文化延续着我们国家和民族的精神血脉，既需要薪火相传、代代守护，也需要与时俱进、推陈出新。"武汉大学作为自晚清、民国延续至今的历史名校，一直有着良好的古籍保护传统，有专门的古籍保护机构。武汉大学图书馆现藏有线装古籍20余万册，善本800余种1.4万册，其中有300多种古籍收入《中国古籍善本书目》，有66种古籍入选《国家珍贵古籍名录》，有80种古籍入选第一批《湖北省珍贵古籍名录》。馆藏1600余种地方志、400余种家谱，均为特色古籍资源。2009年武汉大学图书馆入选第二批"全国古籍重点保护单位"。随着"中华古籍保护计划"的开展，本馆又极力促成成立武汉大学图书馆古籍保护中心、武汉大学古籍保护暨文献修复研究中心等机构，全校、全馆形成合力，使古籍保护工作以古籍庋藏为核心，辐射修复、数字化、阅览、整理和活化利用等方面，取得了长足进展。

一、藏：守护经典、延续文脉

（一）古籍保护制度体系完备

　　依据《中华人民共和国文物保护法》《中华人民共和国文物保护法实施条例》《湖北省实施〈中华人民共和国文物保护法〉

办法》《中华人民共和国公共图书馆法》《国务院办公厅关于进一步加强古籍保护工作的意见》等法律法规和政策，武汉大学图书馆制订了一整套古籍工作规范：《古籍阅览室规则》《古籍书库管理规范》《古籍编目规范》《古籍修复规范》《善本保护规则》。古籍书库实施门禁和钥匙双轨道管理，馆藏古籍分级分类存藏，从制度上更全面、更完备、更科学、更好地保障了古籍的安全。

（二）古籍存藏环境进一步改善

武汉大学图书馆新的古籍书库建成于2011年，古籍书库总面积960平方米，书库装有恒温恒湿、温湿度自动监控、自动火灾、水灾报警、超细干粉灭火、视频监控等智能系统。书库窗口安装有双层防紫外线玻璃和遮阳窗帘，库内照明灯分区控制。馆藏古籍经绝氧杀虫和文献消毒柜消毒后，存放于全樟木书柜中，其中绝大多数配有函套。

二、护：妙手回春、缀连今古

（一）古籍修复工作规范有序

为加强古籍修复工作管理，规范古籍文献修复工作流程，提高修复工作质量，文献修复中心制定了《武汉大学图书馆古籍文献修复管理细则》《武汉大学图书馆破损古籍修复标准及定量细则》等制度规范；同时，不断完善《武汉大学古籍修复档案》的管理，除了填写纸质档案以外，还在武汉大学古籍保护信息管理平台上，对修复档案进行系统化管理；进一步加强了修复古籍的入库验收，每一册修复后的古籍验收签字后方可入库，全方位提升了文献修复管理水平。

（二）古籍修复水平稳步提升

古籍修复人才建设是古籍修复水平的核心指标。本馆极为重视古籍修复与保护人才队伍建设，分别于2011年、2015年、2018

年、2019年陆续增加了多名古籍修复人员，为我馆古籍修复事业注入了新鲜血液，实现了老、中、青三代人才队伍的梯队建设，保证了古籍修复队伍的稳定、传帮带枢纽的连续性。另外积极支持和鼓励修复人员参加各类培训班和学术会议，举办"武汉大学2018年西文文献保护与修复研修班"，有力提升了古籍修复水平。据统计，2009年以来，武汉大学图书馆共修复古籍461册，31291叶，装订2869册，除尘去霉25616册，修复函套355个，修复精平装书189册，仿真复制3种996叶。

（三）文献修复中心初具规模

2016年武汉大学图书馆开始筹建文献修复中心，2018年争取到专项资金，改建300平方米修复场所，并配置了各类纸张检测设备7台、文献预处理设备6台、文献修复专用设备33台、西文古籍、精平装书修复设备4台、其他设备4台，大大提升了本馆文献修复中心基础设施和硬件水平。2021年文献修复中心正式启用。2019年武汉大学图书馆修复师参加了国家古籍保护中心举办的第一期"全国古籍修复技艺竞赛"，获得优秀奖。2021年7月武汉大学图书馆举办全国高校图书馆古籍保护学术研讨会暨武汉大学古籍保护暨文献修复研究中心揭牌仪式，获得业界好评。

三、化：科技赋能、化身千百

（一）古籍数字化基础设施逐渐完备

武汉大学图书馆逐年购置了零边距冷光扫描仪、古籍翻拍架、单反数码相机、大容量移动硬盘等设备，为古籍数字化影像采集和存储提供了物质条件。

（二）书目记录数字化已成体系

2011—2012年参与CALIS特色数据库项目"学苑汲古——高校古文献资源库"建设，提交书目记录近2万条。2013年按照国家古籍保护中心的要求，在全国古籍普查登记平台上传书目数据共8033条。

古籍编目也纳入本馆的自动化集成系统，注重古籍信息细节揭示。古籍编目人员专门设计两个特定字段，分别用于记录古籍定级和古籍破损定级信息。

迄今武汉大学图书馆已积累了各类馆藏古籍书目数据8万余条。随着新购入古籍和影印本线装书数量的增加，这一数字还会持续增长。

（三）全文书影数字化稳步推进

武汉大学图书馆古籍书影采集工作从单幅书影采集逐步转向对整部古籍的全文影像采集，迄今已完成近400部古籍的全文书影扫描工作，图片存储总容量超过8TB。2020年，武汉大学古籍保护信息管理平台正式投入使用，实现了对古籍工作全流程的数字化管理。2021年4月，"珞珈文华——武汉大学古籍保护网"上线发布。2022年4月，在董有明馆长的大力推动下，武汉大学图书馆与武汉大学信息管理学院签署深化合作备忘录，图书馆正式成为教育部"文化遗产智能计算实验室"的共建单位。这将引领武汉大学的古籍数字化事业进入一个全新的发展阶段，更好地服务校内外读者。

四、承：传本扬学、存亡继绝

古籍整理是一项"存亡继绝"的文化工程。武汉大学古籍藏量丰富，是古籍整理和研究的学术重镇。古籍整理团队立足馆藏，积极配合国家"十一五""十二五"古籍整理重点图书出版规划，将馆藏珍本和稀见古籍进行影印和整理，推出了一系列的成果，如《中国古籍珍本丛刊·武汉大学图书馆卷》《武汉大学图书馆藏稀见方志丛刊》《武汉大学图书馆藏古籍善本图录》《民国时期武汉大学讲义汇编》《武汉大学图书馆古籍普查登记目录》。同时与院系合作，承担"国家清史工程""中华大典"等国家重大文化工程项目，整理了一批典籍，如《湖北天门熊氏契约文书》《晚清财政说明书》《中华大典·地学典·测绘分典》等。

古籍保护团队还出版了一些学术专著，发表了一批学术论文，如《中国财政通史·明代财政史》《明清以来的国家与基层社会》《中国图书散佚史》《中国古代的藏书印》《中国阅读通史·清代卷（下）》。

五、用：创造转化、创新发展

（一）嵌入教学科研一线

武汉大学古籍保护暨文献修复研究中心积极发挥古籍资源优势与业务特长，协助开展教师教学实践活动，支持学校的科研和教学。每年协助历史学院"民间文献"与"中国经济史""中国社会史专题"实践课；协助文学院的"古代文学""古典文献学"课程。参与武汉大学核心通识课程"图书的学问与艺术"的实地教学。同时开设90分钟讲座等，提升传统文化信息素养。积极参与"武汉大学边海文献服务平台"的建设，为其提供数字古籍服务。

（二）古籍活化成果斐然

古籍保护中心开展了一系的服务和推广活动，如"校庆120周年馆藏特色古籍展""我与中华古籍——馆藏古籍精品书影展"，为"我与中华古籍"创客大赛、"古籍寻宝游戏——认藏书印大神"、图书馆年俗庙会、官方微信的电子贺年卡等活动提供素材。这些活动不仅丰富了师生的校园文化生活，普及了古籍保护知识，而且对图书馆的古籍文创产品开发具有一定的借鉴意义。

（三）弘扬中华优秀传统文化

古籍保护中心肩负传承和弘扬中华优秀传统文化的使命，与国家级古籍修复技艺中心湖北传习所联合举办了古籍装帧体验活动等，让师生近距离感受古籍之美；与武汉大学印刷包装系印刷研究室联手举办"挑战杯"科技竞赛研习活动，助力武汉大学学子冲刺湖北省比赛。2022年5月开展"云墨书香·技守传承"的支部共建活动，让古籍保护与修复工作走出神秘的殿堂，变得更加生动可亲。

（四）扩大文化辐射面

图书馆曾以馆藏不同版本的古籍《说文解字》为素材，协助河南电视台、漯河电视台拍摄《说文解字》纪录片。2019—2020年连续两年参加湖北省图书馆"馆长晒宝"活动，以视频、现场展示等方式讲解馆藏珍贵古籍。2021年与湖北省图书馆携手成功举办《永乐大典》巡展活动。这些活动影响面广，受到业界人士和大众好评。

古籍承载的优秀传统文化历久弥新，保护好、传承好、利用好古籍是新时期古籍保护工作的重要课题。武汉大学图书馆将努力实现"古籍永葆、文化长存、内涵常新"的目标，赋予传统文化新的内涵，增强文化自信，为建设社会主义文化强国战略贡献自己的力量。

武汉大学图书馆

筚路蓝缕　求是拓新
——武汉大学图书馆对古籍数字化工作的探索

　　20世纪90年代起，在数字化浪潮的影响下，武汉大学图书馆开始探索适合本馆实际的古籍数字化道路。

一、书目记录数字化已成体系

　　武汉大学图书馆的古籍数字化工作以古籍书目的数字化为先导。武汉大学图书馆是国内较早使用计算机进行图书编目的学校，2003年，武汉大学图书馆参与制定"中国高等教育文献保障系统（CALIS）古籍联机合作编目规则"，并使用CALIS古籍编目专用客户端，对馆藏古籍进行联机编目。2009年，武汉大学图书馆在引进国际业界知名的ALEPH自动化集成系统时，将馆藏古籍文献的编目也纳入其中，使编目效率得到显著提高。2011至2013年，武汉大学图书馆以成员馆身份，参加了CALIS特色库项目"学苑汲古——高校古文献资源库"的建设工作，提交书目记录近2万条。2013年，馆藏古籍迁入新馆，武汉大学图书馆集中力量，依据《全国古籍普查登记目录手册》的著录规范，对馆藏1912年之前刊刻、抄写的古籍进行全面调查，在"全国古籍普查登记平台"上传书目数据共计8033条。到目前为止，武汉大学图书馆已积累各类馆藏古籍书目数据8万余条，形成了以本馆ALEPH系统为核心，以高校古文献资源库和"全国古籍普查登记平台"为辅助的书目记录检索体系，基本满足了读者的古籍检索需求。

二、全文书影数字化稳步推进

在进行CALIS古籍联机编目的同时，武汉大学图书馆的古籍书影采集工作也同步启动。2007年，国务院下发《关于进一步加强古籍保护工作的意见》，指出要"制订古籍数字化标准，规范古籍数字化工作，建立古籍数字资源库"。此后的十五年间，为适应国家对古籍数字化工作提出的更高要求，根据书影采集的相关标准和实际需求，图书馆先后购置了零边距冷光扫描仪、古籍翻拍架、单反数码相机、大容量移动硬盘等设备，为古籍数字化影像的采集和存储提供了物质条件。在此基础上，武汉大学图书馆的古籍书影采集工作也从单纯扫描首叶、内封或序跋等少量特定书叶，逐步转向对整部古籍所有书叶的全文影像采集。迄今已完成近400部古籍的全文书影扫描工作，图片存储总容量超过8TB。以此为契机，《武汉大学图书馆藏古籍善本图录》《武汉大学图书馆藏稀见方志丛刊》和《中国古籍珍本丛刊·武汉大学图书馆卷》等古籍整理与研究成果陆续出版。此外，武汉大学图书馆还积极参与"武汉大学边海文献服务平台"等资料平台的建设和服务工作，为其提供古籍书影。

三、工作流程数字化初步建成

在近二十年的古籍数字化实践中，武汉大学图书馆的古籍保护团队越来越清楚地意识到，与全球的古籍爱好者、研究者和工作者共建、共享古籍数字资源，是大势所趋。但古籍数字化不应仅仅停留在联机编目和书影采集的层面，甚至OCR文字识别、数据库建设、知识挖掘与组织等数字人文技术，也无法全面概括古籍数字化的完整内涵。古籍数字化，应该是古籍收藏、保护、整理、阅读、研究、利用等各阶段全领域、全流程、多维度、多层次的数字化。

习近平总书记指出："中华文化延续着我们国家和民族的精神血脉，既需要薪火相传、代代守护，也需要与时俱进、推陈出新。"在这一思想的指导下，2018年，武汉大学图书馆顺应智慧图书馆的发展趋势，以古籍保护专项建设为契机，联合校外专业公司，共同创建"武汉大学古籍保护信息管理平台"。此平台旨在打通古籍保护工作各环节，根据安全性、易用性、开放性、可持续发展的原则，打造集成化、数字化、网络化、可多人协作的古籍工作模式，将古籍庋藏、阅览、编目、修复、整理、研究等日常工作内容，全部纳入数字化流程，理顺工作程序，提高协作效率，提升服务品质。

此平台设计之初，武汉大学图书馆便确定了一个基本原则，即所有古籍工作都必须以庋藏为核心。武汉大学图书馆馆藏古籍是阅览、编目、修复、整理等所有古籍工作的出发点和物质基础，如果不能很好地守护这些珍贵的中华文化遗存，那么古籍特色资源建设与利用等其他工作都无从谈起。因此，平台格外重视古籍的出入库管理。无论何人、何时、因何事调用古籍，都必须通过书库管理员，在平台上登记相关信息，这些登记信息可以查询、统计和输出，且无法删除，这就建立起一种稳固的古籍出入库追溯机制，从制度和技术两个方面保障了馆藏古籍的安全。

2020年，"武汉大学古籍保护信息管理平台"的内部管理模块正式投入使用，将古籍工作的"庋藏、阅览、编目、修复、整理"五项主要内容纳入同一个平台，从而实现了对古籍工作全流程的数字化管理。2021年4月，"珞珈文华——武汉大学古籍保护网"（即"武汉大学古籍保护信息管理平台"的对外服务模块）

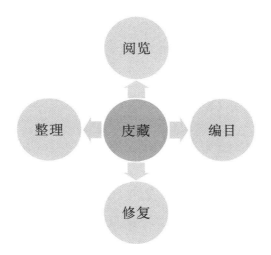

与武汉大学图书馆新版主页同步上线发布，该网页提供馆藏古籍检索、数据库导航、古籍数字资源、古籍阅览预约、古籍整理成果、古籍保护技术和相关法律法规等内容，可以为校内外古籍爱好者与研究者服务。

2022年4月，中共中央办公厅、国务院办公厅印发的《关于推进新时代古籍工作的意见》（以下简称"《意见》"）指出，"加强古籍数字化资源管理和开放共享"。为贯彻落实《意见》对古籍存藏机构应用现代科学技术全面提升古籍数字化工作水平的精神，在董有明馆长的大力推动下，4月21日，武汉大学图书馆与信息管理学院签署深化合作备忘录，图书馆正式成为教育部哲学社会科学实验室"文化遗产智能计算实验室"的共建单位。《意见》为做好新时代古籍工作指明了方向，也将引领武汉大学的古籍数字化事业进入一个全新的发展阶段。

古籍作为中华传统文化的物质载体，其生命终有尽头，而古籍中所凝结的中国古代文明的智慧与美，必将以数字化生存的方式，世代相传。

八桂拾遗　秘典重光

——以广西少数民族古籍抢救搜集、整理保护推动中华优秀传统文化传承发展

广西壮族自治区少数民族古籍保护研究中心积极抢救搜集遗散在八桂大地的各民族古籍，深入挖掘展示蕴含其中的民族团结进步思想和当代价值，使流传千百年的民族遗珍散发光芒，为繁荣发展各民族优秀传统文化、提升广西民族文化地位、铸牢中华民族共同体意识做出了应有的贡献，荣获"全国民族团结进步模范集体""自治区民族团结进步模范集体""全国少数民族古籍工作先进集体"等荣誉称号。

一、让少数民族古籍留下来、传下去，留住民族文化的根脉，推动民族文化遗产的保护与传承

少数民族古籍是中华传统文化的重要载体。广西少数民族古籍丰富，但大多数散藏在少数民族聚居区的村寨。为使广西这份宝贵的民族文化遗产得到有效保护，该中心成立35年来，一直致力民间散藏少数民族古籍的保护和传承工作，通过深入宣传、广泛普查，共抢救、搜集了2万余册件各民族古籍，其中，有26部古籍入选《国家珍贵古籍名录》，突显了广西民族古籍在全国的地位。目前，该中心是国内收藏壮族古壮字古籍、毛南族土俗字古籍、京族喃字古籍、仫佬族古籍、瑶族古籍等少数民族特色古籍最多最集中的单位，切实担当好中华优秀传统文化的忠实传承

者和弘扬者，被自治区人民政府授予首批"广西古籍重点保护单位"，被国家民委评为"全国少数民族古籍工作先进集体"。主要做法是：

1. 健全工作机制，确保工作成效。充分发挥"组织、协调、联络、指导"职能，建立健全"党委领导、政府部门履职、社会力量参与、专家把关"的工作机制，注重加强与各地、各民族众多专家、学者、民间艺人和文化传承人的沟通、交流和合作，充分调动社会力量广泛参与少数民族古籍抢救、搜集、整理、保护等工作，推动工作取得了实效。

2. 创新"三支队伍"建设，形成"广西经验"。"三支队伍"一是民间艺人队伍，负责民族古籍的普及、抢救、收集和识读；二是市县民族文化工作者队伍，负责民族古籍的初步翻译和整理；三是专家学者队伍，负责民族古籍的规范整理，深入研究和政治把关、学术提升。长期以来特别是党的十八大以来，该中心在广西的南宁、河池、都安、宜州以及云南的广南等地共举办了数十期少数民族古籍整理工作培训班，团结了一批来自高校、科研机构的专家学者，以及一批土生土长熟悉民族文化的一线文化工作者，形成了具有广西特色的"三支队伍"古籍工作力量，为事业发展提供了强有力的人才支撑。

3. 创新工作思路，提升古籍保护水平。为使抢救、搜集到的各民族古籍得到进一步的有效保护，该中心创新工作思路，开展少数民族古籍托管保护工作。通过将馆藏的少数民族古籍托管于自治区图书馆，优化古籍保存环境，提高古籍保护水平，让珍贵的民族古籍真正留得下来、传得下去。

4. 探索古籍数字化，加强古籍有效利用。为让古籍得到充分利用，推动中华优秀传统文化的保护与传承，实现民族古籍资源的共享，该中心探索开展民族古籍数字化工作，与南宁市平方软件新技术有限责任公司合作，研发、升级"古壮字信息处理系统"，成功列入全国少数民族古籍亮点工作进行培育，率先实施。同时建设《广西古籍文库》数字资源平台（第一期），集古籍原件数字化、古籍整理数字出版物、古籍相关音视频及图片等资源于一体，多维度立体呈现古籍文化的数字平台，支持在线阅读、快速检索、文图对照等功能。通过数字化工作，让更多藏于"深闺"中的各民族古籍得以呈现在读者面前，对提升广西少数民族古籍资源保护水平、推动少数民族古籍事业高质量发展发挥重要作用。

二、让少数民族古籍的当代价值充分发挥出来，树立广西民族文化品牌，为民族文化强区建设助力增辉

在抢救、搜集、保护少数民族古籍的同时，该中心持续开展翻译整理、研究利用工作，深入挖掘各民族古籍的当代价值，优先选择历史价值、学术价值较高，影响较大、具有代表性的经典文献整理出版，以强基铸魂、推出无愧于民族、无愧于时代的民间文艺精品为原则，坚持优秀传统文化创造性转化和创新性发展，着力打造少数民族古籍整理研究精品成果，先后组织翻译整理出版的各民族古籍整理成果900余种，合计9000多万字，翻译整理研究的成果先后荣获国家级、自治区级奖项多达21个。如《仫佬族地区文书古籍影印校注》于2017年获第八届广西"文艺创作铜鼓奖"，2021年第五届"中国出版政府奖装帧设计提名奖"；《顿造忙（创世经）影印译注》2021年第十届"广西文艺创作铜鼓奖"、2022年获第十五届"中国民间文艺山花奖·优秀民间文学作品奖"等。如今，以少数民族古籍整理成果打造的"布洛陀文化""密洛陀文化""侗族琵琶歌""仫佬族依饭节"等成功入选国家级"非遗"名录，成为广西民族文化的靓丽名片。

在多年的探索实践工作中，该中心逐渐开创了新的工作模式：

1. 开创"复制件交换原件"的少数民族古籍抢救搜集新模

式，打开了少数民族古籍抢救搜集工作新局面，被国家民委推荐为"广西经验"向全国推广。广西少数民族古籍大部分散藏在民间，多在交通不便的少数民族村寨，收藏人不轻易将它示人。为了能让散藏于民间的少数民族古籍得到有效保护和传承，该中心与时俱进，充分照顾民间传承人传承文化的需要，采取"复制件交换原件"的方式开展抢救搜集工作，既解决了民族文化传承问题，又解决了古籍保护问题，工作成效显著。2014年以来共抢救搜集了15000多册件各民族古籍，比原来的收藏量翻了两番。

2.遵循民族性、科学性、规范性原则，开创了"五行对照制"的少数民族古籍翻译整理体例，成为全国通用的少数民族古籍整理方法。"五行对照制"，即第一行为古籍原文，第二行为国际音标注音，第三行为民族拼音文字，第四行为汉文直译，第五行为汉文意译。"五行对照制"很好地保存了各民族古籍的形、音、义原貌，同时兼具了传播的需要，让不同民族、不同地域、不同文化背景的读者、研究者获得精准阅读和利用民族古籍的便利，进而将优秀的民族传统文化传承下来，传播开去。"五行对照制"少数民族古籍整理体例契合了少数民族古籍翻译整理的实际，为少数民族古籍整理领域的学术研究提供宝贵的可借鉴经验。

3.首推《广西古籍文库》编纂工程得到国家民委肯定，系列项目入选国家民委少数民族古籍工作"十四五"规划和中宣部全国古籍整理"十四五"重点项目。《瓦氏夫人抗倭故事歌影印译注》《广西高甲壮语瑶歌译注》成为2021年"国家民委铸牢中华民族共同体意识古籍整理出版书系"全国首批试点项目。

三、让少数民族古籍文字"活起来"，以实际行动践行"共享"发展理念，满足和丰富人民群众精神文化需要

根据习近平总书记关于让"古籍里的文字都活起来"的重要

讲话精神，该中心近年来通过开展讲座、举办培训班、组织专家研讨、发放宣传手册和成果书籍、举办全国少数民族古籍巡展等形式大力加强宣传，让公众走近民族文化、了解民族文化，振奋民族精神，坚定文化自信。

开创广西少数民族古籍保护成果巡展亮相北京、南京、上海引反响。该中心创新工作思路，大胆"走出去"，全力推介广西民族优秀传统文化。2014至2016年，该中心把广西少数民族古籍保护成果展开办到北京、南京、上海等发达城市，精选独具广西民族特色的各民族古籍参展，让发达地区观众读者首次领略来自广西的故纸乡音。

首办全国少数民族古籍巡展，扩大民族优秀传统文化的传播与影响。2016年6月，"民族遗珍 书香中国——中国少数民族古籍珍品暨保护成果展"全国巡展首站在广西南宁开展，引起社会强烈反响，营造了良好的社会氛围。之后，全国巡展连续4年列入国家民委重点工作，先后在乌鲁木齐、昆明、北京、成都、呼和浩特等地举办，广西均作为承办方积极参与，并组织古壮字、毛南文、喃字等珍贵民族古籍参展，展现广西独特的文化魅力和民族古籍工作成就。

《中国民族报》《中国民族》《广西民族报》、广西电视台新闻综合频道、广西人民广播电台音乐频道、《人民日报》英文客户端等报刊、媒体分别报道或刊登了该中心保护传承民族文化的事迹，进一步扩大广西古籍工作宣传力度，让古籍进校园、入生活，成为铸牢中华民族共同体意识的重要资源，推进新时代古籍工作持续发展。

广西壮族自治区少数民族古籍保护研究中心

让"书写在古籍里的文字都活起来"
——广西师范大学图书馆古籍保护工作成果

广西师范大学图书馆始建于1932年学校建校之初，是广西历史最长、藏书最丰富的高校图书馆之一，馆藏古籍线装书12万余册，包括善本书700余种8000余册，以明清两代刻本为主。2009年，图书馆被文化部（现文化和旅游部）确定为"全国古籍重点保护单位"，2010年被广西壮族自治区文化厅（现文化和旅游厅）确定为"广西古籍重点保护单位"。图书馆以"中华古籍保护计划"实施为契机，努力践行让"书写在古籍里的文字都活起来"这一文化使命，以古籍保护和利用为中心开展工作，大力推进古籍修复，在保护好、管理好古籍基础上，开展古籍特藏数字化、古籍嵌入学科教学、古籍文化推广等工作，努力传承和弘扬中华优秀传统文化。

一、设施与人才并重，规范古籍保护

图书馆于2009年成立古籍特藏部，组建专门的古籍工作团队，建立、健全古籍工作制度，参照国家标准建设古籍书库，开展古籍保护工作，古籍管理日趋规范化、科学化和专业化，形成规范而科学有效的古籍保护机制。

广西师范大学图书馆按照国家标准建设古籍书库，在育才校区图书馆内建设古籍书库400余平方米，逐步改善古籍保护环境，在库内配置温湿度控制设备、气体灭火系统、监控系统等硬件设施，添置樟木书柜、灵香草、樟木夹书板等防虫物品，配备单反相机、拍摄架、扫描仪等古籍书影扫描设备。自2019年起，在雁山校区图书馆内建设"古籍馆"，新建标准化古籍书库750余平方米，其中善本库210平方米，库内配有樟木书柜、温湿度控制设备、红外报警系统、气体灭火系统、监控系统、杀虫灭菌设备等先进的古籍保护设施；另有古籍阅览室360平方米，阅览位40个。雁山校区"古籍馆"将以全新的面貌更好地开展古籍保护工作。

在注重改善硬件设施的同时，图书馆不断加强古籍人才队伍建设，配备了7名古籍整理和古籍修复专业人员；与广西壮族自治区图书馆、桂林图书馆等兄弟图书馆加强合作和联系，每年定期选派古籍修复人员参加古籍修复技能的培训，安排古籍工作人员外出考察和学习，不断提升古籍保护人员的专业素养和业务水平，形成了完善的古籍保护工作体系；认真落实全国古籍普查工作方案精神，积极推进馆藏古籍普查工作，逐册清点馆藏古籍，核查并记录古籍版本信息、拍摄古籍书影，共完成线装古籍（含民国时期文献）普查数据1万余条，拍摄古籍书影1万余帧，为馆藏古籍建立了详细目录，高质量完成了古籍普查工作任务，2015年获"广西古籍保护工作先进单位"荣誉称号。

二、整理与挖掘并举，推进古籍数字化

为更好地传承学校优秀的文化遗产，保护和利用好馆藏的珍贵文献古籍，挖掘馆藏古籍文献的深层价值，图书馆加强对馆藏资源的整理和发掘，近年来先后有10种馆藏古籍入选第二批、第三批、第六批《国家珍贵古籍名录》，98种古籍入选《广西珍贵古籍名录》，充分彰显学校所藏古籍的文献价值、历史价值和文化价值。

为提高古籍的利用率，广西师范大学图书馆大力推进古籍数字化工作。2009年，馆内建成古籍书目检索平台，实现馆藏古籍实现网络检索；2012年，建成全文影像数据库3个：广西旧地方志、馆藏古籍善本、馆藏广西民国图书；购买电子数据库，如《中国基本古籍库》《四库全书》《国学宝典》等。馆藏广西地方文献《五种遗规》《粤西通载》《两广盐法志》等收入《桂学文库·广西历代文献集成》影印出版。通过数字化建设及古籍影印出版，极大地提升了古籍的利用率，使更多读者可以一睹珍贵古籍风貌。

三、修复与传承并行，激活非遗文化基因

广西师范大学图书馆自2007年起开展古籍修复工作，2011年被确定为自治区级古籍修复中心。先后在育才、雁山校区建设古籍修复室260余平方米，购置先进、专业的古籍修复设备，配有古籍压平机、古籍修复木墙、古籍文献除尘修复工作台等专业古籍修复设备，持续完善古籍修复中心建设。开展馆藏古籍破损情况调研、建立完善的修复档案、规范古籍修复流程，有计划、突出重点地开展古籍修复工作，成果显著。修复人员共完成《文选越裁》等破损严重的珍贵古籍、《灵山县志》《广西兵要地理》《宁夏府志》《湘山志》等珍稀地方文献、广西民间文书《桂林白石潭村彭素大王祠神簿》、民国文献《岁寒曲》《广西年鉴》等修复工作，并建立了较为完善的图文档案，使原本破损严重的古籍重新焕发新生。

广西师范大学图书馆注重古籍修复人才的引进和培养，组建了较为完善的古籍修复团队，现有专业古籍修复人员3人，其中副研究馆员1人；其中1人荣获全国"高校图书馆榜样馆员"荣誉称号。古籍修复人员定期参加各类古籍修复培训，精研古籍修

复、传拓技艺，增强业务能力；同时也在校内定期开展古籍修复体验活动，将这些非物质文化遗产技艺传授给学生，激活了校内的非遗文化基因，受到师生的广泛好评。

四、推广与课程并用，探索古籍服务新模式

为了让"书写在古籍里的文字都活起来"，广西师范大学图书馆充分发挥古籍特色，创新开展古籍文化推广。2016年以来，每年开展古籍文化展览、古籍修复体验等活动，形成"我与古籍零距离"系列活动；2020年将古籍文化与新媒体推广相结合，开展一系列的古籍文化线上推广活动，拓宽古籍文化的传播渠道；2021年利用馆藏红色文献，举办馆藏广西师大红色文献特展以及"传递赤色校魂，弘扬匠心精神"古籍文化体验活动，有效推广了红色文化和古籍知识。近年来，先后有1000余人次参与古籍文化推广活动，相关活动被桂林电视台、《中国教育报》等主流媒体报道，活动案例先后获得中国图书馆学会高等学校图书馆分会"高校图书馆发展论坛"应用案例征集一、二等奖。

广西师范大学图书馆更利用高校的学科资源优势，将古籍保护工作与校内学科建设有机结合起来，深化古籍服务的专业内涵。2013年起，古籍工作人员开始担任兼职学科馆员，拜访专家教授、了解读者需求，提供学科定题服务、古籍文献代查代检服务等；并加入相关学科科研团队，为相关课题提供深层次的科研服务。2014年以来，先后有文学院、职业师范学院等本科专业课程的师生到古籍书库进行现场教学。2019年以来，古籍工作人员探索出"模块化"教学新模式，将古籍教学内容凝练成多个模块，先后为文学院、历史文化与旅游学院多个本科生、研究生课程提供模块化教学，参与师生达500余人次。在嵌入课程服务中，图书馆形成了较为完整的古籍教学方案，并以"文献保护与研

究"为专业方向之一，于2021年成功申报并获得了"图书情报专业硕士点"，有效地推动地方古籍保护工作。

高校图书馆古籍的保护和利用工作是一项长期需要不断探索的工作，广西师范大学图书馆古籍工作是在"中华古籍保护计划"推动下开展并探索出古籍资源建设、古籍数字化、古籍阅读推广、古籍嵌入教学等工作模式，取得了积极的成效与经验。图书馆将持续以"全国古籍重点保护单位"称号的获得为契机，不断坚持以保护为主、深入挖掘古籍的文献价值，创新古籍文献的推广利用模式，保护好、利用好馆藏文献资源，有效利用古籍资源，发挥文化育人功能，使古籍资源真正能够为学校教学科研服务，助推人才培养；也将深入开展古籍文化保护与推广工作，进一步拓展古籍利用的深度和广度，为深入、广泛传播好中华文化做出更大贡献。

广西师范大学图书馆

筚路蓝缕奠基业　玉汝于成开新篇
——记海南大学图书馆古籍保护工作

2007年国务院印发《关于进一步加强古籍保护工作的意见》之后，海南大学图书馆（以下简称"海大馆"）努力贯彻"保护为主、抢救第一、合理利用、加强管理"的方针。十几年来，我们在古籍保护工作中取得了一定成果，同时努力推广传承中华典籍，用心建设海南地方特色古籍文献资源，以发挥其宝贵的文化价值。

海大馆古籍书库于2009年3月建库，至2013年库藏古籍402册。从2014年至今，古籍达到14部539册，民国文献2590册。还有日文原版书、海南石刻拓片、海南地图及中国南海海洋图。古籍库的收藏来源主要有：一是各界捐赠，二是两校合并后的校内调拨，三是海南碑碣匾铭额图志项目组移交，四是自行购买。各大专题特色馆藏：古籍、四部丛刊（民国文献）、中华再造善本（影印）、更路簿和南海文献（民国文献）、四库全书（影印）、海南石刻拓片，构筑了古籍书库为广大师生及各方读者服务的重要基础。

一、古籍库房建设与环境改善

（一）2009至2016年期间，设古籍独立库房1个，内设有35组樟木实木书柜，2台空调机和2台除湿机保持库内恒温恒湿，防强光窗帘及瓶装灭火器。

（二）2014至2016年改建装修新古籍书库，扩大书库面积至330平方米，分独立库房和阅览室二区，安装防紫外线窗帘，库房内配置一台恒温恒湿机取代了原普通空调机和除湿机，增设樟木实木书柜25组；阅览室设14个书柜，3张阅览桌，12个阅览座位，2部中央空调。

（三）2021年，进行消防系统升级改造。古籍库换装了耐高温高压窗玻璃、柜式七氟丙烷气体灭火装置和自动报警灭火线路。樟木实木书柜增至64组。

（四）24小时常年开启恒温恒湿机维持库房内标准温湿度。书柜内放置干燥剂及天然防虫剂以防霉防虫，放置矿晶类专业环保除醛剂净化库室空气。在现有条件下做好防火防水防盗防虫防霉的工作。

二、古籍保护

（一）对古籍进行抢救性收集清点和普查登记

2009—2011年，收集整理402册古籍；2017年又收集整理及获赠共137册古籍，使馆藏古籍增加到14部539册。

2014—2018年，进行"全国古籍普查登记平台"的本馆数据维护，完成馆藏古籍普查登记目录编纂和审校工作。

2019年，海大馆同国家图书馆出版社正式签署《全国古籍普查登记目录》出版合同。

（二）申报古籍名录

2013年，馆藏4部古籍入选《第一批海南省珍贵古籍名录》。

四部入选的古籍分别是：

明崇祯刻本《大学衍义补》，编号0008。

清康熙刻本《鼎湖山庆云寺志》，编号0020。

清康熙刻本《罗浮山志汇编》，编号0021。

清乾隆六年（1741）刻本《贵州通志》，编号0044。

（三）获赠古籍、民国时期文献与海南石刻拓片

1999年，丘濬后裔新加坡书法家丘程光赠明崇祯刻本《大学衍义补》1部3函30册。

2017年，徽学家叶显恩赠清光绪九年石印本《康熙字典》1部4册，赠民国文献《缩本四部丛刊初编》等2105册。

2020年，日本友人仲野善久赠日本明治九年至昭和二十五年间（清光绪二年至民国二十五年，即1876—1950）的日文原版图书388册。

2020年，林诗仍赠其父林树教手抄本《癸亥年更流部》等3册更路簿，林诗仍笔记小册子4册，中国南海海洋图14张。

2018年及2022年，接收海南碑碣匾铭额图志项目组及其编委会移交的两批海南石刻拓片近1300通。

（四）古籍编目

2017—2018年，依据《中华古籍总目编目规则·中华古籍总目分类表》编制古籍分类号和索书号，并按照《汉语文古籍机读目录格式使用手册》规则在Interlib图书馆集群管理系统中完成库藏古籍和线装民国文献的编目数据录入，以揭示馆藏并提供检索数据。编目14部古籍35条数据563册（含补配数据1条24册）。

2019年，编目《四部丛刊》等线装民国文献351条数据2151册。

2021—2022年，依据《中文拓片机读目录格式使用手册·中文拓片编目规则》进行中文拓片机读目录格式编目字段的系统设置工作，并据此手册之《附录：一、中文拓片关键词表》编制拓片分类编码表及海大馆拓片索取号的取号规则，以开展拓片编目工作。

（五）购买文献，丰富库藏

苏东坡文献、南海文献等民国文献55册。

影印古籍丛书：《原国立北平图书馆藏甲库善本丛书》一套

1001册，《清代稿钞本》全套350册，《续修四库全书》《儒藏》等2235册。

（六）阅读服务和宣传推广

2015年，海大馆参与海南省古籍保护中心（以下简称"海南省古保中心"）开展的"我与中华古籍"摄影大赛优秀摄影作品巡展活动，在海大馆海甸校区布展，并在海南大学图书馆主页上进行宣传报道。

2016年，向国家古籍保护中心提交2005—2015期间《中华再造善本》使用情况调研表（使用数据报表和科研数据报告）。《中华再造善本》是古籍再生性保护的典范，极大丰富了海大馆的古籍文献资源，为读者提供了难得的一手资料，对海南的古籍保护、典籍传承和文化发展建设产生着积极而深远的影响。

2017年，应海南省古保中心办邀约撰写的通讯文稿《保护古籍　弘扬中华优秀传统文化——记海南大学图书馆抢救保护古籍事例》，于海南省图书馆官网"新闻动态"栏目中发布。

2018年，挖掘整理琼籍台胞吴乾华赠《景印文渊阁〈四库全书〉》事迹，采访、撰文并参加录制海南省电视台第168个海南故事。

2021年，海大馆参与国家古籍保护中心主办的"珠还合浦　历劫重光——《永乐大典》的回归和再造"展巡活动，在海大馆微信公众号转发链接进行宣传展览。

（七）参加省内协助古籍普查登记编纂审校工作

2014年，海大馆派员参加了海南省古保中心开展协助省民族博物馆古籍普查著录和申报工作。工作小组共完成了15部64册古籍的《国家珍贵古籍名录》申报书的填写和107部509册古籍及民国文献的鉴定著录工作。

2018年，完成审校海口图书馆的古籍普查登记目录648条数据。

（八）人才培养

海大馆古籍书库设专职人员管理，并与时俱进地持续参加古籍保护的业务培训，学习相关知识技能。

2012年，参加第六期全国古籍普查管理人员培训班的培训学习，为古籍保护工作培养新的古籍保护人员。

2018年，参加国家古籍保护中心举办的第十九期《全国古籍普查登记目录》审校人员培训班，学习古籍普查登记目录审校，超额完成国家古保中心规定的审校编纂数据任务。

2019年，参加第六期全国碑帖编目与鉴定研修班，学习拓片编目与鉴定的理论和实践，在国图古籍馆编目拓片90通暨手写著录卡片90片，完成国家古籍保护中心分配的拓片著录任务。

2021年，参加古籍保护线上培训学习：1.中国图书馆学会举办的"图书馆古籍鉴定研修班（18学时）"；2.文化和旅游部公共服务司与国家古籍保护中心举办的"2021年全国古籍保护工作线上培训班（18学时）"；3.国家古籍保护中心在线举办的"古籍库房建设与管理研修班（10学时）"；4.国家古籍保护中心举办的"古籍数字化建设研修班（10学时）"。

三、结语

近十几年的古籍保护历程和工作成果，见证着海大馆的古籍保护从无到有，逐步发展、完善和提高，通过组建古籍书库及古籍普查，有力地推动了库藏文献服务、资源建设、阅读推广和科研工作；培养了古籍保护专业人员，夯实了海大馆古籍保护工作的基础，开启海大馆古籍保护工作的新篇章。海大馆将继续努力，不断地推进本馆的古籍保护工作，担负使命，勇于奉献，做好中华典籍传承和海南地方特色古籍文献的保护和整理。

李景芝

海南大学图书馆

故纸芬芳　书香流传

——记西南大学图书馆古籍守护与传播者

西南大学图书馆于2005年由原西南师范大学图书馆和原西南农业大学图书馆合并组建而成，办馆历史长，馆藏丰富，现有古籍14万余册，为"全国古籍重点保护单位"。学校百余年的办学历史，筚路蓝缕，玉汝于成，历来高度重视古籍的保护和利用。近些年来，学校和图书馆持续通过改善馆藏环境，加大古籍保护和整理利用，以多元化的方式推广传统文化，让故纸不断散发芬芳，书香永久流传，不断践行习近平总书记强调的让"书写在古籍里的文字都活起来"的美好愿景。

一、努力建好新时代的"藏书阁"

古籍文献卷帙浩繁，越千百年至今，时代变迁，不断辗转，每一册都带着历史的沧桑。营造一个标准化、现代化的"藏书阁"是做好古籍文献保护的前提。西南大学中心图书馆于2014年落成，同时建成投入使用的还有面积800平方米的古籍书库，14万余册古籍悉数乔迁新居。古籍书库有樟木书柜210个，均根据《图书馆古籍书库基本要求》（GB/T 30227-2013）并结合馆藏古籍的数量和品种量身定做。为定制符合规格的书柜，曾多次到访北京师范大学图书馆、天一阁博物院、上海图书馆、南京大学图书馆、华东师范大学图书馆等参观学习。

现在的西南大学图书馆古籍书库一年四季恒温恒湿。西南大学图书馆制定了严格的管理规定，馆员定期巡视，确保古籍收藏环境的稳定、安全、有序，努力建好一个新时代的"藏书阁"。

二、细数故纸堆中的珍贵册页

在国家古籍保护中心和重庆市古籍保护中心的指导下，西南大学图书馆于2011年9月开始启动古籍普查工作，在资金和人力资源有限的情况下，克服重重困难，于2016年底顺利完成国家古籍保护中心要求的古籍普查登记工作，共计清查1912年以前的古籍5814部69880册。在普查过程中不断有新的古籍发现，其中有清光绪刻本《虫荟》3册，该书为民国时期病虫害专家刘君谔个人藏书，封面有刘君谔手书墨笔题跋，书中有其批注，甚为珍贵。

通过普查，既摸清了家底，也使得一批珍贵文献得以确认，并列入《国家珍贵古籍名录》。截至2021年年底，西南大学图书馆共有25部馆藏珍品入选《国家珍贵古籍名录》，200部馆藏珍品入选《重庆市珍贵古籍名录》。2017年1月，国家图书馆出版社单独成册出版《西南大学图书馆古籍普查登记目录》，全面反映了西南大学图书馆的普查成果。

三、不断让故纸光华再现

西南大学图书馆早在20世纪80年代就遴选了一批责任心强、业务能力过硬的馆员学习古籍修复技术，2004年再次集中送培学习，精进、提高修复技艺，2005年正式成立古籍修复室，开展古籍修复工作。古籍修复师们怀着对古籍的敬畏之心，经年累月埋首故纸堆，耐心细致地去污、托裱、修补虫洞，让一卷又一卷故纸光华再现。经过修复师的不懈努力，近年来共计有106部504册

30120叶古籍残卷重获新生。

对珍贵古籍，采取"请进来"和"走出去"相结合的模式，在国家古籍保护中心协助下，将馆藏年代最早的两部珍品——敦煌遗书《唐人写百法名门论义记》和南宋福建莆田郡学刻本《文章正宗》送到山西省图书馆，邀请国家级的古籍修复专家胡玉清老师对文献施以修复，使流传千年的珍贵文献再次焕发新生。

四、持续加强古籍的再生与利用

珍贵文献藏之于馆，更要合理利用，发挥其价值，使之能够"活起来""传下去"。为此，西南大学图书馆不仅面向学校还面向社会提供馆藏古籍的查询、阅览服务，同时为文学院、历史文化学院、文献所等学院相关专业师生提供教学实习服务。

通过文献挖掘整理，西南大学图书馆一批馆藏典籍得以影印出版，不仅使得珍贵文献获得新生，惠泽学林，也实现古籍的妥善保护。2014年《西南大学图书馆藏珍贵古籍图录》由西南师范大学出版社出版，选取馆藏珍贵古籍140部，以图录的形式予以展示。2015年国家图书馆出版社影印出版的《中国古籍珍本丛刊·西南大学图书馆卷》与世人见面，收录了83部馆藏珍本古籍。同年，经整理后的民国稿本《徐乃昌日记》由国家图书馆出版社进行影印出版，为古籍的版本鉴定、整理与研究，提供了宝贵资料。此外，清稿本《方舆考证》入选"中华再造善本工程"；清抄本《巫山县乡土志》入选《重庆历代方志集成》。

五、主动让古籍走近青少年

为了让古籍走近大众，尤其是让当代青少年感知古籍魅力，西南大学图书馆以校园文化活动为载体，通过展览、讲座、体验活动等多种形式，"线上＋线下"的活动方式，大力宣扬中华传统文化和传统技艺，并逐步形成了"古籍书库开放日""中华经典文献展""传统技艺进校园"等校园文化品牌活动。

2018年4月，西南大学图书馆举办"古籍前世今生"系列活动，以实物和图片的形式展出了不同时代、不同装帧形式的古籍，使师生感受了不一样的"故纸堆"，聆听"故纸堆"背后的故事。西南大学图书馆邀请国家古籍修复技艺中心重庆传习所修复师许彤讲述了古籍保护及修复专题讲座，让更多人了解古籍修复这一传统技艺。此外，传拓技艺、雕版印刷等体验活动让师生不仅眼观，更能亲自操作，深受欢迎。为了更好服务社会，扩大宣传，西南大学图书馆还将传统技艺进校园活动走进了北碚特殊教育学校、北碚澄江中学、北碚街头……让更多的市民和青少年体验雕版印刷、活字印刷、传拓技艺、线装书制作等悠久传统技艺。同时，西南大学图书馆还利用中外合作办学的机会，将中国传拓技艺带到泰国孔敬大学等去展示，让国外友人见识了历史悠久、博大精深的中国文化。

结合世界读书日主题，近几年西南大学图书馆积极举办"古籍书库开放日"活动，平日不对外开放的古籍书库揭开神秘的面纱，迎来一批批好奇的师生，他们走进书库、参观古籍书柜，听图书馆馆员讲解古籍保护知识，一睹馆藏珍贵古籍真颜……通过此类活动，进一步激发了广大师生尤其是当代大学生的文化认同和文化自信。

赓续中华文脉，做好古籍保护，图书馆人重任在肩；传承中华文化，让青年学子感知古籍魅力，图书馆人同样责无旁贷。保护好、传承好古籍，让故纸永远流传、永远散发芬芳，西南大学图书馆永远在路上！

西南大学图书馆

发挥博物馆优势 加强馆藏古籍的综合利用

——重庆中国三峡博物馆古籍工作案例展示

一直以来，重庆中国三峡博物馆（以下简称"三峡博物馆"）以社会主义核心价值观为引领，致力于研究、展示和传播中华优秀传统文化，始终把社会效益放在第一位，通过传承创新、服务大众，不断激发博物馆事业发展活力。近年来，古籍工作作为三峡博物馆事业的重要组成部分，在促进文献研究、推动科研成果、加强公众服务及传播方面起到了越来越重要的作用。三峡博物馆先后入选第三批"全国古籍重点保护单位"和"重庆市古籍保护重点单位"。馆藏敦煌佛经《十律诵》入选《国家珍贵古籍名录》，《增广注释音辩唐柳先生集》《集古印存》《舆图摘要》等古籍善本入选《重庆市古籍珍贵名录》。

一、系统整理古籍文献，为博物馆研究提供有益借鉴

三峡博物馆现藏古籍4993套40234册，特别以史志类古籍文献的收藏，数量尤其众多，其中仅稿钞本有近百种。为了让馆藏古籍走出文物库房，使更多研究者和文史爱好者能接触到这些文献资料，三峡博物馆将古籍整理与本馆科研方向相结合，不断加强史志类古籍文献的整理研究和编辑出版。

2011年以馆藏清道光二十三年（1843）《重庆府志》为底本，影印出版《［道光］重庆府志》1函12册，反映古代重庆的建制

沿革、山川地理、人文历史等，为重庆地方文史研究者提供了难得的资料。2014年对上海图书馆藏明万历十九年（1591）吴守忠自刻本《三峡通志》进行点校出版，为学林提供了综合记录三峡地区自然、人文的专门志书。2017年以清光绪二年（1876）读书堂本《蜀故》为底本，校以乾隆补修本、白鹤堂本、玉元堂本、耕道斋本，完成点校整理出版，为蜀地文史者提供了核校版本。2020年又启动重庆市出版基金项目《重庆中国三峡博物馆藏西南地区稀见史志类稿钞本丛刊》，甄选《［民国］续修曲靖县志稿》《［民国］文山县志》《重修昭化县志》《蜀艺文志》《国朝全蜀贡举备考》《汉代的重庆》《四川崖墓略考》《彭山崖墓建筑》等一批保存状况较好、文献价值较大、反映主题较为集中的稿钞本，分辑编纂出版。

此外，针对馆藏珍贵文物敦煌写经，三峡博物馆开展"馆藏敦煌遗书整理与研究"项目对其进行系统整理，并邀请敦煌研究院文献研究所专家来馆考察鉴别，陆续整理完成敦煌和高昌（吐鲁番）写经33卷，其中汉文23卷、藏文10卷，先后发表《重庆中国三峡博物馆藏敦煌藏文写经叙录》《重庆中国三峡博物馆藏敦煌高昌汉文写经叙录》等核心期刊文章向社会公布，以供学界深入研究。这些古籍项目的相续成果，为学术界和广大历史爱好者带来新的营养，为博物馆所藏古籍"活起来"迈出了重要一步。

二、积极推进古籍数字化，激发古籍资源有效利用

为加强古籍数字化及资源管理和开放共享，2015—2016年三峡博物馆开展"馆藏古籍图书数字化项目"，主要针对地理方志类、金石研究类、书画艺术类古籍及具有研究价值的民国文献等进行数字化，完成古籍扫描加工1709部12718册，共计180万余叶。在此基础上建立馆藏古籍数字资源系统，有效地提升了古籍

数字化资源的查询和利用效果，年均查询频次近百次。面向社会提供查询、电子书页拷贝等服务，馆藏资源先后提供重庆市规划局《重庆历史地图集》、重庆市地方志办公室《重庆历代方志集成》等大型项目的出版利用，为推动社会研究利用发挥了积极作用。

同时，三峡博物馆加强社会公众服务，提高古籍数字资源的开放共享，利用网站改版升级的契机，开放本馆可移动文物普查的全部古籍数据，进一步拓宽信息查询的渠道，并开放共享古籍数字资源54种，为社会和公众查阅浏览。此外，三峡博物馆配合"三峡文化专题资源库"建设，提供民国《云阳县志》《涪州志》等重庆地区古籍方志，面向公众浏览；配合"三峡家谱专题库"建设，完成巴渝家谱370册54000余叶数字化及系统挂接；配合"馆藏白鹤梁题刻旧拓知识图谱"项目，完成白鹤梁及三峡拓片约307件的数字化工作。

三、结合博物馆展览优势，努力做好古籍大众化传播

在文旅融合的新时代，博物馆作为文化和旅游产业相融合的场馆，使参观游览兼具了传播历史文化、传递知识、欣赏艺术、研究教育等多方面的价值与功能。借助博物馆的展览和传播优势，可以使公众更好地走近古籍、了解古籍，从而实现更好的大众化传播效应。2011年至今，馆藏五代吴越《宝箧印陀罗尼经》《妙法莲华经》等经卷用于"重庆中国三峡博物馆馆庆60周年捐献文物精品展"展出；清光绪本《天闻阁琴谱》展出于"巴山凤鸣——重庆中国三峡博物馆馆藏古琴展"；唐经生书《大智度论》《妙法莲华经》展出于"重庆中国三峡博物馆藏历代书画展"；民国《张大千临摹敦煌壁画目次》《张大千画集》用于"三千大千——张大千抗战时期绘画作品展"展出；《妙法莲华经观世音菩萨普门品》《清自远堂琴谱》展出于"景仁怀德——重庆中国三

峡博物馆藏社会捐赠文物展"；民国钤印本《白石刻石》《白石印草》两种展出于"一百高天下——抗战时期齐白石绘画作品展"；日本源光国小楷《妙法莲华经如来寿量品》展出于"巴渝旧事君应忆——荷兰高罗佩家族捐赠高罗佩私人收藏文物展"。这些馆藏古籍与众多原创精品展览相结合，相得益彰，既是对展览主题有益诠释，也为社会公众了解古籍提供了更多渠道，取得了良好社会效益。

新时代古籍事业的发展对博物馆古籍的保护利用提出了新的要求和挑战，三峡博物馆将进一步结合自身特色，充分发挥博物馆的独特优势，做好中华优秀传统文化的创造性转换和创新性发展，为古籍大众化传播做出积极贡献。

重庆中国三峡博物馆

古籍保护参与者

我的古籍心

——从古籍计算机编目过程中培养出来的感情

我从事图书馆工作已经三十二年了。但2011年之前，我对古籍一直不甚了解，认为它充满了神秘感。2011年10月的某一天，领导把我叫到馆长办公室，说让我负责图书馆里的古籍计算机编目，我二话没说就接受了这项重要而又有意义的工作。通过近两年的古籍计算机编目工作，我通过古籍这个物质载体，拓展了自身对中国五千年文明史的认知，也加深了我对中华优秀传统文化的热爱。

一、古籍计算机编目的意义

中华古籍不仅是我国重要的物质文化遗产，也是世界重要的精神财富。然而，历史上战争、政权更替和天灾人祸等因素都导致古籍不同程度的破坏。为抢救、保护珍贵古籍，传承和弘扬中华优秀传统文化，2007年，国务院下发《关于进一步加强古籍保护工作的意见》（国办发〔2007〕6号），由此在全国范围内广泛开展古籍普查登记工作，以全面了解我国现在古籍保护的现状，从而加强对古籍的保护和管理。这标志着"中华古籍保护计划"正式启动。普查登记是"中华古籍保护计划"的首要任务之一，建立古籍总台账是全面了解全国古籍存藏情况、开展全国古籍保护的基础性工作。

全国古籍普查全面展开以后，北京市积极响应开展古籍普查工作。2009年，首都图书馆成立了北京市古籍保护中心，负责北京市各事业单位、在京大中小学校的古籍普查和保护工作。北京教育学院图书馆作为北京市属高校图书馆也积极参加了古籍普查数据库的建设。2012年6月在北海旁边文津街的国家图书馆，我还有幸参加了"中直系统收藏单位古籍普查管理人员培训班"；还参加了北京市古籍保护中心组织的多次古籍计算机编目知识培训活动，这让我这个古籍计算机编目人心里慢慢有了底气。

二、古籍普查数据库建设的过程

在从事古籍计算机编目工作中，我主要按如下程序进行工作：

1．邀请我馆的老同志对古籍既有情况进行介绍。对我馆古籍的来源、馆藏古籍基本情况和手工编目古籍情况进行了详细了解。

2．针对古籍外观，核对目录卡片。要对古籍的手工编目卡片先进行整理。对分类目录和书名目录两套卡片目录认真熟悉情况。

3．了解古籍内容，做到心中有数。了解本馆古籍的前世今生，对经、史、子、集各部重点古籍做到心中有数。学术性、历史价值较强的古籍重点掌握。如经部典籍中的《皇清经解》《诗经稗疏》《读礼通考》《四书大成》《孟子正义》等；史部典籍的《元史纪事本末》《留真谱初编》《日下旧闻》等；子部典籍的《算经十书》《几何原本》等；集部典籍如《古文渊鉴》《唐宋八家文读本》等，丛部典籍如《粤雅堂丛书》《聚珍版丛书》等。

4．认真研读《古籍普查培训手册》《全国古籍普查登记手册》等，掌握古籍普查数据库建设的内容和要求。

5．古籍知名专家亲临指导教育。北京市古籍保护中心的领导特别重视我们的工作，特邀请三位知名的专家到我校指导工作，对我们做好此项工作帮助很大。

6.认真工作，按要求努力早日完成任务。学习古籍的基本知识后，我对古籍分类、题名、目录、卷数、版本、版式、装帧和装具，定级、破损定级及登记、书影制作等有了基本了解，并保质保量，进行全、精、准的著录。经过两年多的不懈努力，北京教育学院图书馆向北京市古籍保护中心上传电子编目数据791条，共计2479函17000多册，扫描照片4366张。其中善本古籍39条，94函620册；普通古籍和民国线装图书共计752条，2385函16647册。登记破损古籍40余种。我们圆满地完成了古籍计算机编目工作。

三、在古籍计算机编目工作中的收获

（一）学到了很多古代汉语知识和古籍历史知识

首先，古籍文献的内容以古代汉语的形式呈现。古籍编目人员首先要能识别古文中的字体，如楷书、隶书和篆字，要具备足够的古汉语知识。要了解古文断句、序跋的格式等方面的基本知识。如古籍牌记里的繁体字往往不是楷书而是隶书或篆书，而牌记又是考证一部古籍的出版人、出版地和出版年代的重要依据，因此必须要准确判断。通过几年的实践，我发现古籍编刻的一些共性特点，即古籍的正文一般用楷书，内封书名、牌记多用隶书或篆书，序跋一般用楷书或是行书。所以古籍编目人员要能认识繁体字和辨认各种字体，并掌握一定的文言文知识，才能从古籍的序、跋、牌记、目次、正文首卷卷端等内容中找出正确的书名、著者、分类、版本、定级鉴定等著录依据。

其次，古籍编目人员还要阅读中国书史、中国通史、中国文学史、校勘学、目录学及古籍计算机编目规则等图书，只有掌握更多的古籍知识，才能准确编制古籍目录、鉴定古籍版本，完成古籍的计算机编目工作。

最后，熟练掌握工具书和检索工具的使用方法。专业的古籍整理人才需要掌握不同的工具书和检索方法，在工作中遇到不明白的地方，利用其进行快速查找，以解决问题。

（二）掌握一些古籍的分类知识和版本学知识

古籍一直沿用的是四部分类法的分类体系，这次普查，在原四分法的基础上又增添了丛书类，而且对其二、三级类目做了更加合理的修订。图书馆的古籍编目工作中最基本的是记录每部古籍的各项特征，其他各项都较容易著录，而古籍分类、版本鉴定是较难的工作。所以作为一名合格的编目员就必须掌握四部分类法的分类知识。古籍的出版机构是多种形式的，如皇家、官府、寺庙和私人等，因此，古籍编目员应尽可能地掌握这些出版家和出版单位的有关历史资料。历朝历代的政府、书坊和个人对书籍的出版形式都没有统一的规定，书名、作者、版本等项目更是五花八门。这就要求古籍编目员一定要有版本学知识，熟悉古籍在流传过程中形成的众多版本，知道如何鉴别版本。

（三）了解许多经典古籍和从事研究古籍的名人

在古籍计算机编目过程中，从国家古籍保护中心到北京市古籍保护中心的培训讲座中，我认识了很多知名专家，他们在讲座中风趣幽默的谈吐与严谨的治学精神使我深感敬佩，从而培养出了对古籍的浓厚兴趣，也自己购买了几十本有关古籍的图书，越看越喜欢。自此，阅读古籍成了我的兴趣爱好之一，只要听到古籍的论坛和讲座信息我必去聆听。我要感谢这些学者和典籍，使我心里对古籍充满浓厚的深情。

四、永远热爱古籍工作

通过参加全国古籍普查登记工作，我对本馆古籍情况从一无所知到逐渐熟悉。例如，我了解到我馆所藏古籍基本是人文和与各教学学科和专业相关的书籍，如《四书五经》《说文解字》《尔雅》《明史纪事本末》《中国历史课本》《历代帝王年表》《西洋史要》《中国历史地理大词典》《世界地理志》《亚非地理志》《日下旧闻》《北京历史风土丛书》《北平庙宇通检》《九章算术细草图说》《高等小学算术教本》《几何原本》《力学课编》《化学分原》《芥子园画传》《闲情偶记》等。这些古籍对我院各学科教师的教学和科研都有很大的帮助。

为了更好地保护古籍，图书馆申请到一些古籍保护的设备，如立式空调、温度湿度测量计等，大大提升了古籍的馆藏保护性能。

古籍计算机编目工作使我对中华传统文化产生了敬慕和热爱之情，深刻认识到保护和传承祖国优秀传统文化是我义不容辞的使命和担当。近来，我又带领几个年轻同事一起从事古籍管理和保护工作，让更多的人热爱古籍，让更多的人有一颗古籍心！

刘蕴秀

北京教育学院

"修书"与"传承"
——走过"中华古籍保护计划"十五年

古籍是中华民族数千年历史发展中创造出来的重要文明成果，是中华文化一脉相承、灿烂光辉的历史见证。历经岁月沧桑流传至今的古籍，受限于保存条件、修复水平等桎梏，其保护和利用始终面临着不小的挑战。

2007年，国务院办公厅印发《关于进一步加强古籍保护工作的意见》，"中华古籍保护计划"随之启动，至今已经走过十五年。在此过程中，作为经历了这段辉煌岁月的一名普通古籍保护工作者，我们欣喜地发现，目前全国性的古籍保护工作机制已经建立并日趋完善，中华古籍得到了系统性保护，全国范围内在古籍普查、修复、整理、出版、人才培养等方面均取得丰硕成果。这里，我仅就熟悉的天津图书馆古籍保护修复工作做一介绍，谈些体会和感想。

一、古籍保护工作的守正与创新

天津图书馆是中国创建较早、历史悠久的省级公共图书馆之一，历经百年发展，馆藏现存50余万册原版古籍，是国务院命名的首批"全国古籍重点保护单位"。天津馆藏古籍文献以明清地方志、小说、诗文集、宝卷及活字本书为特色，另珍藏隋唐写经、宋椠元刊、明清佳刻以及旧版外文图书旧资料等。

天津图书馆古籍保护中心现位于天津文化中心图书馆内，作为全市古籍普查登记中心和培训中心，负责全市古籍保护工作，承担汇总古籍普查成果，建立天津地区古籍综合信息数据库，形成天津地区古籍联合目录等，同时带动本地区古籍保护及修复工作的有序开展。多年来，天津图书馆用实际行动践行守护、传播和弘扬中华优秀传统文化的职责。2014年初，首部《全国古籍普查登记目录》——《天津图书馆古籍普查登记目录》正式出版，标志着天津馆普查登记工作进入成果揭示阶段。2017年2月28日，天津图书馆积极响应国家图书馆（国家古籍保护中心）的号召，在线发布馆藏古籍影像1000部，以明清刻本为主，所发布古籍品种和版本丰富珍贵、文献价值高。之后又陆续在线发布馆藏普通古籍影像5834部，进一步有效协调了典藏与利用的矛盾。在古籍保护工作中，我们不仅重视大力提升再生性保护措施，还注重古籍的原生性保护工作，切实加大古籍保护力度，全面提升古籍修复能力，从而达到"继绝存真、传本扬学"的宏远目标。

"中华古籍保护计划"启动至今，天津馆古籍保护中心认真履行职能，积极开展各项古籍相关业务培训，培养古籍专门人才。一方面，组织本地区各藏书单位工作人员参加国家古籍保护中心主办的各项专业培训，内容涵盖古籍编目、鉴定、普查平台审核与管理、古籍修复、碑帖编目与鉴定、传统文化推广等重要内容。另一方面，充分利用天津古籍保护中心优势资源，自主举办具有高度针对性的专业培训，如古籍修复技艺高研班、《中华古籍总目》编纂等，参加人员遍及全国。这些工作的确为藏书单位培养了一批具有一定专业素质，能独立完成普查、保护、修复等专业工作的中青年工作者，为天津市古籍保护工作的未来持续发展奠定了深厚的人才基础。

为增强社会公众对传统古籍修复技艺的了解和认识，让"书写在古籍里的文字都活起来"，从2015年起，天津图书馆每年都会参与一些大型社会公益活动，如"我与中华古籍"摄影大赛、"寻匠取法——非遗与生活新作品双年展"等。此外，为深入贯彻习近平总书记关于京津冀协同发展重要讲话精神，促进京津冀三地非物质文化遗产的展示与交流。天津图书馆连续参加三届京津冀非物质文化遗产联展，每届联展都会以"非遗保护——传承发展的生动实践"为主题，精选三地非遗项目中最具代表性和体现非遗最高技艺水平的创承人作品，充分展示三地非物质文化遗产丰厚的人文蕴涵和独特的文化魅力。

二、百年修复技艺传承之路

"中华古籍保护计划"启动后，为响应国家"十三五"规划中提出的"构建中华优秀传统文化传承体系，实现传统文化创造性转化和创新性发展"，为让"书写在古籍里的文字都活起来"提供基础支撑，天津图书馆紧跟时代步伐，积极响应国家号召，申报国家社科基金项目——"中国古籍传统修复技艺的知识保护与研究"，着力发掘整理我国古籍修复技艺简史。在整理天津图书馆馆藏档案资料期间，我们深度挖掘出天津图书馆百余年间的修复历史，厘清了天津图书馆百年修复技艺传承的基本脉络，也让那些留存在档案中一个个冰冷的名字，慢慢地鲜活了起来。

清光绪三十三年（1907）十月，直隶提学使卢靖首倡筹建直隶图书馆，光绪三十四年（1908）直隶图书馆正式开馆，馆址最初设于河北大经路（今河北区中山路）直隶学务公所内，即为天津图书馆前身。这一时期直隶图书馆的藏书大多由名流士绅捐赠而来。藏书之人必然爱书，且家中大多有能使书籍好好保存的办法，亦有帮忙修复整理书籍之人。这些修书匠人随书来到当时的直隶图书馆，在馆组织中设立图书部、编订部，负责书籍的装订整理，也就奠定了图书馆古籍修复最早的成员班底，为其修复古籍提供了一系列自古传承、行之有效的方法。

辛亥革命到中华人民共和国成立前夕，时局动荡、战乱频发，直隶图书馆也命运多舛。这样动荡的时局，难以给古籍修复事业提供良好的发展环境，要做到对古籍的保护，也需要更强大而坚定的信念。老馆员于昭熙提供的馆史资料《我所知道的原天津市第一图书馆》中提到民国二十八年（1939）天津发生特大洪水之后馆员们合力抢救图书的场景："院内一片潮湿，地上被淹的图书一堆堆地像泥一样，于是大家开始救书。我们发现，线装书还好整理，一般平装铅印书页粘在一起，很难揭开，当时的方法是先用木板把每套书夹起来，用大刷去泥污，再把书一册册扩开，先晾在院内木板上，等潮干时，拿进屋来，一页页的用竹签揭开，再放在院子里晾晒，好在当时是秋天。干透后，再用原布套装好……"文中不难看出当时对于古籍的抢救方法，使用一些传统的修复工具，如竹签之类，将破损书叶挑开，防止粘连。文中还强调"好在当时是在秋天"，说明当时图书馆员已经意识到气候对于古籍的影响。当时图书馆人已有对书籍损毁的忧患意识，同时有对图书保护的迫切期待。

中华人民共和国成立初期，百废待兴。20世纪50年代到70年代，修复人员数量的增加有着明显的时代特征，代表人物有邢俊斗、常淑芬、陶俊玲、臧淑慧等人，他们来自不同的阶层，有着不同的社会经历。彼时的天津图书馆拥有了专业的修复人员，有了专业老师教授传统古籍修复技艺，同时开始有计划地修复和整理馆内藏书。这一时期的修书馆员不仅注重技术的探究和创新，同时也开始专注修复技术的学术研究。如陶俊玲在1979年第一期《图书馆工作与研究》上曾就衬纸和修签工序的改进发表过一篇名叫《整旧如旧》的论文。

1994年，我作为天津图书馆馆员被派往国家图书馆，师从杜伟生和张平两位老师，专心学习古籍修复技艺，学成回馆，重新筹建古籍修补专室。明确修复岗位，购置完善修复工具，设立专门的修复场所。自此，天津图书馆的古籍修复开始步入成熟发展时期。

2007年"中华古籍保护计划"的实施，使得古籍修复得到了国家前所未有的重视和支持。如今的天津图书馆古籍修复中心拥有一支"老中青"结合的专业团队，千余平方米的修复场地，古籍修复技艺业已形成特色。

近年，天津图书馆在清华大学传世古彝文手稿修复项目、天津图书馆馆藏"周叔弢先生捐赠敦煌文献、宋元刻书残叶"整理、保护与研究项目，北京文物局图书资料中心碑拓数字化整理修复项目，天津杨柳青木版年画线稿修复，北疆博物院珍贵西文文献保护与修复，天津大学图书馆藏珍本古籍保护修复等多个大型文保科研项目中，积极推进文物保护工作科学理念，并利用本馆纸质文献保护实验室的专用仪器设备，累积大量数据，以期今后在纸质文献保护领域开展更加深入研究。通过大量古籍修复实践，天津图书馆在文献保护领域取得了诸多可喜的成果。

三、初心一脉，做古籍修复的用情之人

古籍修复是一门技术，更是一门被喻为费心耗时"拯救的艺术"。它不仅需要从业人员心灵手巧，需要技术和技能，更需要培养的是对这门传统技艺的深切情感和强烈的责任心。

相当一段时间内古籍修复人员不受关注，直到2007年启动"中华古籍保护计划"后逐步得到关注、重视。我亲身经历的这二十几年，感触更深。1994年初独自来到国家图书馆，在懵懂中艰难学艺；2014年"国家级古籍修复技艺传习中心天津传习所"设立，我的身边成长出一支多层次、高素质的古籍保护人才梯队，古籍保护事业已呈现出"后继有人"的喜人变化。

作为一名古籍修复技艺传承人，我会守住自己的本分，用心用情，继续踏实坐稳古籍修复的这条"冷板凳"。未来，我会和同事们一起，继续践行天津图书馆作为传统文化守护者的社会责任。我也希望能有更多的人关注古籍保护、驻足古籍修复技艺传承，一起传承博大精深的中华文化。

万群

天津图书馆

古籍田园中的耕耘者

——记内蒙古自治区图书馆古籍专家何远景

有人说古籍保护工作是一个枯燥无味的行当，要耐得住寂寞，坐得住冷板凳。殊不知在热爱古籍的人眼里，和古籍相守的每一分钟都甘之如饴，我的老师何远景先生就是这样一位古籍保护工作者。

何远景，内蒙古自治区图书馆研究馆员。1952年生人，1977年高考恢复后考入包头师范专科学校中文系，毕业后留校任教三年。1983年考入西北大学历史系汉唐典籍专业研究生，师从李学勤先生。1986年毕业，获历史学硕士学位，同年进入内蒙古自治区图书馆从事古籍整理工作。2006年获得文化部（现文化和旅游部）优秀专家称号。

一、最早对法门寺真身宝塔所出藏经做出正确论断

在进入内蒙古自治区图书馆工作之前，何老师在古籍界已有所成就。何老师在读研究生期间，因偶然机会参与法门寺地宫佛经整理工作。对于法门寺真身宝塔所出藏经的真伪，早在1937年对宝塔进行加固时，就有人提出过疑问。何老师根据古籍工作实践，对藏经进行仔细研究，提出法门寺真身宝塔所出《普宁藏》是真的而非伪造的观点，为此与吴敏霞老师合作撰写《法门寺真身宝塔所出〈普宁藏〉的真伪》一文（《文博》1985年第6期）。

这是法门寺地宫发掘后，国内学者对藏经真伪最早的正确论断，引起学术界的关注。

二、带领爱徒开展馆藏古籍第三次整理工作

2008年，我在内蒙古师范大学读中国古典文献学的研究生，何老师作为外聘教授为我们讲授版本学。何老师不修边幅，外表看似普通，但是讲课时声如洪钟，口若悬河，几次伏笔、几处设问就能把同学们的思绪牢牢抓住。我印象最深的是先生讲古籍版本的"袭古"与"循变"，他将竹简的契口和鱼尾、书名号联系在一起，古籍版式衍变如一条线被他轻松拎了起来，令人叹服。何老师书法极好，板书漂亮，爱好书法的同学下课还要仿写。读研的后两年，我们在先生的教导下学到了许多古籍版本学的理论，也跑到学校古籍书库看了一些古籍，但是我对古籍产生挚爱源于与何远景老师共同完成的古籍整理工作。

2010年3月，内蒙古图书馆改扩建工程还没有完全结束，多数职工尚在家休整等待开馆，何老师已经开始着手整理古籍。当时老师给我打电话问我有没有时间好好见识一下古籍，我当然欣然前往，谁知这一去就是六个月。这六个月是我人生中最"灰头土脸"的时期，也是我人生中最高强度的"知识摄入期"。

古籍库位于内蒙古图书馆四楼的一个角落，从外面看丝毫看不出有什么特别之处，走进里面却别有洞天。它是一个上下两层的复式结构，上面一层约300平方米，专为存放古籍之用，下层有一个极为宽敞明亮的阅览区，整个布局既美观又实用。据何老师介绍，在古籍库房里一共堆放了20余万册珍贵古籍，是他和工人用手推车一车一车地从库房搬运到古籍库中的，仅搬运就用了半个月的时间。

进入书库的第一天我便被琳琅满目的古籍所吸引，主动要求

参与整理工作。何老师在图书馆30余年的工作时间里一共进行过三次大规模古籍整理工作，整理经验非常丰富。他首先计算书架的容书量，以"万"为单位对书架进行分区，然后集中编排《四部丛刊》《四部备要》《古今图书集成》《大清会典》系列，以及各种版本的《二十四史》等大部头古籍。这部分古籍理顺后再按照号段找书，找一点排一点，用了大概一年的时间才将20万册的古籍整理出来。何老师视古籍为家人，整理的时候极为爱护，有函套的古籍轻轻掸拭，没有函套的古籍轻拿轻放，绝不能出现折叠和撕裂古籍的情况。摆放的时候也有讲究，没有函套的古籍叠放在一起，无论从哪个角度看所有书的书根必须在一条直线上，每架书的外侧一面也必须在一个平面上，上下层古籍的相对位置也要固定，经何老师整理过的古籍库房的确极为规整。何老师的这种工作精神和态度一直影响着后来者，我馆最近的一次古籍整理工作就完全继承了何老师的工作方式和要求。

在整理休息间歇，何老师会把整理过程中遇到的特殊版本或者有趣的古籍找出来为我详细讲解。除了刻本、排印本、影印本，我还见识到了套印本、晒蓝本、誊印本、叠积字本等版本及各种装帧形式的古籍。整理工作的每一分每一秒都化作知识的甘露浇灌着我的大脑。时至今日，我都非常感谢和追念那段时光。正是这段宝贵的学习经历让我萌发对古籍的热爱，对古籍保护工作的向往，也让我学会了如何从事古籍保护工作，让我见识到一位真正热爱古籍工作的人的工作态度和工作方法。

三、超前编纂内蒙古自治区古籍联合目录的艰辛历程

何老师还在闲聊时为我讲述了他编纂全区古籍联合目录的艰辛历程。他在西北大学读研期间正值全国掀起一股古籍整理的热潮，一时间学者们纷纷著书立说撰写论文，但很少有人涉及全国

各个角落的古籍，何老师遂萌生了编纂全国古籍目录的想法。思虑再三，他决定从基础的工作开始，以身试水。20世纪80年代研究生极少，何老师毕业后没有选择到一线城市，面临内蒙古自治区全区古籍家底不清，古籍整理人才极度匮乏的情况，他毅然决然地选择回归内蒙古。

来到内蒙古图书馆工作之后，何老师用了七八年的时间将没有经过系统整理的本馆藏书悉心整理完毕。在整理过程中，他通过考证确定《宝箧印陀罗尼经》《大方广佛华严经合论》《大方广佛华严经》等经卷为宋版，引起极大的轰动。

20世纪90年代，何老师开始编纂全区乃至全国的古籍目录。他从呼和浩特地区的古籍收藏单位开始，一个馆一个馆地整理下来，十年间跑遍全区50多家古籍收藏单位，普查了近50万册古籍。这期间他克服了经费匮乏、交通不便、行业限制等等障碍，足迹遍及全区各旗县公共图书馆、高校图书馆、博物馆、医院、研究所等。为了不给藏书单位造成不便，也为了节约时间，无论寒暑他都会随身带上馒头和水，在书库里一干就是一整天。长期超负荷的工作及饮食不均衡，何老师患上了严重的低血糖症及腰腿部疾病。何老师整理全区古籍的时候，正值改革开放大潮刚刚影响到内蒙古，身边的亲人、朋友对他不顾一切扎进古籍堆里的行为十分不理解，但是他丝毫不改初衷，凭借坚持不懈的精神完成了从来没有人完成过的创举。

在完成全区古籍普查后，他又做了一件个在今天看来都十分超前的事——为古籍编目学习计算机编程。从最简单的小霸王学习机开始，一点点自学，到联合目录出版前，何老师已经可以进行VBA编程。为了节省经费，他利用VBA技术在Office平台开发了一套古籍编目软件，在此基础上完成了《内蒙古自治区线装古籍联合目录》数据库建设和联合目录的排版及索引编制工作。2003年，在一次全国性的古籍管理人员会议上，何老师将三厚册

《内蒙古自治区线装古籍联合目录》样书放在了会议桌上，立即产生了轰动效应。那时国家古籍保护中心还没有成立，全国古籍保护工作还没有形成"一盘棋"，还没有一个地区完成当地古籍的普查和编目。而在文化相对落后的内蒙古自治区竟然能完成全部古籍的普查及编目工作，这让与会者及业界都格外惊喜，北京图书馆出版社（今国家图书馆出版社）立即决定出版。2004年，全国第一部地方联合目录《内蒙古自治区线装古籍联合目录》正式出版，为全国古籍保护工作人员提振了精神。时至今日，古籍界的老人只要提到内蒙古，必定会问到何老师的情况。

四、为内蒙古自治区古籍工作奠定良好发展基础

2007年"中华古籍保护计划"启动，全国古籍普查工作正式开展。各地在国家古籍保护中心指导下陆续开展普查工作。内蒙古自治区古籍保护中心则依据何老师编制的联合目录数据库，轻松完成古籍普查十六表、古籍普查平台数据的上传工作。同时，何老师为内蒙古大学图书馆、内蒙古师范大学图书馆、内蒙古党校图书馆、巴彦淖尔市图书馆、呼和浩特市图书馆编制了各自的古籍数据库，促进上述单位古籍整理工作。时至今日，我们仍然要依靠何老师编制的数据库完成内蒙古自治区古籍保护中心的各项工作，接待读者，甚至是出版古籍普查登记目录。

何老师前期所做的工作也为全区古籍保护工作建立起一个牢固、亲密的合作网络。何老师在古籍普查期间凭借任劳任怨、认真负责的工作态度征服了全区古籍收藏单位和从业人员。我参加工作以后无论是陪同何老师到收藏单位调研还是电话咨询问题，都能得到收藏单位的积极回应。最为典型的是巴彦淖尔市图书馆，何老师曾经数次受邀前往指导工作，一手促成巴彦淖尔市珍本古籍的发掘、宣传、推广。他还利用自己文史馆员的身份撰写

议案，为该馆争取政府重视及古籍保护经费。

何老师还为内蒙古自治区图书馆培养了一个秉承自己工作作风的优秀工作团队。在何老师的熏陶下，其子何砺砮一步步成长为主管全馆古籍工作的部门主任。经过不断历练，何主任已经对全馆乃至全区的古籍保护事业运作得心应手，可谓"青出于蓝而胜于蓝"。

何老师对我个人的帮助也非常大，一步步指点我的研究方向，奠定了我的学术研究基础。何老师除了教会我版本鉴定及整理业务知识外，还把他认为值得研究的方向毫不保留地传授给我。2013年，在何老师的授意下我开始整理馆藏《京报》，整理期间有所发现我便与何老师讨论，在他的提点下，我对馆藏《京报》有了相对深入的了解。2021年我利用近十年的研究成果成功申报了国家社科基金课题。在他的言传身教下，我也培养出一些对古籍的敏感和直觉，参加工作以来，发现了十余部本馆或者其他单位的珍贵古籍。

有句歌词唱道"我仰望你看过的星空，穿过百年的时空再相逢"，古籍保护工作也是这么一代又一代的传承下来。我们今天触摸和感受的是数年前、数百年前甚至千年前的读者、藏书家、整理者的气息和温度，这些人无怨无悔耗费毕生时间精力保存、整理的古籍文献是中华文化最伟大的精神传承。在这些人中，我的老师何远景先生同样熠熠生辉，令无数后来者高山仰止。然而，他却把自己比作"古籍田园中的农夫"，一直默默耕耘着。

冯丽丽

内蒙古自治区图书馆

提高开放共享水平 促进古籍有效利用

　　《关于推进新时代古籍工作的意见》（以下简称"《意见》"）从总体要求、完善工作体系、提升工作质量、加快资源转化利用、强化工作保障五个方面提出十八条意见，指明了新时代古籍工作的发展方向与路径，指导我国古籍工作守正创新，服务当代，面向未来。《意见》特别提出要加强古籍工作领导机制建设，加强顶层设计，将原有的古籍保护、整理研究和编辑出版三大工作体系进行资源整合，统筹谋划，这对于全面部署和一体推进古籍工作具有重要的现实意义和历史意义。《意见》明确提出要持续推进"中华古籍保护计划"。十五年来，作为"中华古籍保护计划"的见证者、参与者与奋斗者，我与广大图书馆工作者一样，既倍感自豪振奋，又深知责任重大。

　　南京图书馆（以下简称"南图"）是江苏省省级公共图书馆，前身可追溯至1907年创办的江南图书馆和1933年国民政府时期筹建的中央图书馆，历史悠久，文化底蕴深厚，具有得天独厚的历史文献馆藏资源，现有馆藏已达1200万册件。其中古籍160万册，民国文献70万册。鉴于其深厚的历史、人文条件，南京图书馆所收藏的古籍承载着百年历史的积淀，有很多藏书著称于世，享誉海内外。其中如钱塘丁氏八千卷楼藏书、武昌范氏木犀香馆藏书、桃源宋氏藏书、朱希祖遗书、顾氏过云楼藏书等等，可谓珍藏荟萃，精品纷呈。自2007年"中华古籍保护计划"实施以来，在各级党委和政府的高度重视下，在国家古籍保护中心的精心指导下，南京图书馆在古籍普查、分级分类保护、古籍修复、人才培养、影印整理出版、古籍数字化和宣传推广等方面也取得一系列令人瞩目的成果。

在做好古籍保护工作的同时，南京图书馆（江苏省古籍保护中心）充分发挥省古籍保护中心职能，组织全省各级古籍收藏单位，通过不懈坚持与努力，对全省古籍藏量、存藏特征、保护现状进行了广泛摸底普查，共收集68家古籍收藏单位数据25万余条。全省古籍存藏条件得到充分改善，现有古籍书库为102个，书库总面积达到23280平方米。在普查基础上，江苏建立了古籍分级分类保护体系，全省共有1422部古籍入选国家珍贵古籍名录，占全国总量10.9%；评选出省级珍贵古籍名录3026部。全省共有国家级古籍重点保护单位21家，省级古籍重点保护单位24家。江苏全省古籍保护事业发展迅速，意义重大，影响深远。

自古以来，图书馆馆藏古籍的"保护与利用"就是一对十分突出的矛盾。为了满足社会各界对古籍文献的需求，南京图书馆贯彻"保护为主、抢救第一、合理利用、加强管理"的方针，解放思想，积极作为，加强古籍文献的揭示与服务，努力扩大馆藏古籍的开放力度，受到社会各界欢迎。南图古籍文献的服务时间、服务人次和文献阅读量在全国同级图书馆中位于前列。为了扩大开放范围，加强文献原本保护，南图加快古籍数字化进程，目前已建立南京图书馆古籍全文影像数据库，共有8000余部近260万页古籍供读者查阅。其中有200余部古籍在互联网全文发布。

在进行馆藏珍贵古籍数字化的同时，南图利用得天独厚的文献资源，加强与业界专家和出版机构的联系合作，不断推进历史文献的影印整理出版工作。古籍的影印整理出版，是解决图书馆古籍藏与用矛盾的有效举措之一，它们既能够完整真实呈现古籍文献原貌，使珍贵古籍化身千百，焕发新生，促进古籍的广泛传播与利用，又能够替代古籍原本，方便读者查阅使用，使古籍原本得到应有保护。

近十多年来，南图与中华书局、国家图书馆出版社、凤凰出版社、南京大学出版社等出版机构通力合作，共影印整理出版馆藏历史文献34种1422册，另有13种即将出版。在馆藏影印整理出版物中，《南京图书馆藏稀见方志丛刊》（全170册）、《二十世纪三十年代国情调查报告》（全266册）、《南京图书馆藏未刊馆稿本集成》（全400册），这三部大型系列文献是南图具有特别典型意义的文献，它们从立项到出版均在10年以上，每部书的出版数量均达百册以上。它们的出版，汇聚了南图百万册古籍中最具代表性的珍贵资源，凝聚了一代代南图人历久弥新的爱书护书精神，展现了当代南图人对古籍进行保护、整理与利用的时代风貌。

古地方志是南京图书馆特色资源之一，馆藏古地方志近6000种，其中善本500余部。除善本之外，普本方志数量也相当可观。为了充分揭示馆藏方志文献，2012年南京图书馆与国家图书馆出版社合作出版了《南京图书馆藏稀见方志丛刊》（全170册）。该书从近6000种的旧志中，选取140种稀见方志，其中孤本方志有53种，国内收藏单位在三家以内的稀见方志87种，涉及全国23个省市自治区，并对每种都撰写了提要。该书的出版促进了地方文献资源的保护、开发与利用，对地方志的整理和研究有重要的意义。《南京图书馆藏稀见方志丛刊》（全170册）是国家"十一五"古籍整理重点项目，并获得第十三届江苏省人民政府哲学社会科学一等奖。

南京图书馆是国内民国时期文献的重要收藏机构，藏有中央政治学校学生实习调查报告476册，17.8万多页，这些调查报告，用毛笔或用钢笔书写，并有老师的评语和评分。这批珍贵的稿本文献由南京图书馆解放初期接收六十多年，一直作为馆藏珍本文献得到妥善保管，并被评为馆藏十大镇馆之宝之一。这批文献从计划到正式出版长达十五年之久，2012年由凤凰出版社正式出版，取名为《二十世纪三十年代国情调查报告》（全266册），并在北京举办了隆重首发式，得到学界的广泛关注。该调查报告收录时间跨度为1931至1937年，地域覆盖范围为江、浙、沪、鲁、鄂、皖等地部分市县，内容涉及行政、统计、金融、法律、公用事业等，具有十分重要的史料价值。该书也获得国家重点图书出版规划项目、国家出版基金项目等多项荣誉。

稿本，为古人著作的底稿，是原始文字记录的印证。它保存了文献的原始面貌，有着无可替代的学术研究价值。南京图书馆馆藏明人稿本20余种，清人稿本1000余种，近代稿本近千种，具有很高的版本价值、文献价值和艺术价值。20世纪90年代南京图书馆就已出版了《薛福成日记》《朱希祖文集》两部稿本，深受社会各界肯定。自2010年开始，南图从馆藏稿本文献中，选择千余种稿本，进行整理出版，书名定为《南京图书馆藏未刊稿本集成》，计划出书400册，这成为当代南图古籍影印整理出版数量最多、体量最大的丛书，目前已经出版了《南京图书馆藏未刊稿本集成·经部》《南京图书馆藏未刊稿本集成·史部》。该书获得国家重点图书出版规划项目、全国古籍重点整理出版项目、国家出版基金项目等多项荣誉。

《意见》明确要求"促进古籍有效利用，加快古籍资源利用"。南京图书馆将根据要求，不断增强古籍保护工作的使命感和责任感，进一步处理好、统筹好古籍文物属性与文献属性的关系，激发古籍保护利用工作活力，更加便捷、更加高效地为国内外读者和社会各界做好古籍文献的开放与服务。

全勤

南京图书馆副馆长、江苏省古籍保护中心主任

牢记初心　方能传承匠心
——一眼"相中"古籍修复的十五年

我与古籍修复结缘于2007年，当时在高考志愿填报指南里一眼就"相中"了"古籍修复"专业。由于从小对古诗词文学和传统文化有浓厚的兴趣，加上自觉动手能力较强，便进入金陵科技学院开始了大学四年的专业学习。兴趣是最好的老师，坚持是最好的见证。2012年，我顺利通过安徽省图书馆招聘考试，如愿成为历史文献部一名真正的古籍修复师。

从开始接触古籍修复到成长为一名古籍修复师的这十五年间，我赶上了"中华古籍保护计划"实施的黄金年代，先后参加了国家古籍保护中心举办的一系列中、西文古籍和碑帖拓片修复培训班。培训班的学习开阔了我的眼界，雄厚的师资力量让我学习到的不仅是精湛的技艺，更可贵的是补天之手的匠心精神。

2016年是我职业生涯的重要一年，国家级古籍修复技艺传习中心安徽传习所挂牌成立，我得以拜入修复大师潘美娣门下，学习传统古籍修复技艺。师父毫无保留地把她的拿手绝活儿搓空心纸钉和"夹揭法"的手法倾囊相授，她还教育我们古籍修复须得三心：信心、耐心和责任心。2021年，我们迎来了中山大学图书馆古籍修复师肖晓梅任安徽传习所的新导师，她为我们带来了理论与实践结合的教学方案、传统与现代互补的修复技法以及"师徒合修"的传习模式。潘老师"修书亦修心"和肖老师"苦中思乐，潜心孤诣"的工作精神和态度都深深影响着我，我想这便是对"匠心"最好的解释。

从业至今，我从一名换皮订线的修复新手逐渐成长为能够独立完成珍贵古籍修复的传习所助理导师，修复了善本古籍如严重虫蛀的馆藏清抄本《百花诗·一木堂诗尘》；在师徒合修明万历木活字印本《休宁鱼鳞册》的修复中完成了难度较大的书叶修复和装订工作。在传习所工作中，除负责协助导师按期开展传习教学外，还在第一期安徽省古籍保护与修复技术培训初级班上，辅助潘美娣导师完成了教学活动。在中华优秀传统文化的实践和推广工作中，面向读者策划开展了一系列古籍修复、雕版印刷等传统技艺体验和"非遗进校园"活动，推进古籍保护意识在大众中传播。

"不遇良工，宁存故物"，而良工须具有"补天之手，贯虱之睛，灵慧虚和，心细如发"。虽入行十载，但我深知自己距离"良工"还有很大的差距。只有牢记自己作为一名古籍工作者的初心，在修复中不断积累经验，提升技艺，方能与时间赛跑，为古籍续命，将师父们的匠心更好地传承下去。

耿宁

安徽省图书馆

以勤为径，书写古籍普查工作历程

2007年1月，国务院办公厅印发《关于进一步加强古籍保护工作的意见》，标志着"中华古籍保护计划"正式在全国实施。作为1998年即进入安徽省图书馆古籍部工作的老员工，我有幸参与其中，并逐渐从一个只会闷头干眼前活的人成长为有一定思考力和情怀的古籍普查兼审校工作者。

回顾过往的工作历程，最初的基础打造阶段（2007—2009），是在安徽省图书馆历史文献部主任陈春秀的指点下，我们将每一部书都按照普查表上的十六项进行一一著录后，再经二次审校以发现自身著录方面的不足之处。经过一年的古籍著录工作让我对普查有了初步了解，对古籍著录的复杂性有了更多的认知，同时意识到可以通过古籍普查不断提升自己对相关知识的掌握，切实体会到"绝知此事要躬行"。

为了不断磨炼业务能力，在其后的工作中，本着"业精于勤而荒于嬉""书山有路勤为径"的工作态度，我甘坐冷板凳，对古籍心怀敬畏，对工作细致入微，认真完成每一条普查数据：书号、书名卷数、存缺卷、版本、册数等基本信息，以及定级、定损，并上传可供审校参考的必备书影等。所完成的数据被当时的审校老师笑称为"免检产品"。

随着前辈老师的退休，我也从单纯负责普查工作过渡到担负普查兼审校工作，同时开展业务指导及督导工作。其中印象最深的要数2016至2019年连续参与四期的"古籍普查文化志愿者活动"兼普查督导工作，在这几年里，普查已不仅仅是线上的远程指导，更是从实际着手，亲赴地市图书馆，作为普查志愿者，尽心尽力地做好援助工作。

征途辛苦，累并充实着，当看到原本散乱的古籍经我们整理编号并被合理安置后，所有的劳累也会变成一种释然。于我们而言，苦中作乐也是必备精神，外部环境练就了一切从简的工作作风，没有网线的临时现拉，没有办公地就在走廊上临时放两张小桌，工具亦是自备，而时间紧迫的我们则早迎朝霞晚踩星光，真正实现了"白加黑，五加二"的工作模式，累了困了，就哼唱着走调亦记不清词的歌，彼此取笑一番后，打起精神再一头扎进故纸堆中。"以勤为径"的工作态度让我们在一次次的志愿普查中，把原本难以攻克的普查任务顺利完成，助力省内各古籍普查单位的古籍目录得以正常出版。

总结起来，我的相关工作经历可谓"有始有终"。从最初对古籍普查与保护工作不甚了解，跟着前辈老师有样学样地就书而著录，到后来自己能独立完成普查兼审校，甚至还能起到一定"传帮带"的作用，依托着"中华古籍保护计划"，我的工作价值得以实现。

彭红

安徽省图书馆

十年访书，收获"铭心之作"

——福建省图书馆宋元珍本采访札记

　　自"中华古籍保护计划"启动以来，每一位古籍从业者都欣喜地看到：古籍保护的春天来了。此时，福建省图书馆要求特藏部投入古籍保护计划中，我也不例外。经过十年古籍采访和征集工作的奔走，幸有所获，其中有三部闽刻珍本的搜访暨入藏，可以说既是福建省图书馆古籍采访工作的里程碑，又是我作为馆员个人职业生涯的"铭心之作"。

一、宋福州东禅寺等觉院刻，崇宁大藏本《大威德陀罗尼经》

　　我协助福建省图书馆收到的第一部宋本——宋福州刻崇宁藏本《大威德陀罗尼经》，来源于一次日常工作中偶然的机会：2012年，北京瀚海拍卖公司古籍部负责人黄河先生莅馆看书，交谈中得知福建省图书馆未藏有宋版古籍，便说起该公司拥有一部宋刻佛经，这引起了我极大的兴趣，就详细地咨询了下该经书的一些具体情况，黄先生见此笑着说：你们可以争取啊，但是有一条件必须满足，就是贵馆古籍书库一定要有恒温恒湿系统的保护，否则不能让给你们收藏，毕竟福建省气候湿热，而存世的宋版书都比较脆弱，如果保管条件不到位，那勉强收进就是在毁书了，我是不忍和不认的。诚哉斯言！直到今天，瀚海公司黄先生来福建省图书馆"看书"以及他说起的这句话，都常常被我拿来告诫图书馆同行：不爱惜古籍，不懂得保护珍籍，别人也不会尊重你的，更不会给你这样的机会。

事不宜迟，随后我便迅速地提交了购藏此本的建议方案，强调该经卷的历史文物价值，以及省馆收纳这部经卷的重要意义与必要性，引起了馆方的重视。时任福建省图书馆馆长的郑智明和副馆长的陈晟等集议之后，很快同意了这部宋刻的采访动议，同时，还邀请了业内专家对这部宋刻经卷进行了综合评鉴，厘定其版本为宋元祐五年福州东禅寺等觉院刻隆兴元年印崇宁大藏经之《大威德陀罗尼经》（存卷4）；对于其典藏与研究价值，大家也都给予了较高的评价，这极大地鼓舞和坚定了福建省图书馆迎回这宋版经卷的信心。客观来说，这一册宋刻经卷也有其弱点，如修复后改成册页装，已失其原有装帧之旧貌。但是，其宋刻崇宁大藏本纸墨、刻印的特征暨风貌犹在，且卷首、尾及内叶中多处钤有"鼓山大藏"朱文长方印，卷端有千字文编号"靡"字；半叶六行，行十七字。此卷的卷首还附有"追荐文"一篇，在现有一干存本中亦属少见。

此本的入藏主要是考虑到要优先解决馆藏无宋本的困扰，信此来提升福建省图书馆古籍的典藏水平，并祈以此为发端，迈开持续增饱馆藏、优化古籍典藏结构的步子。令人振奋的是，这部宋刻经卷于2020年入选了第六批《国家珍贵古籍名录》，这更加证明了这部新近采进本的价值，也是对我们古籍采访工作最好的肯定。

二、元大德三山郡庠刻本《通志》

2019年5月，我在孔夫子旧书网上搜寻到一则交易信息：元刻元印本《通志》一册，有陆维钊题签，刘慎旃题记。我即迅速查证，此书系宋代福建莆田学者郑樵所著，而此本为元大德三山郡庠刻本，是我国书史上的名椠，顿时惊觉这又是一次机遇！

毕竟元版《通志》有多个版本存世，如元大德刻本、元大德刻元明递修本等，出于慎重，我立刻与网肆店家——安徽芜湖"万卷书屋"取得了联系，商请发来多帧书影，以便确认其版本情况。店主汪华表示，网肆上只是挂发了一册卷69的书讯及其简要信息，真实情况则是该《通志》实际上存有2卷：除此卷69外，还有卷164，20世纪中曾经修复，重装为四册，分别由诸乐三、陆维钊、胡士莹和夏承焘几位名家题写书签"元刻元印通志残本"，并发来了相关书影。据此，我初步了解了该书的基本情况，判断该《通志》当如题签所云，既不是后世翻刻本，也不是元代之后的重修本，但仍需要面验此本，以便进一步确认。

经面验原书，真实情况果如店主所言。该《通志》半叶9行，行21字，双行小字21字，版框29.5厘米×20.6厘米，开本38厘米×24.5厘米，甚为阔大，所以世称其作"大本"。书中钤盖有原藏家姜东舒（姜永晋）、黄宁凤夫妇的"东舒""山东省牟平县珠堌村人姜永晋"及"听雨楼藏"等印章；此书除了卷69有刘慎旃的题记，卷164还有沙文若（沙孟海原名文若，字孟海）的题跋。刘慎旃曾任职于浙江图书馆，长期从事古籍采访与整理工作，其于跋文中比较了此本与浙图藏本，认定此本为元大德刻本，这一点十分重要，结合对此姜氏听雨楼藏本的面勘，刘《跋》足可采信。

随后，我们邀请到了国家图书馆、天津图书馆等多家收藏单位的业内专家共同前往芜湖"万卷书屋"，一道鉴识福建省图书馆拟购的这部元刊本。这几位专家所在的单位分别藏有元刻本及元刻递修本《通志》，并经眼过大量古刻名抄，是目前国内古籍鉴定的实力专家，因此，他们在见到此书时，可谓是一眼明了的：元刻元印本，无疑！

最终，这部题签作"元刻元印通志残本"的珍本终于在当年9月26日顺利入藏：闽（人）著闽刻重归八闽，又为福建省图书馆及至福建省留驻了一珍。

三、宋福州开元寺刻毗卢大藏本《佛说海意菩萨所问净印法门经》

自打馆里迎回了宋刻崇宁藏本，我就此留了个心眼：希望在自己职业生涯中，力争将"福州三藏"请回馆内，迎回闽省，尤其是另一部福州刻大藏《毗卢藏》，祈望能实现崇宁藏本与毗卢藏本在省垣"再聚首"。"福州三藏"于古代中国刻书史上影响巨大，代表着其时福州雕版刻经与印刷技术的最高水平，并对后世宗教典籍雕版印刷发展等方面产生了很大影响，如能遂愿入驻省馆，为闽省公藏府库增添又一"宝藏"，同时还能够惠泽八闽学林，特别是从事古籍整理与研究相关的工作人员。

我揣着这一点小心思，经常在网络上搜访有关毗卢藏本的信息，终于在2018年底发现了杭州西泠拍卖结拍的一则信息，是宋刻毗卢藏本《佛说海意菩萨所问净印法门经》（存卷1—2），图录显示该拍品的整体品相尚好，局部有虫蛀蚀，但在近千年的沧桑历程后仍有这般品貌，没有更大的损坏，实属不易。2019年，我和国家图书馆赵前老师聊到了西泠拍卖的这部宋刻经卷，得知西泠上拍的那部毗卢藏本经卷已流至北京，拟委托北京泰和嘉成拍卖公司再次上拍，我无暇多想，便下定了决心：力争！随后，我即与泰和嘉成刘禹先生取得了联系，商定我代表福建省图书馆先行面验此部经卷，认定后再开展相关征集工作。

2019年12月25日，我负责带队率福建省古籍保护中心办公室业务骨干一行赴京参观国家图书馆举办的"中华传统文化典籍保护传承大展"，借此机会，前往面验了这部毗卢大藏经本：两卷已经高手精心修复，装帧作一函一册，共计十四纸；单幅折叶镌字6行，行17字；上下单边，框高24.3厘米，首叶刊有"敷文阁直学士左朝议大夫潼川府路都铃辖安抚使知泸州军州提举学事兼管内劝农使赐紫金鱼袋冯檝恭为今上皇帝祝延圣寿舍俸添镂经板三十函补足毗卢大藏永冀流通劝缘福州开元禅寺住持慧通大师了一题"字样，千字文号"密"，该叶还分别钤有"开元经局"及"三圣寺"二方朱印。

瞬间，那"合璧"的念头迅即浮现在我的脑海。最后，经多方沟通和努力，以及业内专家共同鉴识，一致认可了这部宋福州刻毗卢大藏经卷的价值，并表示将这部经卷迎回其原刊刻地福州，意义重大。最终，于2020年9月25日，我们心心念念的宋刻毗卢藏本《佛说海意菩萨所问净印法门经》（存卷1—2）顺利入藏馆内。

这十年之间（2011—2020），除了撷归这三部宋刻元椠，还有明清时期闽刻珍籍百十余种，如明早期建阳刻本《群书考索》、明初刻本《新编事文类聚翰墨全书》、明嘉靖李元阳福建刻十三经注疏本《春秋榖梁传注疏》和《尔雅注疏》，以及清乾隆福建刻道光同治递修武英殿聚珍版书本《后山诗》（阳湖赵烈文"天放楼"旧藏，其子赵宽手校并题跋），等等，总计700多册件。其他非书类文献则有墓志铭石刻碑板（其中宋代碑铭二种），以及拓片、舆图、尺牍、木刻板片和木活字字丁等，极大地丰富了馆藏文献的形制和内容。

但是，要说对福建省文献典藏分量最重、影响最大者，那还是要数这三部宋刻元椠。值得一提的是，正是由于拥有了宋本，进而促进了福建省图书馆古籍工作者尤其是年轻一代古籍保护人员对宋版书的研学热情，毕竟终于有机会经眼接触这些宋版珍籍，用他们自己的话来说，就是"比起看图录书影，这种（目验原书）感受更加真切"。2019至2020年间，我曾指导部门一位

90后硕士生撰写了《谢谈馆藏南宋嘉熙刻本〈新编四六必用方舆胜览〉》一文，揭示这部馆藏本当为南宋嘉熙年间建安祝氏自刻本，简称"嘉熙本"，是目前海内孤帙。此文参与了福建省新闻出版局主办的"建本文化学术研讨会"，2020年结集于《书林墨韵——建本文化成果辑略》一书，引起社会各界尤其是古籍工作者的关注，这应该是一个好的开头。

当然，对采进本的保护工作也是同步进行的。我们根据宋刻崇宁藏本《大威德陀罗尼经》和元刻本《通志》两部书中出现的叶面断裂等破损情况，及时安排修复人员予以修补与整固，以避免裂损继续扩展与加重，随后即使用高清扫描设备对这几部宋元珍本进行了数字化采集，要求部门人员日后应尽量使用电子版提供阅览，避免调阅原本，并谨慎调取原本参与展览活动，严禁在非保护环境下公开展出，从而确保这几部国宝级古籍的安全。

许建平

福建省图书馆

破 冰
——丛冬梅与新疆古籍保护事业

作为新疆维吾尔自治区古籍保护工作的开创者，丛冬梅在业内有"新疆古籍保护第一人"的美誉，是"小岛康裕新疆文化文物奖"的获得者，大家都亲切地称她为"丛主任"。

一、事业发展

丛主任常说，她是伴随着新疆维吾尔自治区古籍保护中心（挂靠在新疆维吾尔自治区图书馆古籍部）的发展而迅速成长起来的。的确，自2007年"中华古籍保护计划"正式启动，新疆古籍保护工作在丛主任的带领下，从"守库房"状态一步一个脚印地发展着：

2007年，"新疆维吾尔自治区古籍保护工作领导小组"成立，设立专家委员会，搭建新疆古籍保护联动平台。

2008年，新疆维吾尔自治区古籍保护中心在新疆图书馆挂牌成立，全疆古籍普查与保护工作正式开展。

2009年，新疆图书馆入选第二批"全国古籍重点保护单位"；"第八期全国古籍普查培训班"在新疆举办。彼时正值新疆特殊时期，为了稳定学员的情绪，丛主任把行李搬到图书馆，与学员们同吃同住，有力保障了培训班的圆满举办。培训班落下帷幕，丛主任却因胃癌发作病倒了。经过胃部3/4切除手术以及两个疗程的治疗，在身体尚未完全康复的情况下，她又急切地回到她热爱的古籍保护岗位上，继续以饱满的工作热情，迎接"全疆古籍保护工作座谈会"的召开。

2010年5月，文化部（现文化和旅游部）文化援疆重要项目"新疆历史文献暨古籍保护成果展"正式启动。这是中华人民共和国成立以来第一次全面展示新疆历史文献的大型展览，受到了社会各界的广泛关注。从筹备到展出结束的4个月里，丛主任作为展览承办方负责人，带领团队加班加点地配合国家图书馆老师的工作，有力保障了展览的成功举办。在此次展览的基础上，新疆维吾尔自治区古籍保护中心于2011年1月26日至4月10日推出"西域遗珍——新疆历史文献展"，使新疆古籍文献的宣传影响范围进一步扩大。自此，新疆维吾尔自治区古籍保护工作在全国古籍保护工作中开始展现亮点。

2011年，是贯彻落实文化部等八部委《关于支持新疆维吾尔自治区古籍保护工作的通知》文件精神，加强古籍保护人才队伍建设、推动新疆古籍保护工作全面深入开展的关键一年。在丛主任所带领团队的积极对接、配合落实下，文化部"第二十九期全国古籍普查培训班"在新疆举办，全疆各地州（县、市）公共图书馆、高校、科研图书馆、自治区古籍保护工作领导小组成员单位及古籍收藏单位的100余名学员参加培训，创造了新疆古籍普查工作者集聚一堂的局面，普及了古籍普查的重要性、有力提升了新疆地区古籍普查能力。

2012年起，丛主任带领新疆古籍保护中心组成的6人小分队，赴新疆大学、中国科学院新疆分院信息文献中心、新疆社会科学院图书馆、新疆教育学院图书馆、自治区党校图书馆，及南北疆14个地州进行古籍普查。截至2015年，新疆维吾尔自治区古籍保护中心有计划、分步骤开展古籍普查、审校工作，基本摸清我区古籍存世状况。在国家图书馆（国家古籍保护中心）的大力支持与帮助下,《新疆维吾尔自治区图书馆古籍普查登记目录》《新疆大学图书馆等五家收藏单位古籍普查登记目录》由国家图书馆出版社出版,《新疆维吾尔自治区珍贵古籍图录》由中华书局出版,新疆古籍普查工作取得阶段性成果。

2014年,新疆古籍修复中心成立。丛主任为团队积极争取参加国家古籍保护中心开办的各类古籍修复培训班的机会,为新疆古籍修复中心培养拥有中西文修复背景的专业人员,其中,1人师从杜伟生先生学习两年中文古籍修复;2人师从中山大学林明老师、肖小梅老师学习一年西文古籍修复。

……

如此这般,新疆维吾尔自治区古籍保护工作在丛主任的积极推动和带领下,渐渐打稳了根基。其后,又在田晓丽主任的带领下,有序开展着各项工作。丛主任将这十年新疆维吾尔自治区古籍保护工作情况写入了《新疆古籍保护概述》一书,该书一度被选为"新疆图书资料专业"职称培训的教材,作为总结,也作为可资借鉴的经验。

二、团队培养

丛主任2016年离开新疆图书馆古籍部去新疆图书馆学会工作,2020年退休。但我们总觉得她一直都在古籍部。因为古籍部至今仍延续着她定下的淡泊守正、坚定踏实的精神风貌。她为新疆维吾尔自治区古籍保护工作精心选择、培养的专业馆员,也渐渐在古籍普查、审校、修复、文献开发、阅读推广等领域开花结果、独当一面。

在我们的印象里,丛主任一直是安静的,安静来自无争的定力,也来源于对自己要做的事情的执着与坚守。记得我刚考入新疆图书馆古籍部是2012年。9月1日早上,和轮岗到古籍部的5位新同事一起到部门报到，是丛主任给我们开的会。那时候还是在老馆书库9楼。一进古籍部，正面墙上赫然挂着"天行健君子以自强不息，地势坤君子以厚德载物"几个力透纸背的大字，与棕红色原木书架搭配，将古籍部的静谧与古朴彰显得恰到好处。初见丛主任印象是简朴而亲切的：消瘦的脸上配着一副精致的眼镜，微笑着和我们说了些部门规章制度和正在开展的工作情况。

相处久了，发现丛主任和蔼可亲但又不苟言笑，对规则总是以身作则、带头遵守。虽然平时用的全是商量语气，却常常自带一种"不怒自威"的气场。受丛主任的影响，我们每天早上到办公室的第一件事就是扫地和擦桌子——早来的人会帮每个人都擦干净办公桌椅；馆里开会，我们古籍部的人也总是会坐在一起；古籍部里很少聊天，也不在办公室接私人电话。古籍部里的每个人也都心照不宣地保持着这份安静，偶尔有敲击键盘和走动的声音，大家也都轻手轻脚。当时觉得这些都是很小的事情，现在想来，正是这些点点滴滴，在无形之中塑造了古籍部的风格——安静朴实，团结内敛。

记得我们在古籍部即将结束轮岗，要分到别的部门去的时候，丛主任跟我们有过一次长谈。那次谈话，丛主任像个亲切的长辈，碎碎念地说了好久。她说工作和人都是有灵性的、是相互选择的，刚考入图书馆，每个部门都可以选择。但不论选择哪个部门，作为年轻人是要对自己有目标、有要求的，不要怕吃苦，不要怕"吃亏"。要静下心来去学习、去体会，争取在工作中早日找到自己的兴趣、自己的定位。古籍部是要以专业立身的。如果选择了古籍部，就要坐得住冷板凳，肯钻研敢承担。工作与上学时候不同，没有固定的学期与考试，这就很容易懈怠，我自己的经验是每天都把已做的和要做的记录在本子上，这样对自己也是鞭策……当时听到这些话，我们心里都热热的，摩拳擦掌，希望小试牛刀，有了"职业规划"的概念，也有了一份对古籍部和丛主任的分外留恋。后来的工作中，我们逐渐深刻理解了丛主任说这些话的分量。凡有国家图书馆举办的辅导班，无论当时处于古籍普查攻坚阶段，还是新馆改扩建各部门搬迁新工作区的急需用人之际，丛主任总能顶住各方面的压力，竭力为我们争取参加培训的机会。而上传下达的各种信息、报各级部门的工作总结、计划、方案、统计等，从来都是她自己承担，用她的话来说，杂事一个人做就好了，你们集中时间和精力做好自己的专业就好。

在丛主任的规划与培养下，留在古籍部的人最终都各有专长，各自撑起了一块工作：中央民族大学"察合台文方向"硕士毕业的吾斯曼，负责少数民族语言文字编目；在国家图书馆师从杜伟生老师学习两年的米娜娃儿，负责汉文古籍修复；在中山大学师从林明老师学习一年的张淑平，负责西文装帧形式书籍的修复；陕西师大"中国古代文学"、北大"图书馆学（文献学方向）"双硕士苗慧，负责古籍推广工作。后来南京师大博士、硕士生导师高健也加盟古籍部，负责古籍项目工作。除了古籍普查、编目、数字化、修复等必备技能外，大家各有侧重却又相互配合，互相补台，使古籍部圆满完成了国家古籍保护中心和自治区文化和旅游厅、馆领导交付的各项工作。

苗慧

新疆维吾尔自治区古籍保护中心

佛教古籍保护修复人才的培养

据统计，我国现存古籍总量约20万种，5000余万册件，其中佛教古籍约占10%。因此，如何保护和利用佛教古籍是我国古籍保护工作的重要内容之一，具有重要的现实意义和深远的历史意义。

一、南京栖霞古寺古籍修复保护回顾

南京栖霞古寺创建于六朝时期，历史文化悠久，在寺院矗立百年的藏经楼更是蕴藏了数之不尽的惊喜，从明代刻印的《南藏》，到清乾隆年间的《龙藏》，再到历代高僧祖师的血写经书、手抄本等，无一不是堪列中华古籍精品的传世珍宝。

但是，早期的栖霞古寺并未有专门档案管理机构，寺内各类资料散失、佛教经典损坏严重，再加上江南梅雨季节漫长，空气湿度大，很多佛教书籍堆放在一起，出现了不同程度的霉变、虫蛀、脆化等问题。2014年末，在寺院方丈隆相法师的主持下，正式启动了栖霞古寺古籍修复保护工作。

首先，改善硬件条件。栖霞古寺根据寺院实际情况，安排单独的房间，放置专业的古籍存放书柜，安装独立的恒温恒湿空调，配备防火、防水、防盗自动报警和气体灭火、电视监控、空气净化、温湿度监测等设施。为改善古籍存放环境，更好地保护文献，栖霞古寺还对藏经楼内部按照科学的方法进行了维修、改造。

改善硬件设施后，古籍修复最重要的就是需要专业人士的指导。在南京栖霞古寺古籍保护工作的开展期间，南京艺术学院人文学院共有40余位师生先后加入寺院古籍整理保护工作中；武汉大学刘家真教授多次到访栖霞寺，针对寺院文献的保存状况，给出了有效的指导意见；南京图书馆版本目录专家方云副研究员，南京艺术学院孔庆茂教授分别为相关人员开展了编目讲座，并多次到场进行实践指导。此外，寺院古籍保护工作也得到了国家图书馆（国家古籍保护中心）、江苏省古籍保护中心及其他古籍保护业内专家的关心与支持。

随着藏经楼清理编目工作完成，对大量破损书籍进行修复逐渐摆上日程。2015年栖霞古寺正式启动古籍修复工作，2016年古籍修复室建成，寺院义工修复团队也不断充实壮大。目前，寺院已拥有近100平方米的古籍文献修复室，10余人的义工修复团队。

二、佛教古籍保护修复工作开展现状

在历史的长河中，古籍得以传承，除了需妥善保存外，还在较大程度上有赖于古籍修复师的修复保护。然而，目前全国古籍修复的从业人员及状态不太乐观，就国内的佛教寺院而言，系统地学习过并熟练掌握古籍修复技能的僧才少之又少。

近年来，一些寺院开始进行古籍修复工作。除了栖霞古寺之外，2010年重庆华岩寺成立古籍善本修复中心，请来古籍修复专家培训僧众，陆续培训居士信众加入古籍修复的队伍中；2013年，少林寺选派10名优秀僧人前往国家图书馆和河南省图书馆进修，学习古籍整理、保护及修复的知识；2016年12月，国家古籍修复技艺传习中心金陵刻经处传习所在金陵刻经处揭牌；2017年9月，在文化部（现文化和旅游部）、国家宗教事务局的指导下，国家古籍保护中心和中国佛教协会联合主办，成都文殊院承办了"第一期全国佛教古籍修复技术培训班"，等等。

开展佛教古籍保护工作，古籍保护人才是基础、是保障。建立一支技术精湛、结构合理、素质高的古籍修复队伍，是古籍保护工作的重中之重。

三、古籍修复人才应具备的素养

职业素养：古籍修复是一项复杂、繁琐和枯燥的工作，这就要求古籍修复人员除了具备精湛的修复技术外，还必须具有高度负责的精神、一丝不苟的工作作风和吃苦耐劳的心理素质。

文化素养：众所周知，古籍修复涉及多个学科领域的知识，需要的人才是跨学科、跨专业的人才。在当下，古籍修复者不仅要具备较强的动手能力，还要有丰富的知识储备和对新仪器、新设备的操作能力，既要了解一定的化学、物理、造纸等知识，又要具备历史、古典文献等知识基础，甚至要对美学有一定的了解（这一点对于培养古籍修复的高级人才尤为重要）。本人在传授学员的过程中，切感受到，古籍修复工作在向现代化、科学化、规范化方向不断发展的过程中，知识结构和学历层次的差异，严重影响着古籍保护及修复的发展进程。

数字化技术素养：建立古籍数字化资源库，是新形势下古籍保护工作面临的新课题。国家图书馆常务副馆长、国家古籍保护中心副主任张志清在《浅谈古籍修复的科学化管理》一文中，提出应将古籍修复管理纳入图书馆集成管理系统中。科学、规范的古籍修复档案数据库，可以记载大量的古籍信息，可以为从事古籍整理研究的人员提供可靠的第一手资料，也可以为后人积累丰富的、全面的古籍修复案例，还可以推广古籍修复理论和先进工艺，更可以实现古籍资源的交流和共享。本人在长期的古籍修复实践中，常被一些古籍版本及修复问题所困扰，若古籍修复档案数据库早日建成，古籍保护工作者将会在工作学习中受益。这也需要古籍修复人才对数字化有了解和认识，要逐步学习相关数字技术。

四、修复人才培养及队伍建设

佛教古籍保护修复人才培养及队伍建设，应参考国家培养古籍修复人才的途径，并结合佛教自身的特殊性，采取多种举措。

聘请专家，发挥引领作用。古籍修复涉及多个学科，相关领域的专家、学者的作用不容忽视。要聘请国家级、省市级图书馆古籍部专业人员及高校相关专家以兼职身份对寺院古籍的保护工作给予指导。

创新培养方式，拓宽培养渠道。联合佛学院开设古籍保护专业课程，培养一批既对佛教典籍内容有深入研究，又深谙佛教古籍保护、整理的人才。可以将寺院作为实习基地，为古籍修复专业学生实习提供机会，并锻炼培养古籍修复技艺技能、提升僧才培养质量和补充古籍修复阶梯人才队伍。

加强对古籍管理者的培训。要从管理者的角度了解古籍保护的重要性和整理保护方法，加强古籍保护制度化、标准化和规范化建设，推动古籍原生性和再生性保护，促进古籍资源的有效利用，为进一步培养佛教界古籍保护人才打好基础。

采取分层培养，长短结合的措施。古籍修复是一门特殊的技艺，在古籍修复人才紧缺的情况下，应根据修复人员的不同资历进行因材施教。对于中专学历层次人员，要重点培养其熟练掌握古籍修复技术，并使其兼备一定的书画修复、装裱和鉴赏的能力。对于大专学历层次人员，要重点培养其具有扎实的文献保护理论基础，掌握古籍修复、文献保护的基本技能和方法，能够熟练从事古籍修复工作，并具备初步的研究能力。对于本科学历层次人员，要重点培养其成为能够理论联系实际、理论与应用并举、知识面广、专业技术精的复合型人才。对于研究生层次人员，要重点培养其具备更加宽广的理论知识、更加深厚的专业知识，以及独立开展古籍修复和科研的能力。

采取委培进修的方式。"中华古籍保护计划"启动以来，中国佛教协会、国家古籍保护中心为推动古籍保护事业的良性发展，利用自身的优势资源，连续举办了一系列的古籍普查、鉴定培训班和古籍修复培训班，各省古籍保护中心又在各自省内举办培训班。这些培训为广大的古籍保护工作者提供了难得的交流、学习平台，极大地提升了古籍保护工作者的业务水平和能力。

夯实基础工作，重视远期效益。古籍保护人才的培养绝非速成能够达到。比如一名版本鉴定人才的养成，除了要学习大量的理论知识外，还要通过长期的实践积累才能够有所作为。这是一个漫长的过程，既不可急于求成，又不能因为近期效果不显著而放弃培养。古籍修复人才培养亦是如此，为使他们早日成才，可利用传统的师带徒方式给有经验的修复专家配备徒弟或助手，让老技工将宝贵的技术口传面授地传给徒弟，这是一种行之有效的培养方法，经过一段时间的传、帮、带，可以逐步形成合理的人才梯队。

此外，随着时代的发展，古籍保管将越来越趋于科学化、档案化和数字化，除了培养专门的修复人才之外，古籍数字化、现代化保管的复合型人才的培养同样显得至关重要，而这同样是个漫长的过程，需要管理者高屋建瓴的长远构想才能够逐步实现。总之，佛教古籍保护和利用需要一支高水平的队伍，这支队伍的培养任重而道远，需要管理者和古籍从业人员自身的不懈努力。

净善

栖霞古寺监院

参加古籍保护培训札记

回顾十五年来的古籍保护工作，脑海中挥之不去的、是我参加的那些培训。为了顺利推动"中华古籍保护计划"，国家古籍保护中心、福建省古籍保护中心做了很多工作，其中极为重要的一项就是培训。培训分为线上培训和线下培训。每次培训，国家古籍保护中心和省古籍保护中心都做了精心安排。线下培训需要师资准备、会务准备、食宿安排等；线上培训则要邀请授课老师、挑选主题，视频播放准备等，还有大量幕后工作。这些培训有效地保证了古籍保护事业的开展。2007年至今，笔者参加的线下培训就有11场，从中受益良多。亲聆大师教诲，让他们的风采深刻于心；主办方的"真刀实枪"，使我开阔了视野；学员的情谊，为将来各方面的交流做了铺垫。

一、感受大师风范

自2007年"中华古籍保护计划"实施以来，国家古籍保护中心推出了古籍保护相关各类培训，省古籍保护中心也积极配合，在省内办班。培训内容主要有古籍定级、珍贵古籍申报、古籍版本鉴定、古籍修复、碑帖传拓等，分有基础班、提高班、研修班等，为古籍保护事业的开展培育了众多人才，为推动古籍保护事业的发展提供了有力保障。国家古籍保护中心所请的各位老师，学养深厚，为人师表，对学员无私教授，给我们留下了极深的印象。笔者选择几位受教颇多、印象尤为深刻的描摹一番。

李致忠老师，1965年毕业于北京大学中文系古典文献专业，同年进入国家图书馆，长期从事古籍整理、版本鉴定、目录编制、书史研究和业务管理工作。发表论文170余篇，出版《中国古代书籍史》《古书版本学概论》等多部专著，在国内外均有影响。记得我每次参加国家古籍保护中心举办的培训，首堂课都是接受李致忠老师的教诲，他对古籍保护事业的贡献，大家有目共睹。"中华古籍保护计划"的推动，离不开李致忠先生等老一辈专家的付出。在课堂上，李老师时常身着一件白衬衫，朴素洁净，讲他被邀请行走各地，参加古籍版本判定的过程；讲他如何运用各种知识，揭示那些珍贵古籍正确版本信息的故事……娓娓道来，既不高声，也不低语，如春雨润物，化作涓涓细流，滋润学员的心田。现在每每回想，李致忠老师授课仿若拈花说法，舌灿莲花，讲述终其一生所热爱、从事的古籍保护事业。相信聆听过教诲的古籍工作者们，定然深有同感。

刑跃华老师，师从我国当代著名古籍修复、金石碑刻家赵嘉福先生，碑刻传拓、古籍修复以及书画装裱等技艺皆得赵氏真传，系赵先生的入门弟子。他从事此行业26年，在江南园林、寺院及名胜古迹等处留下诸多作品。刑老师曾受邀成为国家古籍保护中心主办的第一至二期"全国传拓技术培训班""第一期全国古籍修复技术培训班""第五期古籍修复研修班"等培训班的授课专家，被国家级古籍修复技艺传习中心上海图书馆传习所、国家级古籍修复技艺传习中心福建传习所聘为导师。刑老师声音洪亮，爽朗风趣，所到处欢声笑语。他喜欢与学员打成一片，时不时地身着围裙，亲自下场操作示范，指点关键细节，深得学员们的喜爱。

李仁清老师，河南商城县人，现为省级非遗传承人，从事传拓工作30余年。1982年进入河南省碑刻、石窟的"四有建档"做了大量传拓工作。1988年参与河南省中小型石窟、古桥和小浪底等项目调查与测绘，并对高浮雕拓制进行了深入探索和研究。随后几年，高浮雕传拓足迹遍布河南、上海、南京、山东、陕西、山西等省市。传拓技艺日臻成熟。他出版《中国北朝石刻拓片精品集》，举办"李仁清个人拓片展"，参加由文化部（现文化和旅游部）主办的"中国拓片联合申报国家级非物质文化遗产技艺展"，成立"郑州仁清金石传拓艺术博物馆"。应国家古籍保护中心之邀为"第一期全国传拓技术高级培训班""第二期全国传拓技术高级培训班""第三期全国传拓技术高级培训班"授课。2016年"国家级古籍修复技艺传习中心李仁清传习所"揭牌。2016年6月18至26日《大国工匠》第五集——大工传世，在新闻频道CCTV13、CCTV1、CCTV4和英语、俄语、法语等多频道面向世界陆续播出。李仁清老师个子瘦高，为人谦和，说话轻声细语，他鼓励学员提问题，指点迷津时，三言两语，直指重点。

吴格老师，复旦大学中国古代文学研究中心教授、中国古典文献学博士生导师，曾任复旦大学图书馆古籍部主任，现任复旦大学古籍保护研究中心主任。记得2017年到浙江图书馆参加古籍普查数据的审校培训时，还是春暮夏初，西湖垂柳如烟，微澜泛舟。吴格老师不胖不瘦，戴一副深色框眼镜，常着一件格子衬衫，举止儒雅。整个审校培训，由其主讲，严格点卯之时，他也鼓励学员闲暇时候，多到西湖走走，感受天下闻名的西湖之美与氛围。吴格老师与学员朝夕相伴，他的奉师感恩、甘为前贤形役的情谊和深厚的学养，深深打动着我们这些学员。

许建平老师，福建省图书馆特藏部主任，对事业有着执着高度的热情。他个子瘦高，爱好品茗、收藏，对民间文书有独到的研究。他对事业的激情，常常影响着我们这些基层馆员，也鞭策着我们更刻苦努力地工作。每当我们有疑问请教，他总是鼓励我们。他用心地培养着他的特藏部团队，挑选人员，努力教导，对他们的成长充满着自豪。为了福建古籍保护事业有更多发展，他带着省古籍保护中心的工作人员，奔波于八闽各地图书馆，帮助鉴定古籍，指导开展有关培训……我们常常被他的工作激情所感染，互相鼓励着更积极地投入古籍管理工作。

还有许多其他老师，他们兢兢业业，为培育古籍保护事业发展所需的人才，做出重要贡献，是值得我们尊敬的师长。

二、巧授碑拓鉴赏课

其中印象最深的是仲威老师的课程。仲威老师，上海图书馆研究馆员，复旦大学特聘研究员，上海文物鉴定委员会委员，西泠印社社员，中国书法家协会会员。他18岁学习书法时，购买了赵孟頫《道德经》小楷帖。后来根据书法史，陆续买进了颜真卿、欧阳询等人的帖，到大学毕业，竟然买了800多本碑帖。1995年进入上海图书馆工作，选择了碑帖整理工作。上海图书馆碑帖藏量丰富，有数十万件，仲威先生参与整理，发现大量珍贵的东西，出了很多成果，成就了一番事业。著有《中国碑拓鉴别图典》《善本碑帖过眼录》《碑帖鉴定概论》《碑帖鉴定要解》《纸上金石——善拓小品过眼录》《古墨新研——淳化阁帖纵横谈》《碑学十讲》《帖学十讲》等。主编有《上海图书馆藏善本碑帖》《翰墨瑰宝——上海图书馆藏珍本碑帖丛刊》。仲老师讲课，别开生面，善埋伏笔，循循善诱，吸引着大家层层深入，终有所得。

还记得他通过讲解化度寺塔铭拓片年代认定的故事，告诉我们鉴赏的有关原则。化度寺塔铭拓片，全称"化度寺故僧邕禅师舍利塔铭"拓本，是唐代著名书法家欧阳询所书。当时传世最早的拓本为宋拓。原塔铭早在北宋初就已经残断，至北宋末年佚失，宋代起有不少翻刻本流传。流传至民国，著名的宋拓本有松下清斋藏本、筠清馆藏本、四欧堂本、敦煌石室本等7种。但究竟孰为原石宋拓，孰为翻刻宋拓，一直难辨真伪。清代金石大家翁方纲鉴定，认为除四欧堂本（原为明王孟阳旧藏，后入民国吴湖帆之手）外，其他松下清斋藏本等五本为宋拓原石真本，这一定论维持了一百多年。

清宣统元年（1909）以后，罗振玉在伯希和寓所，见到新近发现的敦煌本。当时见到敦煌本起首2页凡39字（今藏法国巴黎国家图书馆，另10页凡187字为英国人斯坦因所得，今藏伦敦大英图书馆），与翁氏鉴定的原石宋拓真本迥异，绝非出自同一碑石。当时世人认为敦煌本是宋以前的拓本，原石唐拓之可信底本，可信度极高，因而认为翁氏所鉴定的唐本原石宋拓的五个本子为翻刻。敦煌本为唐拓残本，而四欧堂本为唐石宋拓之足本。

讲到这里，仲老师问："大家发现什么问题没有？"在开讲之前，仲老师就曾提醒大家会提问，说要看看大家确实听懂了故事没有。沉静良久的课堂，被重庆馆的陈勇老师打破，他说：吴湖帆的本子与敦煌本不同，造假了！

石破天惊之语！仲威老师满意地解释一番之后，大家才明白过来。

罗振玉的论断打破了悬疑一百多年《化度寺》碑拓研究的僵局，将其版本研究推上了新高度。但经过仔细研究，金石大家王壮弘认为：敦煌石室秘藏于西夏人征服敦煌前，考西夏进入敦煌，在北宋景祐二年（1035），即在庆历前六年，上距五代末五十六年，此拓本（敦煌本）当在更前，其翻刻之事又在前，而翻刻底本之拓，当又更前，加之拓墨、纸质等佐证，（四欧堂本）定为赵宋前拓本，实非谀辞。最后将敦煌本定为唐代翻刻本，四欧堂本定性为原石唐末孤拓本。

大收藏家吴湖帆因为对自己的收藏没信心，所藏本子虽与敦煌本相似，但出于对唐原石宋拓本的追求，改动了图像资料，模仿了敦煌本，实际上四欧堂本才是真正的原石唐末孤拓本。罗振玉对澄清《化度寺》版本是有贡献的，推翻了过去维持百年的翁氏关于唐原石拓本的考定，这一结论是客观正确的。但这一正确结论是建立在错误的论据上的，其实敦煌本亦为翻刻，只不过是唐代翻刻罢了。

鉴赏课结束了，虽然大家关于如何鉴赏碑拓的条条框框没有完整地听到，却听懂了最重要的一件事：鉴别真伪是鉴赏的前提和最重要的内容。

三、实操"真刀实枪"

为了让学员学到真本事，国家古籍保护中心和省古籍保护中心，煞费苦心，都会在培训的实践环节，尽所能让学员接触实物，看到真家伙，摸到实物体，"真刀实枪"操练。

传拓技术是非物质文化遗产，为有效传承这门古老的技艺，2017年5月，由国家古籍保护中心、福建省文化厅（现文化和旅游厅）主办，福建省古籍保护中心承办的"第三期全国传拓技术培训班暨第一期福建省传拓培训班"在福州举行，我和高风格有幸参加了学习。"工欲善其事，必先利其器"，为办好培训，福建省古籍保护中心特意花费十几万元购买了用以练习传拓的宋、明代墓志铭，高浮雕石刻，让学员真刀实枪地练习，顺带收为馆藏。为了让我们学到真本领，福建省古籍保护中心还提供了省馆所藏的《重修忠懿王庙碑铭》拓片，该碑高3.58米，宽1.7米，由宋开宝九年（976）吴越福州刺史钱昱立。学员们在邢老师的带领下，采用多种手段，将拓片修复。

2019年4月，由国家古籍保护中心主办，孔子博物馆承办的碑帖鉴定研修班在曲阜开班，我们有幸参与学习。孔子是中华传统文化的代表人物之一，生于春秋时期，可以想见孔子博物馆家藏富有。曲阜有孔林、孔庙、孔府，历代对孔家都有厚遇，石刻丰富，他的拓片收藏让人咋舌。为了加强整理，孔子博物馆承办这次培训，借助学员的力量，做好拓片著录，摸清家底。当一个个铁皮箱打开时，林林总总，大小拓片铺满课堂地面，学员穿梭其间，大开眼界。每天上午开箱，下午闭箱入库，拓片著录持续了将近一个月，仍只著录了一部分。著录培训过程中，老师逐一解答疑问，我们学到了不少东西，学员的进步离不开这些"真家伙"。国家古籍保护中心的精心组织与孔子博物馆的合理安排为学员们创造了良好的学习条件。

通过国家古籍保护中心、省古籍保护中心给予的机会，我们开阔了眼界，增长了见识。学习时光是短暂的，记忆是深刻的，也许我们穷及一生，无法再接触到这样有特色的藏品。愿我们珍视学习成果，努力实践，发挥应发挥的作用。

四、情谊流传四方

培训让五湖四海的学员集聚一处，提供了相互交流的机会。学员朝夕相处，同赴饭堂，一起走进教室，互相借用笔记，总结研习老师提出的问题。天南海北，看到了不同风格类型，了解了不同民情风俗。它还拓宽了学员的视野，让他们学会认识别人的长处，兼容并蓄。这是一种态度，也是一个人格局潜移默化的炼造。

有些学员自称"一期一会"，我们天各一方，培训结束后可能无法再相见，真的是"一期一会"。但天下之大，冥冥之中，通过宝贵的培训机会相聚，何其有幸！那份同窗情谊，始终弥留心间。

培训班结束了，大家各归东西，但我们的情谊会流传四方，愿未来再相聚，共话当年培训情。

陈红秋

厦门市图书馆